司馬遷 史記 **2**

史記
表序·書

丁範鎭 (성균관대학교 중문학과 교수) 외 옮김

까치

역자 소개

정범진(丁範鎭)

1935년 경상북도 영주 출생

성균관대학교 중국문학과 졸업

中華民國 國立臺灣師範大學 中國文學硏究所 졸업(문학 석사)

성균관대학교 대학원 중어중문학과 졸업(문학 박사)

한국중어중문학회 회장 역임, 한국중국학회 회장 역임

성균관대학교 교수와 총장 역임

중국 산동대학교 명예교수, 대만정치대학 명예문학박사

한-우크라이나 친선협회 회장

저서 『중국문학입문』, 『중국문학사』, 『唐代소설연구』 외

역서 『중국소설사략』, 『唐代전기소설선』, 『두보시 300수』 외

ⓒ 정범진, 1994

史記 2— 表序・書

저자/ 司馬遷
역자/ 丁範鎭 외
발행처/ 까치글방
발행인/ 박후영
주소/ 서울시 용산구 서빙고로 67, 파크타워 103동 1003호
전화/ 02・735・8998, 736・7768
팩시밀리/ 02・723・4591
홈페이지/ www.kachibooks.co.kr
전자우편/ kachibooks@gmail.com
등록번호/ 1-528
등록일/ 1977. 8. 5
초판 1쇄 발행일/ 1996. 10. 20
　　6쇄 발행일/ 2020. 7. 10

값/ 뒤표지에 쓰여 있음

ISBN 89-7291-062-7 94910
　　89-7291-053-8 (전7권)

머리말

내가 『사기(史記)』의 머리말을 처음 쓴 것은 「본기(本紀)」의 작업완료 시점인 1993년 여름이었으니 벌써 3년이 지난 셈이다. 기실 작업 시작 시기로 따지면 이보다 더 오래되었을 것이다.

「본기」가 1994년 3월에 처음으로 나왔고, 「세가(世家)」(1994년 7월, 上下), 「열전(列傳)」(1995년 5월, 上中下)이 세상에 나온 이후 여러 사정으로 말미암아 다소 늦어졌지만 이제 「표(表)」의 서문[序]과 「서(書)」가 한 권의 책으로 묶이게 되었다.

「표(表)」는 "연표"와 그에 대한 간단한 논설(論說)인 "서(序)"로 구성되어 있다. 그러나 「한흥이래장상명신연표(漢興以來將相名臣年表)」에는 「서(序)」가 없어 총 9편의 「서(序)」가 있는 셈이다. 「표」의 의미에 대한 역대 학자들의 해석은 은미(隱微)한 것을 선명하게 드러내었다거나 「본기」와 「열전」의 기록의 범위를 확대하였다거나 또는 「본기」와 「열전」을 연결하는 교량의 역할을 하였다는 등 몇 갈래가 있지만, 결국 역사발전의 줄기와 단계를 반영하며, 역사시기를 나누는 연대학(年代學) 이론을 세웠다고 말할 수 있다. 그리고 「표」는 「본기」와 바로 이어져 서로 표리(表裏)를 이루고 있는 것으로 본다. 즉 「본기」의 편년이 왕조를 체계로 하여 조대(朝代) 변천의 대세를 반영하였다면, 「표」의 편년은 시대의 변혁을 중심으로 단락을 나누어 왕조체계를 탈피하면서 시대 대세의 발전을 표현하였다고 할 수 있다는 것이다. 구체적으로 보면, 「십표(十表)」 중에 상고사(上古史)에 해당되는 「삼대세표(三代世表)」와 「십이제후연표(十二諸侯年表)」 및 근고사(近古史)에 해당되는 「육국연표(六國年表)」와 「진초지제월표(秦楚之際月表)」는 역사적인 대사건을 열거하여 바로 앞의 「본기」와 긴밀하게 연결이 되는 데에 비해, 한(漢)나라 이후 소위 근세사(近世史)에 해당되는 6개의 연표는 「열전」에 다 싣지 못했으나 그냥 묻어놓을 수 없는 인물들을 중심으로 기록하여 「열전」을 보충하고 있는 셈이다.

「서(書)」는 모두 8편으로 「팔서(八書)」라고도 부르는데, 부문별로 분류된 중국 고대의 문화제도사라고 말할 수 있을 것이다.

사마정(司馬貞)은 『사기색은(史記索隱)』에서 "서(書)라고 하는 것은 오경육적(五經六籍)의 총체적인 이름이다. 이 팔서는 국가의 큰 요체를 기록한 것이다(書者, 五經六籍總名也. 此之八書, 記國家大體)"라고 하였고, 그래서 범문란(范文瀾)은 「팔서」의 이름은 『상서(尙書)』에 그 뿌리를 두고 있다고 하였다. 『상서』는 각종 체제의 공문이나 사건 서류들을 모아놓은 것이니 뒷날의 자료회편(資料滙編)과 같은 것이라고 할 수 있을 것이기 때문이다. 이 「팔서」는 사마천(司馬遷)이 창작한 것으로서 뒷날 『한서(漢書)』는 이것을 바탕으로 하여 십지(十志)를 지었다.

「팔서」의 차례는 「예서(禮書)」, 「악서(樂書)」, 「병서(兵書)」, 「율력서(律曆書)」, 「천관서(天官書)」, 「봉선서(封禪書)」, 「하거서(河渠書)」, 「평준서(平準書)」 등이다. 「예서」, 「악서」, 「병서」,의 세 「서(書)」는 이미 없어졌는데, 이를 보완한 사람이 「율력서(律曆書)」를 「율서(律書)」와 「역서(曆書)」로 나누었고 또 순자(荀子)의 「예론「禮論)과 「의병(議兵)」을 취해서 「예서(禮書)」를 보완하였으며, 「예기(禮記)・악기(樂記)」를 취하여 악서를 보완하였다고 한다. 이리하여 「팔서」의 수를 채웠는데 그래서 지금의 「팔서」에는 「병서」가 없다. 그리고 여기에 사마천의 서찬(書贊)이 있는데, 이는 정련된 사론(史論)이며 사마천의 사상을 알 수 있는 중요한 부분이 된다.

이 번역본에서는 「표」의 "서(序)"만을 번역하였다. 간단한 사건을 위주로 열거한 연대기를 원형 및 원문 그대로 옮겨놓는 번거로움을 애써 취할 필요가 없다고 보았기 때문이다. 대신 각 연표의 "서" 앞에 사마천의 의도 및 제가(諸家)의 설(說)을 간략하게 요약하여 보충설명하였다. 독자들의 이해와 아낌없는 질정을 바란다.

1996년 10월 1일

玉泉山房에서 丁範鎭 씀

역자 소개

「三代世表」　　　　　金洛喆　성균관대학교 중어중문학과 졸업, 國立臺灣師範大學
「建元已來王子侯者年表」　　　　석사, 성균관대학교 박사과정, 현재 성균관대학교
「漢興以來將相名臣年表」　　　　강사

「十二諸侯年表」　　　　崔盛逸　경남대학교 중어중문학과 졸업, 성균관대학교 석사,
「建元以來侯者年表」　　　　성균관대학교 박사과정, 현재 경남대학교 강사

「六國年表」　　　　　張美卿　성균관대학교 중어중문학과 졸업, 國立政治大學 석
　　　　　　　　　　　　사, 성균관대학교 박사과정, 현재 세명대학교 강사

「秦楚之際月表」　　　　鄭守國　건국대학교 중어중문학과 졸업, 단국대학교 석사,
　　　　　　　　　　　　성균관대학교 박사과정, 현재 성균관대학교 강사

「漢興以來諸侯王年表」　　朴晟鎭　성균관대학교 중어중문학과 졸업, 성균관대학교 석
　　　　　　　　　　　　사, 北京師範大學 박사과정

「高祖功臣侯者年表」　　南宗鎭　건국대학교 중어중문학과 졸업, 성균관대학교 석사,
「惠景間侯者年表」　　　　성균관대학교 박사과정, 현재 건국대학교 강사

「禮書」　　　　　　趙成植　명지대학교 중어중문학과 졸업, 성균관대학교 석
　　　　　　　　　　　　사·박사, 현재 제주대학교 강사

「樂書」　　　　　　鄭相泓　성균관대학교 중어중문학과 졸업, 같은 대학교 석
　　　　　　　　　　　　사·박사, 현재 성균관대학교 강사
「律書」

「曆書」　　　　　　全廣鎭　성균관대학교 중어중문학과 졸업, 國立臺灣師範大學
　　　　　　　　　　　　석사, 國立臺灣大學 박사, 현재 경희대학교 교수

「天官書」　　　　　任炳權　성균관대학교 중어중문학과 졸업, 같은 대학교 석
　　　　　　　　　　　　사·박사, 현재 대전대학교 교수

「封禪書」　　　　　張　暎　전북대학교 중어중문학과 졸업, 성균관대학교 석
　　　　　　　　　　　　사·박사, 현재 전북대학교 강사

「河渠書」　　　　　丁範鎭　성균관대학교 중어중문학과 교수

「平準書」　　　　　沈禹英　성균관대학교 중어중문학과 졸업, 國立政治大學 석
　　　　　　　　　　　　사·박사, 현재 상명대학교 교수

차례

表序・書

表序

「표」에 대해서

「표」는 『사기』 130권 가운데 나오는 연표(年表)를 가리킨다. 이 표들은 10종(種)으로 되어 있으며, 따라서 흔히 「십표(十表)」라고도 부른다. 이들 연표에서는 삼대(三代) 이래 중국에서 발생하였던 여러 가지 사건들이 시대 순서에 따라서 일목요연하게 정리되어 있다.

表 1. 三代(世表)
表 2. 十二諸侯(年表)
表 3. 六國(年表)
表 4. 秦楚之際(月表)
表 5. 漢興以來諸侯王(年表)
表 6. 高祖功臣侯者(年表)
表 7. 惠景間侯者(年表)
表 8. 建元以來侯者(年表)
表 9. 建元已來王子侯者(年表)
表 10. 漢興以來將相名臣(年表)

위의 표들은 우선 형식적인 측면에서 각 시대와 주제에 따라서 약간의 차이를 보인다. 표 1에서는 당시 시대가 너무 오래되어 해마다의 사건을 낱낱이 기록할 수 없었으므로 연표와는 달리 제왕의 세대(世代)에 대한 세표(世表)로 이루어져 있다. 표 4의 경우는 진한이 교체되는 시기에 해당되어 기록할 사건이 지나치게 많은 관계로 월표(月表) 형식으로 되어 있다. 그리고 나머지 8개의 표는 모두 연표이지만, 그중 표 6에서 표 9까지 4 가지 표는 연표로서의 독특한 양식을 취하고 있다.

내용으로 본다면, 이들 연표에 기록된 사건과 『사기』 본문에 나오는 사건과 비교할 때, 시대와 장소 등이 서로 모순되는 것이 없는데, 이는 분명히 사마천이 『사기』를 쓰면서 기존의 연표를 참고하였기 때문일 것이다. 또한 이러한 사실은 이 연표들이 『사기』에서 거론하지 않았던 부분들을 보충한다는 의미에서 대단한 중요성을 지니며, 동시에 독자들이 이 표를 통해서 『사기』의 전체적인 내용은 물론 생략된 부분까지도 모두 개관할 수 있는 편의를 제공한다.

이 표들은 그 각각의 문체와 표현수법 또한 통일되어 있지 않다. 사건 기록 또는 역사 고증이라는 차원에서 문학성은 크게 강조되었다고는 볼 수 없으나, 각 「표」의 서문이 『사기』 본문에 못지않는 빼어난 문장으로 손꼽히는 사실은 가히 주목할 만하다.

끝으로 이 번역본에서는 「표」의 서문만 번역했다. 이는 「표」의 대부분의 내용이 『사기』 본문과 중복되며, 간단명료한 사건 열거 위주의 연대기이므로 재삼 번역할 필요성이 없다고 보았기 때문이다.

권13 「삼대세표(三代世表)」* 제1

태사공(太史公)은 말하였다.

오제(五帝)¹⁾와 삼대(三代)²⁾의 사적의 기록은 아주 오래되어 자세히 알기 어렵다. 은(殷)나라 이전 제후국의 사적도 자료를 구해 보첩(譜諜)³⁾으로 편집할 수가 없었고, 주(周)나라 이래로 와서야 다소 저술이 가능하였다. 공자(孔子)는 역사서⁴⁾를 근거로 삼아 『춘추(春秋)』⁵⁾를 연대별로 편찬하였는데, 이것은 노(魯)나라 은공(隱公)의 즉위 원년을 비롯하여 사시(四時)와 일월(日月)이 정확하게 적혀 있어 참으로 상세하다. 그러나 『상서(尙書)』⁶⁾를 편찬할 때에는 오히려 연월(年月)을 간략하게 만들

---

* 司馬遷이 만든 表 중에서 기록이 비교적 간략한 것은 世表이고, 일반적인 것은 年表이며, 비교적 상세한 것은 月表이다.
　　이 世表는 五帝와 三代의 世系를 도표화하고 있으나 편명은 「三代世表」라고 하였다. 그 이유는 五帝는 왕위를 선양하여 世代를 전수한 것이 아니고 또한 그 시대가 전설에 가까와서 世系를 정확하게 고증할 수 없기 때문이다. 그리고 三代의 世系가 모두 黃帝에서 비롯되었기 때문에 三代라고 하고 五帝까지 소급한 것이다. 「三代世表」는 五帝와 三代 중에서는 西周의 共和 시기까지를 도표화한 것이다. 周公과 召公의 共和 원년은 다음 「十二諸侯年表」의 기점이 된다.
1) 五帝 : 전설상의 다섯 황제를 말하나 학자에 따라 일치하지 않는다. 『史記』의 「五帝本紀」에 의하면 黃帝, 顓頊, 帝嚳, 堯, 舜을 말한다.
2) 三代 : 즉 夏, 商, 周 세 나라를 말한다.
3) 譜諜 : 원문에서의 '譜'는 사물의 구분과 내재관계에 따라 사물을 진술하는 문장의 하나를 말한다. 여기에서는 제후국의 사적을 연대별로 체계화시킨 책을 지칭한 것이다.
4) 魯나라의 역사서를 지칭한 것이다.
5) 『春秋』 : 중국 최초의 편년체 역사서이다. 거기에는 魯 隱公 원년(기원전 722년)부터 魯 哀公 14년(기원전 481년)까지의 각 제후국의 사적이 기록되어 있다. 전하는 바에 의하면, 孔子는 魯나라 역사서를 바탕으로 이를 편찬하였다고 한다.
6) 『尙書』 : 중국의 상고시대의 정치문헌으로서, 孔子가 100편으로 정리했다고 전한다. 그러나 秦代의 焚書坑儒로 말미암아 망실되었다. 漢代 伏生이 29편을 전하였는데, 당시 통용된 것은 隸書로 쓰여진 '今文『尙書』'였다. 武帝 때에는 孔子가 살던 집의 벽에서 古文으로 쓰여진 竹簡이 발견되어 '古文『尙書』'라고 칭하였으나 곧 망실되었다. 오늘날 전하는 '古文『尙書』'는 위작이다.

었다. 어떤 부분은 다소 연월이 있는가 하면, 많은 부분은 누락되어 기록할 수가 없다. 그러므로 의문이 있는 부분은 의문을 남긴 채 전하였는데, 이 또한 참으로 신중히 하였다.

내가 『첩기(諜記)』[7]를 읽어보니, 황제(黃帝) 이래는 모두 연대가 기록되어 있었다. 그러한 역대 보첩과 오덕(五德)에 따라 계승되었던 것[8]을 앞뒤로 고증해보니, 고문의 기록이 모두 일치하지 않고 괴리되거나 차이가 있었다. 공자가 그 연월의 차례를 논하지 않았는데, 어찌 이유 없이 그랬겠는가! 그래서 나는 『오제계첩(五帝系諜)』[9]과 『상서』에 기록된 황제 이래 공화(共和) 시기[10]까지의 기록을 집성하여 「세표(世表)」를 지었다.

장부자(張夫子)[11]가 저선생(褚先生)[12]에게 물었다. "『시경(詩經)』에서는 설(契)[13]과 후직(后稷)[14]은 모두 부친 없이 태어났다고 되어 있습니다. 그러나 지금 전기(傳記)를 살펴보면, 모두 그들에게는 부친이 있었고, 그들의 부친은 바로 황제(黃帝)의 자손이라고 말합니다. 이러한 이야기가 『시경』의 기록과 설마 서로 위배되지 않는다고 할 수 있겠습니까?"

저선생이 말하였다. "그렇지 않습니다. 설이 알에서 출생하였고, 후직이 사람의 발자국에서 출생했다고 하였는데, 이것은 그들이 천명의 정성

---

7) 『諜記』: 『史記索隱』에서는 帝王의 世系와 謚號를 기록한 책이라고 한다.

8) 여기에서 말하는 '五德'이란 金, 木, 水, 火, 土의 五行을 말하며, 帝王의 更代와 계승은 이 五行과 相生, 相剋의 이치에 따라 이루어졌다는 학설이 있다. 특히 이는 周而復의 견해에서 비롯된 것이다.

9) 『五帝系諜』: 옛 책 이름으로 오늘날 전하는 『大載禮』에는 「五帝德」과 「帝系」 두 편이 있다.

10) 共和 時期: 周 厲王이 폭정을 하자, 백성들이 기원전 841년에 厲王을 彘(지금의 山西省 霍縣)로 축출하기에 이르렀고, 그후 周公과 召王이 연합하여 집정하였는데, 이를 '공화'라고 말한다. '공화 시기'는 중국 역사상 확실한 기록이 전하는 시기의 시작이었다.

11) 張夫子: 張長安을 가리킨다

12) 褚先生: 少孫을 말한다. 漢나라 元帝와 成帝 때 張長安과 함께 博士를 지냈다.

13) 契: 전설상 商나라 부족의 시조라고 전한다. 그의 모친은 簡狄氏이다. 그는 舜의 司徒를 지낸 바 있으며, 契에서 湯까지는 모두 14대에 해당한다.

14) 后稷: 전설상 周나라 부족의 시조로서, 성은 姬, 이름은 棄이다. 姜嫄의 소생이다. 후세에는 그를 農神으로 받들고 있다. 契와 后稷이 모두 부친이 없이 태어난 것에 대해서는 권3 「殷本紀」와 권4 「周本紀」에 상세한 기록이 있다.

을 구현하였음을 증명하는 것입니다. 귀(鬼)와 신(神)은 스스로 형성할 수 없으며, 반드시 사람에 의해서 만들어지는 것인즉, 어찌 설과 후직이 부친 없이 태어났겠습니까? 하나는 그들에게 부친이 있었다는 학설이고, 또 하나는 그들에게 부친이 없었다는 학설입니다. 믿음은 믿음을 전하고, 의심은 의심을 전하여, 이렇게 두 가지 학설을 낳았던 것입니다. 당요(唐堯)는 설과 후직이 모두 현명한 사람으로서 하늘이 그들을 보냈음을 알고 있었습니다. 그래서 설에게 70리의 봉토(封土)를 주었는데, 설은 그후 10여 대를 거쳐 탕(湯)에 이르렀고, 마침내 천하에 군림하게 되었습니다. 당요는 후직의 자손이 앞으로 제왕의 업을 성취할 것임을 알았습니다. 그래서 후직의 봉토를 백리까지 늘려주었더니, 그의 후손이 천 년에 걸쳐 내려오다가 주 문왕(周文王)에 이르러 비로소 천하를 점하게 되었던 것입니다. 『시경』에서 말하기를, '탕의 선조는 설이나, 설은 부친 없이 태어났다. 설의 모친이 그녀의 자매들과 함께 현구수(玄丘水)에서 목욕을 하는데, 제비 한 마리가 입에 알을 품고 떨어져 내려왔다. 설의 모친은 알을 얻어 입에 물고 있다가 삼켜 설을 낳게 되었다. 설은 매우 현량하여, 요는 그를 사도(司徒)[15]로 임명하고 자(子)라는 성을 주었다. 자는 바로 자(玆)를 가리키며, 날로 강대함을 뜻한다. 시인은 그를 찬미하고 칭송하기를, 은(殷)의 땅은 매우 넓구나! 하늘이 현조(玄鳥)[16]를 내려보내어 상(商)을 이루었도다라고 하였다. 상은 바로 질(質)[17]을 가리키며, 질은 은의 미칭이다. 주 문왕의 선조는 후직인데, 후직도 부친 없이 태어났다. 후직의 모친 강원(姜嫄)[18]은 문밖에 나가 거인의 발자국을 보았는데, 발자국을 밟자 산기를 느끼고 후직을 낳게 되었다. 강원은 아들에게 아버지가 없다고 여기고 그를 경시하여 길가에 버렸으나 소와 양들이 모두 그를 밟지 않고 피하였다. 그래서 산 속에 버렸지만 산 속에 살던 사람이 그를 길렀다. 이에 다시 큰 못에 던졌더니, 새들이 덮고 받쳐들며 키웠다. 강원은 매우 이상하다 여기고, 이러한 상황으로 볼 때 그가 하늘의 아들이라고 판단하여 데려다가 양육하였다. 당요는 그가 현재

---

15) 司徒 : 고대에 토지와 백성을 주관하였던 최고 장관을 가리킨다.
16) 玄鳥 : 『詩經』 「商頌」의 "玄鳥"에 보이는 내용으로, 玄鳥는 제비를 가리킨다.
17) 質 : 성실하고 소박함을 나타낸다.
18) 姜嫄 : 일설에는 '姜原'이라고도 한다. 전설에 의하면, 그녀는 周나라의 시조인 后稷의 모친이라고 전한다.

(賢才)임을 알았다. 그래서 그를 대농(大農)에 임명하고, 희(姬)라는 성을 주었다. 희는 즉 본(本)을 뜻한다. 시인은 그를 찬미하고 칭송하여 말하기를, 그 처음은 백성 이래에 있었도다[19]라고 하며, 충분히 수련하고 날로 성취하였던 후직의 시작을 칭찬하였다'라고 하였습니다. 그리고 공자는 말하기를, '이전에 당요가 설을 자씨라고 명한 것은 탕이 있었기 때문이며, 후직을 희씨라고 명한 것은 문왕이 있었기 때문이다. 대왕(大王)[20]은 은의 계력(季歷)[21]을 자신의 계승자로 명하여 하늘에서 내린 상서로움을 표명하였다. 태백(太伯)[22]이 오(吳)에 이르자, 주 문왕과 주 무왕(周武王)이 천하를 얻어 주 왕조를 대대로 잇는 근원이 생긴 것이다'라고 하였습니다. 하늘의 뜻은 알기 어려운 것이지만, 성인이 알지 못하는 바는 아닙니다. 순(舜), 우(禹), 설, 후직 모두는 황제(黃帝)의 자손입니다. 황제가 하늘의 명을 받고 천하를 다스렸는데, 그의 덕이 깊어 멀리 후세까지 전해진 것입니다. 그러므로 그의 자손이 천자로 세워진 것은 하늘이 덕 있는 자에게 보답한 것입니다. 사람들이 모두 이 도리를 모르고 제왕이 모두 보통 사람에게서 생긴 것으로 여기는데, 보통 사람이 어찌 까닭없이 흥기하여 천하를 군림할 수 있겠습니까? 그들은 모두 하늘의 뜻을 얻어 이렇게 할 수 있었던 것입니다."

장부자가 물었다. "황제(黃帝)의 후세가 어떻게 이토록 오래 천하를 군림할 수 있었습니까?"

그러자 저선생이 대답하였다. "『경전』에서 말하기를 천하의 군주는 만민의 원수(元首)로서, 그들은 하늘에 백성의 생명을 연장하기를 간구하며, 왕위에 올라 그 복을 만대에 전한다고 하였습니다. 황제(黃帝)는 바로 그러한 사람이었습니다. 오정(五政)[23]을 밝히고, 예의를 닦았으며,

---

19) 『詩經』「大雅」"生民"에 보인다.
20) 大王 : 周나라 太王인 古公亶父를 말한다. 그는 邪(지금의 河南省 邪縣)에서 유력한 大農으로 대대로 살아가던 周나라 왕실 사람으로서, 舜임금 때 后稷이라는 벼슬에 올라서 農事를 맡아보던 棄의 후예이다. 殷나라 제19대 小乙王 때에 와서 古公亶父는 北狄들의 습격을 피해 邪을 떠나 岐山(지금의 陝西省 岐山縣) 기슭으로 옮겨와 국호를 周라고 하였다.
21) 季歷 : 古公亶父의 막내 아들이며 周 文王의 부친이다. 그는 古公亶父를 계승하여 周나라 부족의 수령이 되었는데, 王季 혹은 公季라고도 불린다.
22) 太伯 : 古公亶父의 장자이며, 춘추시대 吳의 시조가 되었다.
23) 五政 : 고대에는 농잠을 흥하게 하고, 선악을 심판하며, 文敎를 선양하고, 군비를 갖추고, 상벌을 밝히는 것을 '五政'이라고 하였다.

하늘의 기회에 따라 군사를 일으켜 정벌하여 승리를 얻었습니다. 그래서 왕위에 올라 그 복을 천대에 전하였습니다. 촉왕(蜀王)은 황제의 후손으로서, 지금까지 한(漢)나라의 서남쪽 5천리 밖에서 찾아와 자주 한나라 천자를 뵙고 공물을 주기적으로 바치고 있습니다. 이는 어찌 그의 조상이 덕행이 있어 그 덕이 후세까지 전해진 것이 아니겠습니까? 도덕을 수행함에 어찌 소홀할 수 있겠습니까? 백성의 군왕은 모두 이에 유의하여 자신을 성찰해야 합니다. 한나라의 대장군(大將軍) 곽자맹(霍子孟)[24]은 이름이 광(光)으로 역시 황제의 후손입니다. 이러한 사실은 단지 지식이 밝고 멀리 내다볼 줄 아는 사람들과 함께 말할 수 있는 것이며, 배움이 얕은 사람들과는 함께 논하기 어려운 일입니다. 왜 이렇게 말하겠습니까? 고대의 제후는 나라로서 성씨를 삼았습니다. 곽(霍)[25]은 국가의 명칭입니다. 주 무왕이 그의 제숙(弟叔)을 곽에 봉하였는데, 후세까지 이어지다가 진 헌공(晉獻公)에 의해서 곽공이 멸망하였습니다. 그리하여 곽공의 후손은 평민이 되어 평양(平陽)[26] 일대를 왕래하며 거주하였습니다. 평양은 하동(河東) 지역에 있었는데, 하동은 진(晉)나라의 영토에 속해 있었으나 그후 위(衛)나라로 나뉘어졌습니다. 『시경』에 의하면, 이들 또한 주나라의 자손이며, 주나라는 후직에서 시작하였고, 후직은 부친이 없이 태어났다고 합니다. 그러나 「삼대세전(三代世傳)」에 따르면, 후직에게는 고신(高辛)이라는 이름의 부친이 있었으며, 고신은 황제(黃帝)의 자손이라 하였습니다. 『황제종시전(黃帝終始傳)』[27]에 말하기를 '한나라 왕조가 흥기한 지 백여 년이 되었을 때, 적당하게 키가 큰 한 사람이 백연향(白燕鄕)[28]에서 와서 천하의 정사를 담당하였다. 당시 어린 황제[29]가 있었으나, 그는 어린 황제의 수레를 위축시켜 물러나게 하였다'라고 하였습니다. 곽장군은 본래 양평에 있는 백연향에 거주하였습니다. 신

---

24) 霍子孟 : 西漢의 저명한 정치가. 河東郡 平陽(지금의 山西省 臨汾縣 서남쪽) 사람으로, 일찍이 大將軍에 봉해진 바 있다.
25) 霍 : 지금의 山西省 霍縣 서남쪽에 위치하였던 나라.
26) 平陽 : 지금의 山西省 臨汾縣 서남쪽에 위치하였던 현 이름.
27) 『黃帝終始傳』 : 陰陽家의 서적으로, 五德終始의 설을 상세히 기술하였다.
28) 白燕鄕 : 『史記正義』에 의하면 '白燕'은 '白麑'라고도 하며, '白麑'는 고을 이름인지는 확실치 않다고 한다.
29) 漢 昭帝를 가리킨다. 그는 漢 武帝의 막내로, 이름은 劉弗陵이다. 어린 나이에 황제가 되어 霍光의 보좌를 받았다.

18

(臣)이 낭(郞)³⁰⁾을 지낼 무렵, 일찍이 방사(方士)³¹⁾인 고공(考功)³²⁾을 시정의 술집에서 만난 적이 있었는데, 방사가 내게 곽장군의 이러한 상황을 말해주었습니다. 어찌 그가 위대하지 않다고 하겠습니까!"

---

30) 郞:漢나라의 관직 이름으로 郞中令의 屬官이다.
31) 方士:神仙方術을 강설하는 사람을 가리킨다.
32) 考功:方士의 벼슬을 말한다.

권14 「십이제후연표(十二諸侯年表)」* 제2

    태사공은 『춘추역보첩(春秋曆譜諜)』[1]을 읽다가 주(周)나라 여왕(厲王)[2]에 이르면, 책을 내던지고 탄식하지 않은 적이 없다. 슬프구나, 태사(太師)[3] 지(摯)[4]가 이렇게 될 줄 예견하였도다! 주왕(紂王)[5]이 상아로 만든 수저를 사용하자 기자(箕子)[6]가 비난하였다. 주나라의 법도가 해이해지자, 시인은 그 근원이 부부생활에 있다고 "관저(關雎)"를 지었다.[7] 인의(仁義)가 점차 쇠미해지자, "녹명(鹿鳴)"[8]을 지어 풍자하였

---

 * 西周의 共和 원년(기원전 841년)에서 孔子의 죽음(기원전 479년)을 거쳐 周 敬王 43년(기원전 476년)까지 모두 366년간의 춘추 시기를 도표화하면서 14개의 칸(周, 魯, 齊, 晉, 秦, 楚, 宋, 衛, 陳, 蔡, 曹, 鄭, 燕, 吳)을 배정하였다. 「三代世表」의 끝 부분에는 11제후를 기록하고 있으나 여기에서는 鄭과 吳를 추가하고 周 왕실을 포함시켜 14칸이 된 것이다. 따라서 表의 제목은 '12제후'라고 하였으나 실제로는 '13제후'이다. 鄭은 共和 이후인 周 宣王에게 봉해졌기(기원전 806년) 때문에 「三代世表」에는 기록되지 않았다. 吳는 仲雍의 후예로 周 武王에게 봉해졌으나 이 年表에서는 吳王 壽夢이 왕으로 칭한 원년(기원전 585년)을 그 기점으로 삼아 풍자의 뜻을 드러내었다고 한다. 그런데 '12제후'라고 한 것은 두 개를 제외시킨 것인데, 왕실인 周가 제후국이 아니기 때문에 이를 뺀 것은 당연하지만, 나머지 하나의 제후를 제외시켰다는 견해에는 두 종류가 있다. 吳나라를 오랑캐의 나라로 치부하여 포함시키지 않았다는 설과, 『春秋』가 하나뿐인 왕의 법을 말하고 있고 魯나라는 그것을 상징하므로 周 왕실에 묶을 수 있기 때문에 제목의 '12'라는 숫자에는 포함시키지 않았다는 설이다.

1) 『春秋曆譜諜』: 고대에 『春秋』를 연마하던 학자들의 年歷과 譜諜에 관한 견해를 수록한 책이다. 『漢書』「藝文志」에는 「黃帝五家曆」, 「顓頊曆」, 「古來帝王年譜」, 「帝王諸侯世諜」 등 譜諜類의 명칭이 보이는데, 모두 18명이고 606권이라고 되어 있다. 司馬遷은 일찍이 이 방면의 자료들을 섭렵하였고, 이러한 책을 본떠 世表와 年表를 지었다.

2) 厲王: 西周의 임금으로 성이 姬이고 이름은 胡이다. 기원전 841년에 일어난 폭동으로 패망하였다.

3) 太師: 周代의 樂官 이름이다.

4) 摯: 魯나라의 太師를 말한다.

5) 紂王: 商나라의 폭군으로 권3 「殷本紀」에 그의 사적이 상세하다.

6) 箕子: 商 紂王의 숙부로서, 箕(지금의 山西省 太谷縣 동북쪽) 땅에 봉해졌다. 紂王에게 직언하였다가 감금되었고, 周 武王이 商을 멸망시킨 후에야 석방되었다.

다. 여왕에 이르러 여왕은 자신의 실정(失政)을 듣기 싫어하였으므로, 공경들도 주륙(誅戮)을 두려워하여 감히 간언하는 자가 없어 화(禍)가 일어나고, 여왕은 마침내 체(彘)⁹⁾로 달아났다. ¹⁰⁾ 난리는 경사에서 시작되었으며, 주공(周公)과 소공(召公)이 연합하여 다스렸다. 이때부터 무력에 의한 정치가 횡행하여, 강자는 약자를 괴롭혔고, 군대 동원령은 천자의 재가를 요청하지 않아도 되었다. 그리고 왕실의 명분을 빌려, 이국(異國)을 토벌한 공을 다투어 맹주(盟主)가 되려고 하였다. 이리하여 정국은 오패(五霸)¹¹⁾에 의해서 좌우되었다. 제후들은 마음대로 행동하고 음란과 사치로 법도를 따르지 않았다. 반란을 일으키는 신하와 권력을 찬탈하는 자가 날로 늘어났다. 제(齊), 진(晉), 진(秦), 초(楚) 등은 성주(成周)¹²⁾ 때에는 아주 작은 나라였는데, 그 영역은 100리 혹은 50리 정도였다. 진(晉)나라는 삼하(三河)¹³⁾가 막아주고, 제나라는 동해를 등지고, 초나라는 장강(長江)과 회하(淮河)¹⁴⁾를 경계로 삼고, 진(秦)나라는 옹주(雍州)¹⁵⁾의 험준한 지형으로 연유하여, 이 네 나라가 차례로 흥기하여 패자가 되었다. 문왕과 무왕이 포상으로 봉하였던 제후들은 모두 그들

---

7) 여기에서 司馬遷은 "關雎"에 대한 해석을, 대신 畢公이 周 康王의 호색을 풍자한 작품이라는 '魯詩'의 견해를 수용하였다. 한편 「毛詩序」에는 后妃의 덕을 노래한 것이라고 하였다.

8) "鹿鳴": 『詩經』「小雅」의 첫 작품으로, 周 천자, 제후, 상류귀족들의 연회에 사용된 樂歌이다. 고대에는 이 시가 풍자시라는 견해가 있었다. 『史記志疑』에서 『文選』의 蔡邕의 「琴操」에 주를 인용하여, ""鹿鳴"은 周나라 대신이 지은 것으로, 왕도가 쇠약해지자, 현자들이 은거한다고 풍자했던 것이다"라고 하였다. 司馬遷도 이러한 견해를 수용하여 풍자시로 보았다.

9) 彘 : 지금의 山西省 霍縣 동북쪽.

10) 周 厲王은 즉위하면서 榮夷公을 卿士로 임용하였고, 조칙을 내려 산천을 국유지로 만들었으며, 이익에만 매달려 백성들의 불만을 야기시켰고 급기야 백성들은 왕을 힐난하기 시작하였다. 厲王은 여론을 막기 위하여 비방하는 자를 감시하도록 조치하였고, 만일 비방하는 자가 있으면 즉각 죽여버렸다. 그래서 사람들은 감히 말을 하지 못하였던 것이다. 그러나 끝내 백성들은 폭동을 일으켜 厲王을 전복시켰다. 이때 厲王은 彘로 도주하였고, 나중에 거기서 죽었다.

11) 五霸 : 즉 춘추시대의 齊 桓公, 秦 穆公, 晉 文公, 宋 襄公, 楚 莊王을 가리킨다.

12) 成周 : 西周의 東都인 洛邑을 成周라고 하였는데, 지금의 河南省 洛陽市 동쪽에 있었다. 그러나 여기서는 西周를 지칭하는 말이다.

13) 三河 : 즉 黃河, 淮河, 洛河를 말한다.

14) 일설에는 淮河를 漢水의 오류라고도 한다.

15) 雍州 : 고대 九州의 하나로, 대략 그 영역은 지금의 陝西省 동쪽과 북쪽 그리고 甘肅省의 일부분이었다.

의 위협 앞에 굴복하였다. 이로 인해 공자(孔子)는 왕도를 밝히려고 70
여 제후들에게 강구하였으나,[16] 아무도 그를 맞아들이지 않았다. 그래서
공자는 서쪽 주 왕실의 서적을 살펴보고, 역사 기록과 예전의 견문들을
논술하였는데, 노(魯)나라의 사적을 위시하여 『춘추』를 편찬하였다. 멀
리는 노나라 은공(隱公) 원년부터 기록하였고, 가깝게는 애공(哀公) 시
대에 획린(獲麟)한 시기[17]까지 이르렀다. 그 문장을 간략하게 썼고, 번
잡하고 중복되는 것을 빼버렸다. 의리와 법도를 제정함으로써 왕도가 구
비되게 하였다. 70명의 제자들은 스승의 주장을 언변으로 전수하였는데,
거기에는 비평, 권고, 찬양, 은휘(隱諱), 힐난, 훼손 등의 문장이 있어,
겉으로 표현하지 않았다. 노나라의 군자 좌구명(左丘明)[18]은 제자들이
각각 오류를 범하며, 제각기 주관에 집착하여, 그 진의를 잃는 것을 염려
하였다. 그래서 그는 공자의 역사 기록에 연유하여 그 구절을 상세하게
논술하여 『좌씨춘추(左氏春秋)』[19]를 지었다. 탁초(鐸椒)는 초(楚)나라
위왕(威王)의 스승인데, 위왕이 『춘추』를 전부 열독할 수 없기 때문에,
성공과 실패의 기록을 채취하여 마침내 40장을 지어 『탁씨미(鐸氏微)』[20]
라고 하였다. 조(趙)나라 효성왕(孝成王) 때, 재상 우경(虞卿)은 위로는
『춘추』에서 채취하고 아래로는 근세의 정세를 관찰하여, 8편을 지어 『우
씨춘추(虞氏春秋)』[21]라고 하였다. 여불위(呂不韋)는 진(秦)나라 장양왕
(莊襄王)의 재상으로서, 역시 위로는 상고시대를 통찰하고 『춘추』를 정리
하여 6국의 사적을 집성하였는데, 팔람(八覽), 육론(六論), 십이기(十二
紀)로 편찬하여 『여씨춘추(呂氏春秋)』[22]라고 하였다. 그리고 순자(荀

---

16) 실제로 孔子가 방문한 제후국은 10개 국에 지나지 않는다.
17) 『春秋』에는 魯 哀公 14년(기원전 481년)까지 기록되어 있는데, 이해에 상서로운
     동물로 인식하던 기린을 잡았다고 전해진다.
18) 左丘明 : 춘추시대 魯나라의 太史.
19) 혹은 『春秋左氏傳』, 『左傳』이라고도 부른다.
20) 『漢書』 「藝文志」에서도 『鐸氏微』 3편이라고 되어 있으나 현전하지 않는다.
21) 『史記志疑』에 따르면, 이는 『虞卿傳』과 더불어 8편이라고 하며, 「藝文志」에서는
     15편이라고 하며, 또 『虞氏微傳』 2편이 더 있다고 하여 그 수가 훨씬 많아서, 司馬
     遷의 오류라고 지적하였다.
22) 이는 『呂覽』 또는 『呂子』라고도 부른다. 구성은 매 覽마다 8편, 매 論마다 6편,
     매 紀마다 5편씩 이루어져 모두 160편이다. 「有始覽」 중에 1편이 빠졌으나, 「序意」
     로 보충하였다. 실제로는 이 책은 呂不韋가 편찬한 것이 아니라, 그의 빈객들이 지
     은 것이다.

子), 맹자(孟子), 공손고(公孫固),[23] 한비자(韓非子) 같은 자들은 왕왕 각자 『춘추』의 뜻을 받아들여 저작하였으므로, 이루 다 예거할 수 없을 정도이다. 한(漢)나라의 재상 장창(張蒼)[24]은 보첩의 형식으로 오덕(五德)에 관해서 저술하였고, 상대부(上大夫) 동중서(董仲舒)[25]는 『춘추』의 대의를 추론하여 많은 문장을 지었다.

태사공은 말하였다.

유가는 『춘추』의 문장을 가려서 대의를 취하고, 유세가는 그 어투를 응용하지만 그 본말을 종합하는 데 착중하지 못한다. 역법에 종사하는 사람은 그 연월(年月)만을 채용하고, 음양가는 그 독특한 운명만을 중시하고, 보첩을 연마하는 학자는 그 세계(世系)와 시호의 기록만을 본다. 그들의 문장은 모두 아주 단순하여, 『춘추』의 모든 요지를 발견하기가 어렵다. 그래서 12제후국[26]의 보첩을 편찬하였는데, 연합 정권부터 공자에 이르기까지, 연표는 『춘추』와 『국어(國語)』[27]를 연마하는 학자들이 탐구하는 성쇠의 대의를 볼 수 있도록 편집하여 지었는데, 학문을 이루거나 고문을 연마하는 자를 위하여 요점을 정리하였다.

---

23) 公孫固：齊 閔王 때 사람으로 『漢書』 「藝文志」에 「公孫固」 1편이 기재되어 있으나 현전하지 않는다.
24) 張蒼：西漢의 대신으로 천문에 밝았다. 漢 文帝 때 丞相이 되었고, 『終始五德傳』을 저술하였다. 사적은 권96 「張丞相列傳」에 상세히 기록되어 있다.
25) 董仲舒：漢 武帝 때의 사상가로서, 『春秋繁露』를 저술하였다.
26) 실제로는 춘추시대의 13제후국(魯, 齊, 晉, 秦, 楚, 宋, 衛, 陳, 蔡, 曹, 鄭, 燕, 吳)의 성쇠를 기록하였다. 이중에서 대체로 吳나라는 오랑캐의 나라로 치부하여 포함시키지 않았다.
27) 이 서적은 춘추시대 때 左丘明이 지은 것으로, 西周 말기부터 춘추시대 周, 魯나라 등의 귀족들의 언론을 주로 기록하였다. 나중에 西漢의 劉向이 校監하였다. 현전하는 것은 모두 21편으로, 내용은 周 穆王부터 魯 悼公까지를 담고 있다.

권15 「육국연표(六國年表)」* 제3

태사공이 『진기(秦記)』[1]를 읽는데, 견융(犬戎)[2]이 유왕(幽王)[3]을 격파하자 주(周)나라는 동쪽으로 가서 낙읍(洛邑)에 천도하고,[4] 진(秦)나라의 양공(襄公)[5]이 처음으로 제후에 봉해져서 서치(西畤)[6]를 세워 상제(上帝)를 제사 지냈다는 부분에 이르러 참람하게도 예를 범한 흔적을 발견하게 되었다. 『예(禮)』에서는 "천자(天子)는 천지(天地)에 제사 지내고, 제후는 자신의 봉역(封域)내에서 명산대천(名山大川)에 제사 지낸다"[7]라고 하였다. 당시에 진나라에는 융적(戎翟)[8]의 풍속이 뒤섞여, 그

---

* 周 元王에서 秦 始皇이 천하를 통일한 秦의 2세 3년(기원전 207년)까지 270년의 기간을 도표화하였다. 6국(魏, 韓, 趙, 楚, 燕, 齊)이라고 하였지만 年表에는 8나라, 즉 周 왕실과 戰國七雄을 싣고 있다. 첫번째 칸의 周는 왕실로서 천하의 주인이며, 두번째 칸의 秦은 천하의 존망에 관련되어 있고 나아가 秦나라가 천하를 통일한 대업을 높이기 위하여 周와 秦을 '6'이라는 숫자에 포함시키지 않았다. 이 年表의 序는 秦나라가 6국을 통일한 역사를 개괄적으로 다루고 있는, 일종의 秦의 흥망에 대한 史論이다. 秦나라가 중국을 통일하게 된 원인과 단명한 秦나라의 역사상의 지위에 대한 평가 등이 그 요점이다.

1) 『秦記』: 秦나라의 史記. 秦나라가 천하를 통일한 후에 각국의 史記는 불태워졌는데, 秦나라의 史記는 유일하게 남아 있다.

2) 犬戎 : '西戎'의 다른 이름으로 畎夷, 昆夷, 混夷, 串夷라고 부르기도 한다. 고대에 지금의 陝西省 鳳翔縣 이북에서 활동하던 부족인데 늘상 동쪽으로 침입해와서 西周의 엄중한 위협물이 되었다.

3) 幽王 : 西周의 마지막 왕. 기원전 771년에 犬戎이 침입하여 驪山(지금의 陝西省 臨潼縣 부근) 아래에서 幽王을 살해하니 西周는 마침내 멸망하였다.

4) 洛邑은 周 幽王이 살해된 후에 아들인 平王이 도읍을 옮긴 곳이다. 洛水의 북쪽에 위치하며 東周, 後漢, 西晉, 後魏, 隋, 五代 등도 이곳을 수도로 하였다.

5) 襄公 : 秦나라의 개국군주로 周 平王을 호송하여 洛邑으로 천도할 때에 공을 세워 제후에 봉해졌다.

6) 西畤 : '西'는 西垂(지금의 甘肅省 天水市 서남쪽)이며 '畤'는 上帝에 제사 지내는 곳이다.

7) 이 구절은 『禮記』「王制」편에 보인다.

8) 戎翟 : 중국의 고대 서부와 북부의 부족을 두루 지칭한다. 西周가 패망한 후에 西周의 도읍 지역은 戎翟에게 점령되었는데, 秦나라는 戎翟과 내왕하는 중에 그들의 풍속과 문화를 흡수하게 된다.

들은 포악함을 앞세우고 인의를 뒤로 하며, 번신(藩臣)⁹⁾의 지위에 있으면서도 교사(郊祀)¹⁰⁾의 예를 행하니,¹¹⁾ 군자들이 걱정하고 두려워하기 시작하였다. 문공(文公)¹²⁾에 이르러서는 농(隴)¹³⁾을 넘어 이적(夷狄)을 물리치고, 진보(陳寶)¹⁴⁾를 귀히 받들며 기(岐)¹⁵⁾와 옹(雍)¹⁶⁾ 사이에서 기틀을 닦았다. 그리고 목공(穆公)이 통치하여 진나라의 동쪽 경계가 황하까지 확장되자, 제(齊)나라의 환공(桓公)이나 진(晉)나라의 문공(文公)과 같은 중국의 후백(侯伯)과 세력이 대등하게 되었다. 이때부터 배신(陪臣)¹⁷⁾들이 정권을 장악하고 대부(大夫)들이 세습하여 녹을 먹고, 육경(六卿)¹⁸⁾이 진(晉)나라의 권력을 마음대로 하고 정벌이나 회맹(會盟)을 할 때에 그들의 권세는 다른 제후들을 압도하였다. 전상(田常)¹⁹⁾이 간공(簡公)을 살해하고 제나라를 보좌하는데도 제후들은 태평하게도 그를 토벌하지 않았으며, 해내(海內)²⁰⁾에서는 전공(戰功)만을 다툴 뿐이었다. 삼국(三國)²¹⁾은 나중에 끝내 진(晉)나라를 분할하였으며, 전화(田和)²²⁾도 또한 제나라를 멸하고 이를 차지하니 육국(六國)이 강대해진 것

---

9) 藩臣 : 왕실의 藩屛이 되는 신하로 곧 제후를 가리킨다.

10) 郊祀 : 천지에 제사 지내는 것으로 동지에는 南郊에서 하늘에 제사 지내고 하지에는 北郊에서 땅에 제사 지냈다. '郊祭'라고도 한다.

11) 秦나라는 제후국이면서 천자의 郊祭를 행하므로 이는 신하가 임금을 범한 행동인 것이다.

12) 文公 : 秦 文公으로 襄公의 아들이다. 文公은 犬戎을 격퇴한 후에 岐山 서쪽 지역을 차지하였다.

13) 隴 : '隴坂'을 말하는데 지금의 陝西省 隴縣 서북 지역이다.

14) 陳寶 : 秦 文公 19년(기원전 747년) 陳倉의 북쪽 阪城에서 이상한 돌을 얻게 되니 그곳에 단을 쌓아 제를 올리고 '陳寶'라고 하였다.

15) 岐 : 읍 이름으로 지금의 陝西省 岐山縣 동북 지역이다.

16) 雍 : 읍 이름으로 지금의 陝西省 鳳翔縣 남쪽 지역이다.

17) 陪臣 : 고대에 제후나 大夫들은 천자에 대해서 자신을 지칭할 때에 '陪臣'이라고 하였다.

18) 六卿 : 춘추시대 晉나라의 六卿을 가리키는데, 곧 韓氏, 趙氏, 魏氏, 范氏, 智氏, 中行氏의 귀족을 말한다. 춘추시대 말기에 이들 六卿의 세력은 강대해져서 점차 晉나라의 정권을 장악하였다.

19) 田常 : 齊나라의 대신으로 일찍이 簡公을 섬겼으나 나중에 簡公을 살해하고 平公을 세우고 조정을 마음대로 하였다.

20) 海內 : '四海의 안'이라는 뜻으로, 나라 안 또는 천하를 말한다.

21) 三國 : 晉나라의 韓, 趙, 魏를 가리킨다. 기원전 377년에 晉나라를 분할하였다.

22) 田和 : 齊나라의 대신으로 田常의 증손자인데 齊나라의 정권을 탈취하였다. 기원전 386년에 周 安王이 田和를 제후로 승인하였다.

은 이때부터였다. 각 제후들은 병력을 강화하여 적국을 병합하기에 힘써 음모와 사기가 자행되었으며 종횡(縱橫)²³⁾과 단장(短長)²⁴⁾의 의론(議論) 이 일어났다. 왕명을 사칭한 제후들이 벌떼처럼 판을 치고, 맹세를 하고 서도 믿음을 저버리니, 인질을 두고 부(符)²⁵⁾를 나누어가져도 약속할 수 가 없었다. 진(秦)나라는 처음에는 작은 나라였으며 〔중원에서〕 멀리 떨 어져 있었기 때문에, 제하(諸夏)²⁶⁾는 이를 배척하여 융적과 동등하게 대 하였는데, 헌공(獻公)²⁷⁾ 이후부터는 늘 제후들의 가운데서 군림하였다. 그러나 진나라의 덕의(德義)를 논한다면 노(魯)나라나 위(衞)나라의 포 악한 자보다도 못하였고,²⁸⁾ 진나라의 병력을 재보면 삼진(三晉)의 강대 함만 못하였으나, 그럼에도 불구하고 마침내 천하를 병합한 것은 반드시 진나라의 지리적 위치가 험고하여 형세가 이로웠기 때문만은 아니니, 아 마도 하늘이 도왔던 것 같다.

　누군가가 말하기를 "동방(東方)은 만물이 처음 나는 곳이며, 서방(西 方)은 만물이 성숙하는 곳이다"라고 하였다. 무릇 먼저 일을 시작하는 사 람은 반드시 동남(東南)에서 일어나고, 실제적인 효과를 거두는 곳은 언 제나 서북(西北)이다. 그러므로 우(禹)는 서강(西羌)²⁹⁾에서 일어났고, 탕(湯)은 박(亳)³⁰⁾에서 일어났으며, 주 왕조는 풍(豐)³¹⁾과 호(鎬)³²⁾를 근거로 하여 은(殷)을 정벌하였으며, 진(秦)나라의 제왕들은 옹주(雍州) 에서 일어났고, 한(漢)나라가 일어난 곳은 촉(蜀)³³⁾과 한(漢)³⁴⁾이었다.

---

23)　縱橫 : 合縱과 連橫을 가리킨다.
24)　短長 : 전국시대의 合縱連橫의 책략을 말한다.
25)　符 : 나무나 대나무 조각에 글을 쓰고 證印을 찍은 후에 두 쪽으로 쪼개어 한 조 각은 상대방에게 주고, 다른 한 조각은 자기가 보관하였다가 후일에 서로 맞추어 증 거로 삼는 것을 말한다.
26)　諸夏 : 周 왕실이 분봉한 제후국. 여기서는 중원의 6국을 가리킨다.
27)　獻公 : 秦 獻公을 가리킨다. 그는 櫟陽(지금의 陝西省 臨潼縣 동부 지역)으로 천 도하고 韓魏를 격퇴하여 秦나라의 세력을 점차 동쪽으로 확장하였다.
28)　崔適은『史記探源』에서 "이 구절은 마땅히 '秦나라의 포악함을 논한다면 魯, 衞의 德義만 못했다'로 해야 한다"라고 말하였다.
29)　西羌 : 서방에서 활동하던 부족 이름이다.
30)　亳 : 지명으로 서북 지방의 亳을 가리킨다.
31)　豐 : 周나라의 도읍으로 '酆'이라고도 한다. 지금의 陝西省 長安縣 서남쪽 灃水 서 쪽 지역이다.
32)　鎬 : 周 武王이 도읍한 곳으로 지금의 陝西省 長安縣이다.
33)　蜀 : 지금의 四川省 成都 지역이다.

진나라는 천하를 합병한 후에 천하의 『시경 (詩經)』과 『서경 (書經)』을 불살라버렸는데, 특히 제후국의 사기 (史記)가 가장 심하였다. 이는 여기에 진나라를 풍자한 말이 실려 있었기 때문이다. 그래도 『시경』과 『서경』을 다시 볼 수 있게 된 것은 이러한 책은 대부분이 민가 (民家)에 소장되어 있었기 때문이며, 역사를 기록한 전적은 오로지 주 왕실에만 소장되어 있었기 때문에 없어진 것이다. 애석하구나! 애석하구나! 다만 『진기』만이 남아 있으나 일월 (日月)이 기재되어 있지 않고 문장도 극히 간략하여 완전하지 못하다. 그러나 전국시대 (戰國時代)의 권변 (權變)35)의 방법은 역시 채용할 만한 것이 있으니, 어찌 상고 (上古)의 것만이 반드시 볼 만하다고 하겠는가. 진나라는 천하를 얻은 후에 포악한 행위가 많았다. 그러나 세태가 바뀌면서 그 법을 새롭게 고쳐 큰 효과를 거두기도 하였다. 전하는 말로 "후왕 (後王)을 본받는다"라고 하였는데, 이것은 무슨 이유일까? 그것은 후왕은 자신과 근접해 있으므로 풍속의 변화도 서로 비슷하여 설사 그 의론 (議論)이 천하다고 하여도 실행하기 쉽기 때문이다. 학자는 자기가 견문한 바에 얽매어서 진 왕조의 재위 기간이 길지 않은 것만을 보고 그 처음과 끝을 살피지 못하여 이로 인하여 모두들 비웃으며 감히 칭찬의 말을 하려 하지 않으니, 이는 귀로 음식을 먹는 것과 다름이 없다. 슬프도다!

나는 그리하여 『진기』의 기록에 의하여 『춘추 (春秋)』를 계승하여 주나라의 원왕 (元王)에서 시작하여 육국시대의 시사 (時事)를 표로 만들어 이세 (二世)36)에 이르니, 모두 270년이다. 여러 가지 견문한 바 흥폐 (興廢)의 원인을 적어놓아 후대에 군자가 있어 열람할 수 있도록 하고자 한다.

---

34) 漢 : 지금의 陝西省 秦嶺 이남과 湖北省 서북부 지역이다.
35) 權變 : 임기응변의 책략.
36) 二世 : 秦나라의 2세 胡亥를 가리킨다.

권16 「진초지제월표(秦楚之際月表)」* 제4

태사공이 진(秦), 초(楚)의 역사를 읽고 나서 말하였다.

처음에 반란을 일으킨 것은 집섭(陳涉)이고, 잔인하고 포악하게 진나라를 멸한 것은 항우(項羽)[1]이다. 그러나 어지러운 세상을 바로잡아 포악한 자를 제거하고 해내(海內)를 평정하여, 마침내 제위에 오른 것은 한가(漢家)에 의해서 완성되었다. 이 5년간[2] 호령하는 자가 3차례나 바뀌었는데, 인류가 생긴 이래 이처럼 빨리 천명을 받은 때는 없었다.

옛날 우(虞), 하(夏)의 흥함은 선과 공을 쌓은 지 수십 년, 덕으로 백성들을 윤택하게 하고, 하늘을 대신해서 정사를 행하다가 하늘에 의해서 시험을 받은 연후에 제위(帝位)에 올랐다. 탕(湯)과 무(武)가 왕을 칭하게 된 것은 계(契)[3]와 후직(后稷)[4]으로부터 인을 닦고 의를 행한 지 10

---

* 秦나라의 2세 원년(기원전 207년) 7월에서 漢 高祖 5년(기원전 202년) 9월까지의 秦과 漢의 급격하게 변하는 정치형세를 개술하였는데, 5년이라는 짧은 시간에 천하를 호령한 사람들이 陳涉, 項羽, 劉邦 3명이기 때문에 月表를 처음으로 만들어서 이 시기의 급변하는 사태를 상술하였다. 이 月表는 두 부분으로 나눌 수 있다. 첫째는 秦을 중심으로 한 表로서, 陳涉이 난을 일으키고 6國이 일어나는 것으로 「六國年表」를 이었으며, 6국에다가 秦, 項, 漢을 더하여 9칸(秦, 楚, 項, 趙, 齊, 漢, 燕, 魏, 韓)으로 하였다. 둘째는 楚나라 중심의 表로서, 項羽가 18王을 나누어 봉하고 楚와 漢이 서로 다투는 것을 정리하였다. 18王에다가 義帝와 項羽의 두 칸을 배정하여 모두 20칸이다. 義帝는 그 첫번째 칸에 올라 있는데, 이는 그가 천하의 주인임을 드러낸 것이며, 義帝가 죽자 그 칸은 비워둔 채 表의 체제를 변경하지 않은 것은 項羽가 다만 覇王으로 불렸을 뿐 아직 황제를 칭하지 않았기 때문이다. 그리고 漢王 5년에 劉邦이 황제를 칭하였으나 첫번째 칸에 올리지 않는 것은 漢王의 表에 올려야 할 것이기 때문이다. 따라서 이 表의 이름을 「秦楚之際月表」라고 하였다.

1) 項羽는 咸陽에 진입한 후에 秦王 子嬰을 죽이고 궁실을 불태우는 등 잔인하고 포악한 방법으로 秦나라를 멸망시켰다.

2) 陳涉이 왕을 칭한 때(기원전 209년)부터 漢 5년(기원전 202년) 劉邦이 황제를 칭한 때까지는 사실은 모두 8년간이다. 여기에서 말하는 '5년간'은 기원전 207년부터 기원전 202년까지를 가리킨다.

3) 契: 商 부족의 시조. 그로부터 14대를 전하여 湯王에 이르렀다.

4) 后稷: 周 부족의 시조. 그로부터 15대를 전하여 武王에 이르렀다.

여 세대, 약속도 하지 않았는데 800여 명의 제후가 맹진(孟津)⁵⁾에서 모였지만, 오히려 아직 때가 되지 않았다고 여겼고, 때가 성숙된 연후에야 비로소 탕왕이 걸(桀)을 유배시키고 무왕이 주(紂)를 죽였다. 진나라는 양공(襄公)⁶⁾ 때부터 일어나기 시작하여 문공(文公)⁷⁾과 목공(繆公)⁸⁾ 때 명성을 드러냈고, 헌공(獻公)⁹⁾과 효공(孝公)¹⁰⁾ 이후 점차 육국(六國)을 잠식한 것이 100여 년이 되었고, 진 시황(秦始皇)에 이르러 비로소 육국을 병합하였다. 우, 하, 상(商), 주(周) 나라가 그와 같이 덕을 쌓고, 진나라가 이와 같이 힘을 사용한 것은 모두 천하를 통일한다고 하는 것이 이처럼 어렵다는 것을 말하는 것이다.

진 시황이 황제를 칭한 이후 환란과 전쟁이 끊이지 않는 것은 제후들이 있었기 때문이다. 그래서 한자[一尺]의 땅도 분봉하지 않았고, 이름난 성(城)을 무너뜨렸다. 칼날과 화살촉을 녹이고, 호걸들을 제거하여 만세(萬世)의 안녕을 희망하였다. 그러나 왕업의 발흥은 민간에서 일어나 호걸들이 연합하여 진나라를 토벌하였으니, 그 위세는 삼대(三代)를 초월하였고, 이전에 진나라가 금지한 것들은 마침 어진 자를 도와 진나라를 치는 어려움을 제거하여 그를 몰아낼 수 있게 하였다. 그런 까닭에 고조(高祖)는 발분하여 천하의 패자가 되었으니, 어찌 봉지가 없이 왕이라 칭할 수 있겠는가! 그가 바로 책 속에서 전해져 내려오던 위대한 성인을 말하는 것인가? 이 어찌 하늘의 뜻이 아니겠는가! 어찌 하늘의 뜻이 아니겠는가? 위대한 성인이 아니라면 누가 능히 이때를 맞이하여 천명을 받아 황제가 되었겠는가?

---

5) 孟津 : 옛 黃河의 나루터 이름. 지금의 河南省 孟津縣 동북쪽. 周 武王이 일찍이 여기에서 제후들을 모아 군대의 위용을 검열한 적이 있다. 아울러 여기에서 黃河를 건너 紂를 토벌하였기 때문에 '盟津'이라고도 부른다.

6) 襄公 : 춘추시대 秦의 개국군주. 周 平王을 호위하여 洛邑으로 東遷하는데 공을 세워 제후로 봉해졌고 岐山 서쪽의 땅을 하사받았다. 이때부터 秦은 강성해졌다.

7) 文公 : 秦 襄公의 아들. 일찍이 戎翟과의 싸움에서 승리하여 岐山 이서 지역까지 영토를 확장하였다.

8) 繆公 : 이름은 任好이다. 춘추오패 가운데 한 명. '繆'은 '穆'과 통한다.

9) 獻公 : 이름은 師隰으로 일찍이 韓나라와 秦나라를 패배시켜 秦나라로 하여금 영토를 黃河 이서 지역까지 확장하게 하였다.

10) 孝公 : 이름은 渠梁이다. 商鞅을 임용하여 법을 고치고 제도를 개혁하였으며 도읍을 咸陽으로 옮겼다. 나라를 부유하게 하고 군대를 강하게 하여 秦나라가 六國을 병합하는 데 기초를 세웠다.

권17 「한흥이래제후왕연표(漢興以來諸侯王年表)」* 제5

태사공은 말하였다.

은(殷)나라 이전의 역사는 오래되었다. 주(周)나라의 봉작(封爵)에는 공(公), 후(侯), 백(伯), 자(子), 남(男)의 다섯 등급이 있었다. 그래서 백금(伯禽)을 노(魯)나라에 봉하고, 강숙(康叔)을 위(衞)나라에 봉하였는데,[1] 그들의 봉지는 400리였다. 이는 친척을 가까이하는 마음을 표시한 것이며, 공덕이 있는 이를 드러낸 것이다. 태공(太公)을 제(齊)나라에 봉하고,[2] 다섯 제후의 땅을 관리하게 한 것은 그의 공로를 존중함을 표시한 것이다. 주나라의 무왕(武王), 성왕(成王), 강왕(康王) 때 분봉받은 제후는 수백 명이었고, 그중 왕실과 같은 성으로 제후가 된 자는 55명이었다. 그들의 봉지는 큰 것도 백 리를 넘지 않았고, 적더라도 30리 이하는 아니었다. 이들은 왕실을 보좌하는 역할을 하였다. 후세에 와서 관(管), 채(蔡), 강숙(康叔), 조(曹), 정(鄭)[3] 등 제후의 봉지 중에 어떤 것은 규정보다 큰 것도 있고, 어떤 것은 감소된 것도 있었다. 여왕(厲王), 유왕(幽王) 이후에는 왕실이 이그러지고, 후(侯), 백(伯) 중에 강국이 일어났다. 그러나 천자는 힘이 약하여 그들을 다스릴 힘이 없었다.

---

* 같은 성씨의 9왕과 다른 성씨인 長沙王 등 제후국의 世系를 배열하였는데, 그 기간은 漢나라의 건국에서 太初 4년(기원전 101년)까지 모두 106년 동안이다. 呂太后(또는 高后), 惠帝, 文帝, 景帝, 武帝 등이 봉한 제후들도 表 속에 열거되어 있기 때문에 表의 제목을 「漢興以來諸侯王年表」라고 하였다.

　이 표는 100여 년간의 漢나라의 역사를 6개의 表로 나누었고 그 序는 5편으로 각각 그 논점을 달리하고 있는데, 이 表의 序는 총론에 해당하며 나머지 4편의 表序는 속론이나 각론이다.

1) 伯禽은 周公 旦의 長子로 成王 때 魯나라에 봉해졌다. 수도는 曲阜로 지금의 山東省 曲阜縣이다. 康叔은 周 武王의 아우로 이름은 封이다. 成王 때 衞나라에 봉해졌다.

2) 太公은 姜太公 呂尙을 말한다. 그는 齊나라에 봉해졌다. 수도는 臨淄로 지금의 山東省 淄博市 동북쪽이다.

3) 管은 管叔 姬鮮, 蔡는 蔡叔 姬度, 曹는 曹叔 姬鐸, 鄭은 鄭叔 姬友를 각각 가리킨다.

이것은 결코 주 왕실의 도덕성에 문제가 있기 때문이 아니라, 힘이 이미 쇠약해졌기 때문이다.

한(漢)나라가 일어난 뒤로, 봉작은 왕(王)과 후(侯)의 두 가지로 나뉘었다. 고조(高祖) 말년에 유씨(劉氏)가 아니면서 왕이 되거나, 혹은 공이 없어 천자가 봉하지 않았음에도 후가 된 자는 천하 사람이 모두 그를 토벌할 수 있게 맹약하였다. 그때 고조의 자제 또는 종실의 사람으로 왕이었던 자는 9명이었는데, 단지 장사왕(長沙王)만이 성이 달랐다. [4] 그리고 공훈이 있어 후가 된 자는 백여 명이었다. 안문(雁門), 태원(太原)으로부터 동쪽으로 요양(遼陽)에 이르는 것이 연(燕)과 대(代) 나라였다. [5] 상산(常山) 남쪽의 태행산(太行山)부터 동쪽으로 향해 황하(黃河), 제수(齊水)를 건너 동아(東阿), 견성(甄城) 동쪽으로 곧장 바닷가에 이르는 것이 제(齊) 나라, 조(趙) 나라였다. [6] 진현(陳縣) 서쪽에서 남쪽으로는 구의산(九疑山)에 이르고 동쪽으로는 장강(長江), 회하(淮河), 곡수(穀水), 사수(泗水) 및 회계산(會稽山)에 근접한 것이 양(梁), 초(楚), 회남(淮南), 장사(長沙)였다. [7] 이들 제후국들은 밖으로는 흉노(匈奴)와 월족(越族)을 접하고 있었다. 내지(內地)[8]의 북쪽에 있는 효산(崤山) 동쪽부터는 모두 제후의 봉지로, 큰 제후국은 5, 6개의 군(郡)을 소유하여 몇십 개의 성시(城市)가 연달아 있었다. 그들은 스스로 조정을 설치하였는

---

4) 아홉 나라는 楚, 荊, 淮南, 趙, 燕, 梁, 代, 淮陽, 齊를 말한다. 長沙는 高祖 5년에 설치된 나라로 吳芮에게 봉해주었다.

5) 雁門은 군 이름으로 지금의 山西省 서북 지역이고, 太原은 군 이름으로, 지금의 山西省 중부에서 조금 동쪽으로 치우친 지역이며, 遼陽은 현 이름으로 지금의 遼寧省 遼陽市 서북 지역이다. 燕은 봉국 이름으로, 劉邦의 아들 劉建이 봉해진 나라이고, 代는 봉국 이름으로, 代王은 劉邦의 형 劉仲이었다.

6) 常山은 지금의 河北省 曲陽縣 서쪽에 있는 恒山이고, 太行山은 지금의 山西省과 河北省의 경계에 있는 산이며, 東阿는 지금의 山東省 東阿縣 서남쪽에 있던 옛 성이다. 甄城은 지금의 山東省 甄城縣 북쪽에 있던 옛 성이다. 齊는 봉국 이름이며, 高祖 6년에 劉邦의 아들 劉肥를 齊王으로 삼았다. 趙도 봉국 이름이다. 高祖 9년에 劉邦의 아들 劉如意를 趙王으로 삼았다.

7) 陳縣은 현 이름으로, 지금의 河南省 淮陰縣이다. 九疑山은 湖南省 寧遠縣 남쪽에 있는 산이고, 會稽山은 浙江省 紹興市 동남쪽에 있는 산이다. 梁은 봉국 이름으로 高祖 11년 梁王 彭越의 옛 땅과 東郡 지구를 劉恢에게 봉국으로 주었다. 楚는 봉국 이름으로 高祖 6년 楚王 韓信의 옛 땅과 淮河 남쪽의 薛郡, 東海郡, 彭城郡을 劉交에게 봉국으로 주었다. 淮南은 高祖 11년 淮南王 英布의 옛 땅을 劉長에게 봉국으로 주었다.

8) 內地 : 長安 주위의 關中 지역.

데 참람하게도 천자와 같은 수준이었다. 당시 중앙정부는 삼하(三河),
동군(東郡), 영천(潁川), 남양(南陽)과 강릉(江陵) 서쪽의 촉군(蜀郡),
운중(雲中), 농서(隴西), 내사(內史)를 합쳐 겨우 15개의 군을 관할하고
있었다. [9] 그런데 공주(公主), 열후(列侯) [10] 등의 식읍(食邑)이 이 지역
에 많았는데 이는 무슨 이유 때문인가? 천하가 막 평정되었을 때에는 왕
이나 후가 될 만한 황실의 인물의 숫자가 적기 때문에 한나라 황실의 여
러 자손들이 힘을 보태어 천하를 다스리고 한나라를 보좌하게 하기 위해
서였던 것이다.

한나라가 천하를 평정한 100년 동안, 황실의 친척들은 서로 멀어져갔
으며 어떤 제후들은 교만하고 사치하여 간사한 신하의 말에 젖어들고 반
란을 꾀하기도 하였다. 이들 중에는 크게는 반역을 일으키는 자도 있었고
작게는 국법을 무시하여 몸을 위태롭게 하고 나라를 잃는 자도 있었다.
천자는 고대의 정치 득실을 관찰해서 제후에게 은혜를 베푸니 그들은 자
손들에게까지 국읍(國邑)을 나누어줄 수 있게 되었다. 그래서 제(齊)나라
는 일곱, 조(趙)나라는 여섯, 양(梁)나라는 다섯, 회남(淮南)은 셋으로
나뉘었다. [11] 천자의 방계로서 왕이 된 자와 왕자의 방계로서 제후가 된
자는 백여 명이었다. 오초(吳楚)의 난[12]이 일어났을 때 제후들이 벌을
받아 봉지가 삭감되어 연(燕)과 대(代)는 북쪽의 군을, 오(吳), 회남(淮
南), 장사(長沙)는 남쪽의 군을 잃었고, 제(齊), 조(趙), 양(梁), 초
(楚)의 지군(支郡) [13]과 명산, 못과 바다는 모두 한나라 조정에 귀속되었
다. 제후들이 점점 약해져서 큰 제후국도 불과 십여 개의 성을 소유할 뿐

---

9) 三河는 河內, 河東, 河南의 3개 군으로 지금의 山西省과 河南省 지역이다. 東郡은
지금의 山東省 서부와 河南省 동북 지역이고, 江陵은 현 이름으로 지금의 湖北省 江
陵縣을 가리킨다. 蜀郡은 군 이름으로 지금의 四川省 서부 지역이고, 內史는 지금의
山西省 關中 지역이다. 15개 군은 河內, 河東, 河南, 東郡, 潁川, 南陽, 雲中, 隴
西, 南郡, 漢中, 巴, 蜀, 北地, 上郡, 內史이다.

10) 列侯는 작위 이름으로 秦나라 20등급의 작위 중 최고의 일급 작위였다. 漢나라도
이를 그대로 사용하였다. '通侯,' '徹侯'라고도 부른다.

11) 齊나라는 城陽, 濟北, 濟南, 菑川, 膠西, 膠東, 齊 등 일곱으로 나뉘었다. 趙나
라는 河間, 廣川, 中山, 常山, 淸河, 趙 등 여섯으로 나뉘었다. 梁나라는 濟川, 濟
東, 山陽, 濟陽, 梁 등 다섯으로 나뉘었다. 淮南은 淮南, 廬江, 衡山으로 나뉘었다.

12) 吳, 楚, 趙, 膠西, 膠東, 菑川, 濟南 등 일곱 나라가 기원전 154년에 일으킨 반
란을 가리킨다.

13) 支郡 : 제후국 안에 제후왕이 스스로 설치한 군.

이었고 작은 제후국은 겨우 몇십 리의 땅을 점유하였다. 이렇게 함으로써 제후들이 위로는 나라에 진상하고 아래로는 조상 제사를 모시는 것으로 만족하게 하고, 수도를 둘러싸서 호위케 하려 한 것이다. 한나라 조정이 설치한 군은 팔구십 개로 제후국 사이에 얽혀지듯이 자리하여 그 형세가 개의 이빨이 단단히 맞물린 듯하기 때문에, 조정은 천하의 요새를 장악하여 중앙의 힘은 강화하고 제후는 약화시켜 존비(尊卑)의 관계가 명확해지고 모든 일이 제대로 행해지게 되었다.

신(臣) 사마천은 이에 고조부터 태초(太初)[14] 때까지의 제후국의 흥망 성쇠를 신중하게 기록하여서 후세 사람이 열람하게 하려고 한다. 형세에는 비록 강약이 있을 수 있으나 인의로써 치국(治國)의 근본을 삼아야 할 것이다.

---

14) 太初 : 漢 武帝의 연호. 기원전 104년부터 기원전 101년까지의 기간을 말한다.

권18「고조공신후자연표(高祖功臣侯者年表)」* 제6

태사공은 말하였다.

옛날에는 신하된 자의 공훈(功勳)에 다섯 등급이 있었다. 덕행으로 종묘(宗廟)의 기틀을 다지고 사직(社稷)을 편안케 하는 것을 '훈(勳)'이라고 일컬었고, 언론으로 나라를 굳건히 하는 것을 '로(勞)'라고 하였으며, 무력을 사용하여 공적을 세우는 것을 '공(功)'이라고 하였다. 또 나라의 법령과 제도를 만드는 것을 '벌(伐)'이라고 하였고, 오래도록 정무(政務)를 맡아보는 것을 '열(閱)'이라고 하였다.[1] 작위를 내릴 때에는 "황하(黃河)를 허리띠처럼 삼아 굳건하게 지키고, 태산(泰山)을 반석처럼 삼아 튼튼하게 다져서, 이로써 나라를 길이 태평하게 하여 후손에게 전하라"라고 서약하였다. 작위를 처음 내릴 때에는 늘 그 근본을 튼튼하게 하고자 하였으나 후손에 이르러 점차로 쇠퇴하고 말았다.

나는 고조(高祖)께서 공신들에게 작위를 봉하신 것을 읽으면서 그들이 처음 받았던 작위를 나중에 잃어버리게 된 까닭을 살피고는 "내가 듣던 것과는 다르구나!"라고 생각하게 되었다. 『서경(書經)』에 "만국(萬國)을 화평하게 하였다"고 되어 있는데,[2] 이와 같은 기간이 요(堯), 순(舜) 시대부터 하(夏), 상(商) 시대에 이르러 더러는 이미 수천 년을 이어오기도 하였다. 주(周)나라는 800여 개의 나라를 봉하였는데, 유왕(幽王)과 여왕(厲王) 이후의 사적은 『춘추(春秋)』에서 살펴볼 수 있다. 『상서(尙書)』에 실려 있는 당우(唐虞)[3]가 봉한 후(侯), 백(伯)[4]은 하, 상,

---

* 高祖 劉邦을 따라 천하를 도모하였던 공신으로서 侯가 된 사람은 모두 143명으로, 이 表는 가로로는 나라 이름을 세로로는 그 世系를 도표화한 것이다.

1) '伐'과 '閱'은 원래 공적을 기록하여 문에 붙여두던 것으로 문의 왼쪽에 붙이는 것을 '伐'이라고 하고('閥'이라고도 씀) 문의 오른쪽에 붙이는 것을 '閱'이라고 하였다. 원문에 실린 '伐'과 '閱'에 대하여, '伐'은 공로의 등급을 밝히는 것이며, '閱'은 "공로를 세운 자들의 자격과 이력의 정도를 따지는 것을 의미한다"고 풀이하기도 한다.

2) 원문은 "協和萬國"으로 되어 있는데, 『書經』「堯典」에는 "백성들을 밝게 다스리고, 온 세상을 화평하게 하였다(百姓昭明, 協和萬邦)"라고 기록되어 있다.

주 3대에 걸친 천여 년의 세월을 거치며 자신을 보전하고 천자를 보위하였으니, 어찌 인의를 돈독히 실천하고 법을 받들어 지킨 것이 아니겠는가! 한(漢)나라가 건국된 이후, 공신으로 작위를 받은 자는 백여 명이었다.[5] 당시는 천하가 막 평정되어 크고 이름난 성읍의 백성들이 모두 이리저리 흩어져 손으로 셀 수 있는 호구(戶口)는 열 개 가운데 두서너 개에 지나지 않았다. 이 때문에 대후(大侯)의 봉읍(封邑)은 1만 호(戶)를 넘지 않았고, 소후(小侯)의 경우는 5, 6백 호에 지나지 않았다. 그후 여러 대를 지난 다음, 백성들이 모두 고향으로 돌아옴에 따라 호구가 갈수록 늘어났다. 그리하여 소하(蕭何), 조삼(曹參), 주발(周勃)과 관영(灌嬰) 같은 자들은 더러 4만 호에 이르렀고, 소후의 봉호(封戶)는 갑절로 늘어났는가 하면, 그들의 재부(財富) 또한 그만큼 넉넉해지게 되었다. 그러나 그들의 자손들은 이 때문에 오히려 교만을 부리고 자만에 빠져들어 자기 조상들이 작위를 얻던 당시의 어려움을 잊어버린 채, 방탕하고 사악한 짓에 골몰하게 되었다. 그리하여 태초(太初) 연간에 이르기까지의 100년 동안,[6] 작위를 보존한 자는 겨우 다섯 명에 지나지 않았고,[7] 그 나머지는 모두 법을 어겨 목숨을 잃거나 나라를 망쳐버리고 말았다. 이는 조정의 법망이 점차 엄격해진 탓이기도 하지만, 제후들 자신이 당시의 금령(禁令)에 대하여 조심하지 않았기 때문이기도 하다.

지금 시대에 살면서 옛사람들의 행적을 기록하는 것은 이를 본보기로 삼으려는 이유에서이다. 물론 고금이 반드시 일치하는 것은 아니다. 제왕들은 각각의 예법을 지니고 있고, 또 제도 또한 다르다. 따라서 모두 성공적인 경험을 본보기로 삼는 것이 어떻게 완전히 일치될 수야 있겠는가? 제후들이 존중받고 총애받거나 또는 버림받고 모욕당한 이유를 살펴보면 역시 그 시대에 성패와 득실이 존재하고 있다. 어찌 꼭 옛날 사적을

---

3) 唐虞 : 전설적인 상고시대 부락 이름으로 '唐'은 陶唐氏, 즉 堯를 가리키며, '虞'는 有虞氏, 즉 舜을 가리킨다.
4) 다섯 등급의 작위 가운데 '侯'는 두번째 등급이며, '伯'은 세번째 작위이다.
5) 漢 高祖 劉邦이 봉한 공신은 모두 137명이며, 여기에 외척과 왕자를 더하면 모두 143명이다.
6) '太初'는 武帝의 연호로, 기원전 104년에서 기원전 101년까지의 기간이다. 漢나라가 건국된 때로부터 太初까지가 꼭 100년에 해당된다.
7) 平陽侯 曹宗, 曲周侯 酈終根, 陽阿侯 齊仁, 戴侯 祕蒙, 穀陵侯 馮偃의 다섯 사람으로 모두 漢나라 초기 공신의 후손들이다.

들추어내야만 하겠는가 ! 이에 제후왕들이 봉해지고 폐위된 자초지종을 살펴서 기록해둔다. 그 가운데는 시말이 미진한 구석이 적지 않게 있을 것이다. 명확한 것만을 기록하고 의심이 가는 것은 기록하지 않았다. 이 것 모두가 훗날 이를 고찰하는 자들에게 참고가 될 것이다.

권19 「혜경간후자연표(惠景間侯者年表)」* 제7

태사공이 역대 봉후(封侯)에 대한 기록을 읽다가 편후(便侯)[1]에 이르러 이렇게 말하였다.

그럴 만한 이유가 있다! 장사왕(長沙王) 오예(吳芮)가 봉해진 것을 영갑(令甲)[2]에 기록해둔 것은 그의 충정(忠貞)을 칭송한 것이다.[3] 지난 날 고조(高祖)께서 천하를 평정하신 다음, 동성(同姓)이 아니면서 봉토를 받아 제후왕으로 봉해진 자는 모두 여덟 명이었다.[4] 그러나 효혜제(孝惠帝)[5] 때에 이르러서 장사왕만이 나라를 보전하여 5대에 걸쳐 전하는 동안 후사가 끊어지지 않았다.[6] 그는 처음부터 끝까지 어떤 과오도 저지르지 않았으며, 번국(藩國)의 소임을 충실히 지켰으니, 충직했다고 하겠

---

* 惠帝, 呂太后, 文帝, 景帝에게 제후로 봉해진 사람은 모두 93명이며, 그중 王子侯와 외척으로 은택을 받아 제후가 된 사람은 48명이고, 공을 세우거나 그 자손이 은택을 입은 사람은 45명이다. 高祖는 공을 세우지 않은 사람을 제후로 봉하지 않기로 약속하였으므로 表의 이름을 「惠景間侯者年表」라고 하였다. 그리고 '功臣'이라고 하지 않은 것은 「高祖功臣侯者年表」와 구별하기 위함이다. 93명은 高祖의 遺臣, 文帝를 따라 代나라에서 온 사람, 吳楚의 난을 평정한 공신, 제후의 자제, 외척, 외국에서 귀의한 사람 등 여섯 가지 부류로 나눌 수 있다.

1) '便'은 고을 이름으로 지금의 河南省 永興縣에 위치하였으며 西漢 시기에는 桂陽郡에 속하였다. 便侯는 長沙王 吳芮의 아들 吳淺을 가리킨다.

2) 令甲 : 漢나라 때에는 여러 대 이전의 詔令을 모아 공포한 순서에 따라 묶고 이를 각각 '令甲,' '令乙,' '令丙'이라고 하였다. 이는 오늘날 법령의 제1장, 제2장, 제3장 등에 각각 해당되는 의미로 볼 수 있다.

3) 漢나라 초기에는 "劉氏가 아니면 왕이 될 수 없다(非劉氏不得王)"는 규정이 있었다. 그러나 吳芮의 경우는 漢나라 왕조에 대하여 대단히 충성을 바쳤기 때문에 그를 왕으로 봉하였는데, 이것이 규정에 어긋나기 때문에 특별규정으로 令甲에 기록하여 그의 충정을 드러낸 것이다.

4) 漢나라 초기에 異姓으로 봉해진 자는 齊王 韓信, 韓王 韓信, 燕王 盧綰, 梁王 彭越, 趙王 張耳, 淮南王 英布, 臨江王 共敖, 長沙王 吳芮 등의 여덟 사람이다. 또 다른 설에 따르면 吳芮, 英布, 張耳, 藏茶, 韓王 信, 彭越, 盧綰, 韓信 등의 여덟 사람을 가리킨다고도 한다.

5) 孝惠帝 : 高祖 劉邦의 태자인 劉盈을 말한다.

6) 吳芮로부터 그의 玄孫인 吳産까지를 가리킨다.

다. 그러한 까닭에 그의 은택은 방계의 자손들에게까지 미쳐, 아무런 공적 없이 제후가 된 자가 여러 명에 이르렀다. 효혜제로부터 효경제(孝景帝)[7]에 이르는 50년 동안은 고조 때의 남은 공신들이 추봉(追封)되고, 효문제(孝文帝)를 따라 대(代)에서 온 공신들[8]과 오(吳), 초(楚)의 난을 평정하여 공을 세운 자들이 봉해졌다. 또 제후의 자제들을 마치 골육과 같이 대우하였고,[9] 외국에서 귀순해오는 자들[10] 중 당시 봉해진 자는 모두 90여 명이었다. 이제 이 사람들이 봉후가 된 내력을 기록해둔다. 이들은 모두 당시 두드러지게 인의를 실천하고 공적을 세운 사람들이다.

---

7) 孝景帝 : 孝文帝의 아들 劉啓를 가리킨다.
8) 孝文帝 劉恒은 代나라 왕에 봉해진 적이 있었는데, 황제로 즉위한 다음 그는 代나라에서 데리고 온 공신들을 모두 侯로 봉하였다.
9) 원문에는 "제후의 자제들은 마치 폐부와 같았다(諸侯子弟若肺腑)"라고 되어 있는데, 이는 천자가 제후의 자제를 마치 친형제나 가까운 친척처럼 여긴다는 의미로 매우 친밀하게 대우함을 의미한다.
10) 원문에는 "外國歸義"라고 되어 있는데, 이는 구체적으로는 당시 匈奴에서 귀순한 자들을 가리킨다.

권20 「건원이래후자연표(建元以來侯者年表)」* 제8

태사공은 말하였다.

흉노(匈奴)는 한(漢)나라와 화친을 단절하고, 변경지역을 자주 공략하였다. [1] 민월(閩越)[2]은 제멋대로 동구(東甌)[3]를 공격하여, 동구는 한나라에 구원을 요청해왔다. 이 두 이민족[4]이 번갈아 침략한 것은 한나라의 전성기에 있었던 일이다. 이때 공적을 거둔 신하는 조부(祖父)들의 공로와 비견할 만한 것이라 여겼다. 무엇 때문인가? 『시(詩)』, 『서(書)』에서도 삼대(三代) 때 "융(戎), [5] 적(狄)[6]을 공격하고, 형(荊), [7] 도(荼)[8]를 응징하였다"[9]고 칭송하고 있다. 제(齊)나라의 환공(桓公)은 연(燕)나라

---

* 『史記索隱』에 의하면 이 年表는 원래 司馬遷이 73개 국의 사적을 썼고, 나머지 45개 국은 褚先生이 보충한 것이라고 한다. 이 表에는 武帝 때 봉한 공신 73명, 즉 匈奴를 정벌한 공이 있는 25명, 兩越과 朝鮮을 정벌한 공이 있는 9명, 匈奴, 兩越, 朝鮮, 小月氏에서 귀한한 30명, 공을 세운 조상의 은택을 받은 3명, 부친의 죽음 때문에 南越을 섬긴 사람 2명, 선대를 이어 봉해진 1명, 丞相으로 제후에 봉해진 2명, 方術로써 봉해진 1명 등 총 73명이 열거되어 있다.

1) 漢나라는 高祖 때부터 景帝 때까지 匈奴에 대해서 화친정책을 실행하였다. 그러나 匈奴가 계속해서 침략을 일삼아 武帝 때에 와서 화친정책을 포기하고 匈奴에 대해서 대대적인 전략을 취하였다. 이에 관한 사적은 권110 「匈奴列傳」에 상세하다.

2) 閩越 : 越나라의 한 분파로서, 지금의 浙江省 남쪽과 福建省 북쪽 일대에 살았다. 전하는 바에 의하면 越王 勾踐의 후예이며, 秦代에는 閩 지역에 郡을 설치하여 통치하였다. 기원전 202년 漢나라가 건국되면서 그곳의 우두머리 無諸를 閩越王이라고 하였다. 建元 3년(기원전 138년)에 閩越은 東甌를 공격하였다. 東甌는 漢 武帝에게 위기를 호소하여 군대를 파병시키게 하여 閩越을 패퇴시켰다.

3) 東甌 : 지금의 浙江省 溫州市 서남쪽 동해 연안에 살던 越나라의 후예이다. 惠帝 3년(기원전 193년)에 越의 君子 搖를 東甌王으로 삼았다. 東甌는 閩越의 공격을 받았을 때 온 나라가 혼란하였는데, 漢나라는 그들을 長江과 淮河 중간 지역으로 대피시켜 廬江郡에 살도록 하였다.

4) 즉 匈奴와 越을 가리킨다.

5) 戎 : 중원의 서쪽 오랑캐를 지칭한다.

6) 狄 : 중원의 북쪽 오랑캐를 지칭한다.

7) 荊 : 즉 楚나라의 별칭이다.

8) 荼 : 나라 이름으로 혹은 '舒'라고 한다.

9) 이 구절은 『詩經』 「閟宮」에 보인다.

의 국경을 넘어 산융(山戎)[10]을 토벌하였고, 조(趙)나라의 무령왕(武靈王)은 속국의 적은 병력으로 선우(單于)[11]를 정복하였다. 진(秦)나라의 목공(穆公)은 백리해(百里奚)를 등용하여 서융(西戎)[12]의 패자가 되었고, 오(吳)나라와 초(楚)나라의 군주는 제후의 신분으로서 백월(百越)[13]을 복종시켰다. 하물며 천하를 통일하고, 현명한 천자가 재위하여, 문무를 겸비하고, 온 나라를 통괄하여, 안으로 만백성이 단합되었는데, 어찌 태평성대를 위해 변경을 치지 않으리오! 이로부터 마침내 군대를 파견하여 북쪽으로는 강대한 흉노를 토벌하였고, 남쪽으로는 용맹한 월(越)을 멸망시켰다. 이때 공적을 세운 장수[14]는 차례로 봉토를 받았다.

후배로서 사적을 연마하는 유학자 저선생(褚先生)[15]은 말하였다.

"태사공은 무제(武帝) 때까지의 사적을 기록하는 데 그쳤고, 이에 나는 소제(昭帝) 이래의 공신과 제후들에 관해 편수(編修)하여 뒤에 편집하였다. 이후 사적을 연마하는 자로 하여금 성패와 장단점 그리고 종말의 적합성을 관찰하도록 하여 지침이 될 수 있을 것이다. 그 당시의 군주는 권력을 부리면서 임기응변에 뛰어나고, 상황을 가늠하여 올바르게 시행하였으며, 풍속을 살펴 법률로 처리하였다. 이로써 공훈을 세워 토지와 봉작을 받고 그 당시에 이름을 알렸으니, 어찌 영광스럽지 않겠는가! 살펴보건대, 그들 가운데 대부분은 출중한 직위와 가문을 지키느라 모두 겸손하지 않고, 교만하게 권력을 다투었다. 그들은 명성을 높이는 데 힘썼고, 나아가는 것만 알고 물러나는 것을 몰랐으며, 끝내 자신을 망치고 영토를 잃었다. 비록 삼도(三道)[16]를 행할 수 있었으나, 자기의 일대(一代)에서 공적을 상실하여, 후세에 그 공적을 전하지 못하였다. 은덕은 자손에까지

---

10) 山戎 : 혹은 北戎이라고도 한다. 지금의 河北省 동북쪽 일대에 살던 부족이다.

11) 單于 : 匈奴族의 우두머리이다.

12) 西戎 : 춘추시대 때 지금의 陝西省 지역의 서쪽에 살던 부족이다.

13) 百越 : 중국의 서남쪽에 분포되어 있던 越族을 말한다.

14) 원문의 "卒"은 '率' 혹은 '帥'의 오자로 봄이 타당하다.

15) 褚先生 : 즉 褚少孫을 말한다. 元帝와 成帝 때 博士를 지냈다. 흔히 '褚先生'이라고도 부르며, 『史記』를 증보하였다.

16) 여기서는 앞에 예거한 세 가지 政道를 말한다. 즉 '권력을 부리면서 임기응변에 뛰어나고, 상황을 가늠하여 올바르게 시행하였으며, 풍속을 살펴 법률로 처리하였다 (行權合變, 度時施宜, 希世用事)'를 말한다.

이르게 해야 하는 것인데, 이 어찌 슬퍼하지 않겠는가! 용락후(龍雒侯)[17]는 일찍이 전장군(前將軍)이 되었는데, 세속에 잘 순응하였다. 그는 또 충실하고 엄중하여 신임을 얻었으나, 정사에는 간여하지 않았고, 겸손하며 인성을 존중하였다. 그의 선조는 진(晉)나라 육경(六卿)[18]을 지낸 명문이었다. 그는 영토를 가진 군주가 된 이래로 왕후(王侯)에 봉해졌고, 그의 자손들은 대대로 끊이지 않고 이를 세습하였다. 여러 세월을 거치면서 지금에 이르기까지 대략 100여 년이 되었다. 이 어찌 공신이면서 일대에 그친 자들과 기간이 같다고 말할 수 있겠는가? 안타깝구나, 후세 사람들은 그를 교훈으로 삼을 것이다."

---

17) 龍雒侯 : 즉 韓增을 말한다.
18) 晉나라의 六卿은 춘추시대 晉나라의 大夫를 지낸 여섯 가문으로 韓氏, 趙氏, 魏氏, 范氏, 中行氏, 智氏이다.

권21 「건원이래왕자후자연표 (建元已來王子侯者 年表) 」* 제9

황제는 어사(御史)에게 명하였다. [1] "제후왕이 자기가 소중히 여기는 식읍(食邑)을 자제에게 나누어주고, 그들이 각자 상주(上奏)하도록 명한 다면, 짐이 장차 친히 이 식읍의 봉호(封號)와 명칭을 짓겠노라."[2]

태사공은 말하였다.

천자의 은덕은 지극히 성대하도다! 한 사람[3]이 선을 베풀면, 천하의 백성들이 이로움을 얻는구나. [4]

---

* 武帝(建元은 武帝의 첫번째 연호이다. 기원전 140년에서 기원전 135년까지이다) 가 봉한 王子侯 162명을 열거하였다. 그중 약 3/4은 元朔(武帝의 세번째 연호로 기 원전 128년에서 기원전 123년까지이다) 시대에 侯가 된 사람들이다.

1) 원문에는 "制詔"라고 되어 있는데, 이는 황제가 내린 명령과 문서를 말한다.

2) 元朔 2년(기원전 127년)에 漢 武帝는 主父偃의 건의에 따라 推恩令을 반포하였다. '推恩'이란 자기가 아끼는 것을 다른 사람에게 나누어준다는 뜻이다. 漢 武帝가 이러 한 推恩令을 반포한 목적은 제후국의 지방 세력을 약화시키고, 나아가 중앙집권을 굳건히 하자는 데 있었다.

3) '한 사람'이란 천자를 가리킨다.

4) 『尙書』「呂刑」에 "一人有慶, 兆人賴之,"즉 "한 사람이 선을 베풀어 수많은 백성들 이 덕을 본다"는 구절이 있다. 여기서 '慶'은 '善'을 가리킨다.

권22 「한흥이래장상명신연표(漢興以來將相名臣 年表)」* 제10

---

* 「太史公自序」에 의하면 "한 나라의 현명한 재상과 훌륭한 장군은 곧 그 백성들의 사표이다. 「漢興以來將相名臣年表」를 살펴보고, 어진 자에 대해서는 그 치적을 기록 하였고, 어질지 못한 자에 대해서는 그 사적을 분명히 밝히고자 하였다. 그래서 「漢興以來將相名臣年表」 제10을 지었다"고 한다. 「太史公自序」를 이 각주에 덧붙여놓는 이유는 이 表의 序가 일찍이 망실되었기 때문이다.

　이 表에는 高祖 원년에서 成帝 鴻嘉 원년에 이르기까지의 名臣과 將相이 열거되어 있는데, 대체로 天漢(기원전 104년) 이후는 후대인이 보충한 것이다. 이 表는 帝紀 (황제별 연수)와 大事記, 相位, 將位, 御史大夫位를 배열한 후, 내용을 써넣었다. 특기할 것은 간혹 옆으로 눕혀놓은 문장들이 있는데, 대체로 官制의 창설과 폐지 및 公卿들의 病死, 得罪, 罷免, 誅殺 등에 관한 것이다. 이것은 司馬遷의 독창성이 발휘된 부분이기도 하다.

書

권23 「예서(禮書)」¹⁾ 제1

태사공은 말하였다.

그 얼마나 양양(洋洋)한 미덕인가! 만물을 주재하고 군중을 영도해나가는 것이 어찌 인간의 힘으로 이룰 수 있는 것이겠는가?²⁾ 나는 대행(大行)³⁾의 예관(禮官)⁴⁾에 가서 삼대(三代)에 걸친 예제(禮制)의 증감을 살펴보고 나서야 비로소 인간의 성정에 따라서 예의가 제정되고 인간의 습성에 의거해서 예의가 만들어졌다는 것을 알았다. 이러한 예는 그 유래가 이미 오래되었다.

인간의 사회 활동은 복잡다단하여 규칙이 관련하지 않는 곳이 없다. 이를테면 인의로써 이끌고 형벌로써 속박하는 까닭에 덕이 두터운 사람은 지위가 높아 사람들의 존경을 받고 봉록(俸祿)이 많은 사람은 은총을 입어 영화를 누리는데, 이것이야말로 천하를 하나로 모으고 만민을 잘 다스리는 기본 원칙이다. 사람의 몸은 수레를 탐으로써 편안한데, 그 위에 또 수레를 황금으로 장식하며 거원(車轅)⁵⁾ 위의 횡목(橫木)에는 현란한 문양으로 상감까지 해서 더욱더 수레를 미화하고, 눈은 오색(五色)이 있음으로 이미 좋은데 그 위에 꽃무늬를 수놓고 문채를 냄으로써 그 자태를 더욱 드러내고,⁶⁾ 귀는 악기⁷⁾ 소리로 인해서 이미 좋은데 그 위에 팔음

---

1) 「禮書」: ‘禮’는 예법, 예의로 고대 사회에서 사회적 규범, 의식 등을 지칭한다. 여기의 「禮書」란 司馬遷이 예의 기원, 작용, 근본 등 모든 것에 대하여 논평한 글로서 다음의 「樂書」, 「律書」 등 9개 書와 더불어 『史記』 중 일종의 體例를 이룬다.
2) 인류사회는 강압에 의해서 유지 발전되는 것이 아니라 어디까지나 예의로써 감화되어 유지 발전된다는 뜻이다.
3) 大行 : 예의를 주관하고 빈객을 접대하던 관직을 말한다. 즉 大行令을 가리킨다.
4) 禮官 : 여기의 ‘官’은 官府, 관청을 뜻한다.
5) 車轅 : 수레의 앞 양쪽에 대는 긴 채.
6) 원문은 “黼黻文章以表其能”으로, ‘黼黻’이란 고대 의복에 꽃무늬를 수놓는 것을 말하며, ‘文章’이란 ‘文采’를 말하는데, ‘黼黻’과 ‘文章’은 각각 동사로 번역해야 옳다. ‘能’은 ‘態’와 통한다.
7) 원문은 “鐘磬”이다. ‘鐘’은 청동으로, ‘磬’은 玉石이나 금속으로 제작한 고대의 악

(八音)[8]을 조화시킴으로써 마음속을 맑게 하며, 입은 오미(五味)로 인해 이미 맛남을 느끼는데 그 위에 또 여러 맛으로써 훌륭한 맛을 다 내고,[9] 감정은 진귀한 물건으로 인해 이미 흡족한데 그 위에 다시 규(圭)와 벽(璧)[10]을 쪼고 갊으로써 그 마음을 더더욱 흡족하게 한다. 그러므로 이에 대로(大路)[11]에 풀로 자리[席]를 짜고, 피변(皮弁)[12]에 천으로 만든 저고리를 입으며, 거문고와 비파의 붉은 현에 구멍을 더하고,[13] 태갱(大羹)[14]에 현주(玄酒)[15]를 쓰는 것이니, 이는 그 지나침을 막아 피폐해지는 것[16]을 막기 위함이다. 이런 까닭에 군신의 조정에서의 높고 낮음과 귀하고 천함의 순서에서, 아래로 백성의 수레와 의복, 집, 음식, 혼례, 상례(喪禮), 제례의 명분에 이르기까지 일마다 각기 의당함이 있고, 물건마다 저마다의 문채[17]가 있는 것이다. 공자(孔子)는 이렇게 말하였다. "체(禘)[18]를 지낼 때 관주(灌酒)를 마치고 나면 나는 더 이상 보고 싶지 않다."[19]

기이다.

8) 八音 : 고대 악기의 통칭으로, 金, 石, 土, 革, 絲, 木, 匏, 竹의 8종류를 말한다.

9) 원문은 "口甘五味, 爲之庶羞酸鹹以致其味"이다. '庶羞'는 '衆味,' 즉 여러 가지 맛을 말한다. '酸鹹' 또한 '五味' 속에 들고 이는 다시 '庶羞' 가운데 하나이기 때문에 '庶羞酸鹹' 역시 여러 가지 맛을 의미한다.

10) 圭, 璧 : 고대 제후들의 조회나 제사 때에 증표로 삼던 옥그릇이다. '圭'는 위가 뾰족하고 아래는 각이 진 오각형의 모양으로 '珪'라고도 한다. '璧'은 원형으로 가운데에 구멍이 있는 옥그릇이다.

11) 大路 : 큰 수레를 가리킨다. '路'는 '輅'로, 옛날 천자가 타던 수레를 말한다.

12) 皮弁 : 왕이 조회 때에 쓴 사슴가죽 모자.

13) 거문고와 비파의 현이 붉어 화려한 대신, 바닥에 작은 구멍을 뚫어서 소리를 탁하고 더디게 만듦을 말한다.

14) 大羹 : 고대 제례에 사용하는 양념을 하지 않은 고기국.

15) 玄酒 : 물의 별칭. 물의 빛이 검게 보이므로 '玄'이라 하며, 태고 때에는 제사 때 물을 썼으므로 제사 때 사용하는 물을 '玄酒'라 하였다.

16) 원문은 "雕敝"로서, '雕'는 옥을 다듬는 것을 말하고 '敝'는 해져버리게 됨을 말한다. 즉 너무 사치한 것을 추구하다가 망치는 것을 의미한다.

17) 원문은 "節文"으로 '節'은 절제요 '文'은 문채이니, '節文'이란 저마다 제한된 문채, 즉 분수라는 의미이다.

18) 禘 : 郊祭, 즉 하늘에 지내는 제사를 말한다.

19) 魯 文公 2년 魯에서 禘祭를 지낼 때 僖公의 神主를 魯 閔公 앞에 모셨는데, 僖公은 閔公의 형이지만 일찍이 閔公의 신하였다가 閔公이 죽은 이후 왕에 오른 사람이다. 따라서 존비의 관계를 따질 때 그는 응당 閔公의 뒤에 있어야 한다. 孔子는 僖의 神主를 앞에 모신 것이 군신관계의 등급과 분수를 파괴한 것이라고 여겼던 것이다. '灌'은 헌주, 즉 잔에 술을 따라 바치는 것을 말한다.

주(周)나라가 쇠한 이후,[20] 예악이 무너지고 위아래가 구분이 없어, 관중(管仲)[21]의 집안에서는 한꺼번에 세 명의 정실을 두기도 하였다.[22] 그리하여 법을 따르고 바른 것을 지키는 사람이 세상 사람들의 욕을 당하고, 분수에 넘치는 일을 하고 대소 상하의 구분을 두지 않는 사람들을 현달(顯達)하고 광영(光榮)되다 일컫는다. 공자의 문인(門人) 가운데 고명한 제자인 자하(子夏)[23]부터도 오히려 말하기를 "나가서는 화려하고 다채로운 모습을 보고 기뻐하고, 들어와서는 선생님의 도를 듣고 즐거워하나니, 두 마음을 스스로 어찌지 못하겠노라"라고 하였으니, 하물며 보통 사람들이 점점 가르침을 잃어버리고 세상의 풍속에 감화되었음에랴? 공자는 말하기를 "반드시 이름을 바르게 하겠노라"[24]라고 하였으나 위(衛)에 거함이 마음 같지 않았고, 공자가 죽자 그 도를 받은 무리들이 묻혀져 쓰이지 않았으니, 어떤 이는 제(齊), 초(楚)로 가고 또 어떤 이는 황하 강가나 바닷가로 가버리고 말았으니[25] 어찌 통탄스럽지 않겠는가?

진(秦)나라가 천하를 통일하고 여섯 나라의 예의를 모두 받아들여 그 잘된 것을 채택하였으니, 비록 전대(前代)의 성군(聖君)이 만든 예제(禮制)와 맞지는 않으나 임금을 높이고 신하를 아래로 하며, 조정의 차서(次序)가 정연한 것은 여전히 옛날과 같았다. 고조(高祖)[26]에 이르러 널리 사해(四海)를 영토로 하였는데[27] 예제는 숙손통(叔孫通)이 자못 더하고

---

20) 기원전 770년 국력이 쇠하여 平王이 犬戎의 침입을 피해 雒邑(지금의 河南省 洛陽市)으로 東遷한 이후를 말한다.

21) 管仲(?-기원전 645년) : 자는 夷吾이다. 齊 桓公을 보좌하여 개혁정치를 단행함으로써, 齊나라를 부강하게 하여 五霸가 되게 하였다.

22) 원문은 "兼備三歸"인데, 『史記集解』에 의하면 "三歸란 세 가지 성의 여자를 부인으로 취하는 것이다. 부인이 시집 가는 것을 '歸'라고 한다(三歸, 娶三姓女也, 婦人謂嫁曰歸)"라고 되어 있다.

23) 子夏(기원전 507년-?) : 이름은 卜商, 子夏는 그의 자이다. 孔子의 제자로 문학에 뛰어났다.

24) 『論語』「子路」에 의하면, "子路가 묻기를 '衛君이 선생님을 기다려 정치를 하고자 하는데, 선생님께서는 장차 무엇을 먼저 하시렵니까' 하자 孔子가 말하기를 '반드시 이름을 바로 하겠노라'(子路曰衛君待者而爲政, 子將奚先? 子曰必也正名乎)"고 되어 있다.

25) 『論語』「微子」에 의하면, "大師 摯는 齊나라로 가고 亞飯 干은 楚나라로 가고……북치는 方叔은 황하 강가로 가고,……磬을 치는 襄은 바닷가로 갔다(大師摯適齊, 亞飯干適楚,……鼓方叔入於河,……磬襄入於海)"라고 되어 있다.

26) 漢나라의 高祖 劉邦을 말한다.

27) '사해를 영토로 하였다'는 것 역시 천하를 통일하였다는 것과 같은 의미이다.

뺀 것은 있었으나[28] 대체로 모두 진나라의 옛 제도를 답습하였다. 그리하여 천자의 칭호에서 아래로 모든 관리 및 궁실과 관직명에 이르기까지 변한 것이 적었다. 효문제(孝文帝)[29]가 즉위하고 담당관이 상소를 올려 의례를 정하고자 하였는데, 문제는 도가(道家)를 좋아하여, 예를 번다하게 하고 모양을 꾸미는 것이 다스림에 도움이 되지 않는다 여기고 몸소 절약 검소하여 교화를 이루는 것이 어떠하냐고 이를 뿐이었으므로 결국 이를 내치고 받아들이지 않았다. 효경제(孝景帝)[30] 때에는 어사대부(御史大夫)[31] 조조(晁錯)[32]가 세상의 일과 형명(刑名)[33]에 밝아서 누차 효경제에게 간하기를 "제후국이 모두 신하가 되는 것은 고금을 막론하고 통행하던 제도였습니다. 그런데 지금의 제후국 가운데 큰 나라는 황실의 명에 거스르는 정치를 마음대로 행하고, 조정에 고하지도 아니하니 후세에 법을 전하지 못할까 두렵습니다"라고 하였다. 그러나 효경제가 그 계책을 받아들이자, 여섯 나라가 반역하여[34] 조조를 가장 큰 구실로 삼으니 천자는 조조를 베어 난을 해결하였다.[35] 이 일은 『원상(袁盎)』이라는 책에 나와 있다.[36] 이후, 관리들은 다른 사람과의 관계를 잘 맺고 녹봉(祿俸)에

---

28) 叔孫通은 薛(지금의 山東省 薛城縣) 지방 사람이다. 劉邦이 황제를 칭하자 叔孫通이 古禮와 秦나라의 예제를 결합하여 조정의 의례를 제정하였다. 博士에서 太子太傅에까지 올랐다.

29) 孝文帝 : 漢 文帝 劉恒을 말한다. 劉邦의 아들. 재위 기간은 기원전 179년부터 기원전 157년까지이다.

30) 孝景帝 : 孝文帝의 아들. 재위 기간은 기원전 156년부터 기원전 141년까지이다.

31) 御史大夫 : 관직 이름. 丞相의 바로 아래로, 탄핵과 규찰을 주관하며 도서와 전적을 관장하였다.

32) 晁錯 : 潁川(지금의 河南省 禹縣) 사람. 西漢의 정론가로 경제의 신임을 받아 '지혜 주머니〔智囊〕'라고 불렸다.

33) 刑名 : 전국시대의 法家의 일파. 申不害를 대표로 하여 名實을 구하는 것을 宗旨로 삼았다.

34) 여섯 나라란 실제로 吳, 楚, 趙, 膠, 西膠, 東齊, 甾川의 일곱 나라이다. 그러나 『史記正義』에 의하면 齊 孝王이 의심을 하고 성에서 움직이지 않자 세 나라의 군대가 齊나라를 포위하였는데, 이에 齊나라는 路中大夫를 사신으로 보내어 천자에게 고하였기 때문에 일곱 나라라고 하지 않은 것이다.

35) 제후국의 봉지를 조금씩 삭탈하자는 晁錯의 건의를 景帝가 받아들이자 吳王 劉濞를 우두머리로 하여 楚, 趙 등 여섯 나라가 모여 晁錯를 주살할 것을 명분으로 반란을 일으켰다. 그리하여 景帝는 袁盎의 참언을 믿어 晁錯를 죽이고 다시 대장 周亞夫로 하여금 군대를 이끌고 나가 토벌케 하니 이에 반란이 평정되었다. 역사적으로 이를 '吳楚七國의 난'이라고 한다.

36) 이 사실은 권101 「袁盎晁錯列傳」 외에도 권106 「吳王濞列傳」에 기록되어 있다.

만족하고자 할 뿐, 더 이상 감히 의론하는 사람이 없었다.

지금의 상(上)[37]이 즉위하여는 유학자들을 초치하여 함께 의례를 정하도록 하였는데, 10여 년이 되도록 성취를 이루지 못하였다. 어떤 사람이 말하기를 옛날에는 태평하여 만민이 화합하고 즐거워 상서로운 하늘의 감응이 두루 이르렀는데, 이에 풍속을 모아 예제를 정하였다고 하였다. 상이 듣고는 어사(御史)에게 제조(制詔)[38]를 내리기를 "대개 하늘의 명을 받아 왕 노릇을 함에는 각기 흥하게 하는 것이 있는데 저마다 길은 다르지만 그 귀결은 같으니 백성의 뜻과 풍속을 따라 예제를 만드는 것이리라. 그런데 논자들은 모두 태고의 예제를 일컫거늘 백성들이 어떻게 그것을 본받을 수가 있겠는가? 한(漢) 또한 한 집안에 의해서 세워진 조대(朝代)인데, 전장(典章)과 법도(法度)가 후세에 전해지지 않는다면 자손에게 무엇을 말하겠는가? 교화가 창륭하면 전장과 법도는 크고도 광박(廣博)해지나, 다스림에 깊이가 없다면 전장과 법도는 편협해지고 말리니 면려하지 않을 수 있으랴?"라고 하고는 이에 태초(太初)[39] 원년에 정삭(正朔)을 바꾸고[40] 복색(服色)[41]을 바꾸었으며, 태산(太山)[42]에 단을 세워 하늘에 제를 올리고, 종묘(宗廟) 백관(百官)의 의례를 정하여 전상(典常)[43]으로 삼아 후세에 전하게 되었다.

예는 사람으로 말미암아 일어나는데, 사람의 삶에는 하고자 하는 욕구가 있어, 하고자 하였으나 이루지 못하면 분(忿)이 없을 수가 없게 되며 분함에 한계가 없으면 다투게 되고 다투게 되면 어지러워지게 된다. 선왕

---

37) '지금의 上'이란 漢 武帝 劉徹을 말한다. 재위 기간은 기원전 140년부터 기원전 87년까지이다.
38) 制詔 : '詔令'을 말한다. 권6 「秦始皇本紀」에 의하면 "'命'을 '制'라 하고 '令'을 '詔'라고 한다"고 하였다.
39) 太初 : 漢 武帝의 연호.
40) 正朔은 일년의 첫날을 말한다. '正'은 음력으로 매년의 첫째 달이며 '朔'이란 매월의 첫날을 말한다. 漢나라 이전 각 朝代의 역법은 서로 달랐는데, 夏 시대에는 孟春(建寅之月)을 정월로 삼고, 商 시대에는 季冬(建丑之月)을 정월로 삼았으며, 周 시대에는 仲冬(建子之月)을 정월로 삼았고, 秦과 漢 太初 원년 전까지는 孟冬(建亥之月)을 정월로 삼았다. 正朔을 바꾼다는 것은 역법을 바꾼다는 의미이다.
41) 服色 : 고대에 각 왕조가 정한 車馬服飾의 색깔.
42) 太山 : 泰山을 가리킨다. 五嶽 가운데 하나. 山東省 泰安市 북쪽에 있다.
43) 典常 : 항상 지켜야 할 법.

54

(先王)은 그 어지러움을 싫어하여 예의를 제정함으로써 사람의 욕구를 적절하게 제어하고 만족시켜, 욕(欲)으로 하여금 물(物)에 대해서 다함이 없도록 하고 사물로 하여금 욕망에 의해서 다 고갈됨이 없도록 하여 양자가 서로 보완하도록 하였으니 여기에서 예가 생기는 것이다. 그러므로 예라고 하는 것은 [욕구를] 적절히 만족시켜주는 것이다. 벼와 기장 등의 오곡의 다섯 가지 맛은 입의 욕구를 만족시켜주는 것이며, 호초(胡椒)와 난초 등의 향기는 코의 욕구를 만족시켜주는 것이며, 종, 북과 관(管), 현(弦) 악기는 귀의 욕구를 만족시켜주는 것이며, 조각과 문채는 눈의 욕구를 만족시켜주는 것이며, 탁 트인 방과 침상의 자리 및 책상과 자리 [席]는 몸의 욕구를 만족시켜주는 것이니, 그러므로 예라고 하는 것은 욕구를 적절히 만족시켜주는 것이다.

군자가 욕구의 적절한 만족을 얻고 난 뒤에는 또 그 차별을 좋아하게 되는데, 이른바 차별이라고 하는 것은 귀천에 등급이 있고, 노소에 차별이 있고, 빈부의 크기에 모두 그 본분이 있다는 것이다. 그러므로 천자의 대로(大路)에 풀로 자리를 만드는 것은 몸의 욕구를 만족시켜주는 것이며, 곁에 향기로운 향초를 두는 것은 코의 욕구를 만족시켜주는 것이며, 앞에 아름다운 무늬를 새긴 횡목(橫木)을 두는 것은 눈을 만족시켜주는 것이며, 화란(和鸞)[44] 소리와 천천히 걸을 때 "무(武)"와 "상(象)"의 절주(節奏)에 맞추고, 빨리 달릴 때 "소(韶)"와 "호(濩)"[45]의 절주에 맞추는 것은 귀를 만족시켜주는 것이며, 용을 수놓은 기(旂)[46]와 아홉 개의 유(斿)[47]는 믿음을 길러주는 것이며, 침시(寢兕)와 지호(持虎),[48] 교현(鮫韅)과 미룡(彌龍)[49]은 위엄을 길러주는 것이다. 그리고 대로의 말은 반드시 길들여 순해지고 난 다음에야 타나니, 이는 편안함을 만족시켜주

---

44) 和鸞:고대 거마에 달았던 방울. 수레 앞의 손잡이로 사용되는 횡목에 매다는 것을 '和'라고 하고 말의 재갈에 다는 것은 '鸞'이라고 한다.
45) "武," 象," 韶," "濩":舞樂의 이름. "武"는 周 武王을 찬양하는 내용의 악곡이며, "象"은 武王의 춤이며, "韶"는 舜임금의 음악이며, "濩"는 湯임금의 악곡이다.
46) 旂:용을 수놓고 방울을 단 고대의 깃발.
47) 斿:깃발에 드리우는 장식품.
48) 寢兕, 持虎:엎드린 무소와 웅크린 호랑이를 뜻하는 것으로 모두 천자의 수레바퀴에 그려진 장식들이다.
49) 鮫韅, 彌龍:상어가죽으로 만든 말의 복대와 수레의 횡목에 새기거나 그려진 금빛 용을 가리킨다.

는 것이다. 그러므로 대저 죽음에 처해서도 이름과 절개를 지키는 것이 양생(養生)하는 것임을 잘 알며, 대저 비용을 절검하는 것이 재물을 기르는 것임을 잘 알며, 대저 공경하고 사양하는 것이 편안함을 만족시켜주는 것임을 잘 알며, 예의와 문리(文理)가 정을 길러주는 것임을 잘 알아야 한다.[50]

　사람은, 목숨을 보존하는 것만을 구차히 보려고 하기도 하는데, 이런 자 반드시 죽을 것이요, 이익만이 구차히 눈에 보이기도 하는데, 이런 자 반드시 손해를 볼 것이요, 게으름으로 편안함을 느끼기도 하는데, 이런 자 반드시 위태로워질 것이요, 정에 내맡기는 것으로써 편안함을 느끼기도 하는데, 이런 자 반드시 죽게 될 것이다. 그러므로 성인은 예의에 귀결시켜 두 가지를 모두 얻었으나, 정성(情性)에 귀결시킨다면 두 가지를 모두 잃게 되는 것이다. 그러므로 유학자는 사람으로 하여금 두 가지를 모두 얻게 하고, 묵가(墨家)는 사람으로 하여금 두 가지를 모두 잃게 하는 것이니, 이것이 유학과 묵가의 차이이다.

　예제는 국가를 다스리고 명분을 변별하는 원리요, 나라를 강성하고 견고하게 하는 근본이요, 권위를 행하는 방법이요, 공명을 세우는 강령이다. 왕공(王公)은 이를 말미암으로써 천하를 통일하고 제후를 신하로 삼는 것이나, 이를 말미암지 않는다면 사직(社稷)[51]을 버리게 되는 것이다. 그러므로 단단한 갖옷과 날카로운 무기로써 승리를 이루기에는 부족하며, 높은 성과 깊은 못(池)으로써도 견고히 하기에는 부족하며, 엄한 영(令)과 번다한 법률로써도 위엄을 세우기에는 부족하나니, 그 도를 말미암는다면 행해지거니와 그 도를 말미암지 않는다면 폐(廢)하게 되는 것이다. 초(楚)나라 사람들이 상어의 가죽과 무소의 가죽으로써 만든 갑옷은 단단하기가 쇠나 돌 같으며, 완(宛)[52]의 강철로 만든 창은 뾰족하기가 벌침이나 전갈의 침과 같고 가볍고 날카롭고 민첩하기가 마치 질풍과도 같았다. 그러나 그 군대가 수섭(垂涉)에서 패하여,[53] 당매(唐眛)[54]가

---

50)　이상의 문장에서, '기르다' 혹은 '만족시켜주다'로 표현한 것은 모두 원문의 "養"에 대한 번역이다.

51)　社稷 : 土神과 穀神, 즉 국가를 의미한다.

52)　宛 : 楚나라의 읍 이름. 지금의 河南省 南陽市.

53)　垂涉 : 楚나라의 지명. 일설에는 지금의 河南省 方城縣 북쪽이라고 한다. 『荀子』

죽고 장교(莊蹻)가 일어나 초나라는 서넛으로 분열되었다.[55] 이 어찌 견고한 갑옷과 날카로운 무기가 없어서였겠는가? 그 다스림이 도가 아니었기 때문이었다. 또한 여(汝)와 영(潁)으로써 험난한 요새로 삼고,[56] 강(江)과 한(漢)을 못〔池〕으로 삼고,[57] 등림(鄧林)으로써 방어하고 방성(方城)으로써 근거를 삼았다.[58] 그러나 진(秦)나라의 군대가 이르자 언영(鄢郢)[59]은 마치 마른 나뭇잎이 바람에 떨리듯이 함락되어버렸으니, 이것이 어찌 견고하고 험난한 요새가 없어서였겠는가? 그 통치하는 바가 도가 아니었기 때문이었다. 주(紂)가 비간(比干)의 심장을 도려내고,[60] 기자(箕子)를 감옥에 가두고 포락형(炮格刑)[61]을 가하고, 무고한 사람들을 형벌로 죽이니 이때에 신하들은 모두 두려워 감히 자신의 목숨을 확신할 수 있는 사람이 없었다. 그러다 주(周)나라의 군대가 이르니 주(紂)의 명이 아래로 전해지지 않고, 그 백성들을 군사로 쓸 수가 없었다. 이어찌 왕명이 엄격하지 못하고 형벌이 준엄하지 못해서였겠는가? 그 통치하는 바가 도가 아니었기 때문이다.

옛날의 병기는 창, 활, 화살일 뿐이었으나 적국이 그것을 써보지도 않고 투항하고, 성벽을 높이 쌓지도 않으며 도랑과 못을 파지도 않고 견고

「議兵」, 『戰國策』「楚策」, 『淮南子』「兵畧」에는 "垂沙"라고 기록되어 있다.

54) 唐昧 : 楚나라의 장수.

55) 莊蹻 : 楚나라의 장수. 楚나라의 頃襄王에게서 서쪽 정벌의 명을 받고 깊숙이 滇池(지금의 雲南省 昆明市 서남쪽) 일대에까지 들어가게 되었는데 秦나라 군대를 만나 퇴로를 차단당하자 滇에 머물며 스스로 왕이라고 칭하였다.

56) 汝, 潁 : '汝'는 '汝水'로서 河南省 접경지역에 있고, '潁'은 '潁水'로서 河南省과 安徽省 두 성을 지나서 淮水로 들어간다.

57) 江, 漢 : '江'은 '岷江,' '漢'은 '漢江'을 말한다. 못이란 성을 지키는 해자를 말한다.

58) 鄧林은 지금의 湖北省 宜城縣 동남쪽에 위치하였다. 方城은 춘추시대 楚나라의 長城으로 지금의 河南省 方城縣 북쪽에서 鄧縣에까지 이른다. 楊伯峻의 『春秋左傳注』에 의하면 지금의 桐柏, 大別諸山을 楚나라에서는 方城이라고 통칭하였다고 한다.

59) 鄢郢 : 楚나라의 別都. 지금의 湖北省 宜城縣 동남쪽에 있다.

60) 紂는 商나라 마지막 군주로 포학무도하여 周 武王이 군대를 일으켜 토벌하자 제후들이 호응하였는데, 紂는 패하여 결국 스스로 불에 타 죽었다. 比干은 그의 숙부로서 직언과 직간을 서슴지 않았는데, 紂에 의해서 심장이 도려내지는 참살을 당하였다.

61) 炮格刑 : 炮烙刑을 말한다. 商 시대에 쓰이던 형벌. 기름을 칠한 구리 기둥을 숯불 위에 걸쳐놓고 죄인을 그 위로 걸어가게 한 형벌.

한 요새를 세우지도 않으며 기변(機變)62)을 펼치지도 않았으나 나라가 평안하여 외적을 두려워하지도 않고 동요하지 않는 것은 다른 이유가 아니라 도를 밝혀 균등하게 나누고63) 때에 맞추어 백성을 부리고 그들을 진실로 사랑하니, 이에 아랫사람들이 마치 그림자가 따르듯 응하는 것이다. 그러다가 명을 따르지 않는 사람이 있고 나서야 형벌로 대하면 백성들이 죄를 알게 되리니 그러므로 한 사람에게 형벌을 내림으로써 온 천하가 복종하게 되어, 죄인은 윗사람을 원망하지 않고 죄가 자기에게 있음을 알게 되는 것이다. 이런 까닭에 형벌은 감소되었으되 위엄은 물이 흐르는 듯하나니, 이는 다른 것이 아니라 그 도를 따르기 때문이다. 그러므로 그 도를 따르게 되면 행해지고 그 도를 따르지 않는다면 폐하게 된다. 옛날 요(堯)임금이 천하를 다스릴 때 한 사람을 죽이고 두 사람에게 형벌을 내렸을 뿐임에도 천하가 다스려졌다. 그리하여 전(傳)64)에서 말하기를 "위엄은 준엄하되 사용되지 아니하고, 형벌은 있으되 쓰지를 않는다"라고 하는 것이다.

천지는 생명의 근본이며, 선조(先祖)는 동류(同類)의 근본이며, 임금과 스승은 다스림의 근본이다. 천지가 없으면 어떻게 살 것이며, 선조가 없으면 어떻게 세상에 날 것이며, 임금과 스승이 없는데 어떻게 다스려지겠는가? 셋 가운데 하나라도 없다면 사람은 편안해질 수 없다. 그러므로 예는 위로 하늘을 섬기고 아래로 땅을 섬기며 선조를 받들고 임금과 스승을 존숭하는 것이니, 이것이 예의 세 가지 근본이다.

그러므로 왕이 된 사람은 태조(太祖)를 배천(配天)65)하는데 제후라도 감히 이를 어그러뜨릴 수가 없으며66) 대부(大夫)와 사(士)에게는 자기들만의 항상된 조종(祖宗)이 있는데,67) 이는 귀천을 구분하는 것이니, 귀

---

62) 機變 : 弓弩를 발사하는 기계.
63) 『史記正義』에 의하면 儒墨의 구분을 분명히 하여 예의로 하여금 등급에 따라 작용하게 한다는 의미이다.
64) 傳 : 선인들의 書傳, 기록 등을 통칭한 것.
65) 配天 : 왕이 그 조상을 하늘과 함께 제사 지내는 것.
66) 원문은 "諸侯不感懷"로, 『史記索隱』에 의하면 "懷'는 '생각하다'의 뜻이니 제후가 감히 태조를 하늘과 같이 제사 지낼 생각을 하지 못함을 말한다"고 되어 있으나, 『荀子』「禮論」에서는 "懷"가 "壞"로 되어 있고 清나라 王先謙은 『荀子集解』에서 "『史記』의 '懷'를 '생각하다(思)'의 뜻으로 해석한 것은 잘못인 듯하다"고 하였다.

천을 잘 다스리는 것이 덕의 근본이다. 교(郊)는 천자에게서만 행해지고, 사(社)는 제후에게까지 행해지나 사(士)와 대부를 포함하는데[68] 그럼으로써 구분을 지어 존귀한 사람은 존귀한 귀신을 섬기고 낮은 사람은 낮은 귀신을 섬기고, 커야 할 것은 크게 하고 작아야 할 것은 작게 하는 것이다. 그러므로 천하를 가진 사람은 칠세(七世)를 섬기고, [69] 나라를 하나 가진 사람은 오세(五世)를 섬기며, 오승(五乘)의 땅[70]을 가진 사람은 삼세(三世)를 섬기며, 삼승의 땅을 가진 사람은 이세(二世)를 섬기며, 희생(犧牲)을 하나 가지고 있는 사람[71]은 종묘를 세울 수가 없는 것이니, 공업을 두텁게 쌓은 자는 그 은택이 널리 흘러갈 것이며, 두텁게 쌓지 않은 사람은 그 흐르는 은택이 좁으리라.

대향(大饗)[72]에, 먼저 현준(玄尊)[73]을 올리고 조(俎)[74]에 비린 생선을 올리며 태갱(大羹)을 올리는 것은 음식의 근본을 귀하게 여기는 것이다. 태향에 현준을 올리고 나서야 박주(薄酒)[75]를 쓰고, 서직(黍稷)을 먼저 진설하고 나서야 도량(稻粱)[76]을 놓으며, 제를 올릴 때 태갱을 먼저하여 입에 가져다 대고, 서수(庶羞)[77]로 배를 불리니, 이는 모두 근본을 귀하게 하고 나서 실용을 가까이하는 것이다. 근본을 귀하게 하는 것을 일러 문(文)이라고 하고 실용을 가까이하는 것을 이(理)라고 하나니, 양자가 합하여 문을 이룸으로써 태일(太一)[78]로 돌아가게 되는데, 이를 일러 대륭(大隆)이라고 한다. 그러므로 준(尊)에 백주(白酒)를 올리고, 조에 비린 생선을 올리고 두(豆)[79]에 태갱을 먼저 올리는 것은 한가지 이치이

---

67) 제후의 庶子(제후의 정실이 낳은 차남 이하의 자식)가 봉지를 받으면 그 후대의 大夫와 士는 영원히 그를 시조로 받든다.

68) 제후 이하 士, 大夫까지 社에 제사를 지낼 수 있음을 말한다.

69) 일곱 개의 종묘를 세워 7대 조상에까지 제사를 지냄을 말한다.

70) '五乘의 땅'이란 수레 다섯을 낼 수 있는 땅으로, 고대 井田制에서는 9夫를 1井이라고 하는데 16井이 1丘가 되고 4丘가 1乘이 된다.

71) 고대에 평민은 집에서 희생을 써서 조상에게 제사를 지낼 수 있도록 규정하였다.

72) 大饗 : '大祫'이라고도 한다. 고대 천자나 제후의 조상에 대한 合祭.

73) 玄尊 : 玄酒, 즉 白酒(白水)를 담는 그릇. 여기서는 玄酒를 의미한다.

74) 俎 : 고대 제사나 연회 때에 희생을 담는 禮器.

75) 薄酒 : 술기운이 연한 술.

76) 黍稷, 稻粱 : 메기장과 피, 그리고 벼와 기장을 각각 가리킨다. 전자는 후자보다 거칠고 원시적인 곡식이다.

77) 庶羞 : 여러 가지 음식.

78) 太一 : 천지가 형성되기 전의 元氣. 여기서는 태고의 상태로 돌아감을 의미한다.

다. 이작(利爵)[80]에 제물을 맛보지 않고, 제사를 마친 뒤에 조(俎)의 제물을 맛보지 않으며, 삼유(三侑)[81]가 먹지 않는 것, 대혼(大昏)[82]에서 재계(齋戒)를 아직 발(發)하지 않는 것, 태묘(太廟)에서 아직 시(尸)를 받아들이지 않는 것, 막 절명하였을 때 소렴(小斂)[83]을 하지 않는 것 또한 모두 한가지 이치이다. 대로(大路)의 하얀 장막과 교(郊)[84]를 지낼 때 쓰는 삼으로 만든 면류관, 상복을 입을 때 먼저 산마(散麻)[85]를 쓰는 것, 이것들은 모두 한가지 이치이다. 또 3년을 곡함에 목놓아 우는 것, "청묘(淸廟)"[86]의 노래에서 한 사람이 창(唱)하면 세 사람이 화응(和應)하는 것, 종을 하나 걸어놓고 종의 받침대를 두드리는 것, 붉은 현이 있는 큰 비파의 아래에 작은 구멍을 내는 것들이 모두 한가지 이치이다.

무릇 예는 거친 것에서 시작하여 문(文)[87]에서 이루어지고, 기쁨에서 끝을 맺는다. 그러므로 가장 좋은 것은 정(情)과 문(文)이 모두 다 발휘되는 것이요, 그 다음은 정과 문이 번갈아 발휘되는 것이요, 그 다음은 정을 회복하여 태일로 돌아가는 것이다. 그리하여 천지가 합하고 일월이 빛나며, 사계절이 순서에 따라 찾아오고, 별들이 운행하고, 강물이 흐르고 만물이 창성하고 좋아하고 싫어함이 절도가 있고, 즐거움과 성냄이 합당함을 얻게 되는데, 그리하여 백성 된 사람은 순종하고, 왕이 된 사람은 명철해지는 것이다.

태사공은 말하였다.

지극하도다! 위대한 예를 세워 법도로 삼으니, 천하가 감히 덜고 더하

---

79) 豆 : 고대의 제기.
80) 利爵 : 제사를 마치려고 하기 전에 다시 한번 尸를 향해서 헌주하는 것. 고대에 제사를 지낼 때에는 살아 있는 사람으로 죽은 사람을 대신해서 제사를 받게 하였는데, 이를 '尸'라고 하였다.
81) 三侑 : 제사를 지낼 때 반드시 사자를 대신하는 尸를 세워서 尸에게 먹을 것을 권하는데, 飯을 세 번 한 뒤에야 그친다. 飯을 할 때마다 侑가 하나씩 있다.
82) 大昏 : 제왕의 혼례, 즉 大婚.
83) 小斂 : 고대에 사자에게 의복을 입히는 것을 '小斂'이라고 하였고, 입관하는 것을 '大斂'이라고 하였다. '斂'은 '殮'과 통한다.
84) 郊 : 천자가 하늘과 땅에 제사를 지내는 것.
85) 散麻 : 거친 삼베로 만든 상복으로 상하 좌우를 꿰매지 않았다.
86) "淸廟" : 『詩經』 「周頌」에 "淸廟" 편이 있는데, 이는 周 文王을 제사 지내는 악장이다.
87) 文 : 수식. 예를 행하는 의식이나 기물 등을 의미한다.

지 못하는도다. 본말(本末)이 서로 따르고 시종(始終)이 서로 응하여, 지극한 문(文)으로써 차등을 나누고, 지극한 살핌으로 시비와 선악을 구분한다. [88] 천하가 그것을 따르면 잘 다스려지고, 따르지 않으면 어지러워지나니, 따르는 자 편안하고 따르지 않는 자 위태롭게 될 것이다. 이는 소인이 본받을 수 없는 법칙이다.

예의 모습은 진실로 깊어서 견백동이(堅白同異)의 설[89]은 들어가 빠지게 되고, 그 모습이 진실로 커서 함부로 전장(典章)을 짓는 좁고 비루한 설은 들어가 부끄럽게 되고, 그 모습이 진실로 높아서 난폭하고 방자하며 오만하여 현실을 가볍게 여기는 것을 고고하다고 여기는 무리들은 이에 들어가면 떨어지고 만다. 그러므로 먹줄[90]이 진실로 펼쳐지기만 하면 굽거나 바른 것을 속일 수가 없으며, 형(衡)이 진실로 드러나기만 하면 가볍고 무거움을 속일 수 없고, 규구(規矩)가 진실로 놓이기만 하면 모나고 둥근 것을 속일 수 없고, 군자가 예를 살피게 되면 거짓과 허위로써 속일 수가 없다. 그러므로 먹줄은 곧은 것의 지극함이요, 형은 평평한 것의 지극함이요, 규구는 모나고 둥근 것의 지극함이요, 예는 사람의 도리의 지극함이다. 그러나 예를 법으로 삼지 않는 자는 예가 족하지 못하니 이를 일러 방정(方正)하지 못한 사람이라고 하고, 예를 법으로 삼으면 예가 족해지니 이를 일러 방정한 사람이라고 한다. 예에 들어가게 되면 사색을 잘하게 되는데 이를 일러 능려(能慮)라고 하고, 사색을 잘하게 되면 가볍게 바꾸지 않으니 이를 일러 능고(能固)라고 한다. 능려와 능고를 더하게 되면 성인이 되는 것이다. [91] 하늘은 높음의 극치요, 땅은 낮음의 극치요, 일월은 밝음의 극치요, 무궁은 광대함의 극치이며, 성인이란 도의 극치이다.

예는, 재물로써 쓰임을 삼고 귀천으로써 문(文)을 삼고[92] 많고 적음으

---

88) 원문은 "至察有以說"이다. 『史記索隱』에 의하면 예의 지극한 살핌으로 인하여 더하고 덜함이 분명해지고 情과 文이 밝혀져 사람의 마음을 기쁘게 하므로 '說'을 썼다고 하였다.

89) 堅白同異의 說 : 전국시대의 名家 公孫龍이 창시한 "離堅白"과 惠施가 창시한 "合同異"의 학설을 말한다.

90) 즉 繩을 말한다.

91) 사람이 예를 얻어, 사색하여 예를 구하는 것을 '能慮'라고 하고, 가볍게 그 예를 바꾸지 않는 것을 '能固'라고 하는데, 양자를 다 하게 되면 성인이 된다.

92) 각기 다양한 문채 장식의 수레와 복장 및 깃발로 존비의 신분을 표시하는 것을

로써 차이를 내고, 성대한 것과 조촐한 것으로써 요령을 삼는다. 문
(文)[93]은 번다하나 정욕(情欲)은 담담한 것이 예의 융성함이요, 문은 조
촐한데 정욕은 번다한 것이 예의 질박함이다. 문과 정욕이 서로 안팎을
이루어 나란히 행해지어 뒤섞이는 것, 이것이 예의 합당함이다. 군자는
위로 그 융성함을 이루고, 아래로 그 조촐함을 다하여 그 합당함에 안주
하는 것이다. 천천히 걷거나 빨리 달리거나 밖으로 벗어나지 않으니, 이
런 까닭으로 군자의 성(性)은 궁정(宮庭)을 지키고 벗어나지 않는다.[94]
사람의 영역이 그 영역이니 이것이 사(士)와 군자요,[95] 그 밖에 처하고
있으니 이는 곧 평민이다. 이 가운데에 처하여, 두루 들고 나고 언행거지
가 그 차서(次序)를 곡진히 하는 것은 성인이다. 그러므로 성인이 그 두
터움을 이룬 것은 예의 쌓임 때문이며, 큼은 예의 넓음 때문이며, 높음은
예의 융성함 때문이며, 밝음은 예의 곡진함 때문이다.

말한다.
93) 文 : 儀節.
94) 군자는 마치 몸이 궁정을 벗어나지 않듯이 예를 지키고 예에서 벗어나지 않음을
    말한다.
95) 사람의 영역에 처하여 예의의 영역을 잘 아는 이는 士와 군자이다.

권24 「악서(樂書)」[1] 제2

태사공은 말하였다.

나는 매번 「우서(虞書)」[2]를 읽을 때마다 군신간에 서로 경계하고 격려하는 부분에 이르면 편안한 처지에 있을 때도 위험에 처하였을 때를 생각하여 경계코자 하였다. 그러나 가장 신임하는 좌우 대신들이 바르지 못함으로써 모든 일이 잘못되는 내용에 이르렀을 때는 가슴이 아파 눈물을 흘리지 않을 수 없었다. 주(周)나라 성왕(成王)은 관채(管蔡)의 난으로 인하여 「주송(周頌)」 "소비(小毖)" 편을 지어 스스로 환난을 미연에 방지하지 못한 책임을 질책하고,[3] 나라에 재난을 가져오게 한 것을 애석해하였다. 이렇게 지나간 일을 거울 삼아 다가올 일을 경계하였으니, 삼가고 근신하며 예를 지키고 덕을 닦아 끝을 잘 맺지 못하였다고 할 수 있겠는가? 군자는 곤궁하다고 하여 덕을 닦지 않거나 부유하다고 하여 예를 버리지 않으며, 안락할 때라도 처음의 고난을 능히 생각하며, 평안할 때라도 처음의 위험을 생각한다. 기름진 못에서 목욕을 하더라도 근면함과 지난날의 고초를 잊지 않고 노래로 만들어 읊는 것은 대덕(大德)이 아니면 누가 그럴 수 있겠는가! 전(傳)[4]에 이르기를 "정치가 안정되고 공을 이

---

1) 『史記志疑』의 고증에 의하면 『史記』 가운데는 「樂書」가 모두 빠져 있다고 한다. 지금 전해오는 「樂書」는 후인이 「樂記」에서 취하여 모양새를 갖추어서 이루어진 것이다. 「樂記」는 『禮記』의 편명으로 전국시대부터 秦漢에 이르는 동안 유학자들이 지은 것이다. 漢 成帝 때 劉向의 校書輯 23편을 얻었는데 그 가운데 11편을 『禮記』에 수록하고 「樂記」라 하였다. 「樂記」의 내용은 음악의 기원과 美感, 사회작용 및 음악과 예의 관계 따위를 설명하고 있으며, 음악의 교화작용과 전통적인 예악제도를 강조하고 新樂과 민간속악 "鄭衛之聲"에는 반대하였다. 이것은 중국 최초의 음악이론서이다. 편명의 '樂'은 통상 음악과 춤, 시가를 아울러 지칭하는 것이다.

2) 「虞書」: 『尙書』의 편명. '今文 『尙書』'에는 모두 5편으로 되어 있으며, 전설 속의 唐堯, 虞舜, 夏禹 등의 사적을 기록해놓은 책이다.

3) 周 武王이 죽었을 때 成王은 아직 어렸으므로 周 武王의 동생인 周公 旦이 섭정을 하였다. 그런데 武王의 다른 동생 管叔 鮮과 蔡叔 度이 周公 旦이 도발하려 한다는 유언비어를 퍼뜨려 둘 사이를 이간시키려고 하였으며, 나중에는 반란까지 일으켰다. 周 成王은 "小毖"를 지어 스스로 미리 경계하지 못한 잘못을 질책하였다.

루면 예와 악이 이내 흥하게 된다"라고 하였다. 해내(海內)에 인의의 도가 더욱 깊어져서 그 덕이 지극한 데에 이르면 음악도 달라지게 된다. 가득했을 때 덜어내지 않으면 넘치고, 가득 찼을 때 절제하지 않으면 기울게 된다. 무릇 음악을 만드는 본래의 뜻은 사람들의 쾌락을 절제하기 위함이다. 군자는 겸손히 물러남으로써 예를 삼으며, 사욕을 절제함으로써 음악을 삼으니 음악이란 이런 것이다. 지역이 다르고 나라가 다르니 인정과 풍속이 각기 다르므로 음악을 만들 때도 광범위하게 각 지방 민간가요를 수집하고 성률(聲律)의 고저와 청탁(淸濁)을 조합해서 악가를 만든다. 이 악가로 시폐(時弊)를 보충하고 풍속을 바꾸어서 정치와 교화의 추진을 돕는다. 천자가 몸소 조정에 나아가 이 악가를 감상할 뿐 아니라 만백성들이 음악을 들음으로써 인성을 도야하는 즈음에서는 심령의 때를 모두 씻고 넘쳐 흐르는 활력을 흡수하여 그들의 성정을 수양하게 되는 것이다. 그래서 「아(雅)」, 「송(頌)」[5]의 악곡을 연주하면 백성들의 정서가 바르게 되고, 높고 우렁차 격앙된 소리는 사기를 고조시키며, 정(鄭)나라와 위(衛)나라의 노래를 부르면 인심이 음란해진다고 한 것이다. 악곡의 소리가 조화를 이루어 화합하면 날짐승이나 길짐승도 모두 감화를 받는데,[6] 하물며 마음에 오상(五常)[7]을 품고 성정에 좋고 싫음의 감정을 가지고 있는 사람에게서야 무엇을 더 말하겠는가? 그러니 이것은 자연스러운 추세라고 할 수 있다.

  정치가 어지러워지자 정나라 음악과 같은 음란한 노래가 일어나게 되고, 그런 나라에서는 봉읍을 받은 귀족이나 세습 군주들과 같이 이름이 혁혁한 사람들조차도 앞을 다투어 정나라의 음악의 가치를 높이게 되었다. 공자(孔子)는 제(齊)나라에서 바친 여자 악대를 노(魯)나라에서 받아들인 일이 못마땅하자, 조용히 물러나서 음악을 정리하여 세상 사람들을 계도하려고 오장(五章)의 악가[8]를 지어 시정을 풍자하고자 하였으나

4) 傳: '經'의 뜻을 해석한 글로, 여기에서는 『詩經』의 「毛氏傳」을 가리킨다.
5) 「雅」, 「頌」: 『詩經』의 편명. 「雅」는 조정의 악곡이며, 「頌」은 종묘에 제사 지낼 때 쓰는 악곡이다. 두 가지 모두 正樂이다.
6) 전해오는 말에 의하면 堯舜 시대에 夔를 악관에 명하여 음악을 주관하게 하였다고 한다. 그가 악곡을 연주하는데 조화를 이루어 감동적이었으므로 봉황이 날아와 노래하고 온갖 짐승들이 춤을 추었다고 한다.
7) 五常: 五倫을 말한다.
8) 五章의 악가에 대해서 『史記索隱』에는 "저 부인의 입(노래)은 달아날 것이요, 저

결국 시속을 변화시키지는 못하였다. [9] 이렇듯 점차 쇠락해져 육국(六國) 시대가 되자 군왕들은 가무에 도취되고 성색(聲色)에 깊이 미혹되어 정신을 잃으니 마침내 몸과 조종(祖宗)을 망치고 강폭한 진(秦)나라에 합병되고 말았던 것이다.

진나라 2세 황제(二世皇帝) [10]는 특히 음악을 오락으로 여겼다. 그러자 승상 이사(李斯) [11]가 충고하여 진언하였다. "『시경』과 『상서』를 버리고 성색에 도취되는 것은 조이(祖伊) [12]가 꺼리던 바입니다. 주왕(紂王) [13]은 작은 잘못을 가벼이 여기고 밤을 새워 연회를 열고 향락에 젖었기 때문에 망했던 것입니다." 그러자 조고(趙高) [14]가 말하였다. "오제(五帝)와 삼왕(三王)의 음악은 각각 그 이름이 다릅니다. 이것은 피차간에 서로 이어

부인의 알현은 패하여 죽음에 이르리라. 걱정되누나 걱정되누나. 마침내 세상을 뜨리라(彼婦人之口, 可以出走, 彼婦人之謁, 可以死敗, 憂哉游哉, 聊以卒歲)"라고 되어 있다. 그러나 五章의 이름에 맞지 않다.

9) 齊나라에서 魯나라 군주에게 여자 악대를 보낸 것을 魯나라 季桓子가 받았다. 그러자 孔子는 魯나라 정치가 필시 부패하게 될 것이라고 여겨, 조용히 물러나서 음악을 정리하여 「雅」와 「頌」의 음악을 높이고 鄭音이나 衛音 같은 음란한 음악을 배척하였다.

10) 秦 二世 皇帝(기원전 230-기원전 207년) : 嬴胡亥. 秦나라 제2대 황제. 기원전 210년부터 기원전 207년까지 재위하였다. 통치기간 동안 아방궁과 馳道(천자나 귀인이 거동하는 길)를 계속 수리하여 세금과 부역이 秦 始皇 때보다 더욱 심하였다. 오래지 않아 陳勝과 吳廣 등이 이끄는 농민 폭동이 일어났고, 나중에는 전권을 휘두르던 환관 趙高의 핍박을 받아 자살하였다. 권6「秦始皇本紀」참조.

11) 李斯 : 秦나라의 정치가. 楚나라 上蔡(지금의 河南省 上蔡縣 서남쪽) 사람. 처음에는 客卿으로 있다가 秦王 嬴政을 보좌하여 6국을 통일하게 하였다. 이윽고 丞相의 자리에 올라 秦 始皇이 중앙집권제도를 강화하도록 하였으며, 나중에는 趙高의 시기를 받아 죽었다. 권87「李斯列傳」참조.

12) 祖伊 : 商紂 때의 어진 신하. 西伯 姬昌(周 文王)이 군사를 일으켜 黎를 정벌하자 祖伊가 姬昌이 장차 商나라를 공격하지 않을까 걱정해서 紂王에게 聲色에 빠지지 말라고 권고하였으나 紂王은 이를 듣지 않았다.

13) 紂王 : 商代 최후의 왕. 이름은 受, 호는 帝辛이다. 東夷를 평정하고 중원의 문화를 점차 淮河, 長江 유역에 전파하였으나, 폭정으로 말미암아 백성들의 원망을 불러 일으켰다. 후에 周 武王이 서남 각 민족들을 모아 商을 공격하여 牧野(지금의 河南省 淇縣 서남쪽)의 전투에서 商나라 군대는 무너지고 紂의 병사는 패하였다. 권3「殷本紀」참조.

14) 趙高(?-기원전 207년) : 秦나라의 환관. 본래는 趙나라 사람으로, 中車府令과 行符璽令事를 지냈다. 秦 始皇 사후에 李斯와 짜고 遺詔를 위조하여 公子 扶蘇를 자살하게 만들고 胡亥를 황제로 세우고 郎中令이 되었다. 후에 李斯를 죽이고 스스로 丞相이 되었다. 오래지 않아 다시 2세 황제를 핍박하여 죽게 만들고 子嬰을 秦王으로 세웠으나 결국 子嬰에게 죽임을 당하였다.

받지 않는다는 것을 나타내고 있습니다. 위로는 조정에서부터 아래로는 백성들에 이르기까지 모두 그 음악으로 기쁨을 나누고 은근한 뜻을 융합하였습니다. 그렇지 않았으면 화기애애한 감정이 능히 통할 수 없었을 것이며 위에서 베푸는 은택이 널리 전해질 수 없었을 것입니다. 이 역시 일대의 풍습이며 시기에 알맞는 오락일 뿐인데, 어찌 화산(華山)[15]의 녹이(騄耳)[16]를 얻은 후에야 먼 길을 갈 수 있겠습니까?" 2세 황제는 그 말에 찬성하였다.

고조(高祖)가 패현(沛縣)[17]을 지나면서 "삼후지장(三侯之章)"[18]이라는 시를 지어 어린 아이들로 하여금 노래 부르게 하였다.[19] 한 고조가 붕어하자 패현에서는 사시(四時)에 종묘에 제사를 올리고 가무를 드리게 하였다. 혜제(惠帝),[20] 문제(文帝),[21] 경제(景帝)[22] 때에는 별다른 큰 변화가 없었고, 다만 악공들로 하여금 악부(樂府)[23]에서 항상 이러한 오래된 악장들을 연습하게 하였을 뿐이다.

지금의 황제(漢 武帝를 가리킴)께서 즉위하시자 19장의 악곡을 지어 시중(侍中)[24] 이연년(李延年)[25]으로 하여금 악곡을 지어 붙이게 하였으

---

15) 華山 : 五嶽 중의 西嶽. 陝西省 華陽縣 남쪽.

16) 華山의 騄耳 : 秦 穆公의 여덟 준마의 하나. '綠耳'라고도 쓴다. 이 구절의 뜻은 준마가 아니라도 먼 길을 갈 수는 있다는 말인데, 鄭聲이 비록 속되기는 하지만 오락으로 삼을 수는 있다고 주장하는 것이다.

17) 沛縣 : 지금의 江蘇省 沛縣.

18) "三侯之章" : "大風歌"를 말한다. 가사에 "大風起兮雲飛揚, 威可海內兮歸故鄕, 安得猛士兮守四方"이라고 되어 있어 세 개의 '兮'가 있는데 '兮'와 '侯'는 같은 어조사이므로 "大風歌"를 "三侯之章"이라고 하는 것이다.

19) 漢 高祖가 沛縣을 지나면서 시를 지은 일은 권8「高祖本紀」참조.

20) 惠帝(?-기원전 188년) : 漢 惠帝 劉盈. 기원전 195년부터 기원전 188년까지 재위에 있었다. 시호는 孝惠이다. 권9「呂太后本紀」참조.

21) 文帝(기원전 203-기원전 157년) : 漢 文帝 劉恒. 劉邦의 넷째 아들. 기원전 180년부터 기원전 157년까지 재위에 있었다. 시호는 孝文이다.

22) 景帝(기원전 188-기원전 141년) : 漢 景帝 劉啓. 文帝의 아들. 기원전 157년부터 기원전 141년까지 재위에 있었다. 시호는 孝景이다.

23) 樂府 : 고대에 음악을 주관하던 관청. 秦나라 때에 시작되었으며 漢 武帝 때 가장 성하였다. 궁정, 巡行, 제사 등에 사용되는 음악을 관장하였으며, 아울러 민가를 채집하여 악곡에 맞추는 일도 하였다.

24) 侍中 : 관직 이름. 황제의 좌우에서 시종하여 궁정을 출입하며 고문 역할을 하는 관직. 황제의 측근이라 할 수 있는 높고 중요한 직위이다.

25) 李延年(?-기원전 약 87년) : 西漢의 유명한 음악가. 中山(지금의 河北省 定縣) 사람. 樂工 출신으로 노래를 잘하였으며 새로운 악곡 창작에도 뛰어났다. 여동생 李

며 아울러 이연년을 협률도위(協律都尉)에 임명하였다. 한 가지 경전에 통달한 사람이라고 하더라도 혼자서 그 가사의 뜻을 이해할 수 있는 사람 은 없었으므로 오경(五經)의 전문가를 모두 소집하여 함께 그 가사를 연 구 토론한 후에야 그 뜻을 완전히 이해할 수 있었으니, 그 가사에는 참으 로 전아(典雅)하고 순정한 문장이 많았다.

한나라 조정에서는 정월 상순(上旬) 신일(辛日)에 늘 감천궁(甘泉 宮)[26]에서 태일신(太一神)[27]에게 제사를 올렸는데 어두워질 무렵에 시작 해서 날이 밝아올 무렵에야 끝났다. 이때는 늘 유성(流星)이 제단 상공을 지나갔다. 그래서 동남동녀(童男童女) 70명으로 하여금 노래를 부르게 하였는데, 봄에는 "청양(靑陽)"을, 여름에는 "주명(朱明)"을, 가을에는 "서호(西暤)"를, 겨울에는 "현명(玄冥)"을 불렀다.[28] 이런 노래들은 세 상에 널리 알려져 있으므로 여기서는 논하지 않겠다.

또 황상께서는 일찍이 악규수(渥洼水)에서 신마(神馬)를 얻자 다시 "태일지가(太一之歌)"라는 노래를 지었다.[29] 그 가사는 "태일신이 은혜 를 내리사 천마(天馬)를 보내셨는데, 붉은 땀에 젖어서 그 땀에 땅도 붉 게 물들었네. 내달리는 모습은 만리를 뛰어넘으니, 누구와 짝할까? 용이 라면 벗이 되지"[30]라고 되어 있다. 후에 대원(大宛)[31]을 정벌하여 천리 마를 얻었는데[32] 말 이름을 포초(蒲梢)라고 짓고 다시 노래를 지었다.

夫人이 武帝의 총애를 받자 그 역시 궁정으로 들어가 協律都尉를 맡았으며, "郊祀 歌" 19장에 악곡을 붙였다. 또 張騫이 西域으로부터 전해들어온 "摩訶兜勒" 곡을 모 방하여 "新聲" 28解를 지어 軍樂으로 사용하고 이를 "橫吹曲"이라고 불렀다.

26) 甘泉宮 : 漢나라 때 황제의 行宮. 유적지는 陝西省 淳化縣 서북쪽 甘泉山에 있다.

27) 太一神 : 전설상의 천신.

28) "靑陽,","朱明,","西暤,","玄冥" : 모두 "郊祀歌" 중의 악가 이름. 가사 첫머리에 나오는 두 글자를 따서 이름 지은 것이다.

29) 漢 武帝 때, 南陽郡 新野縣(지금의 河南省에 속한다)에 暴利長이라는 사람이 있 었는데 형벌을 받아 敦煌(지금의 甘肅省 敦煌縣 부근) 屯田으로 유배되었는데, 거기 서 기이한 말 한 필을 얻게 되자 관아에 헌상하였다. 그는 이 말을 신비롭게 하기 위하여 이 말이 渥洼水(지금의 甘肅省 敦煌縣 서남쪽)에서 나왔노라고 말하였다.

30) 원문은 "太一貢兮天馬下, 沾赤汗兮沫流赭. 騁容與兮跇萬里, 今安匹兮龍爲友"이 다.

31) 大宛 : 서역의 나라 이름. 지금의 중앙 아시아 中亞費爾干納 분지에 있으며 수도 는 貴山城(지금의 卡散賽)에 있다. 산물로는 汗血馬가 유명하다.

32) 太初 4년(기원전 101년)의 일이다.

"천마가 왔네. 서쪽 끝에서. 만리를 지나 덕이 있는 이에게 왔네. 영험한 위력 입어 외국을 항복시키고, 사막을 넘어서 사이(四夷)[33]가 복종하네."[34] 그러자 중위(中尉)[35] 급암(汲黯)[36]이 진언하였다. "무릇 제왕이 악가를 지으면 위로는 조종을 받들고 아래로는 만백성들을 교화하는 데에 사용해야 하옵니다. 그런데 지금 폐하께오서는 말을 얻으셨다 하여 시를 지어 노래를 부르고 종묘에서 연주하게 하시니, 선제께오서나 백성들이 어찌 그 음악을 알 수 있겠사옵니까?" 황제께서는 묵연히 말이 없었다. 그러자 승상 공손홍(公孫弘)[37]이 아뢰었다. "급암은 성상의 뜻을 훼멸하였사옵니다. 멸족의 죄에 해당되옵니다."

무릇 음(音)[38]이 생기는 것은 사람 마음의 움직임으로 말미암은 것이다. 사람 마음이 움직이는 것은 물(物)[39]이 그렇게 만들기 때문이다. 사람의 마음이 외물의 영향을 받아서 움직이게 되므로 소리〔聲〕로써 표현되고, 소리가 서로 상응함으로써 변화가 생기는 것이며, 변화가 일정한 규칙을 가지게 됨으로써 음(音)이라고 일컫는 것이다. 음을 배열하여 연주〔樂〕하고, 간척(干戚)과 우모(羽旄)로써 춤을 추게 되면[40] 이를 악(樂)이라고 일컫는다. 악이란 음으로 말미암아 생기는 것이니, 그 근본은 사람의 마음이 외물에 감동을 받아서 그렇게 되는 것이다. 이런 까닭에 비애의 감정을 일으키는 것은 그 소리가 슬프고 낮으며 빠르고, 즐거운 감

---

33) 四夷 : 東夷, 西戎, 南蠻, 北狄.

34) 원문은 "天馬來兮從西極, 經萬里兮歸有德. 承靈威兮降外國, 涉流沙兮四夷服"이다.

35) 中尉 : 수도의 치안을 담당하던 관직 이름.

36) 汲黯(？-기원전 121년) : 濮陽(지금의 河南省 濮陽縣 서남쪽) 사람. 漢 武帝 때 東海太守를 지냈으며, 후에 九卿으로 부름을 받자 감히 직간을 잘하였다. 권120「汲鄭列傳」참조.

37) 公孫弘(기원전 200-기원전 121년) : 西漢의 대신. 菑川(지금의 山東省 壽光縣 남쪽) 薛 사람. 漢 武帝 때 御使大夫, 丞相, 封平津侯를 역임하였다. 권112「平津侯主父列傳」참조.

38) 여기서 말하는 "音"은 '聲'이나 '樂'과 상대적인 개념으로, 아마 요즘 말하는 '曲調'에 가까울 것이다. 이 단락 이하는 모두 「樂記」에 있는 내용으로 그 편차와 순서 및 표현이 약간씩 다를 뿐이다.

39) 物 : 외계 사물이나 환경. 여기에서는 모두 外物로 통칭하였다.

40) 방패〔干〕와 도끼〔戚〕를 들고 춤을 추는 무인의 춤〔武舞〕과 들오리의 깃〔羽〕과 소의 꼬리털로 장식한 깃발〔旄〕을 들고 춤을 추는 문인의 춤〔文舞〕을 가리킨다.

정을 일으키는 것은 그 소리가 화평하고 한가롭고, 기쁨의 감정을 불러일으키는 것은 그 소리가 탁 트이고 명랑하다. 노한 감정을 일으키는 것은 그 소리가 거칠고 매서우며, 경외심을 불러일으키는 것은 그 소리가 곧고 장중하며, 사랑의 감정을 불러일으키는 것은 그 소리가 부드럽고 온유하다. 이 여섯 가지는 천성으로 부여받는 감정이 아니라 외물에 느끼는 바가 있어서 감정이 움직이는 것이다. 그렇기 때문에 선왕(先王)[41]은 감정을 일으키는 연유를 중히 여겼다. 그래서 예절로써 사람들의 뜻을 바르게 인도하고, 음악으로써 사람들의 성정을 화합하였으며, 정치로써 사람들의 행동을 통일시켰으며, 형벌로써 사람들이 간사해지지 않게 방비하였다. 예절과 음악, 형벌과 정치의 최종 목표는 하나이니, 이것으로써 민심을 가지런히 하여 올바른 정치를 펼칠 수 있기 때문이다.

대저 음이란 사람의 마음에서 생기는 것이다. 사람의 감정이 마음속에서 움직이면 소리로써 표현되며, 그 소리가 일정한 곡조를 이루게 되면 음(音)이라고 일컫는다. 그래서 세상이 잘 다스려질 때의 음악은 편안하여 즐거우니, 그 정치가 화평하게 잘 다스려지는 것을 표현하고 있기 때문이다. 세상이 어지러울 때의 음악은 원한에 사무치고 분노에 차 있으니, 그 정치가 혼란스러운 것을 드러내고 있기 때문이다. 멸망한 나라의 음악은 슬픔과 근심에 차 있으니, 그 백성들의 곤궁함이 그대로 드러나 있기 때문이다. 이로써 성음(聲音)의 도가 정치와 통한다는 것을 알 수 있다. 궁(宮)은 군자요, 상(商)은 신하이며, 각(角)은 백성이요, 치(徵)는 일[事]이요, 우(羽)는 물(物)이다. 만일 이 다섯 가지 음이 어지럽혀지지 않으면 조화되지 않는 음이란 없을 것이다. 궁음(宮音)이 혼란하면 산만할 것이니 그 군주가 교만함을 나타내었기 때문이요, 상음(商音)이 혼란하면 바르지 못하게 되니 신하가 그릇되었기 때문이요, 각음(角音)이 혼란하면 우울하고 근심에 젖으리니 그 백성들이 원한을 품었기 때문이요, 치음(徵音)이 혼란하면 슬픔에 차 비애에 젖으리니 백성들의 부역이 번다하고 심하였기 때문이요, 우음(羽音)이 혼란하면 그 소리가 위태로워지리니 궁핍하고 재물이 부족하였기 때문이다. 만일 오음(五音)[42]이

---

41) 先王 : 본래 前代의 임금을 말하는 것이지만, 일반적으로 고대의 현명한 임금을 통칭한다.
42) 五音 : 宮, 商, 角, 徵, 羽의 다섯 음.

모두 혼란하면 서로 침범하고 짓밟기 때문이니 이를 과도한 방종이라고 이른다. 이와 같은 지경에 이르면 나라의 멸망이 멀지 않은 것이다. 정(鄭)나라와 위(衞)나라의 음악은 난세의 음악이니 이미 과도한 방종에 가깝다. 상간(桑間)[43]과 복상(濮上)[44]의 음악은 망국의 음악이니, 이런 음악이 유행하는 나라는 그 나라의 정치가 혼란스럽고 민풍이 어그러져 있으며 군주를 속이고 윗사람을 비방하며 각기 사사로운 이득만 생각하여 수습할 수 없을 지경에 이르게 된다.

무릇 음이란 사람의 마음에서 생기는 것이요, 악이란 윤리에 통하는 것이다. 그렇기 때문에 소리를 알고서 음을 모르는 것은 금수요, 음을 알고서 악을 모르는 것은 서민이다. 오직 군자만이 악을 알 수 있다. 그러므로 소리를 살펴서 음을 알고, 음을 살펴서 악을 알며, 악을 살펴서 정치를 알게 되니, 이로써 나라를 다스리는 도리를 완전히 갖추는 것이다. 그런 까닭에 소리를 모르는 사람과는 더불어 음을 이야기할 수 없고, 음을 모르는 사람과는 더불어 악을 이야기할 수 없다. 악을 안즉 예를 안다고 할 수 있다. 그래서 예와 악을 모두 아는 사람을 일러 덕이 있다고 하는 것이다. 덕이란 예와 악을 모두 갖추었음을 가리킨다. 그러므로 성대한 악이라고 해서 반드시 가장 듣기 좋은 음일 필요는 없으며, 식향(食饗)의 예[45]가 가장 맛있는 음식을 올리는 것은 아니다. 청묘(淸廟)[46]의 슬(瑟)[47]은 주홍색의 현과 몇 안 되는 구멍으로 되어 있을 뿐이며, 연주할 때 한 사람이 앞서 노래하면 세 사람이 따라 찬탄하며 응수할 뿐이지만[48] 그 여음(餘音)은 다함이 없다.[49] 대향(大饗)의 예[50]는 현주(玄酒)[51]를

---

43) 桑間 : 지명. 고대 濮水의 河岸.
44) 濮上 : 濮水(고대 黃河와 濟水의 지류) 일대.
45) 食饗의 禮는 고대에 조상의 合祭를 모시는 융중한 禮儀로서 大食之禮와 같다.
46) 淸廟 : 周 文王을 제사 지내는 종묘. 보통 종묘로 통칭할 수 있다. '淸'은 엄숙하고 경건하며 깨끗하다는 뜻이다.
47) 瑟 : 고대의 현악기. 古琴처럼 생겼으며 통상 현이 25개이다.
48) 원문 "一倡而三嘆"이란 周 文王의 종묘에서 연주하는 곡조는 고상해서 이를 좋아하는 사람이 얼마 안 되기 때문에 한 사람이 發聲하면 겨우 세 사람이 탄미하여 화창할 뿐이라는 말이다. 여기에서는 뛰어난 詩文을 격찬하여 이르는 말이다.
49) 淸廟의 瑟은 구멍이 성글어 음이 완만하고 느리며, 화창하는 사람 역시 많지 않지만 그 餘音만은 여전히 귓가에 남아 있어 사람으로 하여금 오래도록 잊지 못하게 한다는 뜻이다. 이 구절은 儒家가 강조하는 바 "溫柔敦厚,""平和中正"과 "淡和"가 특색이 되는 음악을 주장하는 것으로, 이것은 "중용의 도"가 음악관에 체현되는 것을 가리킨다.

올렸고 생선을 진설하였으며 태갱(大羹)[52]은 간을 하지 않았으나 그 여미(餘味)가 다함이 없었다. 이런 까닭에 선왕이 예와 악을 제정한 목적은 사람들의 이목과 입과 배를 만족시키기 위해서가 아니라 사람들이 자신들의 좋고 싫은 감정을 조절하여 사람의 정도(正道)[53]를 회복하게 하고자 한 것이다.

사람은 세상에 막 태어났을 때는 평정하다. 이것은 하늘이 부여한 본성이다. 그런데 외물의 영향을 받게 되면 변화가 생기게 되니 이것은 사람의 본성이 표현되는 것이다. 외물이 다가왔을 때 사람은 이지(理智)를 통하여 그 외물을 인식하게 되므로 좋고 싫음, 좋아하고 미워하는 감정이 비로소 형성되는 것이다. 만일 좋고 싫음의 감정이 마음속에서 절제되지 못하면 이지가 외물에 의해서 이끌림을 당하여 자기 본성으로 돌아올 수 없는 것이니, 이렇게 되면 천성이 훼멸되어지는 것이다. 외물이 사람을 끊임없이 유혹하여 사람의 좋고 싫은 감정에 절제가 없어지면 외물이 지극한 데에 이르게 되어 사람은 외물에 동화되고 만다. 이른바 사람이 외물에 동화된다는 것은 바로 사람의 천성이 훼멸되고 오로지 사욕만을 추구한다는 뜻이다. 그래서 윗사람을 거스르고 어지럽히며 속일 생각을 가지게 되며, 사악하고 방탕하며 함부로 잘못을 저지르는 일이 있게 되는 것이다. 그래서 강대한 자가 약소한 자를 핍박하며, 다수가 소수를 기만하고 총명한 사람이 순진한 사람을 속이며, 용맹한 사람은 겁이 많은 사람을 능욕하며, 병든 자가 치료를 받지 못하고, 노인이나 어린이, 고아, 과부들이 편안히 보살핌을 받지 못하니, 이런 일들이 바로 대란을 조성하는 근원이 된다. 그런 까닭에 선왕은 예와 악을 제정하여 사람들이 자신의 욕망을 절제할 수 있도록 하고자 하였다. 상복(喪服)과 곡읍(哭泣)의 규정은 상사(喪事)의 규모를 절제하게 하려고 한 것이고, 종(鐘)[54]과 북

---

50) 大饗의 禮 : 食饗의 禮와 같다.
51) 玄酒 : 고대 제사에 술 삼아 쓰던 물. 아주 옛날에는 술이 없었으므로 물로 대신해서 올렸는데, 물은 본래 무색이나 옛사람들은 습관적으로 玄(흑색)으로 여겼으므로 '玄酒'라고 하였다.
52) 大羹 : 고대에 제사 때 쓰던, 간을 하지 않은 고깃국.
53) 원문 "人道之正"은 인간으로서 지켜야 할 정확한 규범과 준칙을 가리킨다.
54) 鐘 : 악기 이름. 고대 제사나 宴享 때 사용하던 악기. 나무 가로대에 걸어놓고 나무채로 쳐서 소리를 냈다. 하나만 걸어놓은 것은 特鐘이라 하고, 크고 작은 것을 순서대로 걸어놓은 것은 '編鐘'이라 하였다.

〔鼓〕의 음과 방패〔干〕와 도끼〔戚〕 등의 춤을 제정한 것은 안락의 정서를 화순(和順)하게 하려는 것이며, 혼인과 관계(冠笄)[55]의 제도를 행하는 것은 남녀 성별을 구분하기 위함이며, 사향(射鄕)[56]이나 술과 음식으로 빈객을 접대하는 것은 교제와 접대의 풍기를 바르게 하기 위함이었다. 예의 작용은 백성들의 마음을 절제하게 하는 데에 있고, 악의 작용은 사람들의 마음의 소리를 조화롭게 하는 데에 있으며, 정치의 작용은 나라의 정령을 행하게 하는 데에 있고, 형벌의 작용은 사악한 일을 방지하는 데에 있다. 예와 악과 형벌과 정치, 이 네 가지가 충분히 제 구실을 하면 패륜행위가 없을 것이며, 그러한즉 인의로써 천하를 다스리는 왕도가 완전무결하게 갖추어졌다고 할 수 있을 것이다.

음악[57]은 사람들의 관계를 동화시키고, 예는 사람들의 등급을 구별짓는다. 동화하게 한즉 사람들이 서로 친근해지며, 등급에 따라 구별을 지으니 서로 공경하게 된다. 음악이 지나치게 중시되면 사람들로 하여금 방종하게 할 수 있고, 예가 지나치게 중시되면 사람들이 소원해질 수 있다. 사람들의 내적인 감정을 화합하게 하고, 사람들의 외적인 의태(儀態)를 단정하게 하는 것, 이것이 예와 악이 하는 일이다. 예의의 제도가 확립되면 귀천간에 등급이 있게 되고, 음악의 형식이 통일되면 상하가 화목할 수 있다. 좋고 싫음이 드러나면 어진 사람과 어질지 못한 사람이 분명히 분별된다. 형벌로써 흉포한 일을 금지시키고 작록으로 어질고 능력 있는 사람을 천거하면 정치는 공평하고도 합리적으로 운용될 것이다. 어진 마음으로 백성들을 애호하고 의로써 백성들을 교도할 수 있으면 백성들을 잘 다스릴 수 있을 것이다.

---

55) 冠笄 : 冠은 모자이고, 笄는 비녀이다. 고대에 남자는 20세가 되면 관을 쓰는 의식을 행하였으며, 여자는 15세가 되면 비녀를 꽂는 의식을 행하여 남녀가 성년이 되었음을 표시하였는데, 이를 冠禮라고 한다.

56) '射'는 射禮를 말하는 것으로, 고대 집회 때 활쏘기를 하여 무예를 겨루던 典禮이다. 네 종류가 있는데, 제사를 지낼 때나 선비를 선발할 때 거행하던 大射, 제후가 來朝할 때 거행하던 賓射, 연회 때 거행하던 燕射, 卿大夫가 선비를 천거한 후 거행하던 鄕射가 있다. '鄕'은 鄕飮酒禮를 말하는 것으로, 고대 지방에서 조정에 추천을 받은 鄕學 졸업생을 위하여 거행하는 송별의 예식이다.

57) 원문은 "樂"이나 이후부터는 필요에 따라 '음악'으로도 번역하기로 한다. 이럴 때 주의할 것은 비록 음악이라고 하였지만 노래와 연주와 시가는 물론이고 춤까지도 포함된다는 사실이다.

악(樂)은 사람의 마음속으로부터 나오는 것이요, 예(禮)는 사람의 겉 모습으로 표현된다. 그러므로 악은 고요하며, 예에는 문식이 가해진다. 고상한 음악은 필시 평이하며 성대한 예의도 반드시 간소하고 소박하다. 악이 사람의 마음에 깊숙히 파고들게 하면 원한이 없어지며 예가 제대로 작용하면 위아래가 서로 다투지 않을 것이다. 손을 마주 잡고 읍을 하고서 능히 천하를 잘 다스릴 수 있는 것은 바로 예악의 효용을 일컫는 것이다. 예악이 제대로 작용하면 거친 백성들이 함부로 날뛰지 않으며 제후들이 모두 공손히 복종하고 더 이상 병기를 사용하여 전쟁을 일으키지 않으며, 더 이상 오형(五刑)[58]을 시행하지 않게 되어, 백성들은 근심이 없어지고 천자는 노여워하지 않게 된다. 그러면 악의 목적은 달성된 것이다. 그리고 부자관계가 친하며 장유의 질서가 분명해지고 사람마다 모두 천자를 우러러 존경하게 될 수 있으면 예의 효용은 발휘된 것이다.

대악(大樂)은 천지처럼 만물과 조화를 이루고, 성대한 예의는 천지처럼 만물을 조절한다. 악이 조화를 이룰 수 있으므로 만물이 그 기능을 잃지 않으며, 예는 절제할 수 있기 때문에 그 예로써 천지에 제사를 올리는 것이다. 인간 세상에서는 예악이 있어서 사람들을 교화하고 귀신세계에서는 귀신이 있음으로써 사람들에게 약속을 한다. 이렇게 하여 사해내에서 서로 존중할 수 있고 서로 사랑할 수 있다. 예라는 것은 서로 다른 예절로써 인간 상호간에 존경하도록 만들며, 악이란 서로 다른 악곡 형식으로써 인간 상호간의 사랑에 도달하게 한다. 예와 악의 도리는 일치되는 것이기 때문에 어진 군주는 모두 예악을 중시하였다. 그러므로 제정된 예제(禮制)는 당시의 형세와 서로 부합되며, 악곡의 명칭은 이룩한 공업(功業)과 서로 상응하게 되었던 것이다. 그래서 종(鐘), 고(鼓), 관(管), 경(磬),[59] 우(羽), 약(籥), 간(干), 척(戚)[60]은 악을 행하는 기구이며, 몸을 굽히고 펴고 우러르고 내려다보며 잇고 끊으며 빠르고 느린 것은 악

---

58) 五刑 : 고대 다섯 가지 형벌. 墨刑(이마에 글씨를 새겨 검은 색으로 물을 들이는 형벌), 劓刑(코를 베는 형벌), 剕刑(발을 자르는 형벌), 宮刑(남자는 생식기를 절단하고, 여자는 유폐시키는 형벌), 大辟(사형). 여기에서는 모든 형벌을 가리킨다.

59) 鐘, 鼓, 管, 磬 : 모두 고대의 악기. 鐘은 동으로 만든 타악기, 鼓는 가죽으로 만든 타악기, 管은 대나무로 만든 취주악기, 磬은 돌로 만든 타악기를 각각 가리킨다.

60) 羽, 籥, 干, 戚 : 모두 고대 무도에 쓰이던 도구. 羽, 干, 戚은 앞에서 설명하였고, 籥은 吹籥과 舞籥 두 종류가 있는데 전자는 피리(笛)보다 짧고 구멍이 셋이며, 후자는 피리보다 길고 구멍이 여섯인데 여기서는 후자를 가리킨다.

의 형식이다. 보궤(簠簋),[61] 조두(俎豆),[62] 제도나 문장은 예를 행하는 도구요, 당(堂)에 오르고 섬돌을 내려오고 하는 행위와 겉옷을 벗거나 입는 행위는 예를 갖추는 형식이다. 그래서 예악의 이치를 아는 인재는 능히 예악을 제정할 수 있고, 예악의 표현양식을 아는 인재는 능히 예악을 서술할 수 있다고 말하는 것이다. 예악을 제정할 수 있는 사람을 성인(聖人)이라고 이르고, 예악을 서술할 수 있는 사람을 명인(明人)이라고 이른다. 그러므로 명인과 성인이란 서술하고 제정할 수 있는 사람을 가리키는 말이다.

악이란 천지만물의 조화이며, 예는 천지만물의 질서이다. 서로 조화를 이루기 때문에 모든 만물이 융화, 생성될 수 있고, 질서가 있기 때문에 모든 만물이 구별이 된다. 악은 하늘로 말미암아 만들어지고, 예는 땅으로 말미암아 만들어진다. 예의가 잘못되면 혼란이 조성되고, 음악이 잘못되면 사람들의 정서가 방종으로 이끌리게 된다. 천지의 도리를 깨달아야만 음악을 만들고 예의를 제정할 수 있다. 윤리에 합치하여 예의를 해하지 않는 것이 음악의 정신이요, 사람들로 하여금 기쁨을 느끼고 즐길 수 있게 하는 것이 음악의 효용이다. 마음이 중정(中正)하여 사악함이 없는 것이 예의 본질이고, 사람들로 하여금 서로 공경하며 공손하게 하는 것이 예의 작용이다. 예악이 종이나 경(磬)과 같은 종류의 악기를 통하여 성음(聲音)으로써 표현되면서, 종묘사직에 사용되어 산천과 귀신을 섬기는 것 같으면 이것은 제왕이 백성들과 더불어 같이 하는 것이 되는 것이다.

제왕이 공을 이루고 나면 음악을 제작하며, 정치가 안정되면 예의를 제정한다. 그 공업이 위대한 것이면 제작되는 음악도 완전하며, 그 정치가 맑고 깨끗하면 제정된 예의도 두루 온전하다. 손에 방패와 도끼를 들고 노래하며 춤춘다고 해서 악이 갖추어졌다고 할 수 없으며, 희생을 익혀서 제사를 지낸다고 해서 예가 갖추어졌다고 할 수 없다. 오제(五帝) 시기에는 서로 다른 시대로서 음악을 서로 이어받지 않았으며, 삼왕(三王) 시기

---

61) 簠簋 : 제사 때 黍稷을 담는 그릇. 簠는 동이나 나무로 만들었으며 장방형으로 네 개의 짧은 다리가 있다. 簋는 대개 동으로 만들었으며 보통 원형이다.
62) 俎豆 : 제기. 俎는 동이나 나무로 만들었으며 희생 제물을 담는 데 쓰였고, 豆는 나무로 만들었으며 높은 다리가 달린 쟁반처럼 생겼고, 조리한 제물을 담았다.

에는 세상사가 달랐으므로 만들어진 예의 역시 서로 본받지 않았다. 음악
이 분수에 지나치면 근심이 생기고, 예의가 너무 거칠고 소략하면 편벽되
게 된다. 음악을 돈독히 하면서 근심스러운 바가 없고, 예의를 두루 갖추
었으면서 편벽되지 않은 이는 오직 대성(大聖)뿐이리라! 하늘은 높은 곳
에 있고 땅은 낮은 곳에 있어 만물은 각기 다른 곳에 흩어져 있으니, 이
만물을 구별하기 위해서 예가 행해지는 것이다. 음양의 두 기운이 끊임없
이 두루 교류하여 합해지면서 만물을 화육(化育)하기 위해서 음악이 생기
는 것이다. 봄이면 생기고 여름이면 자라는 것은 하늘과 땅의 인(仁)의
표현이고, 가을이면 거두어들이고 겨울이면 저장하는 것은 하늘과 땅의
의(義)의 표현이다. 인은 자애로움의 표현이니 악의 정신에 가깝고, 의
는 결단의 표현이니 예의 정신에 가깝다. 음악은 화합을 돈독히 하는 데
에 중점을 두었으니 성인을 본받아 하늘의 뜻에 따르며, 예제는 분별에
중점을 두었으니 현인을 본받아 땅의 뜻에 따른다. 그래서 성인은 음악을
만들어 하늘의 뜻에 순응하며 예의를 제정하여 땅의 뜻에 합치한다. 예와
악 두 가지가 분명하고도 완전할 때에 천지의 작용이 능히 발휘될 수
있다.

하늘은 존엄하여 높은 곳에 있고 땅은 비천하여 낮은 곳에 있다. 군주
와 신하의 지위도 천지의 존비(尊卑)를 본받아 정해진 것이다. 존비가 이
미 드러나 있듯이 귀하고 천함도 그 위치가 정해진 바이다. 천지간의 음
양 두 기운이 움직이고 정지하는 상태에도 상규(常規)가 있으며 크고 작
은 일에도 다름이 있다. 사람은 같은 무리끼리 모이고 사물은 같은 부류
끼리 따로이 나뉘는데, 그것들은 각자 천성과 특징이 다르기 때문이다.
하늘에는 일월성신 등의 상(象)이 이루어져 있고, 땅에서는 산천초목과
인물들이 각기 다른 형상으로 이루어져 있는바, 이와 같은즉 예의 구별이
있는 것은 천지의 구별이 있는 것을 본받은 것이다.

땅의 기운이 위로 올라가고, 하늘의 기운이 아래로 내려와 음양이 서로
만나 만물이 생기고, 하늘과 땅이 서로 움직이고 부딪치어 음악이 생기는
것이다. [하늘과 땅 사이에서] 뇌성과 벽력으로써 진동케 하는 것과 같이
종과 북을 두드림으로써 음악을 절제하고, 비와 바람으로 만물의 생장을
빠르게 하는 것과 같이 춤으로 음악을 빠르게 북돋우며, 만물의 생장을
사시(四時)로써 움직이게 하는 것과 같이 음악을 사시의 흐름을 따라 변

하게 하며, 해와 달로써 만물을 따뜻하게 하여 싹트게 하듯이 음악이 사람의 마음을 따뜻하게 하니, 그래서 만물이 생장하게 되는 것이다. 이와 같이 음악은 천지의 조화를 본받은 것이다.

화육이 하늘의 때에 맞지 않으면 만물이 생장할 수 없으며, 남녀가 구별이 없으면 혼란이 생긴다. 이것은 천지의 엄연한 사실이며 이치이다. 예와 악은 하늘에 이르고 땅에 두루 펼쳐지며, 음양에 따라 행해지고 귀신과 통함이 있으니, 예악의 작용은 지극히 높고도 먼 곳까지 도달할 수 있으며 지극히 깊은 곳까지 스며들 수 있다. 그래서 악은 하늘을 밝히는 것이고 예는 땅을 밝히는 것이다. 명백히 드러나 있으면서 끊임없이 운행하는 것이 하늘의 도리이고, 명백히 드러나 있으면서 정지하여 움직임이 없는 것이 땅의 도리이다. 이 한 번 움직이고 한 번 정지하는 변동에 의해서 생성되는 것이 천지만물이다. 그러므로 성인은 "음악은 하늘과 같고 예는 땅과 같다"[63]고 하였다.

옛날에 순(舜)임금[64]은 오현금(五弦琴)[65]을 만들어 "남풍(南風)"[66]을 노래하였으며, 기(夔)는 처음 음악을 만들어 제후들로 하여금 감상하게 하였다. 그러므로 천자는 음악을 만들어 제후들 가운데 덕이 있는 자에게 들려주었다. 덕행이 훌륭할 뿐 아니라 교화를 잘 시키며 오곡이 때맞추어 무르익은 연후에야 천자는 그 제후에게 음악을 들려주었다. 그래서 백성을 잘 다스리지 못하여 수고롭게 하는 자는 춤추는 사람을 적게 내려서

---

63) 원문은 "禮云樂云"이다. 『論語』「陽貨」편에 나오는 "子曰禮云禮云, 玉帛云乎哉. 樂云樂云, 鍾鼓云乎哉(孔子께서 말씀하시기를, '예라 예라 이르는 것이 옥과 비단을 이르는 것이겠는가? 악이라 악이라 이르는 것이 종과 북을 이르는 것이겠는가'라고 하셨다)"를 줄여 간략하게 말한 것으로, 결국 예와 악은 외면이나 형식에 머무는 것이 아니라 천지의 도리를 따르는 것이 그 근본임을 강조한 부분이다. "제왕이 공을 ……" 이후 네 단락은 성명(聖明)한 군주가 예를 제정하고 음악을 만들어 하늘의 때와 땅의 도에 부합하는 것을 설명한 것으로, 『禮記』 중의 「樂禮」이다.

64) 성은 姚, 有虞氏, 이름은 重華로 보통 虞舜으로 칭한다. 四嶽(사방의 부락 수령)의 추천을 받아 堯임금이 섭정을 맡겼다. 堯임금이 세상을 떠나자 뒤를 이었다. 권1 「五帝本紀」참조.

65) 五弦琴: 악기 이름. 舜임금이 神農이 만든 古琴에서 文, 武 두 현을 버리고 宮, 商, 角, 徵, 羽의 다섯 현만을 남겨서 만들었다고 한다.

66) "南風": 노래 이름. 가사가 전해 내려온다. "남풍이 따뜻하게 불어오면 우리 백성들 원한 풀어줄 것이요, 남풍이 때맞춰 불면 우리 백성 재물 늘려주리니!(南風之薰兮, 可以解吾民之慍兮! 南風之時兮, 可以阜吾民之財兮!)."

그 행렬이 띄엄띄엄하고 짧았다. 그래서 춤추는 사람의 행렬을 보면 그 제후의 덕을 알 수 있었으며 시호(諡號)[67]를 들으면 그 행실을 알 수 있었다. "대장(大章)"[68]은 당요(唐堯)를 표창하는 의미가 있고, "함지(咸池)"[69]는 황제(黃帝)의 덕이 완미(完美)하였음을 나타낸다. "소(韶)"[70]는 순임금이 요(堯)임금의 미덕을 계승하였다는 의미이고, "하(夏)"[71]는 우(禹)임금이 요임금과 순임금의 공덕을 크게 높이고 널리 선양하였다는 것을 의미한다. 은나라와 주나라의 음악 역시 그 시대의 인물의 사적과 문치와 무공 등 사회현상을 충분히 드러낸 것이다.[72]

천지의 도로써 말하면, 추위와 더위가 때에 맞지 아니하면 백성들이 병들게 되고, 비바람이 절기에 맞지 아니하면 백성들이 굶주리게 된다. 음악의 교화적 기능은 백성에게는 추위나 더위와 같다. 만일 그 음악으로써 교화하는 것이 시세(時勢)에 맞지 않으면 세상을 상하게 한다. 예제에 내포되어 있는 정령이나 제도는 백성에게는 비바람과 같다. 만일 예제로 다스림에 절도가 없으면 아무런 작용을 하지 못한다. 그러므로 선왕은 천지의 도를 본받아 음악을 제정하여 정치를 베푸는 방법으로 삼았으며, 군주가 이를 잘 시행하면 백성들도 이를 본받아 행하였다. 대저 돼지를 잡아서 안주로 삼고 술을 마시는 것은 결코 사람들로 하여금 분란을 일으키게 하려는 것은 아니다. 그러나 술을 마시면 옥사나 송사가 많아지는 것은 절도 없이 술을 마시고 방종한 결과이다. 그래서 선왕은 주례(酒禮)를 제정하여 술을 한잔 마실 때마다 주인과 빈객이 모두 여러 차례 예를 행하도록 만드니 하루 종일 술을 마셔도 술에 취하지 않았다. 이것이 바로 선왕이 술에 취하여 분란을 일으키는 것을 방지한 방법이다. 이렇게 해서 술을 마시고 연회를 여는 것은 주인과 빈객이 기쁨을 함께 나누는 것이

---

67) 諡號 : 고대의 제왕, 귀족, 고관이 죽은 후에 조정에서 그 생전의 사적에 근거하여 褒貶의 표시로 내리는 칭호.
68) "大章" : 악곡 이름. 전해오는 바로는 堯임금의 성덕을 기리는 노래라고 한다.
69) "咸池" : 악곡 이름. 黃帝가 천하에 덕치를 베푼 것을 기린 노래. 黃帝 때 만들어졌으며 堯임금 때 보충 개작한 후에 周나라 때 地神을 제사 지내는 음악과 춤이 되었다.
70) "韶" : 악곡 이름. 虞舜 때 만들어졌다고 전해온다.
71) "夏" : 악곡 이름. 禹임금 때 만들어졌다고 전하며, 나중에 周나라 때에는 산천을 제사 지내는 음악과 춤이 되었다.
72) 殷나라의 음악은 "大濩," 周나라의 음악은 "大武"를 말한다.

되었다.

음악은 덕을 본받아 사람을 교화시키는 일을 하고, 예는 사람으로 하여
금 절도 없이 방종하지 않도록 하는 일을 한다. 그러므로 선왕은 상사(喪
事)를 당하면 반드시 상례로써 애도를 표하였으며, 경사가 있을 때도 반
드시 예에 합당하게 그 즐거움을 표현하였다. 애도와 환락은 다른 일이었
으나 모두 예로써 방종하지 않도록 절제하였던 것이다.

음악은 덕을 베푸는 것이고, 예는 은혜에 보답하는 것이다. 음악은 사
람들의 마음으로부터 우러나오는 즐거움을 표현해낼 수 있고, 예는 은혜
를 베푼 사람에게 보답할 수 있다. 음악을 제정한 것은 공덕을 표창하기
위해서이고, 예를 규정한 것은 은혜에 보답하기 위해서이다. 이른바 대로
(大路)[73]는 천자가 타는 수레이고, 용기(龍旂)[74]와 구류(九旒)[75]는 천자
의 기치요, 청색과 흑색 가선을 두른 것은 천자의 보귀(葆龜)[76]요, 소나
양이 무리를 지어 따르는 것은 모두 천자가 제후에게 예물을 보내는 것이
다.[77]

음악이란 하늘로부터 부여받은 정감을 표현하는 것으로 변할 수 없는
것이고, 예는 윤리를 반영하는 것으로 바꿀 수 없는 것이다. 음악은 사람
들의 감정을 통일시켜 조화롭게 만드는 것이고, 예란 사람을 그 존비에
따라 차별을 두는 것이니, 예와 악의 도리는 인정세사(人情世事)를 꿰뚫
는 것이다. 사람의 내면의 본원을 탐색하여 그 변화되는 규율을 미루어
아는 것이 악의 실제 모습이요, 사람의 진실한 성품을 드러내고 거짓으로
가려진 모습을 버리는 것이 예의 원칙이다. 예와 악은 천지의 진실에 따
르고 신령의 덕에 통달하여 위아래를 감동시켜 신이 강림하게 하며, 만물
을 화육하며 군신부자의 관계를 조정하는 것이다.

그러므로 성인이 예와 악을 행하기 때문에 천지에 광명이 찾아오는 것

---

73) 大路 : 큰 수레. '大輅'이라고도 한다.
74) 龍旂 : '龍旗'라고도 한다. 交龍, 즉 두 마리 용이 얽혀서 용틀임하는 모양을 수놓
   고 끝에 방울을 단 천자의 기를 말한다.
75) 九旒 : 아홉 가닥 장식끈. 기의 아래쪽에 붙여 장식으로 쓰였다.
76) 葆龜 : '寶龜'라고도 한다. 龜甲을 이용해 점을 쳤으므로 龜甲을 보물로 여겼다.
77) 이 구절은 선왕이 음악을 제정한 목적은 공덕을 표창하고 교화를 시행하기 위해
   서라는 뜻이다. 이것은 「樂記」 중의 "樂施"와 "樂象"에 나오는 내용이다.

이다. 천지가 흔연히 교합하고, 음양이 상호 감응하게 되면 만물이 양육된다. 이로써 초목이 무성해지고 작물이 싹을 틔우며, 길짐승은 뛰어다니고 날짐승은 하늘을 날고, 가축은 무럭무럭 자라서 활약하고, 동면하던 곤충 역시 오랜 잠에서 깨어나며, 새들은 알을 품고 새끼를 기르며 털짐승들은 잉태하여 새끼를 품는다. 태생동물이 유산하지 않고 난생동물은 알을 못 까고 죽는 일이 없게 되니, 이 모든 것은 음악의 기능에 그 공을 돌릴 수 있다.

음악이란 단순히 황종(黃鐘)과 대려(大呂)의 율(律)과 현악기에 맞추어 노래하고 간척(干戚)을 흔들며 춤을 추는 것을 가리키지 않는다. 이러한 것들은 음악의 미세한 말단에 지나지 않으므로 아동들로 하여금 춤추게 하면 된다. 연회를 베풀고 성대하게 술과 음식을 차려놓고 과일과 음식을 가득 쌓아놓고 당 위로 올리고 섬돌 아래로 내리며 내고 물리고 하면서 예의를 표하는 것 역시 예의 말단에 불과하다. 그러므로 이 역시 일하는 사람으로 하여금 맡아서 하게 하면 그만이다. 악사는 악곡과 가사를 이해하고 가려낼 수 있지만 그 자리는 군주를 향하고 아랫자리에 앉아 악기를 연주할 수 있었으며, 종축(宗祝)[78]은 종묘의 예를 잘 파악하고 있지만 후시(後尸)[79]의 일을 맡아 그 일을 보필하였으며, 상축(商祝)[80]은 상례를 잘 알고 있지만 후주인(後主人)[81]으로서 상주를 도와 일을 처리하였다. 그러므로 예악의 정신인 덕이 이루어지는 것이 중요한 일이요, 예와 악의 의식이나 기예를 아는 것은 그 다음 일이다. 덕행수양이 우선이요, 일의 처리는 그 다음이다. 그러므로 선왕은 이런 상하, 선후, 존비, 주종의 구별을 둔 연후에 예와 악을 제정하고 천하에 보급하여 행하게 하였던 것이다.

---

78) 宗祝 : 관직 이름. 종묘 禮儀 관장.

79) 後尸 : 고대 제사 때 死者를 대신해서 제사를 받는 사람이 있었는데, 대개 신하나 死者보다 나이 많은 사람이 이 임무를 맡았다. 후세에는 점차 신주위패나 초상화로 대신하게 되었다. 여기서는 宗祝이 비록 종묘제례를 알고 있더라도 제사를 받는 주인이 아니므로 낮은 자리에 처해 시신의 뒤에서 예의를 주관하는 역할을 하였으므로 '後尸'라고 명명하였다.

80) 商祝 : 관직 이름. 제사와 상례 등 예의를 주관. 周代의 상례는 기본적으로 商나라의 상례를 이어받았으므로 '商祝'이라고 명명하였다.

81) 後主人 : 商祝은 비록 喪葬의 예를 잘 알고 있기는 하지만 상주는 아니므로 상주보다 낮은 위치로서 상주 뒤에 서서 예의를 보필한다는 의미이다.

음악은 성인이 좋아하는 것으로, 백성들의 마음을 선하게 할 수 있다. 그것은 사람을 감동시켜 깊은 데에 이르게 하고 능히 풍속을 변화시킬 수 있다. 그래서 선왕은 일찍이 전문기구를 설치하여 음악교육을 담당하게 하였다.

대저 사람에게는 혈기와 심지(心知)[82]의 성(性)이 있으나 희로애락의 항상(恒常)된 모습은 없다. 외물에 의해서 마음이 일어나 감응하여 움직인 연후에 심술(心術)[83]이 형태로 나타난다. 그러므로 급박하면서 가늘고 속타는 듯하며 소리가 낮은[84] 음이 일어나면 백성들은 우울함을 생각하고, 완만하면서 여유 있고 쉬우며 수식은 많으나 절주가 간략한[85] 음이 일어나면 백성은 편안하고 즐거워하며, 거칠고 사납게 일어나 끝에 가서 분노하는 듯한[86] 음이 일어나면 백성은 강하고 굳세어지고, 곧고 굳세고 바르며 어른스럽게 엄숙하고 성실한[87] 음이 일어나면 백성은 엄숙하고 공경해지고, 너그럽고 여유 있으며 윤기가 있어 유창하고 조화스럽고 활발한[88] 음이 일어나면 백성들은 자애로워지고, 방탕하고 사악하고 산란하여 절주가 빠르고 방종한[89] 음이 일어나면 백성은 음란해진다. 그러므로 선왕은 성정(性情)에 근본하여 도수(度數)[90]를 헤아리고, 예의를 제정하며, 생기(生氣)의 조화를 모으고 오상(五常)[91]의 행(行)을 이끌어서, 양

---

82) 心知: 이성과 지혜, 즉 이지적인 것.

83) 心術: 내재된 사상과 감정

84) 원문의 "志"는 급박한 것, "微"는 가는 것, "焦"는 속이 타는 듯한 것, "衰"는 소리가 낮은 것을 말한다.

85) 원문의 "嘽緩"은 느리고 완만한 모양, "慢"은 느리고 여유 있는 것, "易"는 쉬운 것, "繁文"은 문장 또는 음악에서 수식이 많은 것, "簡節"은 절주가 간략한 것을 말한다.

86) 원문의 "粗厲"는 거칠고도 사나운 것, "猛起"는 처음에 사나운 기세로 일어나는 것, "奮末"은 끝에 가서 奮振하는 것, "廣賁"은 큰 분노라는 뜻이다.

87) 원문의 "廉直"은 모나고 곧은 것, "經(勁)正"은 굳세고 바른 것, "長(莊)誠"은 어른스러워 엄숙하고 성실한 것을 말한다.

88) 원문의 "寬裕"는 너그럽고 여유 있는 것, "肉好"는 음악소리가 넓고도 윤기가 나는 것('肉'은 살지다는 '肥'와 같은 것으로 음이 고기처럼 살지다는 것을 말함), "順成和動"은 음악소리가 유창하고 조화스러우며 활발하고 듣기 좋은 것을 말한다.

89) 원문의 "流辟邪散"은 방탕하고 성실하지 않으며 사악하고 산란한 것, "狄成滌濫"은 절주가 빠르고 방종한 것을 말한다.

90) 度數: 음률의 법도 및 표준. 5聲과 12律.

91) 五常: 군신, 부자, 형제, 부부, 친구 사이의 관계. 일설에는 金, 木, 水, 火, 土

기(陽氣)는 흩어지지 않게 하고 음기(陰氣)는 폐색되지 않게 하며, 강한 기운을 노하지 않게 하고 유순한 기운은 두려워하지 않게 하였다. 이 음양강유의 네 가지 기운이 마음 가운데서 일어나 밖으로 나타나서 모두 그 자리에 안정되어 서로 빼앗지 않게 된다. 그런 후에야 학등(學等)92)을 세우고 그 절주를 넓히며 그 문채(文采)를 살피고 연구해서 인자함과 후덕함을 가늠하였다. 5음이나 12률의 고저장단을 법도로써 바로잡고, 처음부터 끝까지의 순서를 배열하고 조합하고 사행(事行)93)을 상징하게 하여, 친소(親疎), 귀천, 장유, 남녀의 이치가 모두 음악에 나타나도록 하였다. 그래서 옛말에 이르기를 "음악은 그 깊은 것을 보게 한다"라고 하였던 것이다.

땅의 힘이 다하면 초목이 자라지 못하고, 물이 요동을 치면 고기가 크지 않으며, 음양의 기가 약해지면 생물이 발육하지 못하고, 세상이 혼란스러우면 예가 폐해지고 음악이 음란해진다. 그러므로 그 소리가 슬프면서 장엄하지 못하고 즐거워하나 편안하지 못다. 나태하고 가벼워서 절도를 범하고, 탐닉에 흘러서 그 근본을 잊는다. 넓으면 간사함을 용납하게 되고, 좁으면 탐욕을 생각하게 되어, 척탕(滌蕩)의 기운을 흔들어94) 화평(和平)의 덕을 없앤다. 그러므로 군자는 이것을 천시한다.

무릇 간사한 소리가 사람을 감응케 하면 역기(逆氣)95)가 응하여 나타나고, 역기가 형상을 이루면 음란한 음악이 일어난다. 아정(雅正)한 소리가 사람을 감응케 하면 순기(順氣)가 이에 응하고, 순기가 형상을 이루면 화평한 음악이 일어난다. 부르고 화답하는 것이 응함이 있어 회사곡직(回邪曲直)96)이 각각 그 분수대로 돌아가니, 만물의 이치란 같은 유(類)

의 五行이나 仁, 義, 禮, 智, 信을 지칭하기도 한다.

92) 學等 : '學'은 樂의 교육을 관장하는 벼슬아치, '等'은 樂을 배우는 과정을 말한다. 즉 樂을 배우는 學官을 세우고 각 개인의 기질의 차이에 따라 樂을 학습하는 진도를 제정한다는 것을 말한다.

93) 事行 : 일과 행위, 즉 군신이나 부자 등의 윤리적인 관계.

94) 원문 "感滌蕩之氣"의 '滌蕩之氣'는 천지가 만물을 기르고 발육하는 기운을 말한다. '滌蕩'은 '條暢'의 뜻으로 조리가 있고 유창하게 氣가 통하는 것을 말한다. '感'은 '撼(흔들고 요동시킴)'의 뜻으로 해석한다.

95) 逆氣 : 혼란스럽고 어그러진 역기능의 氣 또는 사회풍기. 아래의 '順氣'와는 상반된 氣.

96) 回邪曲直 : '回'는 바른 도리에 어긋나는 것, '邪'는 邪惡한 것, '曲直'은 굽고 곧은

로써 서로 움직이게 하는 것이다.

그러므로 군자는 성정으로 돌아가서 그 뜻을 조화시키고, 비교 대조하고 본받아서 자신의 덕행을 이룬다. 간사한 소리나 음란한 색으로 자신의 총명을 가리지 않게 하고, 음란한 음악과 사악한 예가 마음에 접촉하지 않게 하고, 태만하고 사악한 기운이 몸에 배지 않도록 하여, 이목구비와 마음 및 신체가 모두 화순아정 (和順雅正)함을 따르고 그 합당한 것을 행하도록 한다. 그런 후에 소리로써 나타내고 금슬의 절주로써 문식 (文飾)하고 간척 (干戚)으로써 움직여 춤을 추며 우모 (羽旄)로써 장식하고 소관 (簫管)으로 반주한다. 지극한 덕의 빛을 떨치고 사기 (四氣)[97]의 조화로움을 움직여서 만물의 이치를 나타낸다. 그러므로 맑고 밝은 것은 하늘을 본뜨고, 광대한 것은 땅을 본뜨며, 끝나고 시작하는 것은 사시 (四時)를 본뜨고, 빙글빙글 도는 것은 바람과 비를 본뜬 것이다. 오색 (五色)[98]이 무늬(또는 곡조)를 이루면서도 혼란하지 않고, 팔풍 (八風)[99]이 성률을 따르면서도 간사하지 않으며, 모든 순간순간의 시각이 그 도수를 얻어 변함없는 항상성이 있다.[100] 작고 큰 것이 서로 이루어주고, 마침과 시작이 상생 (相生)하고, 노래하고 화답하는 것이나 맑고 탁한 것이 서로 돌아가면서 일정한 법칙을 형성한다. 그러므로 음악이 행해지면 인륜의 도리가 맑아지고, 귀와 눈이 맑고 밝아지며 혈기가 화평해지고 풍속이 순화되어 천하가 모두 편안해진다. 그러므로 "음악이란 즐거운 것이다"라고 말하는 것이다. 군자는 그 도를 얻기를 즐거워하고 소인은 그 욕망을 얻기를 즐거워한다. 도로써 그 욕망을 억제하면 즐겁되 혼란스럽지 않고, 욕망으로써 그 도를 망각하면 미혹하여 즐겁지 않다. 그러므로 군자는 성정으로 돌아가서 그 뜻을 조화시키고, 음악을 넓혀서 그 가르침을 이룬다. 음악이 행해져서 백성이 정도 (正道)로 향하게 되니 이로써 그 덕을 볼

것을 말한다.

97) 四氣 : 춘하추동 4계절의 溫熱冷寒의 기운.

98) 五色 : 五音과 그에 상응하는 五行 (金, 木, 水, 火, 土)을 포괄적으로 지칭한다.

99) 八風 : 八音, 즉 金石絲竹匏土革木 등 재료가 다른 8종류의 악기와 八風, 즉 炎滔熏巨凄飂厲寒 등 八方의 바람을 통칭한다.

100) 원문 "百度得數而有常"은 "모든 절조가 도수가 적당하여 常道가 있다"로 해석하는 경우도 있는데, 여기에서의 '百度'는 '百刻,' 즉 고대에서는 물이 흐르는 정도를 새기는 것을 '刻漏'라고 하고 이로써 시간을 계산하는데 하루 낮 하루 밤을 '百刻'으로 나누었다.

수 있다.

덕이란 것은 성품의 으뜸이며, 음악은 덕의 꽃이다.[101] 금석사죽은 음악의 기구, 즉 악기이다. 시는 그 뜻을 말하는 것이며, 노래는 그 소리를 길게 읊조리는 것이며, 춤은 그 용태를 움직이는 것으로, 이 셋이 마음에 근본을 두고 난 다음에야 악기가 이를 따른다.[102] 그러므로 정이 깊으면 그 문채는 빛이 나고, 기가 성대하면 변화가 신묘하며, 화순한 덕이 마음 속에 쌓이면 영화로운 아름다움이 밖으로 표출되나니, 그래서 음악은 거짓으로 만들어낼 수 있는 것이 아니다.

음악은 마음의 움직임이고, 소리는 음악의 표상이며,[103] 문채와 절주는 소리를 수식하는 것이다. 군자는 그 근본[마음]을 움직여서 그 표상을 음악으로 만든[104] 연후에 그 수식을 다스린다. 그러므로 [주악의 처음에는] 먼저 북을 쳐서 사람들을 경계시키고 세 걸음으로써 방향을 잡으며,[105] 다시 시작할 때는 또다시 앞으로 나아감을 밝히며,[106] 다시 미성(尾聲)을 연주하여 정돈해서 돌아오는 것을 꾸민다.[107] 춤 동작이 크고 빠르나 넘어지지 않고 지극히 유미(幽微)하나 숨기지 않는다. 홀로 그 뜻을 즐거워

101) 원문 "德者, 性之端也"는 "성품이 겉으로 나타나서 덕이 된다"는 의미에서 "덕이란 것은 성품의 단서"라고 번역할 수 있다. 그러나 여기에서는 음악이 성품에서 으뜸인 德을 가장 아름답고 中和에 적절하게 표현한다는 점에서 '으뜸'이나 '근본'의 뜻을 취하였다.
102) "樂氣從之"의 '樂氣'는 樂器를 말한다. 일설에는 시와 노래와 춤에 樂의 기운이 배어 있다고 해서 이 셋을 칭하는 것으로 보기도 한다.
103) "聲者, 樂之象也"의 '象'은 표상을 뜻한다. 즉 소리는 樂을 표현해내는 형식이요 수단임을 말한다.
104) "動其本"은 음악을 만들 때 천부의 도덕과 성정을 근본으로 삼는 것을 말한다. 또한 "樂其象"이란 소리가 음악을 표상하는 형식이요 수단이므로, 그 소리를 음악으로 표현하는 것을 말한다. 여기에서의 '樂'은 동사로 사용되었다.
105) 원문 "三步以見方"의 '方'에는 세 가지 뜻이 있다. 방향과 방법, 그리고 곧 시작한다는 의미이다. 본문에는 방향이나 춤의 방법에 대한 언급이 더 이상 나오지 않고 또 춤을 시작하는 첫 동작의 의미로 보는 것이 적절하다고 판단되므로 그 세번째 의미를 취한다.
106) 원문 "再始以著往"은 周 武王이 두번째로 정식 출병한 것을 말한다. 周 武王 9년에 紂를 치기 위하여 출병하였다가 孟津(지금의 河南省 孟津縣 동북쪽)에 이르러 돌아왔으며, 두번째는 11년에 牧野(지금의 河南省 淇縣 서남쪽)에서 싸워 商나라를 멸망시켰다. 다시 시작한 춤이 이 사건을 상징한 것이라는 말이다.
107) 원문 "復亂以飾歸"는 周 武王이 2차 정벌에서 승리하고 군사를 정리하여 돌아오는 것을 상징하는 춤 동작이라고 한다. 고대 악곡의 마지막 1장은 현대 가곡의 尾聲(마지막으로 연주되는 곡 또는 가락)에 해당한다.

하며 그 도를 싫어하지 않는다. 그 도를 자세하게 설명하여 그 하고자 하는 바를 사사로이 하지 않는다. 이런 까닭으로 성정이 나타나서 의리가 서고, 음악이 끝나면서 덕이 높다. 군자는 이것으로써 선을 좋아하고 소인은 이것으로써 허물을 고친다. 그러므로 말하기를 "백성을 양생하는 도에 있어 음악의 역할이 크다"라고 하는 것이다.

군자가 말하기를 "예악은 잠시라도 몸을 떠나서는 안 된다"라고 하였다. 악을 살피고 연구하여 마음을 다스리면 평이하고 정직하고 자애스럽고 신뢰하는 마음이 저절로 일어난다. 평이하고 정직하고 자애스럽고 신뢰하는 마음이 일어나면 마음이 즐거운 것이고, 마음이 즐거우면 편안하고, 편안하면 수명이 오래되고, 수명이 오래되면 하늘에 통하고, 하늘에 통하면 신과 같이 통하지 않는 곳이 없는 경지에 도달하게 된다.[108] 하늘과 같이 될 수 있다면 비록 말은 하지 않더라도 신의가 있고, 신과 같으면 비록 노하지 않아도 위엄이 있다. 악에 이르는 것, 이것은 곧 마음을 다스리는 것이며, 예에 이르는 것, 이것은 자신을 다스리는 것이다. 자신을 다스리면 엄정하면서 공경하게 되고, 엄정하면서 공경하면 위엄이 있게 된다. 마음속이 잠깐이라도 화락(和樂)하지 않으면 비루하고 거짓된 마음이 들어오게 되고, 겉모습과 행위에 잠깐이라도 엄정이나 공경하지 않음이 있으면 태만하고 경박한 마음이 들어오게 된다. 그러므로 악이라는 것은 마음 안에서 움직이는 것이며 예라는 것은 몸 밖에서 움직이어 나타나는 것이다. 악은 지극히 화(和)하고 예는 지극히 순(順)한 것이다. 안을 화하게 하고 밖을 순하게 하면 백성들은 임금[또는 성인]의 안색을 쳐다보면서 더불어 다투지 아니하고 그 용모를 바라보면서 나태하고 쉬운 마음을 일으키지 아니한다. [임금이 악으로써 마음을 다스리므로] 덕의 빛이 안에서 움직여서 백성들은 받들어 따르지 않음이 없고, [예악으로 밖을 다스리므로] 이치가 바깥으로 드러나서 백성들은 받들어 순종하지 않음이 없다. 그래서 옛말에 이르기를 "예악의 도리를 알고 그것을 들어 천하에 시행하면 어려움이 없다"라고 한 것이다.

---

108) 원문 "久則天, 天則神"의 '天'이란 다음 구절에 나오는 신과 함께 인간 수양의 최고 이상적인 경계를 표현하는 것 같다. 장구하면 하늘과 같고, 하늘과 같다는 것은 곧 신과 같이 신령스럽다는 의미이다.

무릇 악이라고 하는 것은 마음 안에서 움직이는 것이며, 예라는 것은
바깥에서 움직이어 나타나는 것이다. 그러므로 예는 겸손한 것을 중시하
고 악은 그 풍부하고 충실한 것을 중시한다. 예는 겸손한 것을 중시하지
만 진취적이어야 하므로 그 앞을 향해서 노력하는 것을 좋은 것으로 삼으
며,[109] 악은 풍부하고 충실한 것을 중시하지만 자신을 반성하고 절제해야
하므로 자신을 반성하고 절제하는 것을 좋은 것으로 삼는다.[110] 예가 겸
손하지만 진취적이 아니면 쇠약해지고, 악이 풍부하고 충실하지만 반성하
고 절제하지 않으면 방탕해진다. 그러므로 예에는 보답이 있고 악에는 반
성과 절제가 있는 것이다. 예가 그 보답을 얻으면 즐겁고, 악이 그 반성
과 절제를 얻으면 편안해진다. 예의 보답과 악의 반성, 절제라는 그 의미
는 한가지이다.[111]

음악이란 즐겁게 하는 것으로서,[112] 사람의 정(情)에 없을 수 없는 것
이다. 즐거움[樂]은 반드시 소리로 표출되고 동정(動靜), 즉 움직임과 고
요함이 있는 춤으로 형태지어지는데, 이것은 인지상정이며 곧 인도(人
道)이다. 소리와 동정이란 성정(性情) 및 그의 표출방법의 변화가 이에
이르러 극에 달한 것이다. 그러므로 사람에게는 음악이 없을 수 없고 음
악은 형태로 표현되지 않을 수 없다.[113] 형상화되어도 정도(正道)에 맞지
않으면 혼란이 없을 수 없다. 선왕은 그 혼란을 미워하여 「아(雅)」와 「송
(頌)」의 소리를 제정하여 인도하였으니, 그 소리로 하여금 즐기되 방탕하
지 못하게 하였고, 그 악장(樂章)으로 하여금 조리가 있되 경직되지 않도

---

109) 원문 "禮謙而進, 以進爲文"의 '進'은 앞을 향해 노력한다는 뜻으로 진취적이며
　　무엇인가를 행하는 행위적인 것이 있다. '文'은 미나 선의 의미로 해석된다.
110) 원문 "樂盈而反, 以反爲文"의 '反'은 스스로 반성하고 절제하는 것을 의미한다.
111) 원문은 "禮之報, 樂之反, 其義一也"이다. 예는 겸손하지만 진취적이어야 하고,
　　악은 풍부하고 가득 차 있으니 반성과 절제가 따라야 한다. 즉 예와 악은 각각 그
　　중용을 얻어야 하는 셈이다. 그리고 예를 통해 얻는 보상인 즐거움과 악을 통해 얻
　　는 내면의 편안함은 안과 밖으로 순환유통하면서 서로 상호 유기적인 관련성을 가진
　　다. 그래서 그 의미는 기실 한가지라고 말하는 것이다. 그리고 앞 문장인 "禮有報,"
　　"禮得其報則樂"과 함께 "禮之報"의 '報'를 褒貶의 '褒'와 통한다 하여 예의 진취성을
　　강조하는 해석도 있다. 결국 앞에 나온 '進'의 의미와 같이 예의 구속적인 면을 보상
　　하며 나아가 진취성을 획득한다는 측면에서 큰 차이가 없다.
112) 원문 "樂者樂也"의 앞의 '樂'은 음악과 시가 및 춤을 포함한 의미의 음악을, 뒤
　　의 '樂'은 즐겁게 한다 또는 즐거운 것, 즉 희로애락의 '樂'을 말한다.
113) 원문 "人不能無樂, 樂不能無形"은 "사람에게 즐거움은 없을 수 없고, 즐거움은
　　노래와 춤, 즉 가무라는 형태로 표현되지 않을 수 없다"라고도 해석한 경우도 있다.

록 하였으며, 그 굽고 바름과 복잡하고 간단함과 청렴하고 풍부함과 고저
완급으로 하여금 사람의 선한 마음을 감동케 할 뿐, 방심과 사악한 기운
이 접근하지 못하도록 하였다. 이것이 곧 선왕이 음악을 제정하게 된 기
본 이념이자 원칙이다.

그러므로 음악을 종묘에서 임금과 신하 아래위 모두가 함께 듣게 되면
어울려 공경하지 않음이 없게 되고, 지방의 향리에서 나이가 많고 적은
사람이 모두 함께 듣게 되면 화순(和順)하지 않음이 없게 되며, 내실, 즉
가정에서 아비와 자식 및 형제들이 함께 듣게 되면 화친하지 않음이 없게
된다. 그러므로 음악이란 고저가 적절한 하나의 음을 선택하여 곡조의 조
화를 안정되게 하고, 여러 악기로 연주하여 그 절주를 표현해내고, 그 절
주를 조합하여 하나의 악곡을 구성한 것이므로, 아비와 아들 및 임금과
신하를 화합케 하고 만백성을 친근케 하는 것이다. 이것이 선왕이 음악을
제정한 이념이자 원칙이다. 그러므로 「아」와 「송」의 소리를 들으면 뜻과
마음이 넓어지고, 간척(干戚), 즉 도끼와 방패 같은 무구(舞具)를 가지
고 올려보고 내려보며 몸을 굽히고 펴고 하는 춤의 형태를 습득하면 모습
과 자태가 엄숙해지며, 춤의 방위를 밟고 박자에 맞추어 춤을 추게 되면
사람들의 동작이 단정함을 얻게 되고 행동거지와 진퇴가 법도에 맞게 되
는 것이다. 그러므로 음악이란 것은 천지가 화합한 것이요 중화(中和)의
기틀로서, 사람의 정(情)에 없을 수 없다.

무릇 음악이란 선왕이 즐거움을 기탁하여 꾸민 것이고, 군대와 부월(鈇
鉞)은 선왕의 노여움을 기탁한 것이다. 그러므로 선왕의 즐거움과 노여움
은 모두 그 상응한 표현을 얻은 것이다. 〔선왕이〕 즐거우면 천하가 기뻐
하여 이에 응하여 조화되고, 노하면 난을 일으킨 난폭한 사람이 두려워하
니 선왕이 예와 악으로 인도함이 성대하다고 말할 수 있다.[114]

위 문후(魏文侯)[115]가 자하(子夏)[116]에게 묻기를 "내가 의복과 관모(冠

---

114) 원문 "先王之道禮樂可謂盛也"는 "선왕의 나라를 다스리는 도로서 예와 악의 힘
  은 성대하다고 할 수 있다"로 해석할 수도 있다. 본문에서는 '道'를 '導'로 해석하였
  다. 여기까지는 음악이 백성을 교화하고 도덕수양을 제고하는 중요한 작용을 설명하
  고 있다. 『樂記』 중의 「樂化」이다.
115) 魏 文侯(? -기원전 396년) : 魏斯. 전국시대 魏나라의 건립자로 기원전 445년부
  터 기원전 396년까지 재위하였다. 일찍이 개혁을 단행하여 농경과 전쟁을 장려하며

帽)를 단정히 하고 옛 음악을 들으면 듣기 싫어서 오로지 눕지 않을까 두려운 반면, 정(鄭)나라와 위(衞)나라의 음악을 들으면 싫증날 줄을 모릅니다. 감히 여쭙건대 옛 음악이 저와 같은 것은 어째서이며 새로운 음악이 이와 같은 것은 어째서입니까?"라고 하였다.

자하가 대답하였다. "지금 저 옛 음악은 춤추는 자들이 함께 나아가고 함께 물러나는 동작이 정제(整齊)되었으며 그 곡조는 화평중정(和平中正)함으로써 그 의미가 넓습니다. 현(弦), 포(匏), 생황(笙簧)[117]으로 부(拊), 고(鼓)[118]를 두드릴 때를 기다려 일제히 연주하는데, 연주를 시작할 때에는 문(文)[119]으로써 하고, 악곡을 마칠 때에는 무(武)[120]로써 하며, 혼란한 것을 정리할 때에는 상(相, 즉 拊)으로써 하고, 빠르고 급한 것은 아(雅)[121]로써 조절합니다. 군자는 이때 여러 가지 의견을 발표하고 고대의 사적(事迹)들을 칭송하며, 자신의 심신을 수양하고 가정을 다스리고 나아가 천하를 안정시키게 되는 것입니다.[122] 이것이 옛 음악의 실상이요 옛 음악을 연주하는 까닭입니다. 지금 저 새로운 음악은 나아가

수리정책을 진흥시켜 魏나라를 당시의 강국으로 만들었다. 권44 「魏世家」 참조.

116) 子夏(기원전 507-기원전 400년) : 이름은 卜商이며 字가 子夏이다. 춘추시대에 晉나라 溫(지금의 河南省 溫縣 서남쪽) 사람으로, 일설에는 衞나라 사람이라고도 한다. 孔子의 제자로 문학에 뛰어났으며 魏 文侯도 그를 존경하여 스승으로 삼았다. 권67 「仲尼弟子列傳」 참조.

117) 弦, 匏, 笙簧 : 각종 악기를 포괄적으로 칭하는 말. '弦'은 琴瑟과 같은 현악기이고, '匏'와 '笙簧'은 죽관악기인데, 匏가 笙簧보다 커서 46개의 죽관이 있고 笙簧은 일반적으로 13개에서 19개의 죽관이 있다.

118) 拊, 鼓 : 두 종류의 타악기. '拊'는 '拊搏' 또는 '搏拊'라고도 한다. 또 '相'이라고 부른다. 겉은 가죽으로 되어 있으며 속은 곡식 껍질로 채워져 있다. 북과 비슷하며 목에 걸고 양손으로 친다. '鼓'는 여기에서 북으로 통칭한다. 拊와 鼓는 악기를 연주할 때 다른 악기를 인도하는 악기로서, 拊를 친 후에는 堂上의 다른 악기가 비로소 합주하고 鼓를 친 후에 堂下의 다른 악기들이 합주를 한다.

119) 文 : 鼓, 즉 북을 가리킨다.

120) 武 : 鐃, 즉 징을 말한다.

121) 雅 : 일종의 타악기로서, 외형은 죽통처럼 밑으로 길게 생겼으며 주둥이는 작고 몸체는 크다. 즉 가운데가 불룩한 원통형으로, 크기는 약 2圍(1圍는 한 아름, 또는 일설에는 5치, 즉 반 자의 둘레를 말하는데 후자를 취할 경우 대개 성인의 한 아름으로 생각하면 될 것이다), 길이는 5尺 6寸이며 양가죽으로 양쪽 주둥이를 덮었고 몸통의 겉 표면은 도안을 새기고 2개의 끈으로 매었다. 지금의 腰鼓와 많이 비슷하다.

122) 음악의 효용이 '修身齊家治國平天下'의 윤리도덕에서 정치이념의 經世思想에까지 미친다는 의미이다.

고 물러서는 것이 고르지 않고 곡조도 사악하고 방탕음란하여 사람들로
하여금 미혹에 빠지게 함이 그침이 없고, 게다가 배우와 난쟁이가 공연할
때 남녀가 뒤섞이고 부자(父子)의 예절조차도 모르게 됩니다. 음악이 끝
나도 그 무엇도 말할 수 없고, 옛 것을 칭송할 수도 없습니다. 이것이 새
로운 음악의 연주요 공연입니다. 지금 임금께서 물으신 것은 음악이고,
좋아하시는 것은 그 음(音, 즉 듣기 좋은 소리)입니다. 무릇 음악과 음은
서로 가깝지만 같지는 않습니다. "[123)]

문후가 말하였다. "감히 여쭙노니, 어찌 그렇습니까?"

자하가 대답하였다. "옛날에는 천지가 화순하고 사시(四時)가 그 순서
를 잃지 않았으며, 백성들은 덕이 있고 오곡이 번창하였으며, 질병이 발
생하지 않고 흉조(凶兆)와 재앙이 없었으니 이를 일러 대당(大當), 즉
크게 합당한 태평성세라고 하였습니다. 그런 후에 성인께서 부자와 군신
의 관계로써 기강을 만드셨는데, 기강이 이미 바로되자 천하가 크게 안정
되었고, 천하가 크게 안정된 연후에 6률(六律)[124)]을 바르게 하고 5성(五
聲)[125)]을 조화되게 하여 현(弦)을 뜯으며 시(詩)와 송(頌)을 노래하니
이를 일러 덕음(德音)이라 하였고, 이 덕음을 일러 악(樂, 음악)이라고
하였습니다. 『시경』에 '……고요하고 맑은 그 덕음이여, 그 덕 밝고 밝
아, 밝고 맑게 사물을 분별하시니 백성의 훌륭한 군장(君長)이시라. 크
나큰 이 나라의 임금 되시어 백성들 잘 따르고 친근하게 되셨도다. 문왕
(文王)에 이르러 그 덕 유감없이 닦이어 하늘에서 내리신 큰 복 받아 길
이길이 자손에게 전하셨도다'[126)]라고 하였으니 이를 말하는 것입니다. 지

---

123) 여기에서 강조되는 것은 실지로 '樂'과 '音'의 차이이다. 비록 '樂'을 '음악'이라고
    해석했지만 원문에서는 '樂'과 '音'을 각각 낱개의 용어로 사용하고 있다.
124) 六律: 6종류의 음률로 黃鍾, 大簇, 姑洗, 蕤賓, 夷則, 無射을 말한다. 일반적
    으로 六呂와 병칭한다.
125) 五聲: 즉 五音, 宮商角徵羽를 말한다.
126) 『詩經』「大雅」 "皇矣" 시의 일부로 해당 부분의 원문은 "莫其德音, 其德克明, 克
    明克類, 克長克君. 王此大邦, 克順克俾. 俾于文王, 其德靡悔. 旣受帝祉, 施于孫子"
    이다. '莫'을 '貊'으로 쓴 것도 있고 '大也,' 즉 크다고 해석하기도 하였다. '俾'는 '比'
    로도 표기되어 있다. 그러나 이 시에서의 '德音'은 "正六律, 和五聲, 弦歌詩頌"한
    "숭고한 미덕을 송찬한 음악," "덕이 있는 음악"이라는 의미의 '德音'은 아닌 것 같
    다. 이 장시의 앞뒤를 살펴보아도 이전의 학자들의 일반적인 해석인 '聲譽,' 즉 명성
    과 명예의 뜻으로 사용된 것이라는 데는 이견이 있을 수 없다. 이 시의 전체적인 흐
    름은 대왕, 太伯, 王季의 덕을 읊어오다가 마침내는 하늘이 文王에게 명하여 密, 崇
    두 나라를 정벌하는 일을 서술하고 있는데, 해당 부분은 天帝가 王季에게 복을 내리

금 임금께서 좋아하시는 것은 익음(溺音), 즉 음에 탐닉한 것은 아니신지요?"

문후가 이르기를 "감히 여쭙노니 익음은 어디로부터 나옵니까?"라고 하였다.

자하가 대답하였다. "정음(鄭音)은 그 음조가 방탕하여 듣는 사람의 심지(心志)를 음란하게 하고, 송음(宋音)은 안일하고 유약하여 사람의 심지를 소침하게 하며, 위음(衛音)은 급박하고 변화가 많아 사람의 심지를 번거롭게 하고, 제음(齊音)은 오만괴벽(傲慢怪僻)하여 사람의 심지를 교만하게 하니, 이 네 가지는 모두 색정에 치우쳐 음란하고 도덕에 해를 끼치는 까닭에 제사에서는 사용하지 않는 것입니다. 『시경』에 이르기를 '엄숙하고 조화되이 울려나가니, 조상의 신령들이시여 들으소서'127)라고 하였으니, 숙(肅)은 엄숙한 것으로 공경하는 것이요, 옹(雍)은 부드러운 것으로 조화되는 것입니다. 공경함으로써 화합하면 어떤 일이든 행하지 못하겠습니까? 인군(人君)이 되는 사람은 그 좋아하고 싫어하는 것을 삼갈 뿐입니다. 임금이 좋아하면 신하도 이를 따라 하고, 위에서 실행하면 백성들이 이를 따르는 것입니다. 『시경』에 이르기를 '백성을 이끌기는 쉬운 일'128)이라고 한 것이 이를 두고 한 말입니다. 그런 다음에 성인은 도

는 것("維此王季, 帝度其心," 즉 "바로 이러한 王季께서는 天帝께서 그 마음 헤아려 보신즉")을 찬탄하는 대목이다.

127) 『詩經』「周頌」"有瞽"의 일부. 이 시는 음악을 지어 太祖廟에서 합주하는 모습을 노래하고 있다. 뒤의 내용과도 관련이 있으므로 전문을 싣는다. "有瞽有瞽, 在周之庭. 設業設虡, 崇牙樹羽, 應田縣鼓, 鞉磬祝圉. 旣備乃奏, 簫管備擧. 喤喤厥聲, 肅雍和鳴, 先祖是聽. 我客戾止, 永觀厥成(소경 악사들이/우리 周나라 종묘 뜰에서/기둥에 업목일랑 가로지르고/崇牙에는 오색의 깃털 달고서/작고 큰 북과 縣鼓 내다 걸고는/鞉와 磬에 祝과 圉를 내고/모두 갖춘 다음에 풍악 울리네./통소와 젓대 소리 잘도 어울려/아름답게 울리는 풍악소리여/엄숙하고 조화되이 울려가노니/조상의 신령들이여 들으소서/우리의 손들도 여기 오셔서/주악이 그칠 때까지 오래도록 들어주소서)." '業'과 '虡'는 종을 매다는 널과 쇠북이나 鐘磬을 걸어놓는 틀을 말하며, '崇牙'는 악기의 장식 또는 종이나 경쇠를 거는 곳이다. '應'은 말 위에 오르도록 신호하는 작은 북, '田'은 큰 북이며, '縣鼓'는 周나라에서 만든 것으로 걸어놓고 치는 북이다. 그 외의 악기는 뒤에 설명하겠다.

128) 『詩經』「大雅」"板"에는 '牖民孔易'라고 되어 있다. 이 시의 序에서는 凡伯이 厲王을 비방하는 노래라고 하였으며, 일반적으로는 周나라의 大夫가 동료에게 권유하는 방식으로 폭군을 풍자한 시로 해석된다. 인용구절이 들어 있는 단락을 보면 다음과 같다. "天之牖民, 如壎如篪, 如璋如圭, 如取如携. 携無曰益, 牖民孔易, 民之多辟, 無自立辟(하늘께서 백성을 이끄심에는/질나팔 대피리가 어울리듯이/규옥과 장

(鼗),[129] 고(鼓), 강(椌),[130] 갈(楬),[131] 훈(壎),[132] 지(箎)[133]를 만들 었으니 이 여섯 가지가 덕음을 내는 악기인 것입니다. 그런 다음에 종 (鐘), 경(磬),[134] 우(竽),[135] 슬(瑟)을 만들어 이로써 조화시키고 간척 (干戚)과 모(旄),[136] 적(狄)[137]으로 춤을 춥니다. 이것으로 선왕의 묘에 제사 지내는 것이고, 헌수인작(獻酬酳酢)[138]의 예를 행하는 것이며, 관 직의 귀천의 서열에 그 마땅한 바를 얻게 하는 것이니 이것은 후세에 존 비장유(尊卑長幼)의 순서가 있다는 것을 보여주기 위함입니다. 종소리는

옥이 들어맞듯이/서로 손을 맞잡고 나가는 걸세. /손에서 떨어짐 없고 태만하지 않 으면/백성을 이끌기는 쉬운 일이요. /백성에 그릇된 일 많다고 하여/함부로 법 세 우면 아니 된다오." '牖'는 '誘'의 뜻이다. '壎'과 箎는 합주하는 악기이며, '圭'는 위 가 뾰족하고 아래가 네모진 구슬이며, '璋'은 이것을 반으로 쪼갠 듯한 것으로 서로 부합함을 말한 것이다

129) 鼗 : 손잡이 자루가 있는 작은 북 땡땡이. 손으로 흔들어 소리를 낸다.
130) 椌 : '柷'과 같은 형태로 柷보다 크다. 柷은 음악을 시작할 때 울리는 악기로, 나 무로 만들며 외형은 네모진 되와 비슷한데 위가 넓고 아래는 좁으며 한 면의 정중앙 에 둥근 구멍이 나 있고 중간에는 손잡이 자루가 끼워져 있어 이를 좌우로 쳐서 소 리를 낸다.
131) 楬 : 즉 '敔'('圉'로 쓰기도 하나 잘못된 글자임)를 말한다. 나무로 만들며 외형은 범이 엎드려 있는 모습으로 등에 27개의 톱니 같은 것이 있어 木棒으로 이를 긁어 소리를 낸다. 椌와 楬은 아악의 연주에 쓰이는데 시작할 때에는 椌을 치고 마칠 때 에는 楬을 친다.
132) 壎 : 질나팔이라고 부르며 흙으로 만든 취주악기이다. 돌이나 뼈 또는 상아로 만 든 것도 있다. 크기는 거위 알 정도이며 외형은 저울추와 같이 생겼는데 위는 뾰족 하고 아래는 평평하며 중간은 비어 있다. 속이 빈 계란형이라는 표현도 있다. 꼭대 기에는 구멍이 하나 있는데 이것이 吹口이며 앞면에는 구멍이 44개, 뒷면에는 2개가 있다.
133) 箎 : '笛'라고 부른다. 대나무로 만든 것으로 외형은 피리와 같고 가로로 부는 관 악기. 구멍이 88개 있는데 그중 하나는 위에 있어서 이 구멍으로 분다. 길이는 1尺 4寸. '壎'과 '箎'는 모두 취주악기로 합주할 때 소리가 서로 어울려 조화가 잘 된다. 그래서 『詩經』「小雅」"何人斯"에 "伯氏吹壎, 仲氏吹箎(형은 질나팔을 불고 아우는 대나무 피리 불었지)"라는 구절이 있듯이 '壎箎相和'라고 하여 형제가 화목함을 말하 기도 한다.
134) 磬 : 옥이나 돌로 만든 타악기의 일종.
135) 竽 : 笙簧과 비슷한 관악기로 그것보다 조금 크다. 36개의 가는 대나무 관으로 되었으나 후세에는 19개로 되었다.
136) 旄 : 犛牛(검정소)의 꼬리로 장식한 지휘하는 깃발.
137) 狄 : '翟'과 통한다. 꿩의 꼬리에 있는 긴 털로 文舞를 출 때 舞具로 사용된다.
138) 獻酬酳酢 : 주연에서 주인과 빈객이 행하는 각종 예절. '獻酬'는 술을 마실 때 마 시기를 서로 권하는 것, '酳'은 연회 때 식사가 마치고 난 다음 술로써 입을 가시는 예절, '酢'은 손이 주인에게서 받은 잔을 도로 돌리는 예절.

크고 낭랑하니, 크고 낭랑한 소리로써 호령을 세우고, 호령으로써 기세의
웅장함을 세우고, 기세의 웅장함으로써 무(武)를 사용하는 일을 성취시
킵니다. 이리하여 군자는 종소리를 들으면 무신(武臣)을 생각합니다. 돌
로 만든 악기의 소리[石聲]는 굳세고 강경하니, 굳세고 강경함으로써 분
별을 명백히 하고, 분별을 명백히 함으로써 정의를 위해서 죽을 수 있습
니다. 이리하여 군자는 경(磬)의 소리를 들으면 죽음으로써 변방을 지키
는 신하를 생각합니다. 실줄로 만든 악기의 소리[絲聲]는 애조를 띠니,
애조를 띠기 때문에 청렴함을 세우고, [139] 청렴함으로써 뜻을 세웁니다.
이리하여 군자는 금슬(琴瑟)의 소리를 들으면 지의(志義)를 품고 있는
신하를 생각합니다. 대로 만든 악기의 소리[竹聲]는 많고 넓으니, 많고
넓으므로 취합할 수 있고, 취합함으로써 대중을 모을 수 있습니다. 군자
가 우생소관(竽笙簫管)의 소리를 들으면 백성을 사랑하고 민정을 돌보는
신하를 생각합니다. 고비(鼓鼙)[140]의 소리는 시끄러우니, 시끄럽기 때문
에 인심을 충동할 수 있고, 충동하므로 대중을 나아가게 합니다. 군자가
고비의 소리를 들으면 대군을 통솔하는 장수를 생각합니다. 군자는 자신
의 귀를 즐겁게 하는 맑고 조화로운 소리만을 듣고자 할 뿐 아니라 소리
또한 군자의 마음속에 합치되는 바가 있어야 하는 것입니다.”

　빈모고(賓牟賈)[141]가 공자(孔子)를 모시고 앉아 있었다. 공자가 그와
말하다가 음악까지 화제가 미치자 이르기를 “무릇 주나라의 “대무(大
武)”[142]는 먼저 북을 쳐서 경계함[143]이 이미 오래된 후에야 공연하는데,

139)　원문은 “哀以立廉”이다 鄭玄은 廉을 廉隅로 풀어 모서리, 모남, 절개를 지킴의
　　뜻으로 해석하였다. 비애가 깃든 소리를 들음으로써 절의를 세운다는 뜻인데, 여기
　　서는 청렴강정함으로 풀었다.
140)　鼓鼙 : 큰 북과 작은 북으로 고대 군영에서 상용하던 악기. 지휘의 신호용으로도
　　쓰였다.
141)　賓牟賈 : 생애가 분명하지 않다. 이후의 대화는 「樂記」 중의 “賓牟賈”에도 나온
　　다.
142)　“大武” : 周나라 시대의 六舞 중의 하나. 周 武王이 紂王을 정벌한 무공을 그 내
　　용으로 하고 있다. 전체를 “擊鼓出師, 大戰滅商, 回師南征, 鞏固南疆, 分職而治, 頌
　　王盛威”의 여섯 단락으로 나누었으며, 周나라 때에는 조상을 제사 지내는 데 사용되
　　었다. 이 춤의 작자에 대한 견해는 일치하지 않으나 일반적으로 周 武王의 작으로
　　알려져 있다. 그냥 “武”라고도 하고 “武樂,” “武曲”이라고 칭하기도 하나 여기서는
　　“大武”로 통일한다.
143)　“大武”의 음악과 춤은 먼저 북을 쳐서 오랫동안 경계하는 태세를 취하여 갖추어

그건 무슨 까닭인가?"라고 물었다.

빈모고가 대답하였다. "대중의 인심을 얻지 못할까 염려해서 그런 것입니다."[144]

공자가 다시 물었다. "길게 탄식하고 그 소리가 오래 계속되어 끊어지지 아니하는 것[145]은 왜 그런가?"

"제후들의 군대가 전쟁의 유리한 시기에 도착하지 못할까를 걱정해서입니다."

"발양도려(發揚蹈厲)[146]의 연주가 빠른 것은 왜 그런가?"

"때가 이르렀기 때문입니다."[147]

""대무"를 공연하는 사람이 오른쪽 무릎을 꿇고 왼쪽 무릎을 든 것은 왜 그런 것인가?"

""대무"에서 무릎을 꿇는 동작이 반드시 있어야 하는 것은 아닙니다."[148]

"음악소리가 느리고 길게 이어져 끊어지지 않음이 무왕(武王)이 상(商)나라를 정벌하는 일에 미치게 된 것은 왜 그런가?"[149]

""대무"의 음이 아닙니다."[150]

지기를 기다렸다가 비로소 춤을 시작한다.

144) 武王이 紂王을 정벌할 때 대중들의 옹호와 지지를 받지 못할까 근심하여 때가 무르익기를 기다리며 오랜 시간을 준비한 후에야 정식으로 출전하였다. "大武"의 춤은 이러한 줄거리와 상황을 표현하기 위하여 북을 치고 오래된 후에야 공연자가 출장한다. 그래서 賓牟賈가 이렇게 대답한 것이다.

145) 원문 "永歎之, 淫液之"의 '永歎'은 긴 소리로 탄식하는 것이고, '淫液'은 소리가 마치 액체가 흐르는 것처럼 끊어지지 않는 것을 말한다.

146) 發揚蹈厲 : 손을 들어 분발하게 하고 발을 힘있게 구르며 맹렬하게 싸우도록 독려하는 것. 공연을 시작할 때 손발을 용감하게 놀리고 땅을 세차게 밟으며 또 그 동작이 빠른, 위세와 무력과 기개를 표현하는 춤 동작을 말한다.

147) 원문 "及時事也"는 紂王을 칠 가장 적당한 시기가 왔기 때문이라는 뜻이다.

148) 원문 "非武坐也"는 이 춤이 격전의 상황을 표현하기 때문에 그 동작이 맹렬하고 빨라서 이러한 동작이 "大武"에서 반드시 있어야 하는 것은 아니라는 뜻이다. 또는 "大武"의 춤을 추는 사람은 꿇어앉는 것이 아님을 말하기도 한다.

149) 원문 "聲淫及商"은 음악 소리에 깃든 의미를 가지고(즉 "大武"의 음악은 소리가 탐욕에 가득 차 있다고 생각하여) 당시의 어떤 사람들은 周 武王이 商나라 紂王을 탐한 것을 상징한 것이라고 하였기 때문에 孔子가 물어본 것이다.

150) 원문 "非武音也"는 賓牟賈는 武王이 紂王을 치고 포악한 무리를 제거한 것은 하늘의 뜻과 민심에 순응하여 부득이하여 실행한 것이지 권력을 탐해서 그런 것이 아니라고 생각하였기 때문에 이렇게 말한 것이다.

"만약 "대무"의 음이 아니라면 무슨 음이겠느냐?"

"유사(有司)[151]가 그 전해오는 내용을 잘못 전했습니다. 만약 유사가 그 내용을 잘못 전한 게 아니라면 무왕의 뜻은 황탄(荒誕)한 것입니다."

"나 구(丘)가 장홍(萇弘)[152]에게서 들은 것도 그대의 말과 같이 이러하였다. 옳은 말일 것이다."

빈모고가 일어나 자리를 피하면서[153] 청하며 말하였다. "대저 "대무"의 갖추어 경계하는 태세가 오래인 것에 대해서는 이미 가르침을 들어서 알았습니다. 감히 여쭈오니 이처럼 더디고 더디며 또 오래도록 하는 것은 무엇 때문입니까?"

공자가 말하였다. "거기 앉거라. 내 너에게 말하리라. 대저 악(樂)이라는 것은 공을 이룬 것을 모방하여 본뜨는 것이다. 방패를 잡고 산처럼 우뚝 서 있는 것은 무왕의 일이고, 손발을 기세 좋게 움직이며 땅을 세차게 밟는 것은 태공(太公)의 뜻이며, "대무"가 끝날 때 모두 꿇어앉는 것은 주공(周公)과 소공(召公)의 문치(文治)를 상징하는 것이다. 게다가 "대무"는 시작하면서 북쪽으로 나가고,[154] 두번째 곡[155]은 상나라를 멸하고, 세번째 곡은 남쪽으로 돌아오고,[156] 네번째 곡은 남방의 각 제후국을 복속시켜 주나라의 강토(疆土)로 삼고, 다섯번째 곡은 섬(陝)지역을 나누어 주공은 좌측을 소공은 우측을 다스리며, 여섯번째 곡은 처음 위치로

---

151) 有司 : 음악을 관장하는 관리.

152) 萇弘 : 周나라 景王과 敬王 때의 大夫로, 전하는 말로는 孔子가 그에게서 雅樂을 배웠다고 한다.

153) 免席, 즉 옛사람이 자리에 앉아 있다가 자리를 떠나 일어나는 것은 공경의 표시이다. 또는 앞에서 답한 말의 옳고 그름을 알지 못해 일어나서 그 의심하는 바를 제기하여 묻는 것으로 해석할 수 있다.

154) 원문 "始而北出"의 '始'는 舞樂의 첫번째 곡을 말하며, 이후로 6曲까지 나온다. '北出'은 武王이 商나라의 紂王을 정벌하기 위해 남쪽에서 군대를 움직여 북상하는 상황을 상징한 것이다. 鄭玄의 주에 의하면, 구체적으로 처음 출정할 때 盟津에서 제후들과 회합하고 군대를 열병한 것을 말한다. 商나라의 수도 朝歌(지금의 河南省 淇縣)는 西周의 수도 鎬京의 동북부에 위치하고 있다. 이후 각각의 武舞의 단락은 당시 武王의 활약상을 상징적으로 보여준다.

155) 원문 "再成"의 '成'이란 고대 악곡의 단락을 말하는데, 고대의 대표적인 궁중음악이 그렇듯이 "大武"도 그냥 단순한 곡조가 아니라 공을 이룬 내용을 상징적으로 표현하는 춤이 곁들여지는 것이지만 포괄적인 용어로 그냥 '曲'으로 칭한다.

156) "三成而南"은 武王이 紂王을 멸하고 승리를 거두어서 다시 남쪽 鎬京으로 돌아오는 상황을 표현한 것이다.

돌아와서 천자를 받드는데, 춤추는 열(列)에 끼어들어 사졸들의 사기를
진작시켜 사방을 정벌하고[157] 그 위엄이 중국[158]에 크게 성하게 된다. 춤
추는 자가 나누어 나아가는 것은 무공(武功)을 빨리 이루려는 것을 상징
한 것이다. 오래 서서 머물러 있는 것은 제후가 이르기를 기다리는 것이
다. 그리고 또 너는 홀로 아직도 목야(牧野)[159]의 이야기를 듣지 못하였
는가? 무왕은 은(殷)나라[160]를 이기고 상(商)[161]으로 돌아오자 수레에서
미처 내리기도 전에 황제(黃帝)[162]의 후예를 계(薊)[163]에 봉하고, 요임금
의 후예는 축(祝)[164]에 봉하고, 순임금의 후예를 진(陳)[165]에 봉하였다.
수레에서 내리고 나서 하후씨(夏后氏)[166]의 후예를 기(杞)[167]에 봉하고,
은나라의 후예를 송(宋)[168]에 봉하였으며, 왕자 비간(比干)[169]의 무덤을
세우고, 기자(箕子)[170]의 감금을 풀어주고 상용(商容)에게 가서 그 지위

---

157) 원문 "夾振之而四伐"은 武王과 대장군이 군사들 사이에 들어가서 군사들의 사기
    를 진작시키는 것을, 춤추는 列의 양쪽에 사람이 끼어들어가서 방울(고대에는 명령
    을 전달하는 큰 방울)을 흔드는 것으로 상징적으로 표현하였다.
158) 中國 : 상고시대에 華夏族이 황하 유역 일대에서 나라를 세웠기 때문에 천하의
    가운데에 거처한다고 생각하여 자칭 中國이라고 한 것이다.
159) 牧野 : 武王이 紂王의 군대를 대패시킨 곳.
160) 商 왕조가 盤庚으로부터 殷으로 천도한 이후 시간이 매우 오래되었으므로 殷 왕
    조라고도 칭한다.
161) 商 : 이것은 商 왕조의 수도를 말한다.
162) 黃帝 : 중원 각 부족들의 전설상의 공동 조상. 성은 姬, 호는 軒轅氏이다. 전해
    오기로는 그가 각 부족의 추대를 받아서 炎帝를 패퇴시키고 蚩尤를 죽인 후 각 부족
    의 수령에 의해서 부족연맹의 수장이 되었다고 한다. 또 숱하게 발명하고 창조하여
    蠶, 舟車, 문자, 음률, 산수 등이 黃帝의 시대에 시작되었다고 한다. 권1 「五帝本
    紀」 참조.
163) 薊 : 지금의 北京市 서남쪽. 지금의 天津의 薊縣이 아니다.
164) 祝 : 나라 이름. 지금의 山東省 長淸縣 동북쪽.
165) 陳 : 나라 이름. 지금의 河南省 淮陽縣과 安徽省 亳縣 일대. 武王이 舜임금의 후
    대인 嬀滿을 여기에 봉하였다고 한다.
166) 夏后氏 : 상고시대의 부족명. 뒤에는 夏 왕조를 지칭하였다.
167) 杞 : 나라 이름. 지금의 河南省 杞縣. 武王이 夏나라 虞임금인 東樓公을 여기에
    봉하였다고 한다.
168) 宋 : 나라 이름. 지금의 河南省 商丘縣. 武王이 殷나라 紂王의 庶兄인 微子啓를
    여기에 봉하였다고 한다.
169) 王子 比干 : 殷나라 紂王의 叔伯父(일설에는 庶兄)로 少師의 관직에 있었다. 紂
    王이 포학하고 음란하여 그가 누차 강하게 간하자 紂王은 이것을 참지 못하고 그의
    배를 갈라 죽였다. 箕子, 微子와 함께 殷 왕조의 "三仁," 즉 3인의 仁者로 칭해진
    다.
170) 箕子 : 紂王의 叔伯父(일설에는 庶兄)로 太師의 관직에 있었으며, 箕(지금의

를 회복하게 하였다. [171] 서민들에게 정치를 관대하게 하였고 일반 관리들에게는 녹을 배로 올려주었다. 황하를 건너서 서쪽으로 오자, [172] 말을 화산(華山) [173]의 남쪽에 풀어주고 다시는 타지 않았으며 소를 도림(桃林) [174]의 들에 놓아주고 다시는 쓰지 않았다. 병거(兵車)와 갑옷은 포장하여 부고(府庫) [175]에 간직하고 다시는 쓰지 않았으며, 창과 방패를 거꾸로 세워두고 이를 호피(虎皮)로 감쌌다. 그리고 장수들을 제후로 삼았으니, 이를 이름하여 건고(建橐) [176]라고 하였다. 그런 다음에 천하는 무왕이 다시는 용병(用兵)하지 않을 것임을 알았다. 그리고는 군대를 해산하고 교사(郊射) [177]하였다. 좌사(左射) [178]에서는 "이수(貍首)" [179]를 노래하고, 우사(右射) [180]에서는 "추우(騶虞)" [181]의 시를 노래하였으며, 관혁(貫革)의 사(射)는 그만두었다. [182] 사대부는 비면(裨冕)으로 진홀(搢笏)

山西省 太谷縣 동북쪽)에 봉해졌다. 일찍이 紂王에게 충고하였다가 감금되었고, 후에 武王에 의해 석방되어 鎬京에 머물렀다.

171) 원문은 "使之行商容而復其位"이다. 商容은 殷 왕조의 귀족으로 禮樂을 관장하는 어진 신하였다. 紂王에게 배척을 당하였는데 箕子로 하여금 商容을 방문하게 해서 그의 지위를 회복시켜준 것이다.

172) 원문은 "濟河而西"이다. 武王은 정벌을 끝내고 懷州 河陽縣에서 남쪽으로 황하를 건너 洛州에 도착하였고, 洛州의 성에서 다시 서쪽으로 鎬京에 돌아왔다.

173) 華山 : 지금의 陝西省 華陽縣 남쪽. 고대에 '陽'은 산의 남쪽 또는 강의 북쪽을 말한다. 예를 들면 漢陽은 漢水의 북쪽이다.

174) 桃林 : 지명. 대개 지금의 陝西省 潼關縣과 河南省 靈寶縣의 사이.

175) 府庫 : 官府에서 재물이나 병장기 및 갑옷 등을 보관하는 창고.

176) 建橐 : 병기를 봉하여 전대나 자루에 보관하는 것. '建'은 '鍵'과 통하여 폐쇄한다는 뜻이며, '橐'는 활집 또는 갑옷 전대를 말한다. 따라서 "名之曰建橐"라는 말이 "호피로 감싼다"는 문장 뒤로 가는 것이 의미상 순조롭다.

177) 郊射 : 천자가 교외에서 하늘에 제사를 지내고, 아울러 射宮에서 활쏘기를 연습시켜 선비를 선발하는 典禮를 말한다.

178) 左射 : 東郊에 있는 射宮. 또는 동쪽 교외에서의 활쏘는 행위 자체로 해석하기도 한다.

179) "貍首" : 逸詩의 편명. 射禮를 행할 때 제후가 이 시를 연주하였다.

180) 右射 : 西郊의 射宮.

181) "騶虞" : 『詩經』 「召南」의 시로, 射禮를 행할 때 제왕이 이를 연주하였다. 시는 다음과 같다. "뾰족뾰족한 것은 갈대의 새눈/한 번 수레를 내몰면 멧돼지 다섯 마리/아아, 騶虞여!/뾰족뾰족 돋아난 쑥/한 번 수레를 내몰면 멧돼지 다섯 마리/아아, 騶虞여!(彼茁者葭, 壹發五豝, 于嗟乎騶虞. 彼茁者蓬, 壹發五豵, 于嗟乎騶虞)." 봄날의 사냥에서 騶虞의 활솜씨가 뛰어남을 노래하였다.

182) 원문 "貫革之射息也"의 '貫革'은 가죽으로 만든 갑옷을 입는 것을 말한다. 가죽 갑옷을 입고 활쏘는 것을 정지하였다는 것은 전쟁을 그만두었다는 뜻이다.

하고[183] 호분(虎賁)의 용사[184]는 검을 풀었으며, 명당(明堂)[185]에 제사하
니 백성들은 효를 알고, 조근(朝覲)[186]한 연후에 제후가 신하 되는 바를
알았으며, 임금이 몸소 적전(籍田)을 경작한[187] 연후에 제후가 공경하는
바를 알았다. 이 다섯 가지는 천하의 큰 가르침이다. 또한 삼로(三老)와
오경(五更)[188]을 태학(太學)[189]에서 접대하여, 천자가 단복(袒服)으로
희생(犧牲)을 나누고,[190] 장(醬)을 집어서 주고, 술잔을 집어서 권하였
으며, 면(冕)을 머리에 쓰고 방패를 잡고 춤을 추었으니 이는 제후들에게
공경하는 도리를 가르친 것이다. 이와 같이 해서 주나라의 교화가 사방에
미치고, 예악이 서로 사방에 통하게 되었다. 그러니 "대무"가 더디고 오
래되는 것 또한 마땅하지 아니한가?"

자공(子貢)[191]이 사을(師乙)[192]을 보고 물었다. "사(賜)가 들으니 노

---

183) 원문 "裨冕搢笏"의 '裨冕'은 고대 신하들이 제왕을 배알할 때 입고 쓰는 예복과
예모이다. 여기에서는 동사로 쓰였다. '搢'은 끼운다(揷)는 뜻이며, '笏'은 천자 이하
公卿大夫가 朝服을 입었을 때 허리띠에 끼고 다니는 것으로 제왕의 명을 받았을 때
이것을 기록해두는 좁고 긴 판이다. 지위와 준비에 따라서 그 재료가 옥, 상아, 대
나무의 차이가 있다.

184) 원문 "虎賁之士"는 달리는 범이 짐승을 쫓는 것과 같이 용맹하고 흉포한 용사를
가리킨다. 천자를 호위하는 용사를 말한다.

185) 明堂 : 여기서는 周 文王의 묘당을 말한다.

186) 朝覲 : 제후가 제왕을 배알하는 것으로, 봄에 來朝하는 것을 '朝'라 하고 가을에
내조하는 것을 '覲'이라 한다.

187) 제왕과 제후는 백성들을 징용하여 씨를 뿌리고 경작하는 公田이 있어 이것을 '籍
田'이라고 하는데, 봄마다 경작하기 전에 제왕이나 제후가 신하들을 거느리고 籍田
에서 쟁기를 몇번 민다. 이것은 농업을 중시하고 조상을 공경한다(친히 경작하여 제
사에 사용될 곡물을 봉공한다)는 것을 표시하며, 이를 籍禮라고 한다.

188) 三老, 五更 : 고대에 천자가 父兄의 예로써 우대한 노인으로 한 마을의 교화를
맡았다. 三老와 五更이 각각 한 사람이었다. 일설에는 三老는 세 사람, 五更은 다섯
사람이라고도 한다.

189) 太學 : 고대의 대학. 虞舜 시대에는 庠을, 夏代에는 序를, 商代에는 瞽宗을, 周
代에는 辟雍을 설치하였다고 한다. 漢 武帝 때 와서야 처음으로 太學을 설치하였다.

190) 원문 "袒而割牲"의 '袒'은 옷을 벗어 어깨를 드러내는 것이고, '牲'은 식용으로
제공되는 가축을 말한다. 천자가 옷을 벗어 어깨를 드러내는 것이나 희생으로 잡은
가축의 고기를 친히 자르는 것은 고대의 경로하고 양로하는 일종의 예절이다.

191) 子貢(기원전 520-기원전 456년) : 孔子의 제자로 성은 端木이며 이름은 賜이며
자가 子貢이다. 衛나라 사람. 상업경영에 뛰어나서 부가 천금에 이르렀다. 권67「仲
尼弟子列傳」참조.

192) 師乙 : '師'는 樂官을 말하고, '乙'은 그의 이름이다.

래는 각자 마땅한 것이 있다고 하였소. 나와 같은 자는 어떤 노래를 하는 것이 마땅하겠소?"

사을이 말하였다. "저 을(乙)은 천한 악공인데, 어찌 족히 마땅한 바를 물을 만하겠습니까? 청하시니 제가 들은 바를 읊어보겠습니다. 그대가 스스로 선택하십시오. 너그럽고 고요하며 유순하고 바른 사람은 「송(頌)」[193]을 노래하는 것이 마땅하고, 마음이 넓고도 침착하며 활달하면서 신의가 있는 사람은 「대아(大雅)」[194]를 노래하는 것이 마땅하며, 공손하고 검소해서 예를 좋아하는 사람은 「소아(小雅)」[195]를 노래하는 것이 마땅하며, 정직하고 청렴하면서 겸손한 사람은 「풍(風)」[196]을 노래하는 것이 마땅하고, 솔직하면서 자애로운 사람은 「상(商)」[197]을 노래하는 것이 마땅하며, 온량(溫良)[198]하면서 결단력이 있는 사람은 「제(齊)」[199]를 노래하는 것이 마땅합니다. 대저 노래라고 하는 것은 자신을 솔직하게 하여 자기의 덕성을 표현하는 것입니다.[200] 그리하면 자신(의 정감과 덕성)을

---

193) 「頌」:『詩經』을 구성하는 부분의 하나. 「周頌」 31편, 「魯頌」 4편, 「商頌」 5편으로 되어 있다. 「頌」은 종묘의 제사에서 연주하는 음악으로, 조상의 공덕을 찬미하고 제사를 드리는 자손의 공경스러움을 노래하였으며 또 제사에 참가하는 제후를 칭송한 것이 많다. 그리고 춤을 곁들였다고 전해진다.

194) 「大雅」:『詩經』의 체제를 구성하는 부분의 하나. 모두 31편. 대부분 西周 왕실 귀족의 작품으로 내용은 公卿大夫들의 제사와 飮燕 및 周 왕조의 중대한 정치적 조치와 사건을 반영한 것이다. 구체적으로 말하면 周 왕조의 시조에서부터 文王, 武王에 이르기까지의 역사를 노래하며 역대 임금의 덕을 칭송하였고, 周 왕조가 천명을 받게 된 유래를 밝히면서 자손들이 길이길이 그 천명을 받들어갈 것을 가르친 것, 또는 태평을 구가한 것, 뒤쪽으로 가서는 당시의 폭정을 걱정하는 절실한 현실 풍자의 시도 있다. 이 시들은 대개 웅혼장대하여 선이 굵고 당당한 기백이 드러나며, 세련되고 도의와 정치에 기울어진 궁중의 공식 음악이다. 그래서 「小雅」와 함께 "朝廷之樂歌"라고 말하며 "正聲"으로 인식되었다.

195) 「小雅」:『詩經』의 체제를 구성하는 부분의 하나. 모두 74편. 대부분 西周 후기와 東周 초기 귀족들의 연회에 사용되었던 악가이며, 군악과 농사철의 축제의 노래 및 당시 조정의 실정을 비판하고 怨望을 표출한 민간가요도 있다.

196) 「風」:『詩經』의 체제를 구성하는 부분의 하나. 모두 15國風으로 160편이다. 대개 周 왕조 초기에서 춘추시대 중엽까지의 각국의 민가로 당시의 사회생활을 비교적 폭넓게 반영하고 있다.

197) 「商」: 「商頌」 5편을 말한다.

198) 溫良 : 온화하면서 선량함.

199) 「齊」: 國風 중의 「齊風」을 말한다. 모두 11편이다.

200) 원문 "歌者, 直己而陳德"의 '直己'는 자신의 심정과 뜻을 솔직하게 하는 것이다. 그렇게 해서 자신에게 마땅한 노래를 하여 자기의 덕을 표현한다는 의미로 볼 수 있다. 본문에서는 직역하였다.

움직여서 천지가 이에 응하고 사시가 조화를 이루며 성신이 다스려지고 만물이 화육하는 것입니다. 그러므로 「상(商)」이라는 것은 오제(五帝)²⁰¹⁾가 남긴 소리인데, 상나라 사람들이 이를 기록하였기 때문에 「상」이라고 이름하였습니다. 「제(齊)」는 삼대(三代)²⁰²⁾가 남긴 소리인데 제나라 사람들이 이를 기록하였기 때문에 「제」라고 이름하였습니다. 「상」의 음에 밝은 사람은 일에 임해서 곧 결단을 내립니다. 「제」의 음에 밝은 사람은 이(利)를 보면 사양합니다. 일에 임해서 결단을 내리는 것은 용기입니다. 이로움을 보면서도 사양하는 것은 의로움입니다. 용기가 있고 의로움이 있다고 하더라도 노래가 아니면 누가 능히 이를 표현하고 보존하겠습니까? 그러므로 노래라는 것은 위로 오를 때는 높이 솟는 것 같고, 아래로 내려갈 때에는 떨어지는 것 같고, 굽을 때는 꺾어지는 것 같고,²⁰³⁾ 그칠 때는 마른 나무 같고, 가볍게 구부러질 때는 곱자(矩)에 맞고, 심하게 굽을 때는 그림쇠에 맞으니, 그 계속되면서 끊어지지 않음이 마치 꿴 구슬과 같습니다. 그러므로 노래가 일종의 언어인 이유는 그것을 길게 말하기 때문입니다.²⁰⁴⁾ 기뻐하기 때문에 말하게 되고, 말로도 부족하기 때문에 길게 말하게 됩니다. 길게 말해도 부족하기 때문에 차탄(嗟歎)하게 되고, 차탄해도 부족하기 때문에 손이 춤추고 발이 뛰는 것을 알지 못하는 것입니다."

대저 음은 사람의 마음으로 말미암아 일어나는 것이다. 하늘이 사람과 더불어 서로 통하는 바가 있는 것은 마치 그림자가 형체의 모습을 따르고 메아리가 소리에 응하는 것과 같다. 그러므로 선을 행하는 사람에게는 하늘이 복으로써 보답하고, 악을 행하는 사람에게는 하늘이 재앙을 내리나니 그것은 자연스러운 것이다.

---

201) 五帝 : 중국 고대의 전설에 나오는 다섯 명의 제왕. 권1 「五帝本紀」의 〈주 1〉참조.
202) 三代 : 夏, 殷, 周 왕조를 말한다.
203) 원문 "曲如折"은 곡조의 전환이 마치 물건을 절단하는 것처럼 재빠르고 경쾌함을 표현한 것이다.
204) 원문은 "歌之爲言也, 長言之也"이다. 노래가 언어와 같은 표현력(言語性)을 지니고, 또 언어와는 다른 노래다운 특성을 지니는 것은 소리를 길게 빼는 데 있다. 즉 일상적인 언어로는 내면에서 일어나는 감정을 드러내기에 부족할 때 소리를 길게 하는데 이것이 곧 "歌之爲言"이다.

그러므로 순임금은 오현(五弦)의 거문고를 연주하고 "남풍"의 시를 노래하여 천하를 다스렸으며, 주왕(紂王)은 "조가(朝歌)"²⁰⁵⁾와 "북비(北鄙)"²⁰⁶⁾의 음을 지어 자신도 죽고 나라도 망하게 되었던 것이다. 순임금의 도는 어떻게 해서 넓고, 주왕의 도는 어떻게 해서 좁은가? 대저 "남풍"의 시는 생장(生長)의 음이다. 순임금은 그것을 즐겨 좋아하였고 그 즐거움을 천지와 함께 하여 만국(萬國)의 환심을 얻었기 때문에 천하가 잘 다스려진 것이다. 저 "조가"라는 노래는 때에 맞지 않으며, 북(北)은 패배(敗北)한다는 뜻이고 비(鄙)는 비루(鄙陋)하다는 말이다. 그런데 주왕은 그것을 즐겨 좋아해서 만국과 더불어 마음이 같지 않고 제후가 따르지 않았으며 백성은 친근하게 여기지 않고 천하가 그를 배반하였다. 그러므로 자신은 죽고 나라는 망하게 되었던 것이다.

그리고 위 영공(衛靈公)²⁰⁷⁾이 장차 진(晉)나라²⁰⁸⁾로 가는 도중에 복수(濮水)에 이르러 머무르게 되었다. 밤늦게 거문고 타는 소리를 듣고서 좌우에 묻자 모두 대답하기를 "듣지 못하였다"라고 하였다. 이에 사연(師涓)²⁰⁹⁾을 불러 이르기를 "내가 거문고 타는 소리를 듣고 좌우에게 물어보았더니 모두 듣지 못하였다고 하였다. 그 형상이 귀신과 유사하니 나를 위하여 들어보고 기록하라"라고 하였다. 사연이 이르기를 "예" 하고 대답하고, 이어서 자리에 단정히 앉아 거문고를 끌어당겨서 그 소리를 들으며 기록하였다. 다음날 말하기를 "신이 그 소리를 듣고 음을 얻었으나 아직 익숙하지 못합니다. 청컨대 머무르면서 익히도록 해주십시오"라고 하니 영공(靈公)이 "좋다"라고 하여 다시 머물렀다. 다음날에 보고하기를 "익혔습니다"라고 하였다. 곧 복수의 숙소를 떠나 진나라로 가서 진 평공(晉平公)²¹⁰⁾을 만났다. 평공이 시혜(施惠)²¹¹⁾의 누대(樓臺)에 술자리를 마

---

205) "朝歌" : 악가의 이름. 殷나라 말기 紂王 시절 수도 朝歌의 귀족음악이었을 것이다.
206) "北鄙" : 악가의 이름. 紂王 시절 북방 변방지역의 민간음악이었을 것이다.
207) 衛 靈公 : 姬元. 춘추시대 衛나라의 군주. 기원전 534년부터 기원전 493년까지 재위하였다. 이 당시 衛나라는 이미 小國으로 되었으며 楚丘(지금의 河南省 滑縣)에 도읍을 세웠다. 권37「衛康叔世家」참조.
208) 晉나라 : 周 成王의 아우 姬叔虞에 의해 개국되었으며, 춘추시대에는 지금의 山西省 대부분과 河北省 서남쪽을 점령, 黃河의 兩岸을 넘었다. 이 시기의 晉나라는 큰 나라로 도읍은 新絳(지금의 山西省 曲沃縣 서북쪽)이었다.
209) 師涓 : '師'는 음악을 관장하는 관리, 즉 樂官을 말하고, '涓'은 그의 이름이다.
210) 晉 平公 : 姬彪. 춘추시대 때의 晉나라의 군주로, 기원전 557년부터 기원전 532

런하였다. 취흥이 한창 무르익자 영공이 말하였다. "근자에 새로운 음악을 들었는데 청컨대 연주하도록 하여주십시오." 평공이 말하였다. "좋습니다." 즉시 사연으로 하여금 사광(師曠)²¹²⁾ 옆에 앉도록 하고 거문고를 주어서 연주하게 하였다. 다 마치기도 전에 사광이 줄을 어루만지면서 제지하며 말하였다. "이것은 망국(亡國)의 소리이니 끝까지 연주해서는 아니 됩니다." 평공이 물었다. "무슨 이유로 그러는가?"²¹³⁾ 사광이 말하였다. "이 곡은 사연(師延)²¹⁴⁾이 지은 것입니다. 그는 주왕(紂王)과 더불어 미미(靡靡)한²¹⁵⁾ 음악을 만들었는데, 무왕이 주왕을 정벌하자 동쪽으로 도주하여 스스로 복수(濮水)의 강물에 투신하였습니다. 그러므로 이 음악을 들은 곳은 반드시 복수에서일 것이며, 가장 먼저 이 음악을 듣는 사람의 나라는 쇠망할 것입니다." 평공이 말하기를 "과인이 좋아하는 것은 음악이니 끝까지 듣기를 원하노라"라고 하자, 사연(師涓)이 연주하여 곡을 마쳤다.

평공이 말하기를 "음악 가운데 이것보다 더 슬픈 것은 없는가?"라고 하자, 사광이 말하기를 "있습니다"라고 하였다. 평공이 말하였다. "들을 수 있는가?" "주군의 덕과 의가 두텁지 않다면 들을 수 없습니다." 평공이 말하기를 "과인이 좋아하는 것은 음악이니 듣기를 원한다"라고 하자, 사광은 마지못해 거문고를 끌어당겨 연주하였다. 한 번 연주하자 검은 학 28마리가 낭문(廊門)에 모여들었으며, 다시 연주하자 학들이 목을 길게 빼어 울고는 날개를 펴고 춤을 추었다.

평공이 크게 기뻐하며 일어나서 사광을 위해서 축수(祝壽)하였다. 그리고 자리로 돌아와서 물었다. "음악 가운데 이것보다 더 슬픈 것은 없는가?" 사광이 말하였다. "있습니다. 옛날에 황제(黃帝)는 귀신을 크게 모았습니다. 지금 주군의 덕과 의가 두텁지 않으니 그것을 듣기에 족하지

년까지 재위하였다.

211) 施惠: 晉 平公이 건립한 궁전의 이름으로, '虒祁'라고 한다. '虒'가 가지런하지 않다는 뜻으로 쓰일 때는 '치'로 읽는다.

212) 師曠: 춘추시대의 晉나라의 樂師로 字는 子野이다. 나면서부터 눈이 멀었으나 거문고를 잘 탔으며 음을 분별하는 데에 뛰어났다고 한다.

213) 원문 "何道出"의 '道'를 '道理'의 뜻으로 풀어 "(그속에) 무슨 이치가 있는가?"로 해석할 수도 있다.

214) 師延: 樂官의 이름.

215) 靡靡: 쓰러지는 모양. 느릿느릿함. 다해 없어지는 모양. 소리가 곱고 아름다움.

않습니다. 그것을 들으면 장차 패망하게 될 것입니다." 평공이 말하였다.
"과인은 늙었노라. 좋아하는 것은 음악이니 끝까지 듣기를 원하노라." 사
광이 마지못해 거문고를 끌어당겨 연주하였다. 한 번 연주하니 흰 구름이
서북쪽에서 일어나고, 다시 연주하자 큰 바람이 몰아치며 비가 내리고 행
랑(行廊)의 기와를 날려보내자 좌우의 사람들이 모두 달아났다. 평공은
두려워서 낭옥(廊屋) 사이에 엎드려 숨었다. 진나라는 크게 가물어 적지
(赤地)²¹⁶⁾ 상태가 3년 동안이나 계속되었다.

그러므로 음악은 듣는 사람에 따라서 혹은 길하고 혹은 흉하다. 대저
음악은 망령되이 일으켜서는 안 되는 것이다.

태사공은 말하였다.

대저 상고시대에 현명한 임금이 음악을 제작하고 연주하게 한 것은, 마
음을 즐겁게 하여 자락(自樂)하거나 뜻을 유쾌하게 하여 욕망을 방자(放
恣)하고자 한 것이 아니라, 장차 잘 다스려보고자 함이었다. 바른 교화라
는 것은 모두 음에서 시작되는 것이니 음이 바르면 행위도 바르다. 그러
므로 음악이라는 것은 혈맥을 움직이고 정신을 유통케 하여 마음을 화평
하고 바르게 하는 것이다. 그러므로 궁음(宮音)은 비장(脾臟)을 움직이
어 성(聖)을 화정(和正)케 하고, 상음(商音)은 폐를 움직이어 의(義)를
화정케 하고, 각음(角音)은 간을 움직이어 인(仁)을 화정케 하고, 치음
(徵音)은 심장을 움직이어 예를 화정케 하고, 우음(羽音)은 신장(腎臟)
을 움직이어 지(智)를 화정케 한다. 그러므로 악은 안으로는 마음을 바로
하는 것을 돕고 밖으로는 귀천을 달리하며, 위로는 종묘를 섬기도록 하고
아래로는 백성들을 교화하는 것이다. 거문고의 길이가 8척 1촌²¹⁷⁾인 것은
표준이 되는 척도이다. 현이 큰 것은 궁(宮)이 되고 중앙에 거하여 임금
이 된다. 상(商)은 오른쪽에 펼쳐 있고, 그 나머지 크고 작은 것이 서로
엇갈리면서 그 순서를 잃지 않으면 군신의 위상은 바르게 되는 것이다.
그러므로 궁음을 들으면 사람들로 하여금 평화롭고 여유있게 하면서 광대
하게 하고, 상음을 들으면 사람들로 하여금 방정하면서 의를 좋아하게 하
고, 각음을 들으면 사람으로 하여금 측은지심을 가지게 하여 사람을 사랑

---

216) 赤地 : 가뭄의 재난이 엄중해서 땅에 풀도 나지 않는 땅을 말한다.
217) 8尺 1寸 : 黃鐘律管 10배의 길이. 고대의 尺과 寸의 길이는 현대에 비해서 짧다.

하게 하고, 치음을 들으면 사람으로 하여금 선을 즐기어 베풀기를 좋아하게 하고, 우음을 들으면 사람으로 하여금 용모와 태도가 단정하고 가지런하게 하여 예를 좋아하게 한다. 대저 예는 바깥으로부터 들어오고, 악은 안으로부터 나간다. 그러므로 군자는 잠시라도 예를 떠날 수 없으니, 잠시라도 예를 떠나면 포악하고 태만한 행위가 바깥을 궁하게 한다. 그러므로 음악을 즐기는 것은 군자가 의를 기르는 것이다. 대저 옛날에 천자와 제후가 종경(鐘磬)의 음을 듣고서 조정을 떠나지 않았고 경대부(卿大夫)가 금슬(琴瑟)의 음을 듣고서 앞에서[218] 떠나지 않은 것은 덕행과 의를 기르고 음일(淫逸)을 방지하기 위함이었다. 대저 음일은 무례함에서 생기기 때문에 성왕은 사람들에게 귀로는 「아(雅)」, 「송(頌)」의 음을 듣도록 하고, 눈으로는 위의(威儀) 있는 예를 보도록 하고, 발로는 공경의 용태를 행하게 하고, 입으로는 인의의 도를 말하도록 하였던 것이다. 그러므로 군자가 종일토록 말을 하여도 사벽(邪辟)한 것이 들어오지 못하는 것이다.

---

218) "前"은 앞의 "庭," 즉 조정과 같은 말이다.

권25 「율서(律書)」¹⁾ 제3

　성왕(聖王)이 사물의 이치를 정하고 법도를 세우며, 사물의 규율과 법칙을 측량할 때에는 모두 6률(六律)²⁾로부터 받아들였으니, 6률은 모든 일의 근본이다. 그것은 전쟁에 있어서 특히 중요한 의미를 지녔기 때문에, "적진의 구름 모양을 보고 길흉을 알고, 율성(律聲)을 들으면 승부가 드러난다³⁾"라고 하였던 것이며, 이는 역대 제왕들이 바꾸지 않는 도리였던 것이다.

　주 무왕(周武王)이 은(殷)나라⁴⁾ 주왕(紂王)을 정벌할 때 율성을 들었는데, 맹춘(孟春)부터 계동(季冬)까지의 열두 가지⁵⁾를 모두 듣고, 살기

1)「律書」: 여기에서는 군사에 관한 부분을 논술한 전문적 문서를 말한다. '律'은 음률을 지칭하는데, 과거에는 출병 때에 律聲을 따랐다. 그래서 이른바「律書」는 곧 병서인 것이다. 그러나 그것은 실제로 악률, 星象, 기상 등 다방면의 내용을 포함한다.

2) 六律: 음양이 각각 6개로, 모두 12개의 음률이 있다. 그 12개의 음률은 다음과 같다. 黃鍾, 大呂, 太簇, 夾鍾, 姑洗, 中呂, 蕤賓, 林鍾, 夷則, 南呂, 無射, 應鍾. 이는 대체로 서양 음악의 C, C#, D, D#, E, F, F#, G, G#, A, A#, B의 12음조에 해당한다. 12음률은 음양의 두 가지로 나뉘는데, 그중 奇數의 6律이 陽律이 되며, "六律"이라고 한다. 偶數 6律은 陰律이 되며, "六呂"라고 한다. 합쳐서 "律呂"라고 칭한다. 일반적으로 6律이라고 하면 음양 각각 여섯씩 12律을 말한다. 律은 본래 음을 정하는 律管을 지칭하는데, 상고시대에는 竹管이나 玉管으로 만들었으나, 후에는 銅管으로 그것을 만들었다. 고대의 樂人들은 12개의 길이가 서로 다른 律管으로 열두 가지의 높낮이가 다른 표준음을 붙어 음조를 확정하였다. 이것이 이른바 12律이다.

3) 이는 출병 때에 律聲을 들으면 전쟁의 성질을 예측할 수 있었음을 말한 것이다. 고대의 병서에 의하면 전쟁을 하기 전에 樂師가 음악을 연주하여, 商聲이 상응하면 군사가 강해지고, 角聲이 상응하면 군대가 어지러워지고 이변이 생기며, 宮聲이 상응하면 장군과 사병이 한마음이 된다고 한다.

4) 商代에는 盤庚이 殷(지금의 河南省 安陽 小屯村)에 도읍을 정하고 비교적 오래 머물렀으므로, 후대인들은 商代를 殷代라고 하거나 商殷, 殷商 등으로 겸칭하였다.

5) 옛사람들은 12律을 1년의 12개월과 배합하였다. 정월은 太簇에 해당하고, 2월은 夾鍾에 해당하며, 3월은 姑洗에, 4월은 中(仲)呂에, 5월은 蕤賓에, 6월은 林鍾에, 7월은 夷則에, 8월은 南呂에, 9월은 無射에, 10월은 應鍾에, 11월은 黃鍾에, 12월은 大呂에 해당한다. 孟春은 봄의 첫번째 달로서, 夏曆의 정월이다. 옛사람들은 일

를 드러내는 소리라고 하여 궁성(宮聲)을 위주로 하였다고 한다. 같은 소리가 서로 따르는 것은 사물의 자연스러운 바이니, 어찌 괴이하다 하리오!

전쟁이란 성인이 강포(强暴)함을 토벌하고 난세를 다스리며, 적대세력을 평정하고 위험을 구하는 소이(所以)이다. 설령 날카로운 이빨과 뿔을 가진 야수라고 해도 침범을 당하면 반드시 보복하는 법인데, 하물며 사람이 호오(好惡)와 희로(喜怒)의 기를 품은 데에 있어서이랴? 기뻐하면 사랑하는 마음이 생겨나고, 노하면 살벌함이 가해지니 이는 성정(性情)의 이치인 것이다.

옛날에 황제(黃帝)는 탁록(涿鹿)의 싸움에서 염제족(炎帝族)의 재화(災禍)를 평정하였으며,[6] 전욱(顓頊)은 공공(共工)을 토벌하여 수해(水害)를 평정하였다. 성탕(成湯)은 하(夏)나라의 걸왕(桀王)[7]을 남소(南巢)로 쫓아버려[8] 하나라의 난을 멸절시켰다. 차례로 흥하고 폐하니, 승자가 권력을 잡게 되는 것은 하늘로부터 받은 바이다.

이 이후로 유명인사들이 속속 출현하여, 진(晉)은 구범(咎犯)[9]을 등용하고, 제(齊)는 왕자(王子)[10]를 등용하였으며, 오(吳)는 손무(孫武)[11]를

년 사계절을 각기 孟, 仲, 季로 구분하였다. 예컨대 봄의 첫번째 달은 孟春이고, 두번째 달은 仲春이며, 세번째 달은 季春인 것이다. 夏, 秋, 冬의 三季로 유추할 때, 季冬은 12월이 되는 것이다.

6) 黃帝는 기원전 26세기경 지금의 陝西省 중부 일대에 존재하던 한 부족의 지도자였다. 전하는 말에 의하면 黃帝族과 炎帝族은 몇대에 걸쳐 통혼하여, 중화민족의 조상이 되었다고 한다. 그래서 중국 사람들은 자칭 "炎黃子孫"이라고 한다. 黃帝 때에 炎帝族 神農氏의 후손인 楡罔이 부패하여 인심을 얻지 못하므로 黃帝가 그를 阪泉에서 패하게 하였으며, 九黎族을 涿鹿에서 패하게 하고 그 두령 蚩尤를 죽이니, 中原지역 부족연맹의 우두머리가 되었다. 이 내용은 권1 「五帝本紀」에 상세하게 나와 있다. 그러나 黃帝가 涿鹿에서 싸웠던 것은 蚩尤인데, 원문에 "炎帝族의 재화를 평정하였다(昔黃帝有, 涿鹿之戰, 以定火災)"고 되어 있는 것은 오류가 아닌가 한다.

7) 桀王 : 夏나라 최후의 임금인데, 포악하고 어리석었다고 한다. 기원전 17세기경에 商나라의 湯王에게 멸망당하였다.

8) 기원전 17세기 전후 成湯은 商 부족을 이끌고 夏 왕조의 군주 桀을 토벌하여, 鳴條(지금의 山西省 夏縣 서북쪽)에서 패하게 하고, 桀을 南巢(지금의 安徽省 巢縣 동북쪽)로 유배하여, 夏 왕조를 멸망시키고 商 왕조를 세웠다.

9) 咎犯 : 狐偃으로, 춘추시대 晉 文公 重耳의 외삼촌[舅]이다. '舅'자는 '咎'자와 통하므로, '舅犯'이라고도 하였다. 후에 晉 文公에 의해 등용되어 晉나라의 내정을 쇄신하고 周나라의 내란을 평정하는 것을 도왔다. 기원전 632년에는 城濮의 일전에서 楚나라 군을 대파하여, 晉 文公으로 하여금 일약 霸主가 되도록 하였다.

10) 여기서의 王子는 城父를 말하는데, 齊나라의 大夫로 일찍이 狄人을 대파하여 이

등용하여, 군령을 밝히고 상벌을 분명하게 적용하였으며, 마침내는 제후 사이에서 패권을 장악하고 토지를 겸병, 확장하였다. 비록 삼대(三代)의 고서(誥誓)[12]에는 미치지 못하였지만, 자신은 총애받고 군주는 존경받으며, 당대에 이름을 떨치니 이 어찌 영광이라 하지 않을 것인가? 어찌 세상의 선비들처럼 큰 법칙에 어두워서 일의 경중을 헤아리지도 않고 외람되게 덕화(德化)를 말하며, 용병술을 마땅치 않게 여겨, 크게는 임금이 나라를 잃게 만들고, 작게는 외적의 침입으로 나라가 쇠약해져도 지키기만 하며 움직이지 않고 기다리기만 하겠는가? 이 때문에 교훈과 편달을 제후의 집안에서 금할 수 없으며, 형벌을 나라에서 버릴 수가 없고, 정벌하는 것을 천하에서 폐지할 수가 없으니, 그것을 운용함에는 교졸(巧拙)이 있고, 그것을 실행함에는 순역(順逆)이 있는 것이다.

하나라의 걸왕(桀王)과 은나라의 주왕(紂王)은 맨손으로 시랑(豺狼)[13]을 물리칠 수 있었고, 뜀박질로 네 마리 말이 끄는 수레[14]를 뒤쫓을 수 있었으니, 그 용맹이 결코 작지 않았다. 여러 번 전쟁을 해도 늘 이기므로 제후들이 두려워하고 복종하였으니, 권력이 가볍지 않았다. 또 진(秦)나라의 이세 황제(二世皇帝)[15]는 쓸모없는 땅에 군대를 주둔시키고 변방에도 군대를 파견하였으니,[16] 그 무력이 약하지 않았다. 흉노(匈奴)[17]와는 원한을 맺었고, 월(越)나라[18]에도 화근을 심었으니 그 세력

름을 떨쳤다.

11) 孫武 : 춘추시대 말기의 齊나라 사람으로, 후에 吳나라로 간다. 장수로 기용되어 楚나라를 격파하고 郢으로 진입하는 작전을 세우는 데 중요한 작용을 하였다.

12) 誥誓 : 夏, 商, 周 三代에 왕이 선포한 일종의 훈계적 성격의 글. 예컨대 『尙書』 중의 「甘誓」, 「湯誓」, 「湯誥」, 「大誥」 등이 그것이다.

13) 豺狼 : 승냥이와 이리.

14) 원문은 "駟馬"이다. 옛날에는 수레 하나를 네 마리 말이 끌었다. 여기서는 네 마리 말이 끄는 빠른 수레를 가리킨다.

15) 秦 始皇의 막내아들 胡亥를 말한다. 기원전 210년 秦 始皇이 순시 도중 사망하자, 胡亥는 趙高, 李斯 등과 음모를 꾸며 그 형인 扶蘇를 죽이고 황제의 자리를 탈취하여 秦 二世 皇帝로 칭하였으나 오래지 않아 趙高에게 피살되었다. 권6 「秦始皇 本紀」의 내용을 참고할 것.

16) 이상의 두 구절은 秦 二世 皇帝가 秦 始皇의 부서를 답습한 것을 가리킨다. 그는 30만 군대로 만리장성을 방비하게 하고, 50만 군대로 五嶺을 지키게 하였다. 이른바 '쓸모없는 땅(無用之地)'이란 이러한 지방들을 가리킨다.

17) 匈奴 : 전국시대, 秦, 漢代에 중국 북방 만리장성 이북에서 활동하던 유목민족의 하나로, 胡라고도 한다. 당시 匈奴는 항상 남하하여 중원을 소란스럽게 하고 약탈하였으므로 秦, 漢 왕조의 심각한 근심거리였다.

또한 약한 것이 아니었다. 그러나 그 위엄과 세력이 다하였을 때에는 평민 백성들마저 적국으로 여기었으니, 무력을 다 써도 만족할 줄을 모르며, 탐욕스러운 마음으로 전쟁을 그치지 않는 데에 잘못이 있었기 때문이다.

한 고조(漢高祖)가 천하를 장악하였으나 세 곳의 변방에서 반란이 일어났으며,[19] 큰 나라의 왕들이 비록 번보(蕃輔)[20]라고 하였으나 신하로서의 절개를 다하지 못하였다. 한 고조는 군사의 용병이 괴로운 일임을 알았으며, 소하(蕭何), 장량(張良)의 지모(智謀)가 있어서 전쟁을 멈추게 할 수 있었으나, 적군을 얽어매는 수단을 갖추지는 못하였다.

효문제(孝文帝)[21]가 즉위하게 되자 장군 진무(陳武)[22] 등이 의론을 올려 말하였다. "남월(南越)[23]과 조선(朝鮮)[24]은 진(秦)나라 전시기에 걸쳐 신하로 복속하였습니다. 후에는 군대에 의존하고 험난한 요새를 방패 삼아 꿈틀꿈틀 기회를 엿보면서 관망하고 있습니다. 고조(高祖)께서 천하를 새로 평정하시고 백성들이 조금 안정되었으므로 다시 전쟁을 일으키기는 어려웠습니다. 지금 폐하께서는 인자함과 은혜로 백성들을 어루만지시고 은택을 천하에 더하셨으므로, 군민(軍民)이 기꺼이 명령을 따를 때이니 반역의 무리들을 토벌하고 변방의 강토를 통일하여야 합니다." 효문제가 대답하였다. "짐이 즉위한 이래 그런 것은 생각해보지 않았소. 여씨(呂氏) 일족의 반란[25]을 만나 공신과 종친들이 짐을 황제에 추대하는 것을 부끄럽지 않게 여겼으므로 잘못하여 황제의 자리에 앉게 되었고, 항상 황제로서의 직분을 끝까지 다하지 못할까 근심이 되어 전전율률(戰戰慄慄)[26]하였소. 또 무기는 위험한 도구이며, 비록 바라는 바를 이룰 수 있

---

18) 여기서는 南越을 가리킨다.
19) 북쪽 변방의 匈奴, 동쪽 변방의 朝鮮, 남쪽 변방의 南越을 가리킨다.
20) 蕃輔 : 제후국이 중앙왕조의 藩國이 되어 보좌하는 것을 말한다.
21) 漢 文帝 劉恒을 말한다.
22) 陳武 : 柴武 또는 柴唐이라고도 한다. 高祖 때 반란군 대장 韓信의 목을 벤 바 있으며, 나중에 文帝 옹립에 가담하여 大將軍이 되었다가 후에 將軍이 되었으며, 棘蒲侯에 봉해졌다.
23) 南越 : 옛 나라 이름으로, '南粵'이라고도 한다. 지금의 兩廣 지방, 越南 북부 일대에 있던 나라이다. 권113「南越列傳」참조.
24) 朝鮮 : 옛 나라 이름이다. 권115「朝鮮列傳」참조.
25) 呂太后가 죽은 후, 모든 呂氏가 권력을 찬탈하기 위해 행한 활동. 권9「呂太后本紀」와 권10「孝文本紀」를 참고할 것.

다 해도, 군대를 움직이면 물자를 소비하게 될 뿐 아니라, 백성들을 먼 국경으로 보내야 할 것인데, 어찌 그런 일을 할 수 있겠는가? 고조께서도 피로해진 백성들을 번거롭게 할 수 없음을 아시는 까닭에 정벌할 뜻을 실행하지 않으셨소. 짐이 어찌 그렇게 할 수 있겠는가? 지금 흉노가 내륙으로 침범해오면 비록 군사들이 반격하여도 무공을 세울 수 없기에 변방의 백성들은 무기를 지니고 산 지가 오래되었소. 짐은 항상 이 점을 가슴 아프게 생각하였으며, 하루도 그것을 잊은 적이 없소. 지금 적대적인 상황을 제거할 수는 없으니, 변방의 요새를 견고히 하고 적의 정세를 살피는 시설을 설치하며, 화친을 맺어 사신을 주고받으면 북쪽의 변방이 안정을 이룰 것이므로 성과가 많을 것이오. 다시는 전쟁에 대한 논의를 하지 마시오." 이 때문에 백성들은 안팎의 요역(徭役)[27]이 없어져서 농사를 지으며 휴식할 수 있게 되었고, 천하의 물자가 풍부해졌으며 곡식 열 말이 10여 전의 높은 가격을 받을 수 있게 되었을 뿐만 아니라, 닭 울음 소리와 개 짖는 소리가 들리게 되었고 밥짓는 연기가 만리에 펼쳐지게 되었으니, 참으로 평화롭고 안락한 모습이라고 하겠다.

태사공은 말하였다.

문제(文帝) 때에 천하가 새로워져 전란이 없어졌으며, 백성들이 즐겁게 일하였다. 하고자 하는 바를 좇았으므로 혼란스럽지 않을 수 있었고, 마침내 백성들이 편안하게 되었다. 6, 70세의 노인이 그때까지 아직 도시에 가보지 않아, 노닐고 즐기는 것이 마치 아이들과 같았다. 문제야말로 공자(孔子)께서 말씀하신 덕을 가진 군자[28]가 아니겠는가? [29]

『서경(書經)』에는 칠정(七正)[30]과 28사(二十八舍)[31] 등에 대해서 쓰여

---

26) 몹시 두려워하여 떠는 모양.
27) 徭役:漢代에 更卒, 正卒 등은 內徭라고 하였으며, 戌卒은 外徭라고 불렀다. 노역, 병역 등을 포함한다.
28) 孔子가 말씀하시기를 "착한 사람이 나라를 백년만 다스린다면, 잔포한 사람을 다스리고 살육의 형벌을 없앨 수 있을 것이다(善人爲邦百年, 亦可以勝殘去殺矣)"라고 하였다. 『論語』「子路」참조.
29) 張文虎 등은 여기까지를 司馬遷이 지은 「律書」의 본문으로 간주하고, 이하의 문장들은 후세 사람들이 보충한 것으로 보았다.
30) 七正:해와 달 및 금성, 목성, 수성, 화성, 토성의 다섯 가지 행성을 가리킨다.

있다. 음률(音律)과 역법(曆法)으로써 하늘은 오행(五行)[32]과 팔정(八正)[33]의 기운을 소통시키고 만물을 성숙시킨다. 사(舍)는 해와 달이 머무는 곳이다. 사(舍)는 기운을 잘 펼치는 것이다.

부주풍(不周風)[34]은 서북쪽에 위치하며 살생을 주관한다. 벽수(壁宿)는 부주풍의 동쪽에 위치하고 있는데, 생기를 주관하며 동쪽으로 가서 실수(室宿)에 이르게 된다. 실수는 양기(陽氣)를 주관하여 품고 있다가 그것을 만들어낸다. 실수는 동쪽으로 가서 위수(危宿)에 이르게 된다. 위(危)는 허물어진다는 뜻이다. 양기가 여기에 이르러 허물어지는 까닭에 위라고 하는 것이다. 10월은 율관(律管) 속의 응종(應鍾)에 해당된다.[35] 응종이란 양기가 상응하지만 작용을 일으키지 않는 것이다. 그것은 12지지(十二地支) 중의 해(亥)에 해당된다. 해는 막히고 감추어진다는 뜻이다. 양기가 땅 속에 감추어지는 까닭에 해라고 하는 것이다.

광막풍(廣莫風)은 북쪽에 위치한다. 광막이란 양기가 땅 속에 있어 음기(陰氣)도 크고 양기도 넓고 크므로 광막이라고 하는 것이다. 광막풍은 동쪽으로 가서 허수(虛宿)에 이르게 된다. 허(虛)란 실(實)할 수도 있고 허(虛)할 수도 있는 것으로, 양기가 겨울에는 허공에 감추어져 있는 것을

여기서의 '正'은 '政'과 같은 의미이다.

31) 28舍 : 28宿를 말한다. 고대인들은 황도(사람들이 임의로 생각해낸, 태양이 주기적으로 운행하는 궤도)와 적도(지구의 적도를 天球에까지 투영시킨 것) 부근의 별들을 28개의 星官(별자리)으로 나누었으며, 해와 달 및 금, 목, 수, 화, 토의 다섯 별의 운행을 관찰하는 좌표로 삼았다. 이 28개의 별자리가 바로 28宿이다. 더 상세히 말하자면 동방 蒼龍의 7宿는 角, 亢, 氐, 房, 心, 尾, 箕의 일곱 별자리이다. 북방 玄武의 7宿는 斗, 牛, 女, 虛, 危, 室, 壁의 일곱 별자리이다. 서방 白虎의 일곱 별자리는 奎, 婁, 胃, 昴, 畢, 觜, 參 등이다. 남방 朱雀의 일곱 별자리는 井, 鬼, 柳, 星, 張, 翼, 軫 등이다.
32) 金, 木, 水, 火, 土 다섯 가지 물질이나 혹은 그들의 속성을 말한다.
33) 八正 : 여덟 가지 계절의 절기. 입춘, 춘분, 입하, 하지, 입추, 추분, 입동, 동지를 말한다.
34) 고대인들은 八正의 절기가 八方의 바람을 일으킨다고 여겼다. 八風의 명칭에 대해서는 학설마다 차이가 있으나 이 책에서는 다음과 같다. 不周風, 廣莫風, 條風, 明庶風, 淸明風, 景風, 涼風, 閶闔風.
35) 고대인들은 날씨를 살필 때 葭莩(갈대 속의 엷은 막, 갈대청)를 태운 재로써 黃鍾 등 열두 가지 律管 속을 막고, 어느 달이 되었을 때 律管 속의 갈대 재가 날아다니게 되는가를 살핀다. 이를 '吹灰'라고 한다. 西漢 太初 연간에 역법을 고치기 이전까지는 秦曆의 歲首〔정월〕를 습용하였으므로, 八風에 대한 서술이 不周風에서 시작된 것이다.

말한다. 동지일(冬至日)에는 일음(一陰)이 땅 속에 감추어져 있고 일양
(一陽)은 위로 펼쳐지므로, 그 때문에 허라고 말한다. 광막풍은 동쪽으로
가서 수녀수(須女宿)에 이르게 된다. 만물의 움직임이 그곳에 있으며,
음양의 두 기운이 서로 떨어지지 않고 오히려 서로를 기다리고 있으므로
수녀(須女)라고 하였다. 11월은 율관의 황종(黃鍾)에 해당된다. 황종이
란 양기가 황천(黃泉)을 따라 나타나는 것을 뜻한다. 그것은 12지지에서
자(子)에 해당된다. 자(子)는 생육한다[滋]는 뜻이다. 자(滋)란 만물이
땅 밑에서부터 성장하는 것이다. 그것은 10천간(十天干) 중의 임(壬),
계(癸)에 속한다. 임이란 곧 임신한다[妊]는 뜻이다. 양기가 만물을 땅
밑에서 낳고 길러내는 것을 뜻한다. 계란 규(揆)와 통하는 것으로, 만물
은 가히 추측할 수 있는 까닭에 계라고 한 것이다. 광막풍은 동쪽으로 가
서 견우성(牽牛星)에 이르게 된다. 견우(牽牛)란 양기를 만물로부터 끌
어내어 나타나게 한다는 것이다. 우(牛)란 상승한다는 뜻이다. 땅이 비
록 얼었지만 능히 상승하여 성장하게 할 수 있다는 뜻이다. 우란 만물을
심고 경작한다는 뜻이다. 동쪽으로 건성(建星)에까지 이르게 된다. 건성
이란 모든 생명을 생성시킨다는 뜻이다. 12월은 율관 중에서 대려(大呂)
에 속한다. 대려는 12지지 중에서 축(丑)에 속한다. [36)

  조풍(條風)은 동북쪽에 위치하고 있으며, 만물이 나타나는 것을 주관
한다. 조(條)는 만물을 조리있게 다스려 그것을 나타나게 하기 때문에 조
라고 한 것이다. 조풍은 남쪽으로 가서 기수(箕宿)에 이르게 된다. 기
(箕)란 만물의 근본이라는 뜻이며 그 때문에 태주(泰蔟) [37)라고 한다. 정
월은 율관 중에서 태주에 해당된다. 태주는 만물이 빽빽하게 일어난다는
의미이며, 그래서 태주라고 한다. 그것은 12지지에서 인(寅)에 해당된
다. 인이란 만물이 꿈틀꿈틀 일어나기 시작하는 것을 말하며, 그 때문에
인이라고 하는 것이다. 남쪽으로는 미수(尾宿)에 이르게 되는데, 만물이
처음 일어나는 모양이 마치 꼬리와 같이 미약하다는 뜻이다. 또 남쪽으로

---

36) 어떤 판본에는 "丑" 다음에 "丑이라는 것은 얽어맨다는 뜻이니, 양기가 위에 있
고 내려오지 않아서 만물이 얽혀 감히 나타나지 못함을 말한 것이다(丑者, 紐也, 言
陽氣在上未降, 萬物厄紐未敢出也)"라는 단락이 더 있는 것도 있다.
37) 泰蔟 : 12律 가운데 하나. '泰'는 '太,' '大' 등으로 쓰기도 한다. '蔟'는 '簇,' '族'
으로 쓰기도 한다. 『白虎通』「五行」에서는 '太'를 '크다[大]'는 뜻으로 설명하고 있
다. '蔟'는 '모으다[湊]'의 뜻이다.

심수(心宿)에 이르게 되는데, 만물이 일어나기 시작하여 새싹을 가지게 된다는 뜻이다. 남쪽으로 방수(房宿)에 이르게 되는데, 방(房)이란 만물의 문을 말하며, 문에 이르면 나타나게 된다.

명서풍(明庶風)은 동쪽에 위치하고 있다. 명서(明庶)라는 것은 모든 사물이 다 나오는 것을 밝힌다는 뜻이다. 2월은 율관 중에서 협종(夾鍾)[38]에 해당하는데, 음기와 양기가 서로 끼어 있다는 뜻이다. 이것은 12지지 중에서 묘(卯)에 해당한다. 묘는 무성하다는 뜻으로 만물이 무성함을 말한 것이다. 이는 10천간에서 갑, 을에 해당한다. 갑이란 만물의 껍데기를 벗겨내고 싹이 트게 하는 것이다. 을이란 만물이 한꺼번에 일어나는 모양을 말하는 것이다. 명서풍은 남쪽으로 가서 저수(氐宿)에 이르게 된다. 저(氐)란 만물이 한꺼번에 나타나는 것이다. 또 남쪽으로 가서 항수(亢宿)에 이르게 된다. 항(亢)이란 만물이 성장해서 크는 것을 말한다. 다시 남쪽으로 가서 각수(角宿)에 이르게 된다. 각(角)이란 만물이 모두 가지를 뻗게 되는 것이 마치 뿔과 같다는 뜻이다. 3월은 율관 중에서 고선(姑洗)[39]에 해당된다. 고선이란 만물이 깨끗하게 일어난다는 뜻이다. 이는 12지지 중에서 진(辰)에 해당한다. 진이란 만물이 움직인다는 뜻이다.

청명풍(淸明風)은 동남쪽 모퉁이에 위치하고 있다. 바람을 주관하며 만물을 날리게 하는데, 서쪽을 향해가서 진수(軫宿)에 이르게 된다. 진(軫)이라는 것은 만물에 큰 이익을 주고 왕성하게 한다는 것이다. 서쪽으로 익수(翼宿)에 이른다. 익(翼)이라는 것은 만물이 모두 날개를 가지고 있음을 말한다. 4월은 율관 속의 중려(中呂)에 해당한다. 중려라는 것은 만물이 모두 움직여서 서쪽으로 가는 것이다. 이는 12지지 중에서 사(巳)에 해당한다. 사라는 것은 양기가 이미 쇠진하였음을 말한다. 서쪽으로 가서 칠성(七星)에 이르게 된다. 칠성이란 양수(陽數) 7로 이루어지므로, 칠성이라고 하는 것이다. 서쪽으로는 장수(張宿)에 이르게 된다.

---

38) 夾鍾 : 12律의 하나. 『白虎通』「五行」에 이르기를 夾은 孚甲이며, "만물은 껍질에 의해서 그 종류가 나누어진다(萬物孚甲, 種類分)"라고 하였으므로 夾鍾이라고 하였다.

39) 姑洗 : 『白虎通』, 「五行」에 이르기를 '姑'는 '故'의 뜻이고, '洗'는 '鮮'의 뜻이라고 하였다. "만물이 모두 새로워지기 때문에 선명하지 아니함이 없다(萬物皆去故就其新, 莫不鮮明)."고로 '姑洗'라고 하였다.

장(張)이라는 것은 만물을 모두 펼치는 것을 말한다. 서쪽으로 가서 주수(注宿)에 이르게 된다. 주(注)라는 것은 만물이 쇠약해지기 시작함을 말하는 것이며, 양기가 하강하기 시작하므로 주(注)라 하였다. 5월은 율관 중의 유빈(蕤賓)[40]에 해당한다. 유빈은 음기가 미약하기 때문에 유라고 한다. 양기가 위축되어 운용될 수 없으므로 빈(賓)이라고 한다.

경풍(景風)은 남쪽에 위치하고 있다. 경(景)이라는 것은 양기의 통로가 극에 이르렀다는 뜻이며, 이 때문에 경풍이라고 한다. 이는 12지지 가운데 오(午)에 속한다. 오라는 것은 음양이 뒤섞인다는 뜻이며, 그래서 오라고 한다. 이는 10천간 중에서 병(丙), 정(丁)에 해당한다. 병이란 양기의 통로가 분명히 드러났다는 뜻이며, 그래서 병이라고 한다. 정이란 만물을 강하고 왕성하게 한다는 뜻이며, 그래서 정이라고 한다. 서쪽으로 호수(弧宿)에 이르게 된다. 호(弧)란 만물이 쇠퇴해서 죽게 된다는 뜻이다. 서쪽으로 낭성(狼星)에 이르게 된다. 랑(狼)이란 만물을 헤아릴 수 있다는 의미인데, 만물을 판단할 수 있으므로 랑이라고 한다.

양풍(涼風)[41]은 서남쪽 모퉁이에 위치하고 있으며 땅을 주관한다. 땅〔地〕은 만물의 기를 빼앗는 역할을 한다.[42] 6월은 율관 중에서 임종(林鍾)[43]에 해당한다. 임종(林鍾)은 만물에 사기(死氣)가 무성함을 말한다. 이는 12지지에서 미(未)에 해당한다. 미는 만물이 모두 성숙하여 충분히 생장하였음을 뜻한다. 양풍은 북쪽으로 가서 벌수(罰宿)에 이르게 된다. 벌(罰)[44]은 만물의 기운을 빼앗고 꺾을 수 있음을 뜻한다. 북쪽으로 가서 삼수(參宿)에 이르게 된다. 삼(參)이란 만물을 가히 살피고 검증할 수 있다는 뜻이다. 그래서 삼이라고 한다. 7월은 율관 중에서 이칙(夷

---

40) 蕤賓:『白虎通』,「五行」에 이르기를 '蕤'는 '下'의 뜻이라 하였고, '賓'은 '敬'의 뜻이라고 하였다. '賓'의 뜻은 "양기가 위로 올라가면 음기가 일어나기 시작하므로 손님처럼 공경한다(陽氣上極, 陰氣始起, 故賓敬之也)"라는 것으로, 본편의 설명과 차이가 있다.

41) 涼風:『爾雅』「釋天」에서는 '北風'을 "涼風"이라고 하였다.

42) 八卦 중의 坤卦는 서남쪽의 방위와 상응하는데, '坤'의 함의는 땅〔地〕이므로, 땅을 주관한다고 하였다.

43) 林鍾:『白虎通』「五行」에 이르기를 "林이란 많다는 뜻이다. 만물이 성숙하고 그 종류가 많다(林者, 衆也. 萬物成熟, 種類衆多也)"라고 하였다.

44) 罰星 또는 伐星이라고 하며, 參宿의 남쪽에 있다. 사실상 罰星은 參宿 속에 끼여 있는 형태이며, 그래서『史記志疑』에는 이에 대하여 "罰星과 參宿를 두 개의 별로 나누었는데, 이해할 수 없는 일이다(分罰參爲二宿, 亦不可解)"라고 되어 있다.

則)[45]에 해당한다. 이칙이란 음기가 만물을 손상시키는 것이다. 이는 12지지에서 신(申)에 해당된다. 신이란 음기가 사물에 작용한다는 뜻이며, 만물을 꺾고 손상시키기 때문에 신이라고 한다. 북쪽으로 가서 탁수(濁宿)에 이르게 된다. 탁(濁)이란 접촉한다는 뜻이다. 만물은 모두 죽음에 부딪치게 되므로 탁이라고 한다. 북쪽으로 가서 유수(留宿)에 이르게 된다. 유(留)라는 것은 양기가 머물러 있는 까닭에 유라고 하는 것이다. 8월은 율관 중에서 남려(南呂)[46]에 해당한다. 남려라는 것은 양기가 들어가서 감추어진다는 의미이다. 이는 12지지 중에서 유(酉)에 해당한다. 유는 만물이 늙었다는 뜻이며, 그래서 유라고 하는 것이다.

창합풍(閶闔風)은 서쪽에 위치하고 있다. 창(閶)은 인도한다는 뜻이다. 합(闔)은 감춘다는 뜻이다. 양기가 만물을 인도하여 황천 아래로 감추어버리는 것을 말한다. 이는 10천간으로는 경(庚), 신(辛)에 해당한다. 경이란 음기가 만물을 바꾸는 것을 말한다. 그래서 경이라고 한다. 신이란 만물이 새롭게 일어나는 것을 말하며, 그래서 신이라고 한다. 북쪽으로 가서 위수(胃宿)에 이르게 된다. 위(胃)는 양기가 폐장(閉藏)되어 모두 위(胃)로 들어감을 말한다. 북쪽으로는 누수(婁宿)에 이른다. 누라는 것은 만물을 부르고 또 그것을 받아들인다는 뜻이다. 북쪽으로 가서 규수(奎宿)에 이르게 된다. 규(奎)란 독을 주관하고 쏘아서 만물을 죽인다는 뜻이며, 그것을 받아들이고 감춘다는 의미이다. 9월은 율관 중에서 무역(無射)[47]에 해당하며, 무역이라는 것은 음기가 왕성해져서 일마다 운용되고, 양기는 남김없이 다 없어지므로, 무역이라고 한다. 이는 12지지로는 술(戌)에 해당한다. 술은 만물이 모두 없어진다는 의미이며, 이러한 까닭에 술이라고 한다.

율수(律數)

---

45) 夷則:『白虎通』「五行」에는, "夷는 손상시킨다는 뜻이다. 則은 법칙이라는 뜻이다. 만물을 손상되게 하기 시작하여 형법의 처벌을 받음을 말한다(夷, 傷也. 則, 法也. 言萬物始傷, 被刑法也)"라고 되어 있다.

46) 南呂:『白虎通』「五行」에 이르기를 "南이라는 것은 역할을 맡는다는 뜻이다. 양기가 오히려 냉이, 보리 등의 식물을 성장하게 함으로, 이 때문에 음기가 그것을 막는다는 것이다(南者, 任也. 言陽氣尙有任生薺麥也, 故陰拒之也)"라고 하였다.

47) 無射:『白虎通』「五行」에는 "射이라는 것은 끝난다는 뜻이다. 만물이 양기를 좇아 끝난다는 것을 말하였다. 마땅히 다시 음기를 좇아 일어나므로 끝남이 없는 것이다(射者終也. 言萬物隨陽而終. 當復隨陰而起, 無有終已)"라고 되어 있다.

9×9＝81푼〔分〕길이의 율관이 궁성(宮聲)이 된다. [48] 이 율관의 3분의 1의 길이를 제거하면 54푼 길이의 율관으로, 치성(徵聲)이 된다. 여기에 이 율관의 3분의 1의 길이를 더하면 72푼 길이의 율관으로, 상성(商聲)이 된다. 이 율관의 3분의 1의 길이를 제거하면 48푼 길이의 율관으로, 우성(羽聲)이 된다. 이 율관의 3분의 1의 길이를 더하면 64푼 길이의 율관으로, 각성(角聲)이 된다.

황종(黃鍾)의 길이는 81푼이며, 대려(大呂)의 길이는 75푼 3분의 2이다. 태주(太蔟)의 길이는 72푼이며, 각성이다. [49] 협종(夾鍾)의 길이는 67푼 3분의 1이다. 고세(姑洗)의 길이는 64푼이며, 우성이다. [50] 중려(仲呂)의 길이는 59푼 3분의 2이며 치성이다. [51] 유빈(蕤賓)의 길이는 56푼 3분의 2이다. 임종(林鍾)의 길이는 54푼이며 각성이다. [52] 이칙(夷則)의 길이는 50푼 3분의 2이며 상성이다. [53] 남려(南呂)의 길이는 48푼이며 치성이다. [54] 무역(無射)의 길이는 44푼 3분의 2이다. 응종(應鍾)의 길이는 42푼 3분의 2이며 우성이다. [55]

황종률(黃鍾律)에서 일어나는 비례

자(子)는 1푼〔分〕이다. [56] 축(丑)은 황종의 3분의 2이다. [57] 인(寅)은

---

48) 9는 고대인들이 말하는 純陽數이며, 天統을 상징할 뿐만 아니라 만물의 최초를 뜻하는 까닭에, 이 수를 제곱한 81로 黃鍾 律管의 길이를 삼은 것이다. 이 律管에서 나오는 音을 宮聲으로 삼는다.

49) 『淮南子』「天文」에서 "太蔟는 商音이 된다(太蔟爲商)"라고 하였고, 앞에서 나온 문장에서도 "72를 商音으로 한다(七十二以爲商)"라고 하였으니, 여기서의 '角'은 잘못 쓰여진 것으로, 당연히 '商'이 되어야 한다.

50) 『淮南子』「天文」에서 "姑洗은 角音이 된다(姑洗爲角)"라고 하였으며, 앞에 나온 문장에서도 "64로서 角音을 삼는다(六十四以爲角)"라고 하였으니, 여기서의 '羽'는 잘못 사용된 것으로, 마땅히 '角'으로 써야 한다.

51) 『淮南子』「天文」에서 말하기를 "林鍾은 徵가 된다(林鍾爲徵)"라고 하였으며, 앞에 나온 문장에서도 "54는 徵가 된다(五十四以爲徵)"라고 하였다. 여기서의 '徵'는 부연하는 문장이니 삭제해야 한다.

52) '角'은 잘못 쓴 것이며, 마땅히 '徵'로 써야 한다.

53) '商'은 부연한 문장이니 삭제해야 한다.

54) 『淮南子』「天文」에 "南呂는 羽音이 된다(南呂爲羽)"라고 하였으며, 앞에 나온 문장에서도 "48은 羽에 해당된다(四十八以爲羽)"라고 하였으니, 여기서의 '徵'는 잘못 쓰여진 것이며, '羽'로 고쳐져야 한다.

55) '羽'는 부연한 문장이니, 삭제해야 한다.

56) 黃鍾을 기본 수인 1로 정하였다. '子'는 黃鍾을 대신 가리키는 말이다. '分'은 부연하는 문장으로 삭제되어야 한다. 이 단락에서는 子, 丑 등의 12地支로 12律을 대신하였으며, 音律은 黃鍾을 근본으로 삼는다. 때문에 子로 黃鍾을 대신하여 1로 정

황종의 9분의 8이다. [58] 묘(卯)는 황종의 27분의 16이다. [59] 진(辰)은 황종의 81분의 64이다. [60] 사(巳)는 황종의 243분의 128이다. [61] 오(午)는 황종의 729분의 512이다. [62] 미(未)는 황종의 2187분의 1024이다. [63] 신(申)은 황종의 6561분의 4096이다. [64] 유(酉)는 황종의 19683분의 8192이다. [65] 술(戌)은 황종의 59049분의 32768이다. [66] 해(亥)는 황종의 177141분의 65536이다. [67]

황종을 구하는 방법

하생(下生)[68]의 계산법을 사용하는 경우에는 원률(原律)에 2를 곱하고 3으로 나눈다. 상생(上生)[69]의 계산법을 사용하는 경우에는 4를 곱하고 3으로 나눈다. 가장 높은 배수(配數)는 9이고, 상성의 배수는 8이며, 우성은 7, 각성은 6, 궁성은 5, 치성은 9이다. 황종의 길이를 1로 하고 3에 9제곱을 하여 분모를 삼는다. 만약 분자와 분모가 같으면, 얻어지는 수는 1이다. 〔만약 1에다가 3의 11승을 곱하여 분자로 하면〕 얻어지는 수가 9촌(寸)이면, 이를 '황종의 궁(宮)'이라고 한다. 그러한 즉 음(音)은 궁(宮)에서 시작하고 각(角)에서 마친다고 하는 것이다. 수는 1에서 시

한 것이다.

57)　林鍾의 길이가 黃鍾의 3분의 2임을 가리킨다.

58)　太簇의 길이는 黃鍾의 9분의 8임을 가리킨다.

59)　이것은 南呂의 길이가 黃鍾의 27분의 16임을 가리킨다.

60)　이것은 姑洗의 길이가 黃鍾의 81분의 64임을 가리킨다.

61)　이것은 應鍾의 길이가 黃鍾의 243분의 128임을 가리킨다.

62)　이것은 蕤賓의 길이가 黃鍾의 729분의 512임을 가리킨다.

63)　이것은 大呂의 길이가 黃鍾의 2187분의 2048임을 가리킨다. '1024'는 잘못된 계산으로, '2048'이 옳다.

64)　이것은 夷則의 길이가 黃鍾의 6561분의 4096임을 가리킨다.

65)　이것은 夾鍾의 길이가 黃鍾의 19683분의 16384임을 가리킨다. '8192'는 잘못된 계산으로, '16384'로 하여야 한다.

66)　이것은 無射의 길이가 黃鍾의 59049분의 32786임을 가리킨다.

67)　이것은 仲呂의 길이가 黃鍾의 177147분의 131072임을 가리킨다. '65536'은 잘못된 계산으로, '131072'가 되어야 한다.

68)　下生 : 하나의 律管의 길이를 3분의 1만큼 감소시켜 새로운 律管을 만들어내는데 이러한 방법을 '下生'이라고 한다. 예컨대 黃鍾 81푼의 3분의 1을 감소시켜 $(81 \times \frac{2}{3})$ 얻은 54푼의 길이가 곧 林鍾이다.

69)　上生 : 하나의 律管의 길이에 3분의 1만큼 증가시켜 새로운 律管을 만들어내는데 이러한 방법을 '上生'이라고 한다. 예를 들면 林鍾 54푼에 3분의 1을 증가시켜 $(54 \times \frac{4}{3})$ 얻은 72푼의 길이가 곧 太簇이다.

작하여 10에서 마치며, 3에서 이루어진다. 기(氣)는 동지에서 시작하여 1년을 주기로 하여 다시 생긴다.

신(神)[70]은 무(無)에서 생기고 유(有)에서 형(形)을 이루며, 형이 있은 후에 수(數)가 있고, 성(聲)을 이루는 것이다. 그래서 신은 기를 지배하고, 기는 형에 의하여 나타난다고 하는 것이다. 사물의 성질을 분류한다면, 유(類)로 나눌 수 있는 것이다. 형이 다르면 유가 같지 않고, 형이 같으면 유가 같다. 종류에 따라 나눌 수 있고, 종류에 따라 알 수 있는 것이다. 성인(聖人)은 천지의 차별을 알아, 있는 것에서부터 없는 것에까지 이르러 태역(太易)의 기(氣)처럼 세세한 것과 오성(五聲)의 율(律)처럼 미묘한 것을 살필 수 있다. 그러나 성인은 신(神)으로 인하여 태역의 기를 살피고, 비록 미묘한 것일지라도 반드시 정(情)을 드러내며, 그 신묘한 도를 깊이 조사하여 밝힌다. 성스러운 마음이 없이, 다만 총명함에만 의지한 것이라면, 어찌 천지의 신(神)과 성형(成形)의 정을 살필 수 있겠는가? 신이란 물(物)이 그것을 받아들이되, 그 움직임의 행방은 알지 못하는 것이다. 고로 성인은 그것을 외경하면서도 존재하게 하려 한다. 오직 존재하게 하려 하면, 신도 또한 존재한다. 일반의 평범한 사람이 그것을 보존하려 하면, 그것을 더없이 귀한 것으로 여긴다.

태사공은 말하였다.

선기옥형(旋璣玉衡)[71]을 살피는 것으로 칠정(七政)[72]을 가지런히 하니, 즉 천지의 28수(宿)이다. 10천간과 12지지, 그리고 12율의 배합은 상고(上古) 때부터 시작되었다. 율을 만들고, 역법을 운산(運算)하여 일행(日行)의 도수를 획정(劃定)한다. 사물의 객관적 실제와 부합하고 도덕과 통하면, 이 법칙과 제도를 따르는 것이다.

---

70) 神 : 정신, 의식을 주재하는 것. 고대인들은 神이 만물의 시작이고, 神이 만물 속에 있다고 생각하였다.
71) 旋璣玉衡 : 상고시대에 天象을 관찰하던 儀器, 즉 후세의 渾天儀를 말한다. 일설에는 북두칠성(天樞, 天璇, 天璣, 天權, 玉衡, 開陽, 搖光)을 가리키는 것이라고도 한다. 그 용도는 방향을 판별하고, 계절을 정하는 것이었다.
72) 七正 : 두 가지 설이 있다. 그중 한 가지는 春, 夏, 秋, 冬, 天文, 地理, 人道를 지칭한다는 것이고, 다른 한 가지의 설은 日月과 五星을 지칭한다는 것이다. 앞의 〈주 30〉 참조.

권26 「역서(曆書)」[1] 제4

아주 오래전부터 전해내려오는 고대의 역법(曆法)에는 세수(歲首)가
초봄에 시작되는 것으로 정해져 있다.[2] 초봄에는 눈과 얼음이 녹아버리
고, 겨울잠을 자던 동물들이 모두 활동하기 시작하며, 초목들이 쏙쏙 싹
을 틔우고 성장하기 시작하며, 소쩍새가 먼저 울음을 터뜨린다. 만물이
세시(歲時)와 더불어 생육하고, 생명의 눈을 뜨는 때가 바로 봄이며, 네
계절을 차례로 돌아 마침내에는 겨울이 가고 봄이 오는 것이다. 그때에
수탉이 세 번 울음을 터뜨리는 것을 필두로 새해의 새날이 밝아온다. 열
두 달의 절기는 순서대로 돌다가 건축(建丑) 월[3]에 열두 달이 모두 끝난
다. 해와 달이 제 모습을 갖춤에 따라 밝음이 있게 된다. 밝음이 어른이
면, 어두움은 어린이이고, 밝음이 암컷이라면 어두움은 수컷인 그런 관계
에 있는 것이다. 암수가 차례로 교차하여 작용을 함으로써 바른 계통을
형성하게끔 되는 것이다. 해는 서쪽으로 돌아가니, 〔해의〕 밝음은 동쪽에
서 시작되며, 달은 동쪽으로 돌아가니, 〔달의〕 밝음은 서쪽에서 비롯된
다. 세수를 정하는 것이 하늘〔자연 법칙〕을 따르지 아니하고, 사람들이
일상적인 규범에서 벗어나면, 모든 일이 쉽사리 망가져버릴 뿐만 아니라

1) 「曆書」: 고대의 역법을 기술한 책. 『史記志疑』의 고증에 따르면, 司馬遷이 지은
   본래의 것은 殘缺된 것이고, 본문은 대체로 그것의 前言 부분에 상당하는 것인데,
   그 중에도 잘못 수정된 것이 많다고 한다. 여기에서의 고대 역법은 전설로 전해지고
   있는 「上元太初曆」 등을 말한다.
2) 歲首를 정하는 것을 建正이라고 한다. 北斗星의 斗柄이 가리키는 것을 斗建 또는
   建이라고 하였으며, 斗柄의 旋轉이 가리키는 것을 12辰 또는 12月建이라고 하였다.
   이를테면 「夏曆」은 1월을 建寅, 2월을 建卯……11월을 建子, 12월을 建丑이라 칭하
   고, 다음해의 첫 달을 정월이라고 하였다. 따라서 曆法에서 일 년 중의 어느 달을
   첫째 달로 정하는 것을 바로 建正이라고 한다. 夏代 때에는 建寅 월을 정월로 삼았
   으며, 商代 때에는 建丑 월을 정월로 삼았고, 周나라 때에는 建子 월을 정월로 삼았
   다. 그리고 秦代와 漢代 초기 때에는 建亥 월을 정월로 삼았다. 漢 武帝 太初(기원
   전 104-기원전 101년) 때 曆法을 고친 이후부터 지금까지 「夏曆」의 정월을 沿用하고
   있으며, 현재에는 양력과 음력을 겸용하고 있다.
3) 建丑 월 : 「夏曆」의 12월을 말한다.

이루어질 수 없을 것이다.

왕의 성이 바뀌고[4] 하늘의 명을 받을[5] 때에는 반드시 개국의 기초를 굳건히 하기 위하여 정삭(正朔)의 역법을 고치며,[6] 복식(服飾)의 색깔을 달리하고, 하늘의 원기운행(元氣運行) 법칙을 살피어 그것에 따른다.

태사공은 말하였다.

신농씨(神農氏)[7] 이전의 일은 까마득한 옛 일이 되고 말았다. 황제(黃帝)[8]가 성력(星曆)[9]에 대하여 정확하게 관측한 이후로 오행(五行)[10]으로 만물을 구성하는 이론 체계를 세우고, 천지만물이 생기고 소멸되는 신진대사의 이치를 발견하고, 윤달을 설치함으로써 1년의 12달 외에 남는 시간을 처리하여 추운 계절과 더운 계절의 차이를 바로잡았다. 그리고 하늘과 땅의 신[11]에게 제사를 받들고, 각종 관직을 설치하였는데, 이를 일러 5종 관직[12]이라고 하였다. 각 직책을 맡은 사람들이 자신의 직분을 다

---

4) 고대 제왕들은 국가를 1인 1성의 사유재산으로 간주하였으며, 왕의 성이 바뀌면 왕조도 덩달아 바뀌게 되므로 왕조의 변환을 이렇게 표현하였다.

5) 고대 제왕들은 신탁권을 빌려서 자신의 통치 기반을 공고히 하였으며, 자신이 하늘의 명령을 받았노라고 자칭하였다.

6) '正朔'이란 한 해가 시작되는 기점을 말한다. '正'은 한 해의 시작을, '朔'은 한 달 또는 하루의 시작을 각각 의미한다. 예전에는 왕조가 바뀌면 새로운 왕조가 이른바 '應天承運'을 표시하기 위하여 흔히 '正朔'을 새로 정하곤 하였으므로 正朔은, 왕이 새로 반포한 曆法을 통칭하기도 하였다.

7) 神農氏:炎帝, 烈山氏라고도 칭하며, 전설상 중국 원시사회의 영수로서 농업과 의약을 발명하였다고 한다. 권1「五帝本紀」에 상세히 소개되어 있다.

8) 黃帝:전설상 중국 중원 지역 각 부족의 공동 조상이다. 성은 姬氏이고, 호는 熊氏 또는 軒轅氏라고 한다. 전해지는 바로는 그가 일찍이 炎帝의 후대를 무찌르고 蚩尤를 살해하고는 중원 지대의 각 부족들에게 안녕을 보장해줌으로써 부족 연맹의 영수로 옹립되었다고 한다. 그 시기에 많은 발명과 창조가 있었는데, 이를테면 蠶絲, 舟車, 문자, 음률, 의학, 산수 등이 모두 黃帝 시기에 창시되었다고 한다. 권1「五帝本紀」에 상세한 기록이 있다.

9) 전설에 따르면, 黃帝가 일찍이 羲和로 하여금 태양을, 常儀로 하여금 달을, 臾區로 하여금 별을 각각 관찰하게 하였으며, 伶倫을 시켜서 律呂를 만들게 하고, 大橈를 시켜서 甲子를 제정하게 하였으며, 隷首를 시켜서 算數를 고안하게 하였다고 한다. 그리고 이상 여섯 가지 연구 결과를 종합하여 「調曆」을 창제하였다고 하며, 후세에서는 그것을 일러 「黃帝曆」이라고 하였다.

10) 五行:고대 사람들이 고안한 각종 물질의 5가지 원소, 즉 水, 火, 木, 金, 土를 말한다.

11) 하늘의 신을 神이라고 하며, 땅의 신을 祇라고 하였다.

12) 黃帝 때에는 5가지의 雲彩로 관직 명칭을 부여하였다. 즉 靑雲氏, 縉(옅은 붉은

함으로써 서로 미루거나 다투는 일이 없게 되었다. 따라서 백성들은 하늘과 땅의 신에게 제사 지낼 줄 알게 되어 성실히 살고 남을 속이는 일이 없었다. 그리고 하늘과 땅의 신은 음양을 조화시키고 백성들에게 복을 내리어 완전한 덕성을 갖추도록 해주었다. 백성들 및 하늘과 땅의 신은 각기 맡은 바 직책이 있었다. 백성들이 맡은 바 직책을 엄격히 지키어 소홀함이 없었기에 하늘 신과 땅 신이 그들로 하여금 농작물을 가꿀 수 있게 해주었으며, 백성들은 제물을 바침으로써 재화(災禍)가 생기지 않았고 바라는 바의 수확을 거둘 수 있게 되었다.

소호씨(少皞氏)[13]가 쇠망하고, 구려족(九黎族)[14]이 질서를 파괴시키자 사람들이 신을 믿지 않고 신은 사람들에게 복을 내리지 않았다. 각자의 직책과 피차의 관계를 모르게 되어 재화가 연달아 발생하여 끊임이 없었고, 하늘에 대하여 제사를 받들 줄 아는 사람이 없었다. 전욱(顓頊)이 제왕의 자리에 올라서는 남정(南正)[15]의 자리에 중(重)이라는 사람을 임명하여 천문을 주관하도록 하고 하늘과 땅의 신에게 제사 지내는 일을 잘 봉행하도록 당부하였다. 그리고 화정(火正)[16]의 자리에 여(黎)라는 사람을 임명하여 지리에 관한 일을 주관하고 백성들의 일을 잘 처리하도록 당부하였다. 그렇듯 그들로 하여금 과거의 전통을 부흥시키게 함으로써 더이상 서로의 영역을 침해하는 일이 없게 되었다.

그후에 삼묘족(三苗族)[17]이 구려족의 못된 행적을 본떠서 두 관직을 없애자, 윤달이 성차(星次)[18]에 부합되지 않고 정월이 세수(歲首)에 맞지 않게 되었으며 섭제(攝提)라는 별이 혼란되어 절기와 기후가 상규(常規)를 벗어나게 되었다. 당요(唐堯)가 중(重)과 여(黎)의 후손을 다시

색)雲氏, 白雲氏, 黑雲氏, 黃雲氏가 그것이다.

13) 少皞氏 : 少昊氏라고도 하며, 호는 金天氏이다. 전설로는 고대 東夷族의 우두머리라고 하며, 어떤 옛날 역사책에서는 그가 黃帝의 아들이라고 하였다. 전하는 바로는 그가 일찍이 農正과 工正을 설치하여 농업과 수공업을 발달시켰다고 하였다.

14) '黎'는 고대 남방에 거주하던 부족의 명칭이며, '九'는 많다는 뜻의 범칭이다.

15) 南正 : 관직 명칭으로 '木正'이라고도 한다.

16) 火正 : 관직 명칭으로 '北正'이라고도 한다.

17) 三苗族 : 고대 부족으로 有苗라고도 한다. 양자강 중류 지역에 거주하였다.

18) 고대에 황도대를 12부분으로 나누어 그것을 12次라고 하였다. 그 명칭은 다음과 같다. 星紀, 玄枵, 娵訾, 降婁, 大梁, 實沈, 鶉首, 鶉火, 鶉尾, 壽星, 大火, 析木. 이것은 적도, 경도 등에 따라 나눈 것이고, 24절기와 상관 관계가 있다. 예컨대 '星紀'라는 次의 起點이 大雪이고, 中點이 冬至에 상당하다.

임용하여 그들로 하여금 그 일을 관장하게 하고 희씨(羲氏)와 화씨(和氏)라는 관직[19]을 설치, 운영하였다. 천시(天時)의 변화가 객관적인 법칙에 부합하도록 조정하자 추위와 더위가 조화를 이루고 비와 바람이 적절하게 되자 장왕(壯旺)한 기운이 되살아났고 백성들이 단명에 그치는 일이 없었으며, 병해(病害)도 당하지 않게 되었다. 당요(唐堯)는 자신의 몸이 노약해지자 우순(虞舜)[20]에게 선양(禪讓)해주었다. 그는 문조묘(文祖廟)[21]에서 우순에게 고계(告誡)하여 말하기를 "하늘의 역수(曆數)가 그대의 몸에 있노라"[22]라고 하였다. 우순도 당요에게 들은 그 말을 똑같이 하우(夏禹)[23]에게 고계해주었다. 이로 보건대, 이상과 같은 일을 제왕들이 중요하게 다루었음을 알 수 있다.

하(夏)나라[24] 때에는 정월(正月)[25]에 세수(歲首)가 시작되었다. 그런데 은(殷)나라[26] 때에는 12월에, 그리고 주(周)나라[27] 때에는 세수가 11

---

19) 羲(羲氏), 和(和氏) : 天地四時를 관장하는 관직 명칭.

20) 虞舜 : 전설상의 인물로 父系 씨족사회 후기 부락 연맹의 우두머리였다. 성은 姚氏이고 이름은 重華라고 한다. 전하는 바로는 四嶽에 의하여 천거되었고, 堯가 그에게 정치를 맡겼으며, 堯의 사후에는 그의 뒤를 이어 어질고 유능한 사람을 골라서 백성을 다스리도록 하였고, 禹라는 인물을 발굴하여 자신의 후계자로 삼았다.

21) '文祖'는 文德이 있는 선조를 뜻하며, 이 묘가 唐堯의 太祖廟를 가리킨다고 보는 이도 있고, 唐堯의 五帝廟를 가리킨다고 보는 이도 있다.

22) 원문 "天之曆數在爾躬" 구절은 『尙書』 「大禹謨」에도 나오며, "曆法을 재정하고 정치와 농업 등에 관하여 결정할 수 있는 대권이 그대의 손에 달렸노라"라는 뜻으로도 확대 해석될 수 있다. 후세 사람들은 君權神授 사상에 의거하여 曆數를 이른바 '天道'로 이해하기도 하였다.

23) 禹 : 전설상의 인물로 고대 부락 연맹의 우두머리였다. 성은 姒氏이고 이름은 文命이다. 大禹, 夏禹라고도 한다. 원래에는 夏后氏 부락의 우두머리였는데, 舜임금에게 부여받은 치수의 직책을 잘 수행하여 그 공로로 후계자로 선발되어 그가 죽은 다음 그의 자리를 이어받았다. 후에는 그의 아들인 啓로 하여금 그의 대를 이어받게 하였으니, 이로써 夏 왕조가 건립되었다.

24) 夏 : 중국 역사상 최초의 왕조. 夏禹의 아들 啓에 의하여 건립된 나라로 陽城(지금의 河南省 登封縣 동부 지역), 安邑(지금의 山西省 夏縣 서북부 지역) 등에 도읍을 두었으며, 桀王 때에 이르러 商나라 湯王에 의하여 멸망되었다. 대체로 기원전 21세기에서 기원전 16세기에 상당한다.

25) 正月 : 현재 겸용하고 있는 陰陽曆의 정월을 말한다. 지구가 黃經 300도에서 330도에까지 공전하는 사이의 朔日을 元旦으로 삼는다. 이러한 曆法은 夏代에 창시되었다고 하여 「夏曆」이라고 칭한다. 이하의 숫자 紀月들은 특별한 언급이 없는 한 모두 「夏曆」에 의거하여 계산한 것이다.

26) 殷 : 商나라 湯王이 周 왕조를 무너뜨리고 세운 商 왕조를 가리킨다. 亳(지금의 山東省 曹縣 남부)에 도읍하였다가 후에 여러 차례에 걸쳐 도읍을 옮겼다. 제10대

월에 각각 시작되었다. 원래 삼대(三代)[28]의 정삭(正朔)은 순환되어 마지막에 이르면 처음으로 다시 돌아오는 것이었다. 천하에 도가 있으면[29] 세시절후도 조화를 잃지 않으며, 도가 없으면, 즉 정치가 혼란하면 왕이 반포한 역법을 제후의 나라들이 실행하지 않게 된다.

주나라의 유왕(幽王), 여왕(厲王)[30] 이후에는 주 왕조의 세력이 쇠약해져서 제후의 대부들이 각 나라의 정치 대권을 장악하였고,[31] 사관이 대사를 기록할 때 월과 일을 분명히 적어놓지 않았으며, 군주가 고삭(告朔)[32]을 거행하지 않자 역법 전문가의 후예들이 모두 뿔뿔이 흩어졌다. 그중에 어떤 이는 화하(華夏)의 각 지방에 흩어져 있었으나, 어떤 이는 외족(外族)의 땅으로 가버렸다. 그러므로 천상(天象)을 관측하고, 신지(神祇)에게 기도하고, 길흉을 예보하는 일이 더 이상 수행되지 않았다. 주 양왕(周襄王) 26년에 윤 3월을 두었는데, 『춘추(春秋)』에는 그 잘못이 지적되어 있다.[33] 고대의 선왕들은 세시를 정할 때 연력(年曆)의 시

군주인 盤庚 때 이르러 奄(지금의 山東省 曲阜市)에서 殷(지금의 河南省 安陽市 서북 지역)으로 도읍을 옮겼다. 이로 인하여 商殷 또는 殷商이라고도 칭한다. 紂王 때 周나라 武王에 의하여 멸망되었다. 기원전 16세기에서 기원전 11세기에 상당한다.

27) 周 : 기원전 11세기 때 武王이 商 왕조를 무너뜨리고 세운 나라를 말한다. 鎬(지금의 陝西省 西安市 서남 지역)에 도읍을 두었다가 기원전 11세기에 平王이 洛邑(지금의 河南省 洛陽市)으로 천도하였다. 역사에서는 平王의 천도 이전을 西周라고 하며, 그 이후를 東周라고 칭한다. 東周 시대는 다시 춘추시대와 전국시대로 나누어진다. 기원전 156년에 秦 始皇에 의하여 멸망되었다. 총 800여 년의 역사를 지닌다.

28) 三王 : 夏나라의 禹王, 商나라의 湯王 그리고 周나라의 文王과 武王을 가리킨다. 夏, 商, 周 三代를 가리키기도 한다.

29) "天下有道"는 나라의 정치가 밝게 잘 이루어진다는 뜻이다.

30) 厲王은 기원전 878년에서 기원전 842년까지 재위하였으며, 幽王은 厲王의 손자로 기원전 781년에서 기원전 771년까지 재위하였다. 이 두 왕은 모두 역사상 어리석은 군주로 유명하다.

31) 제후국의 大夫들 가운데 정치 대권을 장악한 사람으로는 춘추시대 때 魯나라의 孟孫氏, 叔孫氏, 季孫氏 그리고 晉나라의 范氏, 中行氏 등을 꼽을 수 있다.

32) 告朔 : 제후가 매년 겨울에 중앙의 정부에서 반포한 行政曆을 접수하여 祖廟를 보존해두었다가 매월 초에 제사를 봉행하여 그 행정력을 실행하였는데, 그것을 일러 '告朔'이라고 하였다.

33) 周 平王 때 東遷한 이래로 중앙 정부의 政令을 지방 정부, 즉 제후국이 받아들이지 않았다. 그리고 중앙 정부가 반포한 行政曆을 각 제후국이 더 이상 실행하지 않고 역법을 나름대로 제정하여 각 지방이 서로 다르게 되었다. 周 襄王 26년(기원전 626년)은 魯 文公 원년에 상당하는데, 그해 「魯曆」에 윤 3월이 있었다. 이 윤달은 역법에 근거하면 마땅히 그 전년에 있었어야 하였으므로 『左傳』이 그 잘못을 지적하였다. 그 다음 문장은 바로 『左傳』의 말을 빌린 것이다. 『春秋』를 풀이한 책으로는

작을 정확하게 추산하고, 역법의 오차를 바로잡는 것은 연중(年中)에 두었으며, 남는 시간을 윤달에 귀속시켰다. 연력의 시작을 정확하게 추산함에 따라 시서(時序)가 바로잡혔으며, 오차를 연중에서 바로잡음에 따라 백성들이 미망에 빠지지 않았고, 남는 시간을 윤달에 귀속시킴에 따라 일의 어그러짐이 없었다.

그후 전국시대(戰國時代)[34] 때에는 각 제후국이 서로 다투는 전쟁이 해마다 끊임이 없었고, 〔나라의 근본 목적이 오로지〕 국력을 키우는 데에 있었기에 위기에서 헤어나고 분쟁을 없애는 일에 급급하였을 따름이었으니, 어찌 이 일을 염두에 둘 짬인들 있었으랴! 그 시기에는 오로지 추연(鄒衍)[35]만이 오덕지전(五德之傳)[36]에 밝았으며, 생명이 나고 죽는 이치와 물질 상호간의 관계에 대한 이치를 세상에 두루 전파함으로써 제후들에게 그 이름을 떨쳤다.[37] 그래서 또한 진(秦)나라[38]가 6국(六國)[39]을

───────

『左傳』, 『公羊傳』, 『穀梁傳』이 있으며, 본문의 『春秋』는 바로 『左傳』을 가리킨다.

34) 戰國時代 : 당시에는 각 제후국간의 전쟁이 해마다 끊임이 없었기 때문에 '戰國'이라고 칭하였다. 西漢 때 사람인 劉向이 『戰國策』을 편찬한 이후로 그러한 명칭이 붙었다. 전국시대의 시작 연도는 정설이 없으나 현재에는 통상 周 元王 원년(기원전 475년)에서 秦 始皇 26년(기원전 221년)에 중국이 통일될 때까지를 전국시대라고 한다.

35) 鄒衍(약 기원전 305-기원전 240년) : 전국시대 말기 齊나라 사람으로 陰陽家의 대표적인 인물. "五德終始說"을 내놓았는데, 이것은 춘추전국 시대 때 유행되었던 "五行說"을 사회 역사의 변동과 왕조의 흥망에 억지로 갖다 맞춘 것으로, 후에 漢代 때 나온 讖緯說의 주요 원천 가운데 하나로 작용하였다. 그에 관한 상세한 기록은 권74 「孟子荀卿列傳」에 있다.

36) "五德之傳"의 '傳'은 '轉移'라는 뜻을 가진 '轉'자와 통한다. 이른바 "五德終始"는 水, 火, 木, 金, 土라는 5 종류 물질의 덕성이 相生(木, 火, 土, 金, 水가 순서대로 相生하는 것), 相克(木, 土, 水, 火, 金이 순서대로 相克되는 것)하고 마지막에 이르러 다시 원점으로 돌아가는 순환 변화를 일으키는 것을 말한다. 이로써 왕조 흥망의 원인을 설명하고, "五德終始"라는 역사 순환론 체계를 허위로 꾸며냈으며, 정치에서는 "五行配列"에 맞추기 위해서는 반드시 그에 상응한 제도를 갖추어야 한다고 논증하였다. 이를테면 그와 같은 논리로 正朔을 고쳐야 한다거나 복식을 바꾸어야 한다는 흉계를 꾸미기도 하였다.

37) 이 구절이 그 아래 문장과 의미가 통하지 않는 것으로 보아 殘缺이 있는 것 같다.

38) 秦 : 중국의 전체 역사상 최초의 중앙집권 전제봉건 국가이다. 기원전 121년에 秦 始皇(이름은 政)이 六國을 멸망시키고 전국을 통일하여 세운 왕조로, 咸陽(지금의 陝西省 咸陽市 서북부 지역)에 도읍을 정하였다. 동남쪽으로는 海濱 지역에까지, 서쪽으로는 지금의 甘肅省, 四川省 일대에까지, 북쪽으로는 지금의 내몽고 자치구 중부에까지 이르는 광활한 영토를 지닌 최초의 봉건제국이었다. 기원전 206년에 漢 高帝(劉邦)에게 멸망되어 전후 15년의 단명에 그쳤다.

멸망시킬 때 전쟁이 가장 심하였으며, 지존(至尊)의 자리에 머문 시간이
오래되지 않았던 관계로 〔역법 문제에 심혈을 기울일〕 여가가 없었던 것
이다. 그러나 오행(五行) 상극(相克)을 상당히 신봉하여 그 자신이 수덕
(水德)[40]의 서응(瑞應)[41]을 얻었노라고 자인하였고, 황하의 이름을 '덕수
(德水)'라고 고쳐 불렀다. 그리고는 10월을 정월로 삼았으며, 모든 색 가
운데 검정색을 가장 귀히 여기게 되었다.[42]

한(漢)나라[43]가 흥하자 고조(高祖)[44]는 "북치(北畤)[45]가 나를 기다렸
다가 비로소 세워졌도다"라고 말하고는 수덕의 서응을 얻었노라고 자인하
였다. 그 자신이 비록 역법에 밝았지만 그에 관한 일로 장창(張蒼)[46] 등
에게 자문을 구하자 모두들 그의 말이 옳다고 대답하였다. 당시는 나라의
기초가 잡힌 지 얼마 되지 않았을 뿐만 아니라 나라의 기강이 막 잡혀질
즈음인데, 고후(高后)[47]가 여주(女主)[48]로서 황제의 대권을 장악하여 질

---

39) 戰國七雄 중에서 秦을 제외한 楚, 齊, 燕, 韓, 魏, 趙 여섯 나라를 지칭한다.

40) 당시에는 周나라가 火德 때문에 왕조를 건립할 수 있었다는 미신이 유행되었는
데, 秦 始皇은 그것을 신봉하였기 때문에 자신은 水德에 의해야만 새로운 왕조를 세
울 수 있고, 水德을 써야만 火德을 무찌를 수 있다고 믿었다 한다.

41) 瑞應 : 하늘이 吉祥을 내려줄 징조.

42) 水德은 검정색과 어울리는 것이기 때문에 검정색을 숭상하였다.

43) 漢 : 기원전 206년에 高祖(劉邦)가 秦 왕조를 무너뜨리고 세운 나라. 高祖는 項羽
를 격퇴시킨 다음 기원전 202년부터 황제라고 자칭하였다. 長安(지금의 陝西省 西安
市)에 도읍을 정하였으며, 역사에서는 西漢 또는 前漢이라고도 한다. 武帝 때에 이
르러서는 당시 세계에서 가장 강대한 국가를 형성하였다.

44) 高祖(기원전 256-기원전 195년) : 漢 高帝 劉邦를 말하며 기원전 202년부터 기원
전 195년까지 재위하였다. 권8 「高祖本紀」에 상세한 기록이 있다.

45) 원문 "北畤待我而起"의 '北畤'의 '畤'는 고대에 천지와 五帝에 제사를 지내던 壇址
를 말한다. 秦代에는 四畤를 축조하여 그곳에서 각각 白帝, 靑帝, 黃帝, 赤帝에 대
한 제사를 봉행하였다고 한다. 漢 高帝는 北畤를 축조하여 黑帝에게 제사를 지냈다.
그 遺址는 지금의 陝西省 鳳翔縣 남쪽에 있다.

46) 張蒼(기원전 256-기원전 152년) : 三川郡 陽武縣(지금의 河南省 原陽縣 동남쪽)
사람으로 劉邦을 따라 군대를 일으켜 전공을 세워 北平侯에 봉해졌다. 역법에 해박
하였고 많은 책을 섭렵하였다 한다. 후에 御史大夫, 丞相을 역임하면서 漢代 초기의
역법과 도량형 제도를 정비하였다. 상세한 기록은 권96 「張丞相列傳」에 있다.

47) 高后(기원전 256-기원전 152) : 漢 高祖의 황후인 呂雉를 말한다. 高祖가 죽은
다음 그녀의 아들인 惠帝 劉盈이 즉위하자 그녀가 실질적인 정권을 장악하였다. 惠
帝가 죽은 후에는 그녀 자신이 조정의 전권을 행사하면서 呂氏 형제의 아들, 즉 조
카들을 王侯에 봉하여 南北軍을 장악하였다. 그녀가 죽은 다음에 呂氏들이 반란을
일으켰다가 太尉인 周勃 등에 의하여 평정되었다. 권9 「呂太后本紀」에 상세한 기록
이 있다.

서가 어지럽혀졌기 때문에 〔역법에 대하여 관심을 기울일〕 틈이 없어 진(秦)나라의 정삭과 복색을 그대로 답습할 따름이었다.

효문(孝文)[49] 때에 이르러서는 노(魯)나라[50] 사람인 공손신(公孫臣)[51]이 오덕종시설(五德終始說)에 입각하여 황제에게 글을 올려 이르기를 "한나라는 토덕을 얻었으니 마땅히 갱원(更元)[52]하여야 하며, 정삭을 바꾸어야 하며, 복색도 바꾸어야 하옵니다. 마땅히 길조가 있을 것이오며, 그 것은 황룡이 출현하는 것이옵니다"[53]라고 하자, 황제가 그 일에 관해서 승상인 장창에게 자문을 구하였더니, 장창은 그 자신이 율력(律曆)[54]에 관해서 배운 바가 있었으므로 그것이 옳지 않다고 아뢰었다. 그래서 황제는 그 일을 없었던 것으로 하였다. 그런데 후에 황룡이 성기(成紀)[55] 땅에 출현하여 장창은 스스로 승상의 자리에서 물러났고, 그가 편찬하고 싶었던 논저는 책으로 엮어지지 못하고 말았다. 그리고 신원평(新垣平)[56]이란 방사(方士)[57]가 황제를 알현하고는 망기(望氣)[58]를 근거로 역법과

---

48) 女主 : 조정의 대권을 차지한 王后 또는 太后들을 가리킨다.

49) 孝文 (기원전 203-기원전 157년) : 漢 文帝 劉恒을 가리킨다. 그는 기원전 180년부터 기원전 157년까지 재위하였다. 呂后가 죽은 후에 代王에서 황제의 자리에 올랐다. "與民休息" 정책을 펴서 賦稅, 勞役, 刑獄을 줄임으로써 농업 생산력을 증강시켰다. 또한 제후의 세력을 약화시킴으로써 중앙집권을 강화하였다. 그에 관한 상세한 기록은 권10「孝文本紀」에 있다.

50) 魯 : 기원전 11세기 때 周 왕조가 분봉한 제후국으로 성은 姬氏이며, 개국군주는 周公의 아들인 伯禽이다. 영지는 지금의 山東省 서남부 일대이며, 曲阜(지금의 曲阜市)에 도읍을 두었다. 춘추시대 때에는 세력이 쇠약해졌고, 전국시대 때에는 小國으로 전락하였다가 기원전 256년에 楚나라에 의하여 멸망되었다. 秦, 漢 이후에도 그 일대를 여전히 魯라고 칭하였다.

51) 公孫臣 : 성이 公孫이고, 이름이 臣이다. 陰陽家에 속한다.

52) 更元 : '改元'을 뜻한다. 제왕의 재위 중도에 紀年序數를 바꾸는 것을 말한다. 예를 들면 漢 文帝 때에는 집권 17년을 원년으로 개칭하였는데, 史書에서는 그 시기를 일러 "後元"이라고 하였다. 漢 武帝 때 年號紀年法을 채택한 후로는 改元이라 함은 주로 연호를 바꾸는 것을 의미하게 되었다.

53) 원문은 "漢得土德, 宜更元, 改正朔, 易服色. 當有瑞, 瑞黃龍見"이다

54) 律曆 : 樂理와 曆法을 뜻한다. 고대에는 역법와 도량형 제도가 모두 樂律에 원천을 두고 있는 것이라고 여겼다.

55) 成紀 : 현 이름. 지금의 甘肅省 泰安縣 북부에 상당한다.

56) 新垣平 : 성이 新垣이고 이름이 平이다. 趙나라(지금의 河北省 남부) 태생의 方士. 후에 그는 남몰래 사람을 보내어 玉環을 進獻하고는 "人主延壽"라는 네 글자를 새겨넣은 그것은 신선이 하사한 것이라고 말하게 하였더니, 文帝는 그것을 근거로 改元하였다고 한다. 어떤 사람이 그의 사기극을 고발하자 그의 삼족을 멸하였다.

57) 方士 : 고대 때 神仙方術에 관하여 말하기를 좋아하는 사람을 지칭한다. 그들은

복색을 바로잡아야 한다고 장광설을 펼쳐서 총애를 받게 되었으나, 후에 그의 말이 사기라는 것을 알게 된 후로는 효문제가 그 일을 더 이상 입에 담지 않았다.

현재의 황상(皇上)⁵⁹⁾이 즉위하여 방사인 당도(唐都)를 초빙하여 28수(宿)들간의 거리를 측산(測算)하도록 하였다. 그리고 파군(巴郡)⁶⁰⁾ 낙하(落下)⁶¹⁾의 굉(閎)⁶²⁾이란 사람을 시켜 전력(轉曆)⁶³⁾ 역법을 추산해내도록 하였다. 그런 후로 일진(日辰)의 도(度)⁶⁴⁾가 하력(夏曆)의 천문 현상과 일치하게 되었다. 이에 따라 개원(改元)⁶⁵⁾을 단행하고, 관직의 명칭을 고쳤으며, 태산(泰山)⁶⁶⁾에서 봉제(封祭)⁶⁷⁾를 올렸다. 어사(御史)⁶⁸⁾를 불러 이르기를 "예전에는 성도(星度)⁶⁹⁾를 분명하게 알지 못하였기 때문에 널리 인재를 초빙하여 의견을 공개적으로 수렴함으로써 그것을 바로 인식하게 되었다고 주관 관리가 말하더라. 듣자하니 예전에 황제(黃帝) 때 이미 역법을 제정한 바 있는데, 그것은 끝없이 순환되는 것이므로 무궁무진하게 활용할 수 있었고, 이로써 천체의 명칭을 명확하게 분간할 수 있었으며, 천체의 위치와 운행 규칙이 정확함을 알 수 있게 되었다고 한다. 그뿐만 아니라 악률(樂律)의 청탁(淸濁)⁷⁰⁾을 확정짓고, 오부(五

늘 修煉成仙, 장생불로 등의 방술로 사람을 속이기 일쑤였다.
58) 望氣 : 고대의 미신 占卜法. 하늘의 雲氣를 관찰하여 그것을 사람들의 일에 억지로 맞추어 길흉을 예고하였다.
59) 漢 武帝를 가리킨다.
60) 巴郡 : 지금의 四川省 동부 지역에 상당한다.
61) 落下 : 지명. '洛下'라고도 한다.
62) 閎 : 당시의 方士들 가운데 한 사람. 落下에 은거하였으며, 천문에 밝았다고 한다.
63) 轉曆 : 渾天學說에 입각하여 渾天儀가 도는 정도에 따라 정한 역법.
64) 日辰의 度 : 해와 달이 서로 만나는 시각을 가리킨다. 특히 太初 원년의 前冬 11월 甲子日 夜半 朔旦 冬至 때 해와 달 그리고 다섯 별이 모인 현상을 가리키기도 한다.
65) 改元 : 元封 7년을 太初 원년으로 고치고, 建寅 달을 정월로 삼은 것을 말한다.
66) 泰山 : 지금의 山東省 泰安의 북쪽에 있는 산으로 길이는 약 200Km이고 주봉은 해발 1,500m이다. 예전에는 '東嶽'이라고 하였으며, '岱山,' '岱宗'이라고도 하였다.
67) 泰山에다 土壇을 축조하고는 하늘에 제사를 지내는 것을 일러 '封'이라고 하였다.
68) 御史 : 관직 명칭. 춘추전국 시대 때 각 나라에서 御史라는 관직을 설치하고는 문서와 記事에 관한 일을 맡아보게 하였다. 秦나라 때에는 御史를 각 군으로 파견하여 감찰하게 하였던 관계로 탄핵 규찰의 직권을 동시에 지니게 되었다. 漢나라 때에는 御史의 직무가 약간 달랐으며, 侍御史, 符璽御史, 治書御史, 監軍御史 등으로 세분되었다.
69) 星度 : 천체(주로는 5星과 28宿 등)의 위치와 운행 규칙을 뜻한다.
70) 淸濁 : 소리의 맑음과 흐림을 가리킨다. 예컨대 5聲의 宮에서 羽에 이르기까지,

部)⁷¹⁾의 학설을 창안하였으며, 기(氣)⁷²⁾와 물(物)⁷³⁾ 그리고 분수(分數)⁷⁴⁾를 명확하게 할 수 있었다. 그렇지만 필경 지금으로부터 아득한 옛날의 일이로다! 문자로 기록해놓은 것이 없고 그 악률도 폐지되어 더 이상 쓰이지 않으니 짐은 그것을 애석해할 따름이노라! 짐은 한(漢) 왕조가 역법을 완벽하게 갖추지 못하고 있으니 일분(日分)⁷⁵⁾을 처리할 수 있는 방도와 수덕(水德)을 극복할 수 있는 토덕(土德)에 귀의할 방도를 생각하고 있도다. 오늘 태양의 운행이 바로 하지(夏至)에 상당하니 황종(黃鐘)으로 궁(宮)을 삼고, 임종(林鐘)으로 치(徵)를 삼고, 태주(太簇)로 상(商)을 삼고, 남려(南呂)로 우(羽)를 삼고, 고선(姑洗)으로 각(角)을 삼는다.⁷⁶⁾ 이후로 24절기가 정상을 되찾고, 우성(羽聲)이 맑은 소리를 회복하며, 명(名)⁷⁷⁾이 정상과 변이의 주기성을 되찾으며, 이로부터 자(子)에 해당하는 날을 동지(冬至)로 삼는다⁷⁸⁾면 음양이합(陰陽離合)의 이치⁷⁹⁾가 실행될 수 있을 것이다. 11월⁸⁰⁾ 갑자(甲子)⁸¹⁾ 삭일(朔日)⁸²⁾ 새

12律의 黃鐘에서 應鐘에 이르기까지 모두가 淸에서 濁으로의 변화 과정을 구분한 것이다. 고대에는 늘 樂理를 曆法에다 억지로 갖다 맞추었다. 예컨대 5聲을 4季에, 12律을 12월에 대응시킨 것이 그러한 유형의 것이다.

71) 五部 : 五行을 뜻하기도 하고, 五聲을 뜻하기도 한다.

72) 氣 : 24절기의 氣를 말한다.

73) 物 : 物候를 가리킨다. 고대 역법은 동식물의 생장, 발육, 활동 규칙 및 무생물의 변화가 節候에 미치는 반응을 근거로 하여 5일을 1候로 정하였다.

74) 分數 : 절기 物候의 변화 추이의 시간상 및 공간상의 한계를 가리킨다.

75) 日分 : 餘日과 餘分을 가리킨다. 餘分에 대한 각 역법의 추산 결과가 일치하지 않는다.

76) 고대 중국에서 사용된 소리 명칭은 12律, 즉 黃鐘, 大呂, 太簇, 夾鐘, 姑洗, 仲呂, 蕤賓, 林鐘, 夷則, 南呂, 無射, 應鐘이라고 하였다. 또한 음계를 宮, 商, 角, 徵, 羽로 나누었다.

77) 名 : 日, 月, 5星, 28宿의 위치, 출몰 및 盈省 등을 가리킨다.

78) 「太初曆」이 太初 원년(기원전 104년) 5월에 정식으로 반포되어 실행되었으므로 이렇게 말하였다.

79) 日, 月, 5星이 모인 다음에 그것들의 운행이 빠르고 느림이 각기 다른 현상을 가리킨다.

80) 11월 : 太初로 改曆한 그해의 前冬 11월을 말한다. 「太初曆」에 따라 추산하면 그 달은 전해의 11월임이 분명하다.

81) 甲子 : 干支에 의하여 날짜를 적은 것이다. 고대에서 10干(甲乙丙丁戊己庚辛壬癸)과 12支(子丑寅卯辰巳午未申酉戌亥)를 순서대로 조합하여(甲子, 乙丑……壬戌, 癸亥) 60일을 한 주기로 반복해서 紀日하였다.

82) 달과 해의 黃經이 대등한 때, 달이 지구와 해의 사이를 운행하여 해와 동시에 출몰하므로 지면에서는 달빛을 볼 수 없다. 이러한 현상을 일러 '合朔'이라고 한다.

벽에 동지가 관측되었으니, 마땅히 원봉(元封) 7년을 태초(太初) 원년으로 고쳐야 할 것이다. 연명(年名)을 '언봉섭제격(焉逢攝提格)'[83]이라 하고, 월명(月名)을 '필취(畢聚)'[84]라고 부르며, 날은 갑자(甲子)라고 하며, 야반(夜半) 삭단(朔旦)이 동지가 된다.[85]

역술(曆術)[86]「갑자편(甲子篇)」[87]

태초(太初) 원년, 연명(年名) 언봉섭제격(焉逢攝提格), 월명(月名) 필취(畢聚), 날은 갑자(甲子)이고, 야반(夜半) 삭단(朔旦)이 동지가 된다.

정북(正北)[88]……(第1章首, 冬至가 子時에 있음)[89]

태초(太初)   원년(BC 104)   갑인(甲寅)   12개월＝ 0일,   0분 : 0일,   0분

「夏曆」은 그러한 날을 매월의 초하루로 삼는 것을 원칙으로 삼고 있다. 그러나 唐代 이전의 曆法이 장기에 걸쳐 平朔法을 채택하고 있음으로 말미암아 모든 合朔이 초하루날이 되지 않은 결과가 야기되었다.

83) 焉逢攝提格 : 歲陽과 歲陰으로 紀年한 해의 이름. 고대에는 歲陽(焉逢, 端蒙, 游兆, 强梧, 徒維, 祝犁, 商橫, 昭陽, 橫艾, 尙章)과 歲陰(困敦, 赤奮若, 攝提格, 單閼, 執徐, 大荒落, 敦牂, 協洽, 涒灘, 作噩, 淹茂, 大淵獻)을 조합하여 紀年하였는데, 후에는 간편하게 干支로 紀年하였으며, 歲陽과 歲陰이란 이름은 干支紀年의 별칭이 되었다.

84) 畢聚 : 逢甲의 정월.

85) 고대 역법에서는 冬至를 한 해의 시작으로, 朔日을 한 달의 시작으로, 夜半을 하루의 시작으로 각각 삼았다. 그리고 동지가 朔日 夜半을 만나는 그날을 曆元으로 삼았다. 이것을 근거로 그 이후의 절기와 매월의 朔望을 추산하였다.

86) 曆術 : 曆法.

87) 「甲子篇」 : 당시 일종의 曆書에 대한 명칭. 고대에는 6종 역법(「黃帝曆」, 「顓頊曆」, 「夏曆」, 「殷曆」, 「周曆」, 「魯曆」)이 있었는데, 이것이 「太初曆」을 지칭하는 것은 결코 아니다. 「太初曆」은 이미 전하지 않았다. 본편은 후세 사람들이 增附한 것으로 잘못된 곳과 차이가 나는 곳이 매우 많다.

88) 正北 : 고대 曆法은 19년을 1章으로, 4章을 1蔀로 각각 삼았다. 그리고 동지가 朔日이 되는 그해를 章首로, 동지가 朔日 子時가 되는 그해를 蔀首로 각각 삼았다. 蔀首의 동지가 子時에 있을 때 子時가 正北을 대표하고, 제2章首의 동지가 酉時에 있을 때 酉時가 正西를 대표하며, 제3章首의 동지가 午時에 있을 때 午時가 正南을 대표하고, 제4章首의 동지가 卯時에 있을 때 卯時가 正東을 대표한다.

89) 이 구절 이하의 원문은 "十二……無大餘, 無小餘. 無大餘, 無小餘……焉逢攝提格太初元年"으로 되어 있는 바, 이것을 풀이하면 "①……②, ③. ④, ⑤……⑥⑦" 식으로 볼 수 있다. ①은 개월수로 평년은 12개월, 윤년은 13개월이고, ②는 朔法에 의하여 추산하였을 경우의 남은 날의 수이고, ③은 朔法에 의하여 추산하였을 경우의 남은 분의 수이며, ④는 至法에 의하여 추산하였을 경우의 남은 날의 수이고, ⑤

	2 년(BC 103)	을묘(乙卯)	12개월=54일, 348분 : 5일, 8분
	3 년(BC 102)	병진(丙辰)	윤년13개월=48일, 696분 : 10일, 16분
	4 년(BC 101)	정사(丁巳)	12개월=12일, 603분 : 15일, 24분
천한(天漢)	원년(BC 100)	무오(戊午)	12개월= 7일, 11분 : 21일, 0분
	2 년(BC 99)	기미(己未)	윤년13개월= 1일, 359분 : 26일, 8분
	3 년(BC 98)	경신(庚申)	12개월=25일, 266분 : 31일, 16분
	4 년(BC 97)	신유(辛酉)	12개월=19일, 614분 : 36일, 24분
태시(太始)	원년(BC 96)	임술(壬戌)	윤년13개월=14일, 22분 : 42일, 0분
	2 년(BC 95)	계해(癸亥)	12개월=37일, 869분 : 47일, 8분
	3 년(BC 94)	갑자(甲子)	윤년13개월=32일, 277분 : 52일, 16분
	4 년(BC 93)	을축(乙丑)	12개월=56일, 184분 : 57일, 24분
정화(征和)	원년(BC 92)	병인(丙寅)	12개월=50일, 532분 : 3일, 0분
	2 년(BC 91)	정묘(丁卯)	윤년13개월=44일, 880분 : 8일, 8분
	3 년(BC 90)	무진(戊辰)	12개월= 8일, 787분 : 13일, 16분
	4 년(BC 89)	기사(己巳)	12개월= 3일, 195분 : 18일, 24분
후원(后元)	원년(BC 88)	경오(庚午)	윤년13개월=57일, 543분 : 2일, 0분
	2 년(BC 87)	신미(辛未)	12개월=21일, 450분 : 29일, 8분
시원(始元)	원년(BC 86)	임신(壬申)	윤년13개월=15일, 798분 : 34일, 16분

정서(正西)……(第2章首, 冬至가 酉時에 있음)

시원(始元)	2 년(BC 85)	계유(癸酉)	12개월=39일, 795분 : 39일, 24분
	3 년(BC 84)	갑술(甲戌)	12개월=34일, 113분 : 45일, 0분
	4 년(BC 83)	을해(乙亥)	윤년13개월=28일, 461분 : 50일, 8분
	5 년(BC 82)	병자(丙子)	12개월=52일, 368분 : 55일, 16분
	6 년(BC 81)	정축(丁丑)	12개월=46일, 716분 : 0일, 24분
원봉(元鳳)	원년(BC 80)	무인(戊寅)	윤년13개월=41일, 124분 : 6일, 0분
	2 년(BC 79)	기묘(己卯)	12개월= 5일, 31분 : 11일, 8분
	3 년(BC 78)	경진(庚辰)	12개월=59일, 379분 : 16일, 16분

는 至法에 의하여 추산하였을 경우의 남은 분의 수이고, ⑥ 즉 '焉逢攝提格'은 歲陽과 細陰으로 紀年한 해의 이름이며, ⑦은 연호 및 年序이다. 이것을 우리말로 옮겨 놓은 것은 [⑦ ⑥ ① = ②, ③ : ④, ⑤]의 순으로 재구성해놓음과 아울러 年序 뒤에는 기원전(BC)으로 환산한 연도를 부기해놓았으며, ⑥은 干支紀年法으로 바꾸어 놓았고, ②, ③, ④, ⑤는 ~일, ~분으로 표기하였다.

	4 년(BC 77)	신사(辛巳)	윤년13개월=53일, 727분 : 21일, 24분
	5 년(BC 76)	임오(壬午)	12개월=17일, 634분 : 27일, 0분
	6 년(BC 75)	계미(癸未)	윤년13개월=12일, 42분 : 32일, 8분
원평(元平)	원년(BC 74)	갑신(甲申)	12개월=35일, 889분 : 37일, 16분
본시(本始)	원년(BC 73)	을유(乙酉)	12개월=30일, 297분 : 42일, 24분
	2 년(BC 72)	병술(丙戌)	윤년13개월=24일, 645분 : 48일, 0분
	3 년(BC 71)	정해(丁亥)	12개월=48일, 552분 : 53일, 8분
	4 년(BC 70)	무자(戊子)	12개월=42일, 900분 : 58일, 16분
지절(地節)	원년(BC 69)	기축(己丑)	윤년13개월=37일, 308분 : 3일, 24분
	2 년(BC 68)	경인(庚寅)	12개월= 1일, 215분 : 9일, 0분
	3 년(BC 67)	신묘(辛卯)	윤년13개월=55일, 563분 : 14일, 8분

정남(正南)……(第3章首, 冬至가 午時에 있음)

지절(地節)	4 년(BC 66)	임진(壬辰)	12개월=19일, 470분 : 19일, 16분
원강(元康)	원년(BC 65)	계사(癸巳)	12개월=13일, 818분 : 24일, 24분
	2 년(BC 64)	갑오(甲午)	윤년13개월= 8일, 226분 : 30일, 0분
	3 년(BC 63)	을미(乙未)	12개월=32일, 133분 : 35일, 8분
	4 년(BC 62)	병신(丙申)	12개월=26일, 481분 : 40일, 16분
신작(神爵)	원년(BC 61)	정유(丁酉)	윤년13개월=20일, 829분 : 45일, 24분
	2 년(BC 60)	무술(戊戌)	12개월=44일, 736분 : 51일, 0분
	3 년(BC 59)	기해(己亥)	12개월=39일, 144분 : 56일, 8분
	4 년(BC 58)	경자(庚子)	윤년13개월=33일, 492분 : 1일, 16분
오봉(五鳳)	원년(BC 57)	신축(辛丑)	12개월=57일, 399분 : 6일, 24분
	2 년(BC 56)	임인(壬寅)	윤년13개월=51일, 737분 : 12일, 0분
	3 년(BC 55)	계묘(癸卯)	12개월=15일, 654분 : 17일, 8분
	4 년(BC 54)	갑진(甲辰)	12개월=10일, 62분 : 22일, 16분
감로(甘露)	원년(BC 53)	을사(乙巳)	윤년13개월= 4일, 410분 : 27일, 27분
	2 년(BC 52)	병오(丙午)	12개월=28일, 317분 : 33일, 0분
	3 년(BC 51)	정미(丁未)	12개월=22일, 665분 : 38일, 8분
	4 년(BC 50)	무신(戊申)	윤년13개월=17일, 73분 : 43일, 16분
황룡(黃龍)	원년(BC 49)	기유(己酉)	12개월=40일, 920분 : 48일, 24분
초원(初元)	원년(BC 48)	경술(庚戌)	윤년13개월=35일, 328분 : 54일, 0분

정동(正東)……(第4章首, 冬至가 卯時에 있음)

초원(初元)	2년(BC 47)	신해(辛亥)	12개월＝59일, 235분：59일, 8분
	3년(BC 46)	임자(壬子)	12개월＝53일, 583분： 4일, 16분
	4년(BC 45)	계축(癸丑)	윤년13개월＝47일, 931분： 9일, 24분
	5년(BC 44)	갑인(甲寅)	11개월＝11일, 838분：15일, 0분
영광(永光)	원년(BC 43)	을묘(乙卯)	12개월＝ 6일, 246분：20일, 8분
	2년(BC 42)	병진(丙辰)	윤년13개월＝ 0일, 594분：25일, 16분
	3년(BC 41)	정사(丁巳)	12개월＝24일, 501분：30일, 24분
	4년(BC 40)	무오(戊午)	12개월＝18일, 849분：36일, 0분
	5년(BC 39)	기미(己未)	윤년13개월＝13일, 257분：41일, 8분
건소(建昭)	원년(BC 38)	경신(庚申)	12개월＝37일, 164분：46일, 16분
	2년(BC 37)	신유(辛酉)	윤년13개월＝31일, 512분：51일, 24분
	3년(BC 36)	임술(壬戌)	12개월＝55일, 419분：57일, 0분
	4년(BC 35)	계해(癸亥)	12개월＝49일, 767분： 2일, 8분
	5년(BC 34)	갑자(甲子)	윤년13개월＝44일, 175분： 7일, 16분
경녕(竟寧)	원년(BC 33)	을축(乙丑)	12개월＝ 8일, 82분：12일, 24분
건시(建始)	원년(BC 32)	병인(丙寅)	22개월＝ 2일, 430분：18일, 0분
	2년(BC 31)	정묘(丁卯)	윤년13개월＝56일, 778분：13일, 8분
	3년(BC 30)	무진(戊辰)	12개월＝20일, 685분：28일, 16분
	4년(BC 29)	기사(己巳)	윤년13개월＝15일, 93분：33일, 24분

　이상이 「역서」이다. 대여(大餘)는 남은 일의 수를 가리키고, 소여(小餘)는 남은 분의 수를 가리킨다. 단몽(端蒙)은 연명(年名)이다. 지지(地支)는 세양(歲陽)에 상당하고, 축(丑)은 적분약(赤奮若)이라고도 하며, 인(寅)은 섭제격(攝提格)이라고도 한다. 천간(天干)은 세음(歲陰)에 상당하고, 병(丙)은 유조(游兆)라고도 한다. 부수(蔀首)에서는 동지가 자시(子時)에, 제2장수(章首)에서는 동지가 유시(酉時)에, 제3장수에서는 동지가 오시(午時)에, 제4장수에서는 동지가 묘시(卯時)에 있다.

권27 「천관서(天官書)」[1] 제5

[항성 : 중관(中官)[2]]

중관에는 천극성(天極星)[3]이 있는데, 그중 밝은 별 하나는 태일(太一)[4]이 상주하는 곳이다. 그 옆의 세 별은 삼공(三公)[5]에 해당하는데, 또 어떤 이는 천제(天帝)의 아들들이라고도 한다. 태일 뒤로는 네 별이 굽어져 있는데,[6] 맨 끝의 큰 별은 천제의 정비(正妃)이고 나머지 세 별은 후궁(後宮)의 무리이다. 이들을 둘러싸 호위한 열두 별[7]은 변방을 지키는 제후들이다. 이들 모두를 자미원(紫微垣)[8]이라고 한다.

---

1) 「天官書」는 고대 천문학을 전문적으로 기술한 글인데, 그 속에는 매우 많은 占星〔별점〕, 望氣〔구름점〕, 候歲〔해운점〕 등의 占卜術이 함께 기술되어 이를 이해하고 과학적 지식들을 정리하기 위해서는 상당한 사전 지식이 필요하다. 고대 천문학자들은 하늘의 별들을 5대 구역으로 나누고 다시 3垣과 28宿를 두었으며, 인간 세상의 관직과 마찬가지로 뭇 별들에도 존비와 예속의 관계가 있는 것으로 여겨 그것을 '天官'이라고 불렀다. 崔適은 『史記探源』에서 이 「天官書」의 글을 후대 사람들이 『漢書』 「天文志」에서 절취해온 것으로 인정하였는데, 사상적 경향과 언어의 풍격으로 볼 때 확실히 司馬遷의 저작처럼 보이지 않아 崔適의 논단은 일리가 있다.
2) 이 중간 제목들([ ]로 묶은 것들)은 원서에는 없지만 이해의 편리를 위해서 넣은 것이다. 中官은 고대에는 북극성이 있는 곳을 하늘의 정중앙으로 인정하여 북극성을 하늘의 中官으로 삼았다. 원문은 "中宮"이라고 하였으나, 『史記索隱』과 王念孫의 『讀書雜志』에 의하면 '官'으로 고쳐야 하며, 뒤에 나오는 "東官,""南官,""西官," "北官"의 '官'도 마찬가지이다.
3) 天極星 : 곧 북극성으로, '北辰'이라고도 하고 다섯 개의 별을 포함하며 紫微垣에 속한다. 현대에 말하는 북극성은 곧 勾陳(또는 鉤陳) 한 별만을 가리켜 고대의 것과 다르다.
4) 太一 : 가장 높은 天神인 天帝의 별명.
5) 별 셋이 인간세계의 三公을 상징한다는 것. 三公이란 周代에는 太師, 太傅, 太保를, 西漢 시대에는 丞相, 御使大夫, 太尉를 말한다.
6) 『星經』에 의하면 이 네 별은 '四輔'라고 부른다.
7) 唐代 王希明의 『步天歌』에 의하면, 이 星官에는 15개의 별이 두 줄로 늘어서서 북극성을 중심으로 하여 병풍 모양을 이루고 있다고 한다.
8) 원문은 "紫宮"이다. '紫微宮'이라고도 한다. 이것은 星官의 이름도 되고 하늘의 구역을 가리키는 이름도 되는데, 여기서는 星官을 가리킨다. 옛사람들은 황하 유역에

앞에 열지어 북두좌(北斗座)의 입을 가리고 있는 세 별은, 북쪽을 향해 드리워져[9] 앞 끝이 가늘고 보일 듯 말듯 한데, 그 이름을 음덕좌(陰德座) 또는 천일좌(天一座)라고도 한다. 자미원 왼쪽의 세 별은 천창좌(天槍座), 오른쪽의 다섯 별은 천봉좌(天棓座)라고 부르며,[10] 뒤의 여섯 별은 은하수를 가로질러 실수(室宿)[11]에까지 이르는데 이름을 각도좌(閣道座)라고 한다.

북두좌(北斗座)는 일곱 별[12]인데 이른바 "선기옥형(旋璣玉衡)을 살펴 칠정(七政)을 바로잡는다"[13]는 별이다. 표(杓)는 각수(角宿)를 끌고, 형(衡)은 두수(斗宿)[14]를 마주하며, 괴(魁)는 삼수(參宿)[15]의 머리를 베개 삼고 있다.[16] 황혼에 인(寅)의 방향을 가리키는[17] 것은 표(杓)인데, 표

서 흔히 보이는 북쪽 하늘을 紫微垣, 太微垣, 天市垣의 3垣으로 구분하였는데, 紫微垣은 북극성을 중심으로 모여 있는 별들의 구역이고, 太微垣은 星宿, 張宿, 翼宿, 軫宿 이북의 구역이고, 天市垣은 房宿, 心宿, 尾宿, 箕宿, 斗宿 이북의 구역이다.

9) 원문 "隨北"의 '隨'는 『史記索隱』, 『史記志疑』에 의하면 '隋'로 바꿔야 하며, 이는 '늘어뜨리다'인 '墮'와 통한다.

10) 淸代 方苞의 『史記注補正』에 의하면 이들 天槍座와 天棓座의 '左右'가 서로 바뀌어야 옳다고 한다. '棓'은 '棒'과 音義가 같다.

11) 원문은 "營室"로 원래는 室宿와 壁宿를 함께 말하였는데 나중에는 室宿만을 가리켜 쓰였다. 室宿는 28宿의 하나로 북방 7宿의 第6宿인 두 별인데 지금은 飛馬座에 속한다. 壁宿는 東壁이라고도 하며, 28宿의 하나로 북방 7宿의 第7宿인 두 별인데, 지금은 각각 飛馬座와 仙女座에 달리 속한다. 이 「天官書」의 '營室'은 모두 '室宿'를 지칭한 것으로 보이는데, 목성의 부분에서 "以三月與營室, 東壁晨出"이라고 하고, 分野의 부분에서 "營室至東壁, 幷州"라고 하여 營室과 壁宿를 병렬시킨 것이 그 예 증이다.

12) 北斗座 일곱 별의 명칭은 天樞, 天璇, 天璣, 天權(이상 네 별을 魁 또는 璇璣라고 함), 玉衡, 開陽, 搖光(이상 세 별을 杓 또는 玉衡이라고 함)이다. 이들은 모두 현재는 큰곰좌에 속한다.

13) 원문은 "旋璣玉衡, 以齊七政"(『尙書』의 원문은 "在璿璣玉衡, 以齊七政"이다)이다. '旋璣(또는 璇璣)'는 북두칠성의 앞쪽 네 별로서 渾天儀를 상징하며, '玉衡'은 북두칠성의 뒤쪽 세 별로서 渾天儀의 橫筒을 상징한다. '七政'은 日月과 金木水火土의 五星(또는 五緯)을 합친 것으로 '七曜'라고도 한다. '齊七政'은 이들 七政이 운행하는 度次를 표시한다는 것이다.

14) 원문 "南斗"는 斗宿의 별명으로 북두칠성과 마찬가지로 국자(斗) 모양을 하고 있어 '남쪽의 국자'로 불리는 것이다. 28宿의 하나로서 북방 7宿의 第1宿이며 여섯 개의 별이 포함되는데 현재는 人馬座(또는 射手座)에 속한다.

15) 參宿 : 28宿의 하나로 서방 7宿의 第7宿이며 일곱 개의 별을 포함하는데(때로는 그 속의 비교적 밝고 가까운 세 개, 즉 三台星만을 가리킴) 현재는 사냥꾼좌, 즉 오리온좌에 속한다.

16) 이 문장의 의미는 대체로 "북두칠성의 자루 끝에는 깃발을 매단 듯이 角宿가 끌

의 분야(分野)[18]는 화산(華山)[19] 서남 지역이다. 밤중에 인(寅)을 가리키는 것은 형(衡)인데, 형의 분야는 중주(中州)[20]의 황하와 제수(濟水)[21] 사이의 지역이다. 새벽에 그것을 가리키는 것은 괴(魁)인데 괴의 분야는 동해(東海)에서 태산(泰山)에 이르는 동북 지역이다. 북두좌는 천제가 타는 수레로서 하늘의 정중앙을 운행하면서 사방을 통제한다. 음양을 나누고 사계절을 정하고 오행(五行)[22]을 조절하며 절기를 바꾸고 제기(諸紀)[23]를 확정짓는 모든 것이 북두좌에 연계된다.

려가고, 자루의 연장선은 斗宿와 맞닿으며, 국자의 머리맡을 參宿가 받치고 있다"는 것으로 볼 수 있다. 일반적으로 杓와 衡은 함께 5-7번의 자루[斗柄] 부분을, 魁는 1-4번 국자의 머리[斗魁] 부분을 뜻하며, 또 杓, 衡, 魁로 각각 북두칠성의 7, 5, 1번째 별을 가리키기도 한다. 그런데 여기서는 문장의 내용상 衡과 魁가 각각 하나의 별만을 가리키는 것으로는 보기 어려워 북두칠성의 부분 명칭인 것으로 보아야 하는데, 杓를 일곱번째 별만을 가리키는 것으로 볼 수도 있고, 杓와 衡이 똑같이 자루를 가리키는데 표현관계상 교체사용한 것으로 볼 수도 있다.

17) "가리키는"은 원문 "建"의 번역이다. 옛날에는 12支를 12월에 배합하는 "月建"의 관념이 있어서 「夏曆」(지금의 음력) 11, 12, 1, ……10월을 각각 "建子之月, 建丑之月, 建寅之月, ……建亥之月"로 불렀는데, 이때의 '建'은 '斗建,' 즉 斗柄의 가리키는 방향으로 해석되었다. 이는 斗柄이 가리키는 방향을 12支에 배합시켜, 예를 들면 北東南西을 각각 子卯午酉에 배합시키고, 建子之月인 11월에는 斗柄이 正北을, 建寅之月인 1월에는 斗柄이 東北東을 가리킨다고 본 것이다. 그런데 남북조시대의 祖沖之와 淸나라의 梅文鼎은 斗柄이 가리키는 방위와 月建이 서로 관계를 갖지 않음을 지적하였다. 이 문장과 뒤 두 문장 각각의 앞 구절 원문은 "用昏建者杓," "夜半建者衡," "平旦建者魁"인데, 三秦出版社 『史記注譯』의 曹相成과 일본 平凡社의 『史記』의 吉田光邦의 해석은 본문의 것과 기본적으로 일치하는데 '建'자를 각각 '大地를 가리키는'과 '寅方을 가리키는'으로 하여 방위를 명시하였다. 聯經出版社 『白話史記』의 羅宗濤, 李時銘은 이를 月建의 방법에 대한 설명으로 해석하여 '북두가 가리키는 바를 관찰하여 열두 달의 이름을 정한다'는 말을 앞에 추가 삽입하고 나서 각각 "황혼에 세우는 것은 斗杓가 가리키는 방위를 본다" "밤중에 세우는 것은 斗衡과 북극성의 연장선이 가리키는 방위를 본다" "새벽에 세우는 것은 斗魁가 가리키는 방위를 본다"라고 하였다.

18) 分野: 고대 천문학에서는 하늘의 별의 위치와 지상의 州와 國의 위치를 대응시키고, 하늘의 별에 대해서는 '分星,' 지상의 구역에 대해서는 '分野'라고 불렀다. 이 글은 하늘의 28宿를 땅의 12州에 배합시키고 있는데, 고대인들은 天象의 이변을 지상의 州와 國의 길흉에 견주었다.

19) 華山: 陝西省 동부에 있으며 秦嶺山脈의 동부에 속하는 산 이름. 주봉은 太華山이라고도 하고 華陰縣 남쪽에 있으며 해발 2000m로, 고대에는 '西嶽'이라고 불렀다.

20) 中州: 고대의 豫州가 九州의 중앙에 위치하므로 붙인 이름이다.

21) 濟水: 河南省 濟源縣 王屋山에서 발원하며, 고대에는 황하의 남북 양 부분이 되었으며 하류의 물길에 변화가 매우 많다.

22) 五行: 고대에 각종 물질의 다섯 원소라고 인정된 水, 火, 木, 金, 土이다.

23) 諸紀: 歲, 日, 月, 星辰, 曆數 등의 법도를 가리킨다.

두괴(斗魁)는 문창좌(文昌座)를 이고 있는데, 이는 별 여섯 개가 광주리 모양으로 열을 지어 있다. 문창좌의 첫째 별은 상장(上將), 둘째 별은 차장(次將), 셋째 별은 귀상(貴相), 넷째 별은 사명(司命), 다섯째 별은 사중(司中), 여섯째 별은 사록(司祿)이다. 두괴의 속[24]은 귀인(貴人)의 감옥이다. 두괴 아래에는 여섯 개의 별이 있어 두 개씩 나란히 열을 지어 있는데 이것을 삼태좌(三能座)[25]라고 부른다. 삼태좌의 색이 화평하면 임금과 신하가 화목하며, 그 색이 화평하지 못하면 임금과 신하가 서로 어긋나게 된다. 보성(輔星)[26]이 밝고 가까이 있으면 대신(大臣)이 친근하여 힘을 지니고, 보성이 미약하고 멀리 있으면 대신이 소원하여 능력을 지니지 못한다.

두병(斗柄)의 앞 끝에는 두 개의 별이 있는데, 가까이 있는 것이 천모성(天矛星)으로 초요성(招搖星)이라고도 부르며, 멀리 있는 것이 천순성(天盾星)으로 천봉성(天鋒星)이라고도 부른다. 꺾여 둘러선 열다섯 별[27]이 두병에 닿아 있는데 이것이 천인(賤人)의 감옥이다. 이 감옥 안에 별이 가득 차면 죄인이 많아지고, 별이 드물면 죄인이 풀려난다.

천일좌(天一座), 천창좌(天槍座), 천봉좌(天棒座), 천모성(天矛星), 천순성(天盾星)이 동요하며 광망(光芒)이 커지면 전쟁이 발생한다.

[항성 : 동관(東官)[28]]

동관은 창룡(蒼龍)의 형상[29]이며, 방수(房宿)[30]와 심수(心宿)[31]가 있

---

24) 斗魁의 속에 든 天理의 네 별을 가리킨다. 원문의 "在斗魁中" 앞에 빠진 어구가 있는 것으로 본다.

25) '三能'는 곧 三台星을 말하며, '能'는 '台'로 발음한다(『史記集解』에 인용된 蘇林의 말).

26) 輔星 : 開陽星 가까이 있는 伴星.

27) 원문은 "句圜十五星"이다. '句'는 '勾'와 통하여 "갈고리처럼 꺾어진" 七公星의 일곱 별을 가리키며, '圜'은 '圓'과 통하여 "둥그렇게 늘어선" 貫索星의 아홉 별을 가리키는데, 그중 正北의 별 하나는 늘 숨어 나타나지 않으므로 15개의 별로 관측된다. 이들은 連環形을 이루고 배열되어 있다.

28) 원문은 "東宮"인데 '東官'으로 바꾸었다. 〈주 2〉참조. 옛사람들은 해, 달과 다섯 별을 관측하면서 황도와 적도 부근의 28개 항성을 뽑아 좌표로 삼고 그것을 28宿라고 불렀다. 28宿는 사방의 7宿로 다시 나뉘며 7宿는 각각 하나의 형상을 구성하는데, 이를 표시하면 다음과 같다.

　東方蒼龍七宿　　角亢氐房心尾箕／北方玄武七宿　斗牛女虛危室壁
　西方白虎七宿　　奎婁胃昴畢觜參／南方朱雀七宿　井鬼柳星張翼軫

다. 심수는 명당(明堂)인데 그 큰 별은 천왕(天王)이고, 그 앞별과 뒷별은 태자(太子)와 서자(庶子)이다. 이 별들은 직선으로 늘어서지 말아야 하며 만약 직선을 이루면 천왕의 정책결정이 잘못된다. 방수는 천제의 관서(官署)[32]이며 또 천제의 마차이다. 그 북쪽은 좌참성(左驂星)과 우참성(右驂星)[33]이고, 그 옆의 두 별은 구성(鉤星)과 금성(衿星)[34]이며, 북쪽의 한 별은 할성(轄星)이다. 동북쪽에 열두 개의 별이 굽어져 있는데 이를 천기좌(天旗座)라고 하며, 천기좌 가운데에는 천시원(天市垣)[35]이라는 네 개의 별이 있고 또 시루좌(市樓座)라는 여섯 개의 별이 있다. 천시원 속에 별이 많으면 경제가 번영하고, 그 속에 별이 드물면 경제가 궁핍해진다. 방수 남쪽에 있는 매우 많은 별들은 기관좌(騎官座)라고 부른다.

각수(角宿)[36] 왼쪽의 별은 법관[37]이고, 그 오른쪽의 별은 장군이다. 대각성(大角星)은 천왕의 조정이며, 그 양쪽에 각각 세 개의 별이 마치 삼각대처럼 굽어싸고 있는데 이를 섭제좌(攝提座)라고 부른다. 섭제좌는 두병이 가리키는 방향에 마주하여 있어 사계의 절기를 세워주며 그래서 "섭제격(攝提格)의 해"[38]라고 말한다. 항수(亢宿)[39]는 외조(外朝)[40]로서 질병을 관장한다. 그 남쪽과 북쪽에 있는 두 개의 큰 별은 남문좌(南門座)라고 부른다. 저수(氐宿)[41]는 각수, 항수의 밑바닥에 있으며 전염병

29) 東官의 角宿에서 箕宿까지를 연결하면 용의 모습으로, 角宿는 용의 뿔, 氐宿와 房宿는 용의 몸, 尾宿는 용의 꼬리 모양이다.

30) 房宿 : 天駟座로도 부르는 28宿의 하나로 동방 7宿의 第4宿인 네 개의 별인데, 지금은 전갈좌에 속한다.

31) 心宿 : 商星이라고도 부르는 28宿의 하나로 동방 7宿의 第3宿인 세 개의 별인데, 지금은 전갈좌에 속한다.

32) 원문은 "府"인데 『史記索隱』과 『史記志疑』에 근거하여 "天府"로 보충 해석한다.

33) 원문은 "右驂"인데 『史記志疑』에 근거하여 "左右"으로 본다.

34) 원문은 "衿"인데 『史記索隱』과 『史記正義』에 근거하여 "鉤衿"으로 본다.

35) 天市垣 : 여기서는 星官의 이름이며, 별하늘의 구역을 표시하기도 한다. 〈주 8〉 참조.

36) 角宿 : 28宿의 하나로 동방 7宿의 第1宿인 두 개의 별인데, 지금은 처녀좌에 속한다.

37) 원문 "李"는 "理"와 통용되어, 법관을 표시한다.

38) "攝提格의 해" : 攝提座가 斗柄을 따라 寅의 방향을 가리켜 시작되는 해이다.

39) 亢宿 : 28宿의 하나로 동방 7宿의 第2宿인 세 개의 별인데, 지금은 처녀좌에 속한다.

40) 外朝 : 天帝가 정사를 처리하는 곳.

41) 氐宿 : 28宿의 하나로 동방 7宿의 第3宿인 네 개의 별인데, 지금은 天秤座에 속한다.

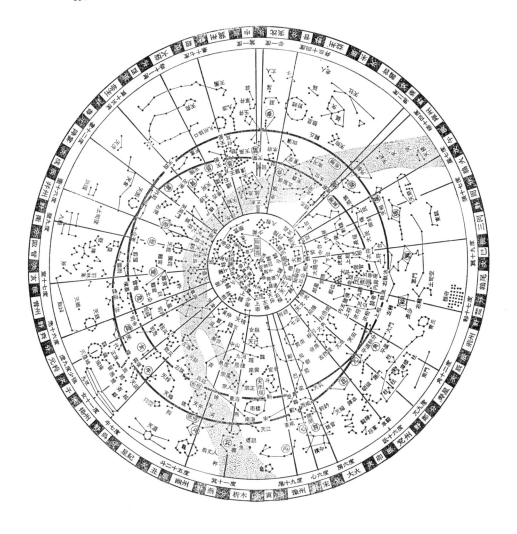

소주(蘇州)의 천문도(天文圖)에 기초한 중국 고대의 별자리 지도

이 별자리 지도의 기초가 된 소주(蘇州)의 석각(石刻)은 황상(黃裳)이 만든 것이다. 높이는 2.5미터 남짓하며, 그 상반부에 1,440개의 별을 보여주는 북극 중심의 별자리 지도가 새겨져 있다. 대체로 송나라 때의 실제 관측에 의한 것이며, 1247년에 만들어졌다.

을 관장한다.

미수(尾宿)⁴²⁾에는 아홉 개의 새끼 별[子星]이 있는데, 군주와 신하를 상징하여 서로 멀리 떨어져 있으면 군신 사이가 불화한다. 기수(箕宿)⁴³⁾는 시비를 가리는 세객(說客)으로 분쟁을 상징한다.

화성(火星)이 각수의 자리를 침범하거나 점거하면⁴⁴⁾ 전쟁이 일어난다. 화성이 방수, 심수의 자리를 범하거나 점거하는 것은 제왕이 싫어하는 현상이다.

[항성 : 남관(南官)⁴⁵⁾]

남관은 주작(朱雀)의 형상이며, 권좌(權座)와 형좌(衡座)⁴⁶⁾가 있다. 형좌는 태미원(太微垣)이라고도 하는데 해와 달, 그리고 다섯 행성의 궁정(宮廷)이다. 보좌와 시위를 담당하는 열두 개의 별은 제왕을 보위하는 대신들이며, 서쪽의 것은 장군이고 동쪽의 것은 재상이고 남쪽의 네 별은 궁정의 관리인데……중간은 단문(端門)이고 단문의 좌우 양쪽은 액문(掖門)⁴⁷⁾이다.……문 안의 여섯 개의 별은 제후(諸侯)이다.⁴⁸⁾ 그 안의 다섯 개의 별은 오제좌(五帝座)⁴⁹⁾이다. 뒤쪽에 열다섯 개의 별이 빽빽이 모여 있는데 낭위좌(郞位座)라고 하며, 옆쪽에 한 개의 큰 별이 있는데 장위성(將位星)이라고 한다. 달과 다섯 행성이 서쪽에서 태미원으로 들어가며 정상(正常)의 길을 따르면 이들이 오제좌로 나올 때까지 이들에게 자리를

---

42) 尾宿 : 28宿의 하나로 동방 7宿의 第6宿인 아홉 개의 별인데, 지금은 전갈좌에 속한다.
43) 箕宿 : 28宿의 하나로 동방 7宿의 第7宿인 네 개의 별인데, 지금은 射手[人馬]座에 속한다.
44) "침범[犯]"과 "점거[守]"는 옛날 天象 관측의 술어로서, 아래에 있는 별 "甲"의 光芒이 위로 별 "乙"의 光芒에까지 뻗어 닿으면 별 "甲"이 별 "乙"을 "침범했다" 하고, 별 "乙"이 늘 있는 위치에 별 "甲"이 머물면 별 "甲"이 별 "乙"을 "점거했다"고 한다.
45) 원문은 "南宮"인데 '南官'으로 바꾸었다. 〈주 2〉 참조.
46) 權座는 軒轅座로도 부르는 17개의 별이며, 衡座는 太微垣으로도 부르는 10개의 별이다.
47) 端門과 掖門은 하늘의 문으로서 각각 정문과 곁문[則門]의 뜻이다.
48) 『史記正義』와 『史記志疑』에 의하면 다섯 개의 별이 있을 뿐이며, 본문에 착오가 있는 것이다.
49) 五帝座 : 다섯 별의 명칭은 다음과 같다. 중앙 黃帝座의 신 이름은 舍樞紐, 동방 蒼帝座의 신 이름은 靈威仰, 남방 赤帝座의 신 이름은 赤熛怒, 서방 白帝座의 신 이름은 白昭矩, 북방 黑帝座의 신 이름은 協光紀이다.

점거[守]당하는 별을 관찰하여, 그 별에 의해 상징되는 대신과 관리들에게 황제의 징벌을 내린다. 만약 동쪽으로부터 태미원에 들어가 정상의 길을 따라가지 않으면 이들에게 침범하는 별을 살펴, 그 별에 의해 상징되는 대신과 관리에 대하여 황제가 죄명을 내리게 된다. 오제좌를 침범하거나 점거하여 재앙이 분명히 표현되면 반드시 여러 신하들과 관리들이 짜고 난리를 도모하는 것이다. 금성과 화성의 침범이나 점거는 특히 더 심하다. 태미원에 딸린 열을 지은 별들의 서쪽에 드리운 다섯 개의 별은 소미좌(少微座)50)라고 하는데 사대부를 상징한다. 권좌는 헌원좌(軒轅座)라고도 하는데 헌원좌는 황룡(黃龍)의 형상을 하고 있다. 앞쪽의 큰 별은 황후이고 옆쪽의 작은 별들은 비빈과 희첩들이다. 이들이 달과 다섯 행성에게 침범이나 점거를 당하는 경우의 징조는 형좌의 것과 마찬가지이다.

정수(井宿)51)는 물의 일을 관장한다. 52) 그 서쪽에 깊이 숨은 한 개의 별이 있는데 월성(鉞星)이라고 한다. 월성의 북쪽은 북하좌(北河座)이고 남쪽은 남하좌(南河座)이다. 53) 북하좌, 남하좌, 천궐좌(天闕座)54)의 중간은 교통의 요충지이다. 귀수(鬼宿)55)는 제사와 축원의 일을 주관하는데, 56) 그 중앙에 있는 한 바탕의 흰 빛은 질수(質宿)57)이다. 화성이 남하좌, 북하좌를 점거하면 전쟁이 발생하고 곡물이 익지 않는다. 그러므로 제왕의 덕정(德政)은 형좌(衡座)58)에, 유람행차는 천황좌(天潢座)59)에,

---

50) 『漢書』「天文志」와『晉書』「天文志」에 의하면 少微座의 별은 네 개로서, 본문에 착오가 있다.
51)　井宿 : 원문은 "東井"으로 井宿의 별명이다. 28宿의 하나로 남방 7宿의 第1宿인 여덟 개의 별인데, 지금은 쌍둥이좌에 속한다.
52)　물은 평평하여 법제를 다루는 이의 모범이 된다는 의미에서 "법령제도의 준칙을 관장하다"로도 해석된다.
53)　北河座와 南河座에는 각각 세 개의 별이 있다.
54)　天闕座에는 두 개의 별이 있다.
55)　원문 "輿鬼"는 鬼宿의 별명이다. 28宿의 하나로 남방 7宿의 第2宿인 네 개의 별인데, 지금은 큰게좌에 속한다.
56)　원문 "輿鬼, 鬼祠事"의 둘째 '鬼'는『史記正義』와『史記志疑』및 王先謙에 의하면 '主'나 '爲'로 고쳐야 한다.
57)　質宿 : 鬼宿 네 별의 중앙에 딸린 한 별자리로서 '積尸氣' 또는 '鬼星團'으로도 부른다.
58)　衡座 : 곧 太微垣이다. '衡'은 저울로서 모든 사물에 대하여 공평한 태도를 가진다는 것을 상징한다.
59)　天潢座 : 潢, 天潢, 五潢, 天五潢으로도 불리며, 天帝의 車舍로서 이를 통해 제왕의 車馬의 행적을 볼 수 있다 한다.

나쁜 행위는 월성(鉞星)⁶⁰⁾에, 재앙은 정수(井宿)⁶¹⁾에, 주살(誅殺)은 질수(質宿)⁶²⁾에 그 징조가 나타난다.

유수(柳宿)⁶³⁾는 주작(朱雀)의 부리⁶⁴⁾로서 초목을 관장한다. 성수(星宿)⁶⁵⁾는 주작의 목줄기이며 목청⁶⁶⁾으로서 긴급한 사안을 관장한다. 장수(張宿)⁶⁷⁾는 모이주머니⁶⁸⁾이며 주방(廚房)으로서 손님의 식사대접을 관장한다. 익수(翼宿)⁶⁹⁾는 날개로서 먼 곳의 손님을 접대하는 일을 관장한다.

진수(軫宿)⁷⁰⁾는 차량으로서 바람을 관장한다. 그 옆에 작은 별이 하나 있어 장사성(長沙星)이라고 하는데 미소(微小)하여 보통은 밝게 빛나지 않으며, 이것이 진수의 네 별과 같은 밝기의 빛을 내거나, 다섯 행성이 진수 가운데로 침입하면 큰 전쟁이 발발한다. 진수 남쪽의 매우 많은 별들은 천고좌(天庫座), 천루좌(天樓座)⁷¹⁾라고 한다. 천고좌에는 오거성(五車星)이 있는데, 이것이 광망을 내뿜거나 또는 더 많아지거나 숨어 없어지거나 하면 거마(車馬)를 처리할 수 없게 된다.

[항성 : 서관(西官)]

서관에는   함지좌(咸池座)⁷²⁾가   있고……천오황좌(天五潢座)라고   한

---

60) '鉞'은 도끼로서 형벌과 전쟁을 상징한다.
61) 井宿 : 水事를 주관하여 제왕을 상징한다.
62) '質'은 '鑕'과 통용되어 사람 죽이는 데 쓰이는 도마를 표시한다.
63) 柳宿 : 28宿의 하나로 남방 7宿의 第3宿인 여덟 개의 별인데, 지금은 長蛇座에 속한다.
64) 원문 "鳥注"의 '注'는 '咮'와 통용되어 입, 부리를 표시한다.
65) 원문 "七星"은 곧 星宿로서, 28宿의 하나로 남방 7宿의 第7宿인 일곱 개의 별인데, 지금은 長蛇座에 속한다.
66) 원문 "員官"의 '員'은 '圓'과 통용되며, '官'은『漢書』「天文志」와『史記索隱』에 의해 "宮"으로 본다.
67) 張宿 : '鶉尾'로도 불리는 28宿의 하나로 남방 7宿의 第5宿인 여섯 개의 별인데, 지금은 長蛇座에 속한다.
68) 원문 "素"는 '嗉'와 통용되어 모래주머니를 표시한다.
69) 翼 : 28宿의 하나로 남방 7宿의 第6宿인 22개의 별인데, 지금은 巨爵座와 長蛇座에 나뉘어 속한다.
70) 軫宿 : 28宿의 하나로 남방 7宿의 第7宿인 네 개의 별인데, 지금은 까마귀좌에 속한다.
71) 天庫座에는 여섯 개, 天樓座에는 네 개의 별이 있다.
72) '咸池'는 별 이름으로 그 범위에는 여러 설이 있어, 어떤 이는 세 개, 어떤 이는 다섯 개, 또 어떤 이는 五車, 五潢, 三柱의 19개 별을 함께 가리킨다고 말한다.

다.[73] 오황좌(五潢座)는 오방(五方) 천제의 수레 창고이다. 화성이 침입하면 한발이, 금성이 침입하면 전란이, 수성이 침입하면 수재가 발생한다. 그 중간에는 삼주좌(三柱座)[74]가 있는데, 삼주좌가 숨어 없어지면 전쟁이 발생한다.

규수(奎宿)[75]는 봉시좌(封豕座)라고도 하며 수로를 관장한다. 누수(婁宿)[76]는 군중의 소집을 관장한다. 위수(胃宿)[77]는 천제의 식량 창고이다. 그 남쪽에 매우 많은 별들이 있는데 괴적좌(廥積座)[78]라고 부른다.

묘수(昴宿)[79]는 모두좌(髦斗座)라고도 하는데 호인(胡人)[80]을 상징하는 별로서 상사(喪事)를 관장한다. 필수(畢宿)[81]는 한거좌(罕車座)라고도 하여 변방의 군대를 상징하며 사냥을 관장한다. 그것의 큰 별 곁에 있는 작은 별은 부이성(附耳星)인데, 부이성이 요동하면 참언(讒言)으로 분란을 일으키는 간신이 제왕 가까이에 있다. 묘수와 필수의 사이에는 천가좌(天街座)[82]가 있는데, 그 북쪽은 음의 국가이고, 남쪽은 양의 국가이다.[83]

삼수(參宿)[84]는 백호(白虎)의 형상이다. 직선으로 늘어선 세 별은 저울대이다. 아래쪽에는 세 개의 별이 있는데, 이것들은 상단이 뾰족하고 벌좌(罰座 또는 伐座)라고 부르며 참형의 일을 관장한다. 삼수 바깥의 네 별은 좌견(左肩), 우견(右肩)과 좌퇴(左腿), 우퇴(右腿)이다. 세 개의

---

73) 원문 "西宮咸池, 曰天五潢"의 '曰' 앞에는 빠진 문장이 있는 것으로 보인다.

74) 三柱座에는 아홉 개의 별이 있다.

75) 奎宿 : '天豕,' '封豕'로도 불리는 28宿의 하나로 서방 7宿의 第1宿인 16개의 별인데, 지금은 선녀좌와 물고기좌에 나뉘어 속한다.

76) 婁宿 : 28宿의 하나로 서방 7宿의 第2宿인 세 개의 별인데, 지금은 白羊座에 속한다

77) 胃宿 : 28宿의 하나로 서방 7宿의 第3宿인 세 개의 별인데, 지금은 白羊座에 속한'다.

78) 廥積座에는 여섯 개의 별이 있다.

79) 昴宿 : '牟髦頭,' '昴星團'으로도 불리는 28宿의 하나로 서방 7宿의 第4宿인 일곱 개의 밝은 별인데, 지금은 황소좌에 속한다.

80) 胡人은 고대 북방과 서방의 각 부족에 대한 통칭이며, 때로는 匈奴만을 지칭한다.

81) 畢宿 : '天濁,' '罕車'로도 불리는 28宿의 하나로 서방 7宿의 第5宿인 여덟 개의 별인데, 지금은 황소좌에 속한다.

82) 天街座에는 두 개의 별이 있다.

83) 陰의 국가는 이민족 국가를, 陽의 국가는 중국을 가리킨다.

84) 參宿 : 〈주 15〉 참조.

작은 별이 귀퉁이에 배열되어 있는데 이름은 자수(觜宿)[85]이고 호랑이 머리 모양이며 야생의 음식물[86]을 관장한다. 삼수의 남쪽에 네 별이 있는데 천측좌(天厠座)라고 한다. 천측좌 아래에 별이 하나 있는데, 이것이 천시성(天矢星 또는 天屎星)이다. 천시성이 황색을 띠면 길하고 청, 백, 흑색을 띠면 흉하다. 삼수의 서쪽에는 아홉 개의 별이 굽어져 있는데, 이것들은 세 곳에 나뉘어 배열되어 있어, 첫째 무리는 천기좌(天旗座)이고, 둘째 무리는 천원좌(天苑座)이며, 셋째 무리는 구유좌(九旒座)[87]이다. 삼수의 동쪽에 큰 별이 하나 있는데, 이것이 천랑성(天狼星)[88]이다. 천랑성의 광망의 색깔이 변하면 도적이 많아진다. 아래에는 호좌(弧座)라는 네 개의 별[89]이 있는데 천랑성을 마주하고 있다. 지평선 가까이에 큰 별이 하나 있는데, 이것이 남극노인(南極老人)[90]이다. 남극노인이 나타나면 평안하여 사건이 없고, 나타나지 않으면 전쟁이 일어난다. 늘 추분 때에 성의 남쪽 교외에서 관측된다.

부이성(附耳星)이 필수(畢宿) 속으로 들어가면 전쟁이 일어난다.[91]

[항성 : 북관(北官)]

북관은 현무(玄武)[92]의 형상이며, 허수(虛宿)와 위수(危宿)[93]가 있다. 위수는 궁실의 축조를 관장하며, 허수는 곡읍(哭泣)하는 일을 관장한다.

그 남쪽에는 많은 별들이 있는데, 이를 우림천군(羽林天軍)[94]이라고

---

85) 觜宿 : '觜觽'로도 부르며 28宿의 하나로 동방 7宿의 第6宿인 아홉 개의 별인데, 지금은 전갈좌에 속한다.
86) 원문 "葆旅"를 "군수물자 수송의 보호"로 해석하기도 한다.
87) 원문 "九游"의 '游'는 '旒'와 통용된다. 『史記正義』에 의하면 天旗星에는 아홉 개의 별이, 天苑星에는 16개의 별이, 九旒星에는 아홉 개의 별이 포함된다 하여 윗구절의 "九星"과 합치되지 않는다.
88) 天狼星 : 하늘에서 가장 빛나는 恒星으로 현재는 큰게좌에 속한다.
89) 『史記正義』와 『史記志疑』에 의하면 아홉 개의 별이 있으며, 본문에 착오가 있다.
90) 원문 "狼比地有大星"의 '狼'은 『漢書』「天文志」와 『史記志疑』에 의하면 衍文으로서 빼고 해석한다.
91) 이 문장은 앞의 附耳星 관련 문장의 아래에 나와야 맞다.
92) 玄武 : 거북 또는 거북과 뱀이 합친 형상인데, '玄'은 검은 색으로 북방을 표시하고 '武'는 비늘을 가진 거북과 뱀의 武勇을 상징한다.
93) 虛宿는 28宿의 하나로 북방 7宿의 第4宿인 두 개의 별인데, 지금은 寶瓶座와 망아지좌에 나뉘어 속한다. 危宿는 28宿의 하나로 북방 7宿의 第5宿인 세 개의 별인데, 지금은 寶瓶座와 飛馬座에 나뉘어 속한다.
94) 羽林天軍에는 45개의 별이 있다.

부른다. 천군좌(天軍座)의 서쪽은 누좌(壘座)[95]로서 월좌(鉞座)라고도
한다. 그 옆에 큰 별이 하나 있는데 북락성(北落星)이다. 만약 북락성이
숨어 없어지고 천군좌가 요동하며 광망이 점점 드물어지면, 그리고 다섯
행성이 북락성을 침범하여 천군좌에 침입하면 전쟁이 일어난다. 화성, 금
성, 수성이 침범, 침입하면 특히 심하다. 화성이 침입하면 전쟁의 걱정이
있고, 수성이 침입하면 홍수의 재해를 당하고, 목성과 토성이 침입하면
전쟁이 유리하다. 위수 동쪽의 여섯 별은 두 개씩 나란히 열을 지어 있는
데, 이를 사공좌(司空座)[96]라고 한다.

실수(室宿)는 제왕의 종묘인데, 또는 제왕의 이궁(離宮) 복도라고도
한다.[97] 은하(銀河) 속에는 네 개의 별이 있는데, 이것이 천사좌(天駟
座)[98]이다. 옆의 별 한 개는 왕량성(王良星)[99]이다. 왕량성이 책성(策
星)을 채찍 삼아 천사좌의 말을 몰고 있으면,[100] 전차와 기마병이 들판을
가득 채운다. 그 옆에 여덟 개의 별이 있어 은하를 가로지르는데, 이를
천황좌(天潢座)[101]라고 한다. 천황좌 옆은 강성(江星)[102]인데, 강성이
요동하면 사람들이 걸어서 물을 건너야 한다.

저구좌(杵臼座)[103]의 네 별은 위수(危宿)의 남쪽에 있다. 포과좌(匏瓜
座)[104] 자리를 객성(客星)이 점거하면 물고기, 소금 등의 값이 오른다.

두수(斗宿)[105]는 조당(朝堂)이며, 그 북쪽은 건좌(建座)[106]이다. 건좌
는 하늘의 깃발[天旗]이다. 우수(牛宿)[107]는 제사에 쓸 희생의 짐승을 관

---

95) 壘座에는 12개의 별이 있다.
96) 司空座 : 이 별의 명칭, 위치, 수 모두에 착오가 있는데 『史記志疑』에서는 논단이
    어렵다고 인정한다.
97) 「天官書」에는 28宿의 기록 가운데 유독 북방의 壁宿가 빠져 있는데, 『史記志疑』
    에는 이 문장 다음에 壁宿의 문장을 보충해야 한다고 쓰여 있다.
98) 이 天駟座는 '房宿'의 별명인 '天駟'와는 다르다.
99) 王良은 본래 춘추시대 晉나라의 말을 잘 몰았던 사람의 이름이다.
100) 원문 "王良策馬"의 '策'은 별자리의 이름인데 여기서는 "策星으로 채찍질을 하
    다"의 동사로 쓰였다.
101) '潢'은 저수지, 깊은 물을 뜻한다.
102) 江星 : '天江座'라고도 하며 네 개의 별이 있다.
103) 杵臼座의 별 수에 대해서 『史記正義』에는 세 개가 있다 하고, 『星經』에는 '杵'에
    세 개와 '臼'에 네 개가 있다고 하여 본문의 것과 차이가 있다.
104) 匏瓜座에는 다섯 개의 별이 있다.
105) 斗宿 : 〈주 14〉 참조.
106) 建座는 '天旗'로도 부르는데 房宿의 '天旗'와는 별개로서 여섯 개의 별이 있다.

장한다. 그 북쪽은 하고좌(河鼓座)[108]이다. 하고좌의 큰 별은 상장(上將)이고, 왼쪽의 별은 좌장(左將)이며, 오른쪽의 별은 우장(右將)이다. 여수(女宿)[109]의 북쪽에는 직녀좌(織女座)[110]가 있는데, 직녀좌는 천제의 손녀들[111]이다.

[목성]

해와 달의 운행을 관찰하여 세성(歲星)[112]의 순행과 역행[113]을 추정한다. 목성은 동방을 상징하여 나무에 해당하며[114] 봄을 주관하고[115] 갑, 을의 날짜[116]에 배합된다. 임금이 정의[117]를 잃으면 그 경계(警戒)가 목성에 나타난다. 목성의 운행에는 영(贏)과 축(縮)[118]이 있으며, 그것이

107)   원문의 "牽牛"는 牛宿의 별명이며 "소를 끌다"의 뜻이다. 28宿의 하나로 북방 7宿의 第2宿인 여섯 개의 별인데, 지금은 摩羯座에 속한다.

108)   河鼓座에는 세 개의 별이 있는데 지금은 독수리좌에 속한다.

109)   원문의 "婺女"는 '女宿'의 별명이다. 28宿의 하나로 북방 7宿의 第3宿인 네 개의 별인데, 지금은 寶瓶座에 속한다.

110)   織女座에는 세 개의 별이 있으며 지금은 거문고좌에 속한다.

111)   원문은 "天女孫"인데 晉代 이후의 천문서적에는 흔히 "天女"로 쓰여 있으며, 詩文에서도 "天女" 또는 "天孫"으로 부른다.

112)   歲星 : '木星'의 별명으로, 일년에 1星次를 가서 약 12년 만에 하늘을 일주하였으므로 '歲星'이라 하여 紀年에 사용하였으며, "周歲星"이란 말로 12년을 말하였다.

113)   순행과 역행 : 다섯 행성이 태양을 싸고 도는 궤도는 타원형이며 황도와 엇비슷하게 교차한다. 그리고 관측자가 궤도의 중심이 아닌 지구 위에 서 있기 때문에 시차가 생기게 된다. 보통의 경우는 행성이 서쪽에서 동쪽으로 운행하는 것으로 보이는데 이를 '順行'이라 하고, 때로는 동쪽에서 서쪽으로 운행하는 것으로 보이는데 이를 '逆行'이라고 한다. 행성이 방향을 바꿀 때는 마치 그 자리에 멈추어 있는 것으로 보이는데 이를 '留守'라고 한다. 순행하는 시간은 길고 역행하는 시간은 짧으며 留守하는 시간은 더 짧은데, 옛날 사람들은 뒤의 두 경우를 이변으로 보고 재앙의 징조라고 생각하였다.

114)   五行說에서는 다음과 같이 五行을 五方에 배합시킨다. 즉 東方은 木, 南方은 火, 西方은 金, 北方은 水, 中央은 土라고 여겼다. 이에 따라 歲星을 木星이라고 한다.

115)   五行說에서는 五行을 사계절에 배합시키는데 木은 봄, 火는 여름, 金은 가을, 水는 겨울을 주관하고, 나머지 土는 季夏(여름의 끝달인 6월)를 주관하는 것으로 한다.

116)   五行說에서는 다음과 같이 날짜를 기록하는 10干에 五行을 배합시킨다. 즉 甲乙은 木, 丙丁은 火, 戊己는 土, 庚辛은 金, 壬癸는 水이다.

117)   이는 五行을 도덕 및 정치에 배합시켜, 木은 義, 火는 禮, 土는 德, 金은 殺, 水는 刑을 주관한다고 본 것이다.

118)   "贏"과 "縮"은 '進'과 '退'의 의미인데, 다섯 행성의 출현이 이른 것을 贏, 늦은 것을 縮이라고 부르는 것이다.

도달한 사(舍)[119]에 따라 그 분야의 나라를 확정한다. 목성이 위치하는 국가에 대한 정벌은 불가능하고 그 국가가 다른 이를 정벌할 수는 있다. 보통 도달하던 제 사를 지나 전진한 것은 '영'이라고 하고, 제 사에 못 미쳐 머무는 것은 '축'이라고 한다. 영의 경우에는 그 국가에 병란이 일어 회복되지 못하며, 축의 경우에는 그 국가에 우환이 있어 장군이 죽고 국운이 기울어 패망하게 된다. 다른 네 행성이 모두 목성을 따라와 다섯 별이 같은 사에 모이면 그 밑의 나라가 천하에 정의를 펼 수 있다. [120]

섭제격(攝提格)의 해[121]에는 세음(歲陰)[122]이 왼쪽으로 운행하여[123] 인(寅)에 이르고 목성은 오른쪽으로 돌아[124] 축(丑)에 머문다. 정월에는 목성이 두수(斗宿), 우수(牛宿)와 함께 이른 아침 동방에 출현하는데 이를 감덕(監德)[125]이라고 하며, 매우 푸른 색의 빛을 뿜는다. 목성이 성차(星次)[126]를 어기면[127] 그 응험(應驗)이 유수(柳宿)의 분야에 보여, 그해

---

119) 舍 : 별이 운행하여 도달, 정류하는 하늘의 구역을 말하며 28星宿의 위치와 상응하는 것으로 사용된다.

120) 다섯 행성이 동시에 동일한 구역, 즉 天區에 출현한 것을 말하는데 고대에는 이를 "五星聚" 또는 "五星連珠"라고 불렀으며, 이는 흔히 일어나지 않는 현상이어서 상서로이 여겼다. 『漢書』「高帝紀」에서 劉邦이 咸陽에 쳐들어갈 때 "다섯 행성이 井宿에 모였다(五星聚于東井)"라고 한 것도 이러한 예이다.

121) "攝提格의 해 : 곧 '寅年'이다. 攝提格은 고대에 紀年에 사용된 歲陰의 이름 중 하나로서, 攝提座와 斗柄의 연장선이 寅의 방향을 가리킨다는 뜻이다. 그리고 攝提格은 만물이 陽氣를 받아 흥기한다는 뜻이라고 한다(『史記索隱』에 인용된 李巡의 말).

122) 歲陰 : 고대 천문학에서 歲星과 반대로 움직이는 것으로 설정한 가상적인 천체의 명칭으로서 '太歲' 또는 '太陰'으로도 부른다. 가설에 의하면, 歲陰은 동쪽에서 서쪽으로 황도를 따라 매년 30도를 운행하여 12년이면 하늘을 한 바퀴 돌게 된다. 그리고 황도를 12등분하여 각각 12支로 명명하여 歲陰이 운행하는 구역의 地支를 그해의 이름으로 삼았으며, 또 12개의 歲陰의 이름으로도 紀年하였다. 歲陰과 12支는 각각 攝提格, 單閼, 執徐, 大荒駱, 敦牂, 協洽, 涒灘, 作噩, 閹茂, 大淵獻, 困敦, 赤奮若과, 寅 卯 辰 巳 午 未 申 酉 戌 亥 子 丑의 순서로 대응한다.

123) "左行"은 동쪽에서 서쪽으로 운행한다는 뜻이다.

124) "右轉"은 서쪽에서 동쪽으로 운행한다는 뜻이다.

125) 監德 : 정월의 매일 이른 아침 동방에 출현하는 목성을 가리키는 고유 명칭이다. 다음에 나오는 "降入," "靑章" 등의 명칭도 이와 비슷하다.

126) 고대에는 해, 달, 다섯 행성의 위치와 운동을 측량하기 위하여 적도의 경도에 의해서 황도 부근의 하늘 한 바퀴를 12등분하여 나누어 12次라고 불렀다. 서양의 황도 12궁과 유사한데, 이는 황도 남북 8도 이내의 황도띠를 12등분한 것이어서 약간 차이가 있다. 다음은 12星次의 이름을 서쪽에서 동쪽의 순서로 배열한 것이다. 星紀, 玄枵, 諏訾, 降婁, 大梁, 實沈, 鶉首, 鶉火, 鶉尾, 壽星, 大火, 析木.

127) "星次를 어긴다(失次)"는 것은 목성이 예기되는 星次에 오지 않는 것을 이르는

의 전반에는 물이 많고 후반에는 한발이 든다. [128)

　목성은 떠올라서[129) 동쪽으로 12도를 운행하여 100일 만에 멈추어 서고 되돌아 서쪽으로 역행하며, 8도를 역행하여 100일 만에 다시 동쪽으로 운행한다. 매년 30과 16분의 1도를, 하루 평균은 12분의 1도를 운행하여 12년 만에 하늘을 일주하게 된다. [130) 항상 이른 아침의 동쪽 하늘에 뜨고, 황혼의 서쪽 하늘에 진다.

　단알(單閼)[131)의 해에는 세음이 묘(卯)에 있고 목성은 자(子)에 머문다. 2월에 여수(女宿), 허수(虛宿), 위수(危宿)와 함께 이른 아침에 출현하는데 이를 강입(降入)이라고 부르며, 이때는 크게 빛을 뿜는다. 목성이 성차를 어기게 되면 그 응험이 장수(張宿)의 분야에 보여, 그해에는 큰 비가 내린다.

　집서(執徐)[132)의 해에는 세음이 진(辰)에 있고 목성은 해(亥)에 머문다. 3월에 실수(室宿), 벽수(壁宿)와 함께 이른 아침에 출현하는데 이를 청장(青章)이라고 부르며, 이때는 매우 선명한 청색을 띤다. 목성이 성차를 어기면 그 응험이 진수(軫宿)의 분야에 보여, 그해의 전반에는 한발이 들고 후반에는 물이 많다.

　대황락(大荒駱)[133)의 해에는 세음이 사(巳)에 있고 목성이 술(戌)에 머문다. 4월에 규수(奎宿), 누수(婁宿)와 함께 이른 아침에 출현하는데 이를 병종(跰踵)이라고 부르며, 이때는 활활 타오르는 붉은 색으로 빛을 뿜는다. 목성이 성차를 어기면 그 응험이 항수(亢宿)의 분야에 보인다.

　돈장(敦牂)[134)의 해에는 세음이 오(午)에 있고 목성은 유(酉)에 머문

─────────────

데, 이는 물론 관측상의 착오에 의한 것이었다.

128)　원문 "歲早, 水. 晚, 旱"을 羅宗濤와 吉田光邦은 "목성의 운행이 이르면 수해가 있고, 늦으면 한해가 있다"라고 번역하였으나 여기서는 曹相成을 따른다.

129)　목성이 해를 벗어나 동쪽에 보이기 시작함을 가리킨다.

130)　현대의 실측으로는 목성의 공전 주기는 11.86년이다. 원문 "十二歲而周天"의 '周天'은 관측자의 눈에서 본 天球 위의 큰 원을 말하는데 여기서는 '周天을 일주하다'로 쓰였다. 고대에는 周天을 365와 4분의 1도로 나눴는데, 지금은 360도로 나눈다.

131)　單閼 : '亶安,' '蟬焉'으로도 쓰며, 음기가 다하여 그치고 양기가 만물을 흥기시킨다는 뜻이다(『史記索隱』).

132)　執徐 : 엎드려 칩거하던 동물들이 서서히 활동을 시작한다는 뜻이다(『史記索隱』).

133)　大荒駱 : 만물이 모두 왕성하게 일어나 활발히 뛰논다는 뜻이다(『史記索隱』). '駱'은 '落'으로도 쓴다.

134)　敦牂 : 만물이 왕성하다는 뜻이다(『史記索隱』).

다. 5월에 위수(胃宿), 묘수(昴宿), 필수(畢宿)와 함께 이른 아침에 출현하는데 이를 개명(開明)이라고 부르며, 이때 매우 강렬한 빛을 뿜는다. 이런 때에는 군사행동을 멈추어야 하니, 제왕과 제후의 시정(施政)에는 이롭지만 용병에는 이롭지 못하기 때문이다. 목성이 성차를 잃으면 그 응험이 방수(房宿)의 분야에 보인다. 이해의 전반에는 한발이 들고 후반에는 물이 많다.

협흡(協洽)135)의 해에는 세음이 미(未)에 있고 목성은 신(申)에 머문다. 6월에 자수(觜宿), 삼수(參宿)와 함께 이른 아침에 출현하는데 이를 장렬(長列)이라고 부르며, 이때 밝고 환한 빛을 뿜는다. 목성이 성차를 어기면 그 응험이 기수(箕宿)의 분야에 보인다.

군탄(涒灘)136)의 해에는 세음이 신(申)에 있고 목성은 미(未)에 머문다. 7월에 정수(井宿), 귀수(鬼宿)와 함께 이른 아침에 출현하는데 이를 대음(大音)이라고 부르며, 이때는 밝고 환한 흰색을 띤다. 목성이 성차를 어기면 그 응험이 우수(牛宿)의 분야에 보인다.

작악(作鄂)137)의 해에는 세음이 유(酉)에 있고 목성은 오(午)에 머문다. 8월에 유수(柳宿), 성수(星宿), 장수(張宿)와 함께 이른 아침에 출현하는데 이를 장왕(長王)이라고 부르며, 이때는 사방으로 광망을 뿜는다. 국가가 이제 곧 흥성하며 오곡이 잘 익는다. 목성이 성차를 어기면 그 응험이 위수(危宿)의 분야에 보여, 한발이 들지만 수확은 풍성하고, 후비(后妃)가 죽고 민간에 질병이 돈다.

엄무(閹茂)138)의 해에는 세음이 술(戌)에 있고 목성은 사(巳)에 머문다. 9월에 익수(翼宿), 진수(軫宿)와 함께 이른 아침에 출현하는데 이를 천휴(天睢)라고 부르며, 흰색으로 매우 밝다. 목성이 성차를 어기면 그 응험이 벽수(壁宿)의 분야에 보여, 그해에는 물이 많고 후비가 죽는다.

대연헌(大淵獻)139)의 해에는 세음이 해(亥)에 있고 목성은 진(辰)에 머문다. 10월에 각수(角宿), 항수(亢宿)와 함께 이른 아침에 출현하는데

---

135) 協洽 : 양기가 생기고 만물이 화합한다는 뜻이며(『史記索隱』) '叶洽'으로도 쓴다.
136) 涒灘 : 만물이 성숙한다는 뜻이다(『史記索隱』).
137) 作鄂 : '作噩'으로도 쓰며, 식물의 까끄라기가 날카롭다는 뜻이다(『史記索隱』).
138) 閹茂 : '掩茂,' '淹茂'로도 쓰며, 만물이 모두 숨고 가려진다는 뜻이다(『史記索隱』).
139) 大淵獻 : 만물이 대량으로 저장된다는 뜻이다(『史記索隱』).

이를 대장(大章)이라고 부른다. 새파란 색으로 별이 마치 약동하듯 하면서 은은히 새벽 하늘에 나타나는데 이를 정평(正平)이라고 부른다. 군대를 동원하면 그 장수가 반드시 용감하고, 나라에 덕이 있으면 장차 사해(四海)를 가지게 된다. 목성이 성차를 어기면 그 응험이 누수(婁宿)의 분야에 보인다.

곤돈(困敦)[140]의 해에는 세음이 자(子)에 있고 목성은 묘(卯)에 머문다. 11월에 저수(氐宿), 방수(房宿), 심수(心宿)와 함께 이른 아침에 출현하는데 이를 천천(天泉)이라고 부른다. 검푸른 색으로 매우 밝다. 강물과 호수가 불어나며 군대를 일으키기에 불리하다. 목성이 성차를 어기면 그 응험이 묘수(昴宿)의 분야에 보인다.

적분약(赤奮若)[141]의 해에는 세음이 축(丑)에 있고 목성은 인(寅)에 머문다. 12월에 미수(尾宿), 기수(箕宿)와 함께 이른 아침에 출현하는데 이를 천호(天晧)라고 부른다. 어둑어둑한 검은 색으로 매우 밝다. 목성이 성차를 어기면 그 응험이 삼수(參宿)에 보인다.

목성이 머물러야 하는데 머물지 않고, 머물되 좌우로 흔들리고, 아직 떠날 때가 아닌데 떠나고, 다른 별과 만나고 하면 그 나라는 흉하다. 머무는 것이 오래면 그 나라에 두터운 덕이 있다. 목성의 광망이 흔들리고, 작아졌다 커졌다 하고, 색깔이 자주 변하면 그 나라의 임금에게 근심이 있다.

목성이 성차와 사(舍)를 어기고 내려가 동북쪽으로 나아가면 세 달 뒤에 천봉성(天棒星)[142]이 생기는데, 이것은 길이가 4장(丈)이고 끝이 뾰족하다. 동남쪽으로 나아가면 세 달 뒤에 혜성(彗星)이 생기는데, 이것은 길이가 2장이고 빗자루 모양이다. 서북쪽으로 물러나면 세 달 뒤에 천참성(天欃星)이 생기는데, 이것은 길이가 4장이고 끝이 뾰족하다. 서남쪽으로 물러나면 세 달 뒤에 천창성(天槍星)이 생기는데, 이것은 길이가 여러 장이고 양 끝이 뾰족하다. 목성이 출현하는 나라는 조심스럽게 관찰하여, 큰일을 일으키거나 전쟁을 하면 안 된다. 목성의 출현이 떠오르다가 가라앉는 듯하면 그 나라에는 토목공사가 있고, 가라앉다가 떠오르는

---

140)　困敦 : 만물이 이제 막 싹터나와 혼돈상태에 있다는 뜻이다(『史記索隱』).
141)　赤奮若 : 양기가 만물에 떨쳐 그들의 천성에 순응한다는 뜻이다(『史記索隱』).
142)　天棒星 : 뒤에 나오는 天欃星과 함께 혜성과 같은 종류의 천체이다.

듯하면 그 분야의 나라는 멸망한다. 색깔이 붉고 광망이 있으면 목성이 머무른 나라가 흥성한다. 목성의 광망을 마주하고 전쟁을 하면 이기지 못한다. 색깔이 등황색(橙黃色)이고 가라앉으면 목성이 머무는 분야에 큰 풍작이 있다. 색깔이 청백색, 적회색이면 목성이 머무는 분야에 근심이 있다. 목성이 달에 들어가면[143] 그 분야에 쫓겨나는 재상이 있다. 목성의 광망이 금성의 것과 닿아 다투면 그 분야에 무너지는 군대가 있다.

목성은 달리 섭제(攝提), 중화(重華), 응성(應星), 기성(紀星) 등의 이름으로도 불린다. 실수(室宿)는 제왕의 조묘(祖廟)인데, 이것이 바로 목성의 궁전이다.

[화성]

강의(剛毅)한 기운을 관찰하여 형혹(熒惑)[144]의 위치를 판정한다. 화성은 남방을 상징하여 불에 해당하며 여름을 주관하고 병(丙), 정(丁)의 날짜에 배합된다. 임금이 예법을 어기면 그 경계(警戒)가 화성에 나타나는데,[145] 화성이 제 길을 잃는 것[146]이 그것이다. 화성이 나타나면 전쟁이 나고 숨으면 전쟁이 쉰다. 도달한 사(舍)에 따라 그 분야의 나라를 확정한다. 화성은 패란(悖亂), 잔적(殘賊), 질병, 사상(死喪), 기아, 전쟁을 상징한다. 화성이 길을 돌이켜 2사(二舍) 이상을 가서 머무르기를, 세 달이면 재앙이 있고, 다섯 달이면 전화를 입고, 일곱 달이면 절반의 땅을 잃으며, 아홉 달이면 태반의 땅을 잃는다. 여전히 머물면서 출몰을 반복하면 그 나라의 명맥이 끊어진다. 그것이 머묾으로 인한 재앙이 빨리 오면 본래는 컸을 것이 작아지고, 오래 있다 오면 본래는 작을 것이 커지게 된다. 화성의 남쪽은 남자가 화를 입고 북쪽은 여자가 화를 입는다. 광망이 흔들리면서 화성을 둘러싸거나 전후좌우로 바뀌면 재앙이 더욱 커진다. 다른 별과 접근하여 광망이 서로 닿으면 해롭고 닿지 않으면 해롭

143) 목성이 움직여 달, 지구와 일직선상에 오면 관측자는 달에 가려 목성을 볼 수 없게 되는데, 고대에는 이를 "달이 별을 먹는다"고 하였다.
144) 熒惑 : '火星'의 별명으로, 뜨고 지는 것이 일정치 않아 사람을 미혹시킨다고 하여 붙인 이름이다.
145) 화성은 예법에 배합된다. 〈주 117〉 참조.
146) 화성의 운행은 복잡하여 때에 따라 나타나기도 숨기도 하고, 동진하기도 서진하기도 하는데, 사람들은 이러한 흔치 않은 현상을 "失行(제 길을 잃음)"이라고 부른다.

지 않다. 다른 네 행성이 모두 화성을 따라와 다섯 행성이 같은 사에 모
이면 그 밑의 나라가 천하에 예법을 펼 수 있다.

운행의 규칙으로는, 화성은 떠올라 동쪽으로 16사를 가고 나서 멈춘
다. 그리고 거꾸로 서쪽으로 2사를 가고, 60일이 지나면 다시 동쪽으로
간다. 멈추었던 곳으로부터 수십 사를 가서 열 달 만에 서쪽에서 지고,
다섯 달을 잠복 운행한 다음 동쪽에 떠오른다. 화성이 서쪽에 뜨면 반명
(反明)이라고 하는데, 통치자들은 이것을 매우 꺼린다. 동쪽으로 갈 때는
빨라서 하루에 1.5도(度)를 간다.

화성이 동서남북으로 급히 움직일 때 군대가 각각 그 아래에 모여서 싸
우면, 그 방향을 따르는 쪽이 이기고 거스르는 쪽은 진다. 화성이 금성을
따르면 군대에 근심이 있고, 헤어지면 군대가 퇴각한다. 금성의 북쪽에
뜨면 군대에 기습공격이 있고, 남쪽에 뜨면 정규전을 하게 된다. 화성이
운행하는데 금성이 다가와 닿으면 군대가 깨어지고 장수가 피살된다. 화
성이 태미원, 헌원좌, 실수를 침입, 점거, 침범하는 것은 통치자들이 꺼
리는 일이다. 심수는 하늘의 대회당이고, 화성의 궁전이다. 화성의 모습
으로 점치는 것은 조심스럽다.

[토성]

두수(斗宿)의 회합을 추적해가면 전성(塡星)[147]의 위치를 판정할 수
있다. 토성은 중앙을 상징하여 흙에 해당하며 계하(季夏)[148]를 주관하고
무(戊), 기(己)의 날짜에 배합된다. 황제(黃帝)이며 덕을 주관하고 또
왕후의 상징이다. 매년 일수(一宿)씩을 채우는데[149] 그것이 머무는 나라
는 길하다. 머무를 때가 못 되었는데 머물거나, 이미 갔다가 되돌아오거
나, 되돌아와서 머물거나 하면 그 나라는 땅을 얻거나 아니면 왕후를 얻
으며, 큰 사업이나 군대를 일으키면 안 된다. 그것이 오래 머물면 나라에
복이 많고 잠깐 머물고 가면 복이 적다.

토성은 일명 지후성(地侯星)이라고도 부르며 한 해의 수확을 주재한

---

147) 塡星 : '土星'의 별명이며, '鎭星,' '地侯'로도 부른다.
148) 季夏 : 여름의 마지막 달인 6월을 가리킨다.
149) 토성은 대략 28년 만에 태양을 일주하여 (현대의 실측에 의하면 29.45년임) 28宿
      와 부합되므로, 매년 차례로 28宿의 하나를 지키거나[鎭] 채우는[塡] 것과 같다고
      하여 '鎭星,' '塡星'으로 불렀다.

다. 매년 13과 112분의 5도(度)를, 매일 28분의 1도를 운행하여 28년 만에 하늘을 일주한다. 그것이 머무는 곳에 다른 네 행성이 모두 따라와 다섯 별이 같은 사(舍)에 모이면 그 밑의 나라가 천하에 그 위덕(威德)[150]을 펼 수 있다. 예법, 덕행, 정의, 정벌, 형법 모두를 잃으면 토성이 그로 인하여 동요된다.

토성의 운행이 영(贏)이면 왕이 안녕하지 못하며, 축(縮)이면 출전한 군대가 되돌아오지 못한다. 토성은 색깔이 노랗고 광망이 아홉 개이며, 음률로는 황종률(黃鍾律)과 궁성(宮聲)[151]에 해당한다. 토성이 성차를 어기고 2-3수(宿)를 앞서가면 영이라고 하며, 이때는 임금의 명령이 관철되지 못하게 되거나 아니면 큰 물이 지게 된다. 성차를 어기고 2-3수를 뒤져가면 축이라고 하며, 이때는 왕후에게 근심이 있고 그해의 음양이 조화롭지 못하거나 또는 하늘이 찢어지고 땅이 갈라지는 이변이 일어난다.

두수(斗宿)는 문채 있는 천제 조묘의 중당(中堂)으로서 토성의 궁전이니, 천자의 별이다.[152]

[다섯 행성의 움직임]

목성이 토성과 만나면 내란과 기근이 있으니 임금은 전쟁을 하지 말아야 하고 싸우면 패한다. 목성과 수성이 만나면 계획과 사업을 변경하게 된다. 목성이 화성과 만나면 한발의 피해가 있다. 목성이 금성과 만나면 상사(喪事)나 수재(水災)가 있다. 금성이 남쪽에 있으면 음양의 화합이라고 하며,[153] 그해의 곡물이 잘 익는다. 금성이 북쪽에 있으면 수확이 매우 나쁘다.

화성은 수성과 만나면 담금질이 되고, 금성을 만나면 녹이게 되어, 재앙이 되니 이때는 모두 일을 일으키면 안 되고 전쟁을 하면 크게 패한다. 토성과 만나면 우환이 있어 왕에게 나쁜 신하가 있고, 크게 기근이 들고, 전쟁에 지고, 군대가 패주하며, 군대가 포위되고, 일을 일으키면 크게 실

---

150) 원문의 "重"은 장엄하고 돈후한 덕행이라고 풀 수 있다. 토성은 德에 배합된다.
151) 黃鍾律은 12律의 첫번째이고, 宮聲은 5聲의 첫번째이며, 이는 土가 樂律의 기조임을 말한다.
152) 원문 "塡星廟, 天子之星也"를 曹相成은 "토성의 궁전이니, 토성은 천자의 별이다"라고 풀었는데, 여기서는 羅宗濤와 吉田光邦의 풀이를 채택한다.
153) 목성은 陽을, 금성은 陰을 상징한다.

패한다.

토성이 수성과 만나면 수확은 풍성하지만 유통이 막히고, 군대가 뒤집혀 섬멸당하고, 나라에서 큰 사업을 일으키면 안 된다. 토성이 출현하면 땅을 잃고, 사라지면 땅을 얻는다. 금성과 만나면 질병과 내전이 있고 땅을 잃는다.

세 행성이 만나면 그 사(舍)에 해당하는 지상의 나라에 안팎으로 전쟁과 재난이 있고 임금이 바뀐다. 네 행성이 만나면 전쟁과 재난이 함께 일어나 귀족들은 근심하고 백성들은 유랑한다. 다섯 행성이 만나면 이는 길을 바꾼 것으로, 덕이 있는 이는 복을 받아 임금을 바꾸고 사방의 땅을 통합하며 자손이 번창한다. 덕이 없는 이는 재앙을 당하거나 멸망한다. 다섯 행성이 모두 크면 일도 크고, 모두 작으면 일도 작다.

행성이 일찍 나오면 영(贏)이 되는데, 영인 것은 빈객이 된다. 늦게 나오면 축(縮)이 되는데, 축인 것은 주인이 된다. 반드시 천상(天象)의 응험이 두병(斗柄)에 나타난다. 같은 사(舍)에 함께 있으면 모였다고 하고 서로 가려 누르면 싸운다고 하는데, 7촌(寸) 안에 있으면 반드시 재앙이 있다.

다섯 행성이 희고 둥글면 상사(喪事)와 한해(旱害)가 있으며, 붉고 둥글면 내부가 평안하지 않고 전쟁이 있게 되며, 푸르고 둥글면 우환과 수재가 있으며, 검고 둥글면 질병이 돌아 많은 사람이 죽게 되며, 노랗고 둥글면 길하다. 광망의 색깔이 적색이면 자기 나라를 침범하는 자가 있고, 황색이면 영토 싸움이 있고, 백색이면 울음 소리가 있고, 청색이면 전쟁의 근심이 있고, 흑색이면 수재가 있다.……154) 다섯 행성이 같은 색깔을 띠면 천하에 전쟁이 그치고 백성들이 안녕, 번창하며, 봄에는 바람이 불고 가을에는 비가 오며 겨울에는 춥고 여름에는 덥다.……155)

토성은 나타나서 120일이 되면 거꾸로 서행(西行)하며, 서행한 지 120일이 되면 되돌아서 동행(東行)한다. 나타난 지 330일 만에 사라지고, 사라진 지 30일 만에 다시 동쪽에 떠오른다. 태세(太歲)가 갑인(甲寅)에

---

154) 원문에는 "意行窮兵之所終"의 문구가 있는데, 이는 『史記三書正訛』와 『史記志疑』에 의하면 잘못 들어간 문장이다.
155) 원문에는 "動搖常以此"의 문구가 있는데 문맥이 이어지지 않아 잘못 들어간 것으로 인정된다.

있으면 토성은 벽수(壁宿)의 자리에 있게 되는데 원래는 실수(室宿)에 있었다. [156)

[금성]

태양의 운행을 관찰하면 태백(太白) [157)의 위치를 판정할 수 있다. 금성은 서방을 상징하고 금(金)에 해당하며, [158) 가을을 주관하고 경(庚), 신(辛)의 날짜에 배합되며, 주살을 관장한다. 주살에 잘못이 있으면 그 경계가 금성에 나타난다. 금성이 제 길을 잃으면 그 소재의 사(舍)에 따라서 해당 분야의 나라를 확정한다. 금성은 출현하여 18사를 240일 동안 간 다음 사라진다. 동쪽으로 사라져서는 11사를 130일 동안 잠복 운행한다. 서쪽으로 사라져서는 3사를 16일 동안 잠복 운행한 다음 나타난다. 나타나야 하는데 나타나지 않고 사라져야 하는데 사라지지 않으면 제 사(舍)를 잃었다고 하며, 군대가 깨어지거나 아니면 반드시 나라의 임금이 찬탈당한다.

「상원(上元)」[159)의 체계에 의하면 금성은 섭제격의 해〔寅年〕에, 실수(室宿)와 함께 동쪽에 떠올라 각수(角宿)에 이르러서 지고, 실수와 함께 초저녁에 서쪽에 떠올라 각수에 이르러서 지며, 각수와 함께 이른 아침에 떠올라 필수(畢宿)에 이르러서 지고, 각수와 함께 초저녁에 떠올라 필수에 이르러서 지며, 필수와 함께 이른 아침에 떠올라 기수(箕宿)에 이르러서 지고, 필수와 함께 초저녁에 떠올라 기수에 이르러서 지며, 기수와 함께 이른 아침에 떠올라 유수(柳宿)에 이르러서 지고, 기수와 함께 초저녁에 떠올라 유수에 이르러서 지며, 유수와 함께 이른 아침에 떠올라 실수에 이르러서 지며, 유수와 함께 초저녁에 떠올라 실수에 이르러서 진다. 동쪽 또는 서쪽에 떴다가 지기를 모두 합쳐 각각 다섯 차례 하며, 8년 220일이 지나면 다시 실수와 함께 이른 아침에 동쪽에 떠오른다. 금성은 대략 1년에 한 바퀴 하늘을 돈다. [160) 처음 동쪽에 떠오른 금성은 천천히

---

156) 이 문단은 앞의 토성 설명 부분에 있어야 하는데 잘못 들어온 것으로 인정된다.
157) 太白 : '金星'의 다른 이름이며 '明星,' '啓明,' '長庚'으로도 부른다. '太白'은 그 빛깔이 은백색이고 광도가 매우 높음을 이른 것이며, '啓明'은 여명에 동방에 뜬 것을, '長庚'은 황혼에 서쪽에 뜬 것을 지칭한다.
158) 원문에는 "曰西方, 秋, 日庚辛"으로 이어지는데 '西方' 뒤에 '金'이 있어야 맞다.
159) 「上元」: 고대 역법의 이름.
160) 현대의 실측에 의하면 금성의 공전 주기는 225일이다.

운행하여 매일 대략 0.5도를 가다가 120일이 지나면 반드시 되돌아서 서쪽으로 1-2사(舍)를 간다. 그리고 위로 올라가서 가장 높은 곳에 이른 다음 되돌아서 동쪽을 향하는데 하루에 1.5도를 운행하여 120일이 지나면 진다. 그 위치가 낮고 해와 가까이 뜬 것을 명성(明星)이라고 부르는데 부드러우며, 위치가 높고 해와 멀리 뜬 것을 대효(大囂)라고 부르는데 강하다. 처음 서쪽에 떠오른 금성은 운행이 빨라 하루에 대략 1.5도를 가며 120일이 지나면 위로 올라가서 가장 높은 곳에 이른 다음 운행이 느려져서 매일 0.5도를 가다가 120일이 지나면 아침에 지는데 반드시 되돌아서 서쪽으로 1-2사(舍)를 가고 나서 진다. 그 위치가 낮고 해와 가까이 뜬 것을 대백(大白)이라고 부르는데 부드러우며, 위치가 높고 해와 멀리 뜬 것을 대상(大相)이라고 부르는데 강하다. 뜨는 시각은 진시(辰時), 술시(戌時)이고 지는 시각은 축시(丑時), 미시(未時)이다.

금성이 뜰 때인데 뜨지 않고, 질 때가 아닌데 지면 천하에 전쟁이 그치고 밖에 있는 군대는 돌아온다. 뜰 때가 안 되었는데 뜨고, 질 때인데 지지 않으면 천하에 전쟁이 일어나고 깨지는 나라가 있다. 제 때에 뜨면 그 나라가 흥성한다. 그 응험은 동쪽에서 뜨면 동쪽에, 동쪽에서 지면 북쪽에, 서쪽에서 뜨면 서쪽에, 서쪽에서 지면 남쪽에 있다. 머무르는 것이 오래이면 그 지방이 길하고, 잠깐이면 그 지방이 흉하다.

서쪽에서 떠서 동쪽으로 운행할 때는 그 정서방의 국가가 길하고, 동쪽에서 떠서 서쪽으로 운행할 때는 그 정동방의 국가가 길하다. 낮 하늘에 뜰 수 없으며, 만약 낮 하늘에 뜨면 천하의 정권이 바뀐다.

형체가 작고 광망이 흔들리면 전쟁이 일어난다. 처음 떴을 때는 컸는데 나중에 작아졌으면 군대가 약하고, 뜰 때는 작았다가 나중에 커지면 군대가 강하다. 뜨는 위치가 높을 때는 군사 작전을 깊게 해야 길하고 얕게 하면 흉하며, 위치가 낮을 때는 작전을 얕게 해야 길하고 깊이 하면 흉하다. 해가 남쪽으로 이동하는데[161] 금성이 그 남쪽에 있고, 해가 북쪽으로 이동하는데[162] 금성이 그 북쪽에 있으면 영(贏)이라고 하는데, 이때는 제후와 왕이 안녕하지 못하며 군사 작전은 진격이 길하고 후퇴는 흉하다. 해가 남쪽으로 이동하는데 금성이 그 북쪽에 있고 해가 북쪽으로 이동하

---

161) 하지가 지나 해가 남쪽으로 내려가는 것을 말한다.
162) 동지가 지나 해가 북쪽으로 올라오는 것을 말한다.

는데 금성이 그 남쪽에 있으면 축(縮)이라고 하는데, 이때는 제후와 왕에게 근심이 있으며 군사 작전은 후퇴가 길하고 진격은 흉하다. 군사작전은 금성을 본받아 한다. 금성의 운행이 빠르면 빨리 행군하고, 금성의 운행이 느리면 천천히 행군한다. 광망을 내뿜으면 용감히 싸우고, 흔들림이 급하면 급하게 공격하고, 둥글고 조용하면 차근차근 싸운다. 광망의 방향을 따르면 길하고, 거스르면 모두 흉하다. 뜨면 출병하고 지면 철수한다. 광망이 붉은 색이면 전쟁이 있고, 흰색이면 상사(喪事)가 있고, 검고 둥글면 우환이 있고 치수 사업이 있다. 광망이 작고 푸르고 둥글면 우환이 있고 벌목사업이 있다. 광망이 부드럽고 노랗고 둥글면 토목사업이 있고 풍작이 든다. 떠올라서 사흘 뒤에 다시 가물거리며 졌다가 진 지 사흘 뒤에 다시 갑자기 떠오르면 연(奀)[163]이라고 하는데, 그 밑의 나라에서는 군대가 패전하고 장수가 패주한다. 지고 나서 사흘 뒤에 다시 가물거리며 떴다가 뜬 지 사흘 뒤에 다시 갑자기 지면 그 밑의 나라에 우환이 있고, 군대는 식량과 무기를 남에게 넘겨주고 병졸은 많지만 남의 포로가 된다. 서쪽에 떠올라서 정상의 운행을 벗어나면 바깥 나라[164]가 실패하고, 동쪽에 떠올라서 정상의 운행을 벗어나면 중국(中國)[165]이 실패한다. 크고 둥글며 노랗고 윤기나는 색깔이면 평화외교를 할 수 있고, 둥글고 크며 붉으면 병력이 강성해도 싸움을 하지 않는다.

금성은 흰색이면 천랑성(天狼星)과 비슷하고, 홍색이면 심수(心宿)의 상성(商星)과 비슷하며, 황색이면 삼수(參宿)의 왼쪽에 있는 별과 비슷하고, 청색이면 삼수의 오른쪽에 있는 별과 비슷하며, 흑색이면 규수(奎宿)의 큰 별[166]과 비슷하다.

다른 네 행성이 금성을 쫓아와서 다섯 행성이 하나의 사(舍)에 모이게 되면 그 아래의 나라는 무력으로 천하를 제압할 수 있다. 정상적으로 출현하는 곳에 있으면 제 자리를 얻은 것이요, 비정상적으로 출현하는 곳에 있으면 제 자리를 못 얻은 것이다. 운행이 색깔을 이기고, 색깔이 자리를

---

163)   원문 "奀"은 '연약하다, 위축되다'의 뜻이다.
164)   원문의 "外國"은 漢族의 여러 나라를 둘러싼 사방 이민족들의 국가를 말한다.
165)   中國 : 앞 구절의 '바깥 나라'와 호응하여 '안쪽 나라, 가운데 나라'를 뜻하며, 이른바 漢族의 각 나라 또는 그 통일왕조를 가리키며, 시대와 경우에 따라 포괄범위가 달리 사용되었다. 이것이 이후 中國의 명칭이 되었다.
166)   奎宿 서남쪽의 큰 별을 가리키는데 고대에는 '天豕目'이라고 불렀다.

이기며,[167] 자리가 있는 것이 자리가 없는 것을 이기고, 색이 바른 것은 색이 바르지 않은 것을 이기며, 운행이 정상인 것은 다른 것 모두를 이긴다. 출현하여 뽕나무나 느릅나무 꼭대기에 머물러 있으면[168] 그 아래에 있는 나라에 해가 미친다. 빠르게 상승하여 마땅히 걸려야 할 기일이 되지 않았는데도 하늘의 3분의 1을 지나가면 그 맞은편에 있는 나라에 해가 미친다. 상승하였다가 다시 하강하고, 하강하였다가 다시 상승하면 반란을 꾀하는 장군이 있다. 달 뒤로 들어가면 대장이 피살된다. 금성과 수성[169]이 만났는데 수성의 빛이 가려지지 않으면 그 밑에서는 교전이 일어나지 않고, 군대를 동원하여도 전투가 되지 않으며, 두 별이 만났는데 금성이 수성의 빛을 가리면 그 분야에 패배한 군대가 있게 된다. 서방에 출현하되 황혼에 떠올라서 어두운 빛을 띠면 기습군[170]이 강한데, 저녁 밥 때[171]에 떠오르면 조금 약해지고, 한밤중에 떠오르면 더욱 약해지고, 닭 울 때[172]에 떠오르면 가장 약해지니, 이것을 음성이 양성에 빠져버렸다고 한다. 동방에 출현하되 밝은 때에 떠올라서 맑은 빛을 내면 정병(正兵)[173]이 강한데, 닭 울 때에 떠오르면 조금 약해지고, 한밤중에 떠오르면 더욱 약해지고, 황혼에 떠오르면 가장 약해지니, 이것을 양성이 음성에 빠져버렸다고 한다. 금성이 지평선 아래에 숨어 있는데[174] 군대를 출동시키면 군대에 재앙이 있게 된다. 금성이 동남쪽에 나타나면 남방이 북방을 이기고, 동북쪽에 나타나면 북방이 남방을 이기고, 정동쪽에 있으면 동방의 나라가 승리한다. 서북쪽에 나타나면 북방이 남방을 이기고, 서남쪽에 나타나면 남방이 북방을 이기고, 정서쪽에 있으면 서방의 나라가 승리한다.[175]

---

167) 운행은 운행의 방향(順行, 逆行)과 속도(正常, 超舍, 退舍)를 말하고, 색깔은 별빛의 변화와 계절의 대응관계(春蒼, 夏赤, 季夏黃, 秋白, 冬黑)를 말하며, 자리는 별이 위치하는 次, 舍를 말한다.

168) 정상적으로 초저녁에 뜨면 지평선 위에 있어야 하는데 뽕나무나 느릅나무 꼭대기에 머문다면 이는 너무 일찍 뜬 것이다.

169) 원문은 "木星"인데, 『史記三書正訛』 및 『史記志疑』에 의하면 "水星"이 맞다.

170) 원문은 "陰兵"인데, 이는 몰래 습격하는 군대를 말한다.

171) '저녁 밥[暮食] 때'란 해가 지고 난 뒤의 酉時를 말한다.

172) '닭 울[鷄鳴] 때'란 丑時를 말한다.

173) 원문 "陽兵"은 공개적으로 선전포고를 한 군대를 말한다.

174) 원문 "太白伏也"의 '也'는 『史記三書正訛』에 의하면 "地"로 고쳐야 한다.

175) "동남쪽," "동북쪽," "서북쪽," "서남쪽"의 원문은 각각 "卯南," "卯北," "酉

금성이 항성(恒星)을 침범하면 작은 전쟁이 있게 되고, 다른 네 행성과 서로 침범하면 큰 전쟁이 있게 된다. 그들이 서로 침범하였다가 금성이 다른 별의 남쪽으로 나오면 남쪽의 나라가 실패하고, 다른 별의 북쪽으로 나오면 북쪽의 나라가 실패한다. 운행이 빠르면 무력이 일어나고, 멈추면 문화가 빛난다. 흰색으로 다섯 개의 광망을 가지고 일찍 뜨면 월식(月蝕)이 있고, 늦게 뜨면 요성(妖星)[176]과 혜성이 있어서 장차 그 나라를 진동케 한다. 동방에 나타나면 덕행을 주관하니, 일을 할 때 금성의 왼쪽에 접근하거나 마주보고 하면 길하다. 서방에 나타나면 형벌을 주관하니, 일을 할 때 그 오른쪽에 접근하거나 등지고 하면 길하다. 이와 반대로 되면 모두가 흉하다. 금성의 빛이 지물(地物)에 그림자를 드리우면 전쟁에 승리한다. 낮에 나타나서 하늘을 지나가면 이것을 쟁명(爭明)이라고 하는데, 강국은 약해지고 약국은 강해지며 왕후가 득세한다.

항수(亢宿)는 천제의 외조(外朝)로 금성의 궁전이다. 금성은 대신으로서 상공(上公)[177]이라고 불린다. 금성의 다른 이름으로는 은성(殷星), 태정성(太正星), 영성(營星), 관성(觀星), 궁성(宮星), 명성(明星), 대쇠성(大衰星), 대택성(大澤星), 종성(終星), 대상성(大相星), 천호성(天浩星), 서성(序星), 월위성(月緯星) 등이 있다. 대사마(大司馬)의 직무는 금성의 상황을 신중하게 살피고 점치는 것이다.[178]

[수성]

해와 별들의 회합을 관찰하여 진성(辰星)[179]의 위치를 안다.[180] 수성은

北,"西南"인데, 고대에는 子는 정북쪽, 卯는 정동쪽, 午는 정남쪽, 酉는 정서쪽 등의 방식으로 12支로써 방위를 표시하였다.

176) 고대에는 혜성처럼 비정상적으로 출현하는 천체를 통칭하여 '妖星'이라고 하였다.

177) 周代의 官制는 三公(太師, 太傅, 太保) 가운데 특수한 공덕이 있는 이를 '上公'이라고 높여 불렀다. 漢代에는 太傅가 三公(大司馬, 大司徒, 大司空)의 위에 있었으므로 이를 '上公'이라고 불렀다.

178) 周代의 官制는 大司馬가 庶政을 관장하였고, 秦代와 漢代 초기에는 太尉를 三公의 하나로 두어 군사 업무를 관장케 하였으며, 漢 武帝 때에 이르러 太尉를 없애고 大司馬를 두어 권력이 가장 큰 장군의 명예직위로 하였다.

179) 辰星 : '水星'의 다른 이름.

180) 옛사람들은 지구가 天球의 중심이라고 생각하였기 때문에 태양이 일정한 계절에 일정한 列宿를 표지로 하는 구역을 통과하는 것으로 오해하였다. 그리고 수성의 공전 주기(88일)는 지구 공전 주기의 약 4분의 1이었기 때문에 관측자들은 흔히 일정한 계절에 일정한 구역에 뜬 수성을 볼 수 있었고, 위치 변동이 매우 완만하였기 때

북방을 상징하여 물에 해당하며 태음의 정령으로서 겨울을 주관하고 임 (壬)과 계(癸)의 날짜에 배합된다. 만약 형벌이 잘못되면 그 징벌이 수성에 나타나며 그것이 도달한 사(舍)에 따라 그 분야의 나라를 확정한다.

수성으로 네 절기를 정한다. 2월 춘분에는 저녁에 규수(奎宿), 누수 (婁宿), 위수(胃宿)의 자리에 떠올라서[181] 동쪽으로 다섯 사를 운행하는 데 이는 제(齊)나라[182] 지역이다. 5월 하지에는 저녁에 정수(井宿), 귀수(鬼宿), 유수(柳宿)의 자리에 떠올라서 동쪽으로 일곱 사를 운행하는 데 이는 초(楚)나라[183] 지역이다. 8월 추분에는 저녁에 각수(角宿), 항수(亢宿), 저수(氐宿), 방수(房宿)의 자리에 떠올라서 동쪽으로 네 사를 운행하는데 이는 한(漢)나라의 도읍[184] 지역이다. 11월 동지에는 아침에 동방에 출현하여 미수(尾宿), 기수(箕宿), 두수(斗宿), 우수(牛宿)와 함께 서쪽으로 운행하는데 이는 중원(中原)[185] 지역이다. 수성은 항상 진시, 술시, 축시, 미시에 뜨고 진다.

수성이 일찍 뜨면 월식이 있고, 늦게 뜨면 혜성과 요성이 있다. 떠야 할 절기인데도 뜨지 않으면 이는 제 궤도를 잃은 것이다. 이때 추격병이 밖에 있으면 교전하면 안 된다. 어느 한 절기에 뜨지 않으면 그 계절에는 날씨가 조화롭지 못하고, 네 절기에 다 뜨지 않으면 천하에 큰 흉년이 든다. 수성이 제 때에 떴을 때 흰색이면 한해가 있고, 황색이면 오곡이 무르익고, 적색이면 전쟁이 있고, 흑색이면 수재가 있다. 동쪽에 떠서 모양이 크고 흰색일 때 군대가 밖에 있으면 철수하여야 한다. 늘 동쪽에 있는데, 〔동쪽에 있으면서〕 적색이면 중국이 이기고, 서쪽에 있으면서 적색이면 바깥 나라가 유리하다. 군대가 밖에 있지 않은데 적색을 띠면 곧 전쟁이 일어난다. 수성이 금성과 함께 동쪽에 떴는데 모두 적색이고 광망이 있으면 바깥 나라가 크게 패하고 중국이 승리하며, 수성이 금성과 함께

문에 그것을 알아보기가 매우 어려웠다.

181) 원문 "出郊"의 '郊'는 淸代 錢大昕의『廿二史考異』와『史記志疑』에 의하면 "效"로 고쳐야 맞다. 이하 세 번의 '出郊'도 같다.

182) 전국시대의 齊나라 지역은 대략 지금의 山東省 지역이다.

183) 전국시대의 楚나라 지역은 대략 지금의 湖北省, 湖南省, 江西省, 安徽省 일대이다.

184) 원문 "漢"은 漢나라의 수도 長安 부근의 三輔 지역을 가리키는데 대략 지금의 陝西省에 해당된다.

185) 원문 "中國"은 중원 지역을 가리키는데 대략 지금의 河南省 지역이다.

서쪽에 떴는데 모두 적색이고 광망이 있으면 바깥 나라가 이긴다. 다섯 행성이 하늘의 절반을 차지하면서 동쪽에 모여 있으면 중국이 승리하고, 서쪽에 모여 있으면 전쟁을 하는 바깥 나라가 승리한다. 다른 네 행성이 수성을 쫓아와서 다섯 행성이 한 사(舍)에 모이면 그 사에 해당하는 나라가 법제에 의해 천하를 통일할 수 있다. 수성이 뜨지 않으면 금성이 손님이 되고, 수성이 뜨면 금성이 주인이 된다. 수성이 떴는데 금성을 따라가지 않으면 군대가 동원되었어도 교전이 되지 않는다. 수성은 동쪽에 금성은 서쪽에 뜨거나, 또는 수성은 서쪽에 금성은 동쪽에 뜨는 것은 서로 저항하는 것으로, 군대가 동원되었어도 교전이 되지 않는다. 수성이 제 시기를 어기고 뜨면, 추워야 할 때에 반대로 따뜻하고, 따뜻해야 할 때에 오히려 춥다. 떠야 할 때에 뜨지 않는 것을 '병졸을 친다'[186]고 일컬으며, 전쟁이 크게 일어난다. 수성이 금성 속으로 들어갔다가 위로 나오면 군대가 깨어지고 장군이 피살되어 외지에 침입한 객군(客軍)이 승리하며, 아래로 나오면 객군이 땅을 잃는다. 수성이 금성에게 다가가는데 금성이 비켜나지 않으면 장군이 죽는다.……[187] 그것이 가리키는 방향에 의해서 깨지는 군대를 예측한다. 수성이 금성의 둘레를 돌아서 두 별의 광망이 부딪치면 큰 전쟁이 일어나 객군이 이긴다. 수성[188]이 금성을 지나가서 그 거리가 칼 한 자루가 들어갈 정도이면 작은 전쟁이 일어나 객군이 승리한다. 수성이 금성의 앞에 머물러 있으면 군대를 거두며, 금성의 왼쪽을 지나가면 작은 싸움이 일고, 금성 가까이 스쳐가면 수만 명의 군대가 전쟁을 하여 주인 쪽의 장교가 죽으며, 금성의 오른쪽을 지나며 3척의 거리를 두면 군대가 급히 도전을 한다. 푸른 광망을 내면 전쟁의 근심이 있고, 검은 광망을 내면 수재(水災)가 있다.……[189]

---

186) "병졸을 친다(擊卒)"는 병사를 죽인다는 뜻이다.

187) 원문에 "正旗上出, 破軍殺將, 客勝. 下出, 客亡地"의 문장이 있는데, 위의 문장과 중복되어 『史記志疑』에서는 이를 중복된 문장이 아닌가 하였다. 여기서는 曹相成을 따라 빼고 번역한다. 이 문장의 "旗"는 『漢書』「天文志」에는 "其"로 쓰여 있다. 羅宗濤는 이를 "수성의 가장 긴 光芒이 위로 나오면……"으로, 吉田光邦은 "금성의 깃발 같은 光芒이……"로 해석하는 것을 제시한다.

188) 원문 "兎星"은 수성의 다른 이름이다. 이하 세 번의 수성도 이와 같다.

189) 원문에 "赤行窮兵之所終"의 문장이 있는데, 이는 『史記三書正訛』, 『史記志疑』에 의하면 잘못 들어간 것으로서 빼야 한다. 羅宗濤는 "붉은 색이 되어 운행하면 갈 곳 없는 패잔병의 마지막 날이다"로 번역하였다.

수성에는 일곱 개의 이름이 있는데 소정성(小正星), 진성(辰星), 천참성(天欃星), 안주성(安周星), 세상성(細爽星), 능성(能星), 구성(鉤星) 등이 그것이다.[190] 그 색이 노랗고 작으며 떠올라서 위치를 옮기면 천하의 예악 제도가 변하여 나빠진다. 수성에는 다섯 가지 색이 있는데, 푸르고 둥글면 우환이 있고, 희고 둥글면 사람이 죽고, 붉고 둥글면 내부가 평화롭지 못하고, 검고 둥글면 길하다. 붉은 광망을 내면 누군가가 우리나라를 침범하고, 노란 광망을 내면 영토 싸움이 있고, 흰 광망을 내면 울음 소리가 있다.

수성은 동쪽에 떠서는 네 사(舍)를 48일 동안 운행하는데, 약 20일을 간 뒤 되돌아가서 동쪽에서 지며, 서쪽에 떠서는 네 사를 48일 동안 운행하는데, 대략 20일을 간 뒤 되돌아가서 서쪽에서 진다. 어떤 때에는 실수(室宿), 각수(角宿), 필수(畢宿), 기수(箕宿), 유수(柳宿)의 하늘에서 관찰된다. 방수(房宿)와 심수(心宿) 사이에 뜨면 지진이 있다.

수성의 색이 봄에는 청황색이고 여름에는 홍백색이며, 가을에 청백색이면 수확이 좋다. 겨울에는 황색인데 그리 밝지 못하다. 만약 그 색이 바뀌면 그 계절은 좋지 않다. 봄에 수성이 안 뜨면 큰 바람이 있고, 그해 가을에는 곡식이 익지 않는다. 여름에 안 뜨면 60일 동안 한해가 있고 월식이 있다. 가을에 안 뜨면 전란이 있고 다음 해 봄에 곡식이 자라지 않는다. 겨울에 안 뜨면 60일 동안 장마가 져서 홍수로 유실되는 고을이 있고 다음 해 여름에 곡식이 자라지 않는다.

[분야(分野)][191]

각수(角宿), 항수(亢宿), 저수(氐宿)의 분야는 연주(兗州)[192]이다. 방수(房宿)와 심수(心宿)의 분야는 예주(豫州)[193]이다. 미수(尾宿)와 기수(箕宿)의 분야는 유주(幽州)[194]이다. 두수(斗宿)의 분야는 장강(長江)

---

190) 이곳의 天欃星은 앞의 목성 부분에 나온 혜성 天欃星과는 다르며, 『史記索隱』에서는 "天兎星"으로 적고 있다. 能星 역시 앞의 中官 부분에 나온 三能座 와는 다르다.

191) 이 문단은 分星과 分野의 대응관계에 관한 설명이며, 따라서 앞 五官의 끝 부분(즉 목성의 앞)에 넣는 것이 내용상 적합하다. 分野에 대해서는 〈주 18〉 참조.

192) 漢代의 兗州는 대략 지금의 山東省 서남부 지역이다.

193) 漢大의 豫州는 대략 지금의 河南省 동부와 安徽省 북부 지역이다.

194) 漢大의 幽州는 대략 지금의 河北省 북부와 遼寧省의 대부분 지역이다.

하류와 태호(太湖) 유역이다. 우수(牛宿)와 여수(女宿)의 분야는 양주
(揚州)¹⁹⁵⁾이다. 허수(虛宿)와 위수(危宿)의 분야는 청주(靑州)¹⁹⁶⁾이다.
실수(室宿)에서 벽수(壁宿)까지의 분야는 병주(幷州)¹⁹⁷⁾이다. 규수(奎
宿), 누수(婁宿), 위수(胃宿)의 분야는 서주(徐州)¹⁹⁸⁾이다. 묘수(昴宿)
와 필수(畢宿)의 분야는 기주(冀州)¹⁹⁹⁾이다. 자수(觜宿)와 삼수(參宿)의
분야는 익주(益州)²⁰⁰⁾이다. 정수(井宿)와 귀수(鬼宿)의 분야는 옹주(雍
州)²⁰¹⁾이다. 유수(柳宿), 성수(星宿), 장수(張宿)의 분야는 삼하(三河)
지역²⁰²⁾이다. 익수(翼宿)와 진수(軫宿)의 분야는 형주(荊州)²⁰³⁾이다.

성수(星宿)는 주작(朱雀)²⁰⁴⁾의 목줄기이며 수성의 궁전이고 만이(蠻
夷)의 별이다.

[해]

두 군대가 대적하는데 햇무리가 고르면 쌍방의 힘이 비등하고, 두텁고
길고 크면 승패가 있지만 얇고 짧고 작으면 승패를 가를 수 없다. 구름은
뭉게뭉게 일어나서 해를 둘러싸고 점점 커지다가 흩어지며 사라진다. ²⁰⁵⁾
구름의 광망이 안으로 해를 향하면 강화를 상징하고, 밖을 향하면 대립을
상징하며 두 군대가 떨어져서 서로 거리를 두게 된다. 구름이 수직형이면

---

195) 漢大의 揚州는 대략 지금의 安徽省 남부, 江蘇省 남부 그리고 江西省, 浙江省,
    福建省 일대이다.
196) 漢大의 靑州는 대략 지금의 山東省 중부와 동부 및 북부 지역이다.
197) 漢大의 幷州는 대략 지금의 山西省 대부분, 河北省 서부 그리고 내몽고 자치구
    의 동남부 지역이다.
198) 漢大의 徐州는 대략 지금의 江蘇省 북부와 山東省 동남부 지역이다.
199) 漢大의 冀州는 대략 지금의 河北省 중부, 山東省 서단 그리고 河南省 북단의 지
    역이다.
200) 漢大의 益州는 대략 지금의 四川省 동부, 甘肅省 남단, 陝西省 남부, 湖北省 서
    북부 그리고 貴州省 대부분 지역이다.
201) 雍州 : 漢大에 '凉州'로 개명하였는데 대략 지금의 陝西省 북부, 寧夏回族 자치
    구, 甘肅省 그리고 靑海省 동부의 지역이다.
202) 三河 지역은 河東, 河內, 河南의 세 郡으로서 대략 지금의 山西省 서남부와 河
    南省 대부분 지역이다.
203) 漢大의 荊州는 대략 지금의 湖北省, 湖南省, 廣東省, 廣西壯族 자치구 그리고
    貴州省 일부 지역이다.
204) 朱雀 : 28宿 중 남쪽에 있는 井宿, 鬼宿, 柳宿, 星宿, 張宿, 翼宿, 軫宿 등 일곱
    성수의 총칭이며, 네 신 중의 하나로서 남쪽 하늘을 맡은 신령이다.
205) 이것은 햇무리가 형성, 변화, 소멸되는 과정을 말한 것이다.

적이 독립하여 따로 군주를 세우며, 아군이 패하고 장수가 피살된다. 해가 구름을 업거나 이고 있으면 좋은 일이 생긴다. 광망이 해를 둘러싼 구름의 바깥쪽에 있으면 내선(內線)의 군대가 승리하고, 안쪽에 있으면 외선(外線)의 군대가 승리한다.[206] 바깥쪽이 푸르고 안쪽이 붉으면 두 군대가 강화하고 헤어지는데, 바깥쪽이 붉고 안쪽이 푸르면 두 군대가 원한을 품고 헤어진다. 햇무리의 고리나 띠[207]가 먼저 나타났다가 나중 사라지면[208] 주둔군이 이기고, 먼저 나타났다가 먼저 사라지면 처음에는 유리하지만 나중에는 불리하며, 나중 나타났다가 나중 사라지면 처음에는 불리하지만 나중에는 유리하고, 나중 나타났다가 일찍 사라지면 처음과 나중이 모두 불리하여 주둔군이 이길 수 없다. 보였다가 곧 사라져버려서 그 발생과정이 짧으면 비록 이겨도 전공(戰功)이 없다. 반나절 이상 보이면 전공이 크다. 하얀 빛의 띠가 짧고 구불구불하며 위아래 양끝이 가늘면, 이러한 현상이 있는 지역에서 많은 피를 흘리는 전투가 있다. 햇무리가 승패를 가르는 것은 짧게는 30일이고 길게는 60일이다.

일식으로 해가 먹히면 먹히는 쪽이 불길하고, 해가 다시 나오면 나오는 쪽이 길하며, 일식이 끝나면[209] 그 응험이 군주에게 나타난다. 해의 먹힌 부위와 해가 있는 하늘의 별자리, 그리고 발생한 날짜와 시간을 추가하여 그 분야의 나라를 확정한다.[210]

[달]

달이 중도(中道)[211]를 운행하면 안녕하고 화평하다. 음간(陰間)을 지

---

206) 원문은 "圍在中, 中勝. 在外, 外勝"인데, 光芒이 구름 바깥쪽에 있고 해를 둘러싼 그림자가 안[中]에 있는 경우와 光芒이 안에 있고 그림자가 밖에 있는 경우를 말한 것이다.
207) 원문은 "氣暈"인데, 햇무리가 질 때 나타나는 빛의 고리나 띠를 말한다.
208) 여기서 말하는 "먼저"와 "나중"은 관찰자의 시각에서 햇무리의 고리나 띠의 출현을 주위의 구름 더미와 비교한 것이다.
209) 원문 "而食益盡"에서 '而'와 '盡'은 『史記三書正譌』와 『史記志疑』에 의하면 잘못 들어간 문자이다.
210) 옛사람들은 태양이 天球의 중심인 지구를 싸고 돈다고 생각하였으므로, 관측자들은 태양이 하늘의 어느 자리를 지나가는 것으로 보았다. 그리고 태양이 소재하는 星次나 列宿에 의해서 해당 分野를 확정지었으니, 예를 들면 角宿, 亢宿, 氐宿의 분야를 兗州라고 하는 것 등이 그것이다. 또 日辰과 時를 표시하는 天干地支에도 그에 대응하는 일정한 지역이 있었으니, 예를 들면 甲은 齊, 乙은 東夷, 子는 周, 丑은 北狄의 땅에 대응한다는 것 등이 그것이다.

나면 물이 많고 은밀한 변란이 있다. 방수(房宿)의 가장 북쪽의 한 별에
서 북쪽으로 3척 되는 곳이 음성(陰星)인데 이곳을 지나면 변란이 많
다. [212] 다시 북쪽으로 3척 되는 곳이 태음(太陰) [213]인데 이곳을 지나면
큰 물이 지고 전쟁이 일어난다. 양간(陽間)을 지나면 군주가 교만하고 방
종해진다. 양성(陽星)을 지나면 흉폭한 형옥(刑獄)이 있다. 태양(太
陽) [214]을 지나면 큰 한해가 있고 죽음이 있다. 각수(角宿)의 천문(天
門) [215]을 지나면, 10월이면 내년 4월에, [216] 11월이면 내년 5월에, 12월
이면 내년 6월에 홍수가 발생하는데 덜하면 3척, 심하면 5척 깊이가 된
다. 방수의 네 별 [217]을 침범하면 대신이 주살된다. 남하성(南河星) 남쪽
을 지나면 한해와 전화(戰禍)가 있고, 북하성(北河星) 북쪽을 지나면 수
재와 상사(喪事)가 있다.

달이 목성을 가리면 그 분야에는 기근과 죽음이 있으며, 화성을 가리면
변란이 있고, 토성을 가리면 아랫사람이 윗사람을 범하고, 금성을 가리면
강국이 전쟁에 패하고, 수성을 가리면 후비(后妃)로 인한 혼란이 생긴
다. 달이 대각성(大角星)을 가리면 통치자가 이러한 현상을 싫어하고,
심수(心宿)를 가리면 조정 내부에 변란이 있고, 여러 별들을 가리면 그
분야에 우환이 있다.

월식은 시작된 날로부터 5개월마다 나타나기를 여섯 번 하고, 그리고 6
개월마다 나타나기를 다섯 번 하고, 다시 5개월마다 나타나기를 여섯 번
하고, 또 6개월 만에 한 번 나타나며, 다시 5개월마다 나타나기를 다섯
번 계속하니, 총 113개월 만에 다시 순환하게 된다. [218] 그러므로 월식은

---

211) "中道"와 뒤에 나오는 "陰間," "陰星," "太陰," "陽間," "陽星," "太陽" 등은 모
두 운행노선의 명칭인데, "中道"는 房宿 네 별의 중간을, "陰間"은 房宿 중 북쪽 두
별의 중간을, "陰星"은 房宿 중 북쪽 끝 별의 북쪽 3尺 되는 곳을, "太陰"은 陰星의
북쪽 3尺 되는 곳을, "陽間"은 房宿 중 남쪽 두 별의 중간을, "陽星"은 房宿 중 남쪽
끝 별의 남쪽 3尺 되는 곳을, "太陽"은 陽星의 남쪽 3尺 되는 곳을 말한다.

212) 원문은 "外北三尺, 陰星"인데 『漢書』「天文志」와 明代 陳仁錫의 『史詮』에 의하면
뒤에 "多亂"의 두 글자를 덧붙여야 한다.

213) 太陰 : 극성한 음기의 의미도 지닌다.

214) 太陽 : 극성한 양기의 의미도 지닌다.

215) 角宿의 두 별을 '天關(하늘의 관문)'이라고 하며, 두 별의 사이를 '天門'이라고
한다.

216) 원문은 "十月爲四月"인데 금년 10월의 징후이면 내년 4월에 응험이 보인다는 것
이다.

217) 원문 "四輔"는 房宿의 네 별이 心宿의 네 대신임을 말한 것이다.

일상적인 일이나, 일식은 좋지 않은 일이다.[219] 갑과 을 일에는 그 응험이 사해 밖에 나타나며 따라서 일식과 월식으로 점을 치지 않는다. 병과 정 일에는 응험이 장강 하류, 회하 유역, 황해에서 태산 사이의 지역에 나타난다. 무와 기 일에는 응험이 중원 지역, 황하 중하류, 제수(濟水) 유역에 나타난다. 경과 신 일에는 응험이 화산(華山) 서쪽의 지역에 나타난다. 임과 계 일에는 응험이 항산(恒山)[220] 북쪽의 지역에 나타난다. 일식은 군주가 응험을 받고, 월식은 장군과 재상이 응험을 받는다.

[그밖의 별들]

국황성(國皇星)은 크고 붉으며 모양은 남극성(南極星)과 비슷하다. 이 별이 뜨면 그 아래 나라가 전쟁을 일으키며 군대가 강하여, 그와 마주하는 방위의 나라에 불길하다.

소명성(昭明星)[221]은 크고 희며 광망이 없고 자주 올라갔다 내려갔다 한다. 이것이 뜨는 나라에는 전쟁이 일어나고 변고가 많다.

오잔성(五殘星)[222]은 정동(正東)인 동방의 분야에 뜬다. 이 별은 모양이 수성과 비슷한데 지면과 약 6장(六丈) 정도 떨어져 있다.

대적성(大賊星)은 정남(正南)인 남방의 분야에 뜬다. 이 별은 지면과 대략 6장 정도 떨어져 있고, 크고 붉으며 자주 요동하고 빛을 뿜는다.

사위성(司危星)은 정서(正西)인 서방의 분야에 뜬다. 이 별은 지면과 대략 6장 정도 떨어져 있고, 크고 희며, 금성과 비슷하다.

옥한성(獄漢星)[223]은 정북(正北)인 북방의 분야에 뜬다. 이 별은 지면

---

218) 문장에서 말한 것을 합산하면 총 121개월로서 숫자상의 착오가 있다. 현대의 관측계산에 의하면 일식과 월식의 주기는 18년 11일(또는 10일)이며 한 주기에 평균 43번의 일식과 28번의 월식이 있다.

219) 지구 전체로 보면 일식이 월식보다 많다. 그렇지만 일식은 지표상의 일부 좁은 지대에서만 보이고, 월식은 지표의 절반에서 다 보인다. 따라서 어느 일정 지역으로 보면 월식이 일식보다 많게 되며, 따라서 중원 지역의 관측자들에게는 월식은 일상적인 일이지만 일식은 드문 일이었을 것이다.

220) 恒山 : 지금의 河北省 曲陽縣 서북쪽에 있는 산 이름으로 고대에는 ‘北嶽’이라고 불렸으며, 淸代부터 지금의 山西省 북부의 산을 北嶽 恒山이라고 부르게 된 뒤부터는 이 산을 ‘大茂山’으로 통칭한다.

221) 昭明星 : ‘筆星’으로도 불린다.

222) 五殘星 : ‘五鋒星’으로도 불린다.

223) 獄漢星 : ‘咸漢星’으로도 불린다.

과 대략 6장 정도 떨어져 있고, 크고 붉으며 자주 요동하고, 자세히 관찰하면 희미한 푸른 색을 띠고 있다. 이들 사방 분야의 별[224]이 그 본래의 방위가 아닌 곳에 출현하면 그 아래에는 전쟁이 일어나고 그와 마주하는 방위는 불길하다.

사전성(四塡星)은 네 간방(間方)[225]에 뜨는데 지면과 대략 6장 정도 떨어져 있다.

지유성(地維星)은 광휘를 감추고 있고,[226] 역시 네 간방에 뜨는데 지면과는 약 3장 정도 떨어져 있어서 마치 달이 처음 나올 때와 같다. 이 별이 뜬 분야에서는 변란이 있는 나라는 멸망하고,[227] 덕정이 행해지는 나라는 흥성한다.

촉성(燭星)은 모양이 금성과 비슷한데, 뜨고 나서 운행하지 않으며 보였다가는 곧 사라진다. 이 별이 비추는 국가나 지역에는 변란이 생긴다.

별 같은데 별이 아니고, 구름 같은데 구름이 아닌 것이 있으니 이름하여 귀사성(歸邪星)[228]이다. 귀사성이 뜨면 반드시 그 나라로 돌아오는 사람[229]이 있다.

별은 금속이 흩어진 기운〔散氣〕인데 그 본질은 불이다. 별이 많으면 그 나라는 길하고, 별이 적으면 흉하다.

은하(銀河)도 마찬가지로 금속이 흩어진 기운인데 그 본질은 물이다. 은하에 별이 많으면 비가 많이 오고, 별이 적으면 곧 가물게 되는 것이 일반적이다.

천고성(天鼓星)은 우레소리인 듯 아닌 듯한 소리를 내는데, 소리는 하늘에서 땅으로 전해온다.[230] 천고성이 향하는 하늘 아래에서는 전쟁이 일

---

224) 이는 앞에 나온 五殘星, 大賊星, 司危星, 獄漢星을 가리킨다.
225) 원문의 "四隅"는 正四方의 귀퉁이, 즉 동남쪽, 서남쪽, 서북쪽, 동북쪽의 間方을 가리킨다.
226) 원문의 "咸光"은 『漢書』「天文志」와 『史記志疑』에 의하면 "藏光(즉 藏光)"으로 바꾸어야 한다.
227) 원문 "有亂亂者"는 『漢書』「天文志」와 『史記志疑』에 의하면 "有亂者"로 바꾸어야 한다.
228) 歸邪星 : 彗星과 비슷한 천체이다.
229) 원문 "歸國者"는 두 가지 해석이 가능한데, 도망했다가 귀국하는 임금이나 대신일 수도 있고, 다른 나라에서 투항해오는 자일 수도 있다.
230) 원문 "音在地而下及地"는 淸代 張文虎의 『校刊札記』에 의하면 "音在天而下及地"로 고쳐 써야 한다.

어난다.

천구성(天狗星)은 모양이 큰 유성(流星) 같고 소리를 내며, 떨어져서 땅에 붙는 것이 개와 비슷하다. 천구성이 떨어져서 닿은 곳을 보면 불길이 활활 타올라 하늘을 찌르는 듯하다. 그 아래 둘레가 몇 경(頃)이나 되는 밭만하고, 위는 뾰족하며 황색을 띠고 있으며, 천리 밖의 군대가 패하고 장수는 피살된다.

격택성(格澤星)은 타오르는 불꽃의 형상으로 황백색이며, 지면에서 솟아오르는데 아래는 크고 위는 뾰족하다. 이 별이 출현하면 씨를 뿌리지 않고도 수확할 수 있고, 토목공사가 있거나, 반드시 국빈이 있게 된다.[231]

치우의 기〔蚩尤之旗〕[232]는 빗자루 같은데 뒷부분이 구불구불하여 깃발과 비슷하다. 이 별이 보이면 제왕이 사방을 정벌한다.

순시성(旬始星)은 북두좌 옆에 나타나는데 모양이 수탉과 같다. 이 별이 광망을 내뿜으면 청흑색으로 마치 엎드린 자라처럼 보인다.

왕시성(枉矢星)은 큰 유성과 비슷한데, 뱀처럼 구불구불 나아가며 청흑색을 띠어 마치 날개가 달린 것처럼 보인다.

장경성(長庚星)[233]은 마치 베 한 필이 하늘에 걸려 있는 것 같다. 이 별이 보이면 전쟁이 일어난다.

별이 땅에 떨어지면 그것은 다름 아닌 돌이 된다. 황하와 제수 사이의 지역에는 가끔 별이 떨어진다.

날씨가 맑으면 경성(景星)이 보인다. 경성은 덕성(德星)을 말한다.[234] 그 모양은 일정하지 않으며 흔히 도의가 행해지는 나라에 나타난다.

[구름]

무릇 구름을 바라볼 때,[235] 고개를 쳐들고 위로 바라보면 300-400리에 이르고, 수평으로 바라보아 시선을 뽕나무나 느릅나무 위에 두면 천여 리

---

231) 원문은 "必有大害"인데 『漢書』 「天文志」와 『史記志疑』에 의하면 "大客"으로 써야 한다. '大客'은 周代에 큰 제후국에서 파견한 卿과 같은 급의 사신을 일컫는 말이었는데 나중에는 賓客에 대한 경칭으로 쓰이게 되었다.

232) 별 이름이 "蚩尤의 旗"인데, 蚩尤는 동방 九黎族의 수령으로서 광대한 신통력을 지녔는데 나중에 黃帝와의 전쟁에 져서 죽임을 당하였다는 인물이다.

233) 이 長庚은 金星의 별명인 '長庚'과는 다른 별이다.

234) 景星은 '瑞星,' 혹은 '德星'이라고도 하는데, 이는 우연히 나타난 광도가 비교적

에서 2,000리에 이르며, 높은 곳에 올라가서 바라보면 3,000리가 내려다
보인다. 구름 위에 금수의 형상이 웅크리고 있으면 승리한다.

화산(華山) 이남의 구름은 아래가 검고 위가 붉다. 숭산(嵩山),[236] 삼
하(三河) 지역의 평원의 구름은 순홍색이다. 항산(恒山) 이북의 구름은
아래가 검고 위가 푸르다. 발해(渤海)에서 갈석산(碣石山),[237] 황해(黃
海)에서 태산(泰山) 일대[238]의 구름은 모두 검은 색이다. 장강과 회하 일
대의 구름은 모두 흰색이다.

병정의 동원을 보이는 구름은 흰색이다. 방어물을 수축하는 토목공사를
보이는 구름은 황색이다. 전차전을 보이는 구름은 자주 높아졌다 낮아졌
다 하며 가끔 함께 모여든다. 기마전을 보이는 구름은 낮고 평평하게 깔
린다. 보병전을 보이는 구름은 둥글게 뭉쳐서 모여든다. 구름의 앞이 낮
고 뒤가 높으면 군대의 행진이 빠르고, 앞이 방형(方形)이고 또는 네모지
고 뒤가 높으면 병력이 정예롭고, 뒤가 뾰족하고 낮으면 군대가 퇴각한
다. 구름이 편평하면 군대의 행진이 느리다. 앞이 높고 뒤가 낮으면 군대
가 머물지 않고 곧 되돌아간다. 구름이 서로 맞서면 낮은 것이 높은 것을
이기고, 뾰족한 것이 네모지거나 방형인 것을 이긴다. 구름이 낮고 차
도[239]를 따라오면 3-4일 안에 5-6리 떨어진 곳에서 응험이 나타난다. 구
름이 7-8척 높아지면 5-6일 안에 10여 리 떨어진 곳에서 응험이 나타난

높은 雙星이나 별무리가 채색 구름에 비쳐 보이는 것으로 옛사람들은 이를 상서로이
여겼다.

235) 원문은 "望雲氣"이다. 옛사람들은 구름을 관찰하여 인간사의 길흉을 점쳤다.

236) 嵩山 : '嵩高'라고도 불렀는데, 河南省 登封縣 북쪽에 있으며 '中嶽'이라고 통칭되
었다.

237) 碣石山 : 河北省 昌黎縣 서북쪽의 산인데, 고대의 碣石山이 가리키는 대상과 그
위치에 대해서는 여러 이설이 있다.

238) 원문 "勃碣海岱之間"을 흔히 渤海, 碣石山, 東海, 泰山의 넷으로 나누어 해석하
는데 이는 '勃碣'과 '海岱'로 보아 각각 河北省과 山東省 지역을 가리키는 것으로 볼
수 있다. '碣石'은 河北省의 渤海灣 가까이 있는 산으로 '勃碣'은 渤海에서 碣石山까
지, 즉 지금의 河北省 지역을 말하는 것으로 볼 수 있고, 일반적으로 '海岱'는 東海
에서 泰山까지, 즉 지금의 山東省 지역을 말한다. 東海는 지금의 黃海, 즉 渤海 남
쪽에서 臺灣 해협까지의 바다를 가리킨다.

239) 원문은 "車通"인데, 『漢書』「天文志」와 『史記志疑』에는 "道"로 바꾸어야 된다고
되어 있으며, 『史記集解』에는 '通(관통하다)'의 뜻과 함께 '轍(수레바퀴 자국)'의 뜻
을 표시하던 '徹'을 써야 맞는데 漢 武帝 劉徹의 이름을 避諱하여 "通"으로 쓴 것이
라고 되어 있다. '車轍' 역시 車道의 뜻을 표시한다.

다. 구름이 1장(丈) 남짓에서 2장 높아지면 30-40일 안에 50-60리 떨어
진 곳에서 응험이 나타난다. 가볍게 날리는 구름이 청백색을 띠고 있으
면[240] 장수는 용맹스러우나 사병이 나약하다. 구름의 아랫부분이 크고 앞
부분이 멀리 떨어져 있으면 맞부딪쳐 싸운다. 청백색이며 구름의 앞부분
이 낮으면 싸움에 이기며, 구름의 앞부분이 붉은 색이고 위로 들려 있으
면 싸움에 이길 수 없다. 진운(陣雲)은 우뚝 솟은 성벽과 같다. 저운(杼
雲)은 베틀의 북 모양과 비슷하다. 축운(軸雲)은 둥글게 뭉쳐 있는데 양
끝이 길쭉하다.[241] 작운(杓雲)은 밧줄 같은 부분이 앞쪽에서 하늘을 가로
지르며 그 절반은 하늘의 반을 차지한다.[242] 그 짝이 되는 암컷[243]은 전
투 깃발[244]과 유사하여 뾰족하다.[245] 구운(鉤雲)은 꺾여서 구부러져 있
다.[246] 이러한 구름들이 나타나면 다섯 색에 의하여 점을 친다.[247] 가령
윤이 나거나 뭉쳐들거나 빽빽하여 그 출현이 사람의 주의를 끌면 비로소
점을 친다. 반드시 병란이 생기려고 할 때에는 그 자리에 구름이 모여들
어 싸운다.

왕삭(王朔)[248]은 천상(天象)을 점치면서 태양 옆의 구름으로 결정하였
다. 태양 옆의 구름은 군주의 상징이다. 모두 그 모양에 의해서 점을 쳤
던 것이다.

북방 오랑캐 지역의 구름은 마치 가축이나 천막 같은 모양이고, 남방
오랑캐의 구름은 배나 돛의 모양과 유사하다. 홍수가 진 곳, 군대가 패전

---

240) 원문 "稍雲精白者"는 『漢書』 「天文志」와 『史記志疑』에 의하면 "捎雲靑白者"로 써
     야 맞다.
241) 軸雲은 굴대 모양의 구름이다.
242) 杓雲은 국자 모양의 구름이다.
243) 원문 "其蜺者"를 曹相成과 吉田光邦은 '彩虹雲,' '蜺雲'으로 풀이하였는데, 여기
     서는 '蜺'을 '副虹(암무지개)'의 뜻인 '蜺,' '霓'로 보아 '其蜺者'를 '杓雲과 짝하는 암
     컷'의 뜻으로 푼다. 이를 '彩虹雲'으로 보면 '其'의 의미를 설명하기 어렵고, 전후 문
     장에서 계속 '某雲'이라 한 것과 어울리지 않는다.
244) 원문은 "闕旗"인데 『漢書』 「天文志」와 『史記志疑』에 의하면 "鬪"로 써야 맞다.
245) 원문은 "類闕旗, 故"인데 『漢書』 「天文志」와 『史記志疑』에 의해 보충하여 "類鬪
     旗, 故兌"로 풀이한다.
246) 鉤雲은 낫처럼 굽어진 구름이다. '鉤'는 긴 자루 끝에 낫 모양의 굽어진 날을 붙
     여 말 탄 사람을 끌어내리던 옛날의 칼이다.
247) 원문 "以五色合占"의 '合'은 『漢書』 「天文志」와 『史記志疑』에 의하면 잘못 들어간
     문자이다.
248) 王朔 : 옛날에 星象을 살펴 점을 치는 데 뛰어났던 사람이다.

168

한 전쟁터, 망국의 폐허, 지하에 묻힌 금전과 보물 등의 위에는 모두 기운이 서려 있으니 잘 살피지 않을 수 없는 것들이다. 바닷가에서 생기는 신기루는 마치 높은 누대 같고 광야에 서리는 구름은 마치 궁전 같다. 구름은 제각기 그 현지 산천과 인민이 쌓아모은 형세와 기질을 닮는다. 그래서 사회의 성쇠[249]를 점치는 사람은 그 나라 혹은 지역에 들어가서 그 영역의 경계가 분명한지, 또한 논밭이 잘 정리되고 경작되는지 하는 것과, 성곽과 가옥의 문호(門戶)가 윤이 나는지, 그리고 다음으로 수레와 복식이 아름다운지와 가축이 살지고 튼튼한지를 관찰한다. 이들이 알차고 번영하면 길하고, 텅 비고 소모되면 불길하다.

연기 같은데 연기가 아니고, 구름 같은데 구름이 아니며, 광채가 영롱하고 엷게 굽이쳐 펼쳐진 것이 있으니 이를 경운(卿雲)[250]이라고 한다. 경운은 좋은 기운[喜氣]이다. 안개 같은데 안개가 아니며 옷이나 갓이 젖지 않는 것이 있는데, 이것이 나타나면 그 지역은 갑옷 입은 병사들이 내달리게 된다.

번개, 무지개, 벽력, 야명(夜明)[251] 등은 활동하는 양(陽)의 기운이다. 이런 것들은 봄과 여름의 두 계절에는 발생하고 가을과 겨울의 두 계절에는 숨어든다. 이런 까닭에 점치는 사람이면 누구나 그것을 기다려서 관찰한다.

하늘이 열려 여러 물상(物象)들을 공중에 늘어뜨리고 땅이 흔들려 갈라져나가는 것, 산이 무너지고 옮겨가며 강이 막히고 내가 메워지는 것, 물이 넘실거리며 소용돌이치고 땅이 솟아오르며 못에 물이 흐르는 것, 이런 것들은 모두 조짐과 흔적을 보여준다. 성곽이나 여염집 대문이 윤택한가 메말랐는가, 궁전과 관사 그리고 백성들 사는 곳 역시 마찬가지이다. 백성들의 음식, 복장, 거마(車馬)와 풍속습관도 관찰한다. 오곡과 초목이 재배되는 곳을 관찰한다. 양곡창고, 재화창고, 마구간, 무기고 그리고 교통의 요로를 관찰한다. 여섯 가지 가축들[252]이 나고 방목되고 자라는

---

249) 원문 "息耗"의 '息'은 번식하여 증강되는 것을, '耗'는 소모되어 쇠잔해지는 것을 말한다.
250) 卿雲 : 좋은 징조로 인정되는 일종의 彩雲으로서, '慶雲,' '景雲'으로도 불린다.
251) 夜明 : 야간에 고층의 대기가 미약한 빛을 내는 현상으로서, 대기의 성분이 태양 광선의 작용으로 약한 빛을 내는 것인데, 여러 가지 색깔을 띤다.
252) 여섯 가지 가축은 소, 말, 양, 돼지, 개, 닭을 말한다.

곳, 그리고 고기, 자라, 새, 쥐가 서식하는 곳을 관찰한다. 귀신이 울어 마치 사람을 부르는 듯이 하는데, 어떤 사람이 우연히 맞닥뜨리면 놀라게 된다. 요언(謠言)이 도는 것은 진실로 그러한 것이다.

[해운점〔候歲〕]

무릇 한 해의 운세가 좋고 나쁨을 점칠 때는 경건히 그해의 처음을 살핀다. 일 년의 처음에는 동지 날이 있어 이날 비로소 생기의 싹이 트기 시작한다. 납명일(臘明日)253)에는 사람들이 한 해를 넘겨보내고 모두들 함께 모여 먹고 마시며 양기를 발동시키며, 따라서 이를 일 년의 처음이라고 한다. 정월 초하루는 제왕이 제정하는 일 년의 첫머리이다. 입춘은 네 계절의 처음이다. 이들 네 계절의 처음254)은 점치는 날이다.

한(漢)나라 때의 위선(魏鮮)255)은 납명일과 정월 초하루로 귀납하고 팔방(八方)의 바람에 귀결시켰다. 바람이 남쪽에서 불어오면 큰 가뭄이 든다. 서남쪽에서 불어오면 작은 가뭄이 든다. 서쪽에서 불어오면 전란이 있다. 서북쪽에서 불어오면 콩이 익으며256) 갑작스러운 전란이 있다. 북쪽에서 불어오면 중급의 수확이 있다. 동북쪽에서 불어오면 상급의 수확이 있다. 동쪽에서 불어오면 큰 수재가 난다. 동남쪽에서 불어오면 전염병이 돌고 수확이 나쁘다. 팔방의 바람은 각기 그 맞은편 바람과 상쇄되며 서로 비교하여 많은 쪽이 이긴다. 양이 많은 것이 적은 것을 이기고, 시간이 긴 것이 짧은 것을 이기며, 속도가 빠른 것이 느린 것을 이긴다. 동틀녘에서 아침밥 때까지의 바람은 보리를 말한다. 아침밥 때에서 해가 약간 기울기까지의 바람은 메기장을 말한다. 해가 기울기 시작하여 저녁밥 먹을 때까지의 바람은 기장을 말한다. 저녁밥 때에서 저녁밥 먹은 뒤까지의 바람은 콩을 말한다. 저녁밥 먹은 뒤에서 해가 완전히 지기까지의 바람은 삼(麻)을 말한다. 257) 하루 종일 구름이 있고 바람이 있고 해가 있

253) 臘明日은 臘祭의 다음 날로서 옛사람들은 이를 작은 설이라 말하며 경축하였다. 秦漢 시대에는 연말에 여러 신들께 제사 지내는 것을 '臘'이라고 하였으며, 보통 12월 8일에 거행하였고, 따라서 이 날을 '臘日'이라고 하였다.
254) 동지, 납명일, 정월 초하루, 입춘의 네 날을 가리킨다.
255) 魏鮮: 별점을 잘 친 漢代 사람.
256) 원문은 이 자리에 "小雨"의 어구가 있는데, 『史記三書正訛』와 『史記志疑』에 의하면 잘못 들어간 문장이다.
257) 다섯 단계 시간 표시의 원문은 순서대로 "旦至食," "食至日昳," "昳至餔," "餔

170

기를 바라는데, 그 시각에 해당하는 농작물이 줄기가 우거지고 열매가 많다. [258] 구름이 없고 바람과 해가 있으면 그 시각에 해당하는 농작물은 줄기는 약한데 열매는 많다. 구름과 바람은 있는데 해가 없으면 그 시각에 해당하는 농작물은 줄기는 우거지나 열매는 적다. 해는 있고 구름과 바람이 없으면 그 시각에 해당하는 농작물은 흉작이 된다. 그것이 밥 한 그릇 먹는 정도의 짧은 시간만이라면 조금 흉작이 되겠지만, 쌀 다섯 말을 쪄 익힐 만큼 긴 시간이라면 크게 흉작이 된다. 만약 바람과 구름이 다시 일면 그 농작물은 다시 살아난다. 각각 그 시간에 따라 구름 색에 의하여 그에 합당한 종류의 곡물을 점친다. 만약 눈이 내리고 날이 차가우면 수확은 나쁘다.

정월 초하루에 해가 밝으면, 도시와 마을에서는 사람들이 노래하고 연주하는 소리가 들린다. 궁조(宮調)의 소리가 들리면 그해는 수확이 좋고 길하며, [259] 상조(商調)의 소리가 들리면 병란이 있고, 치조(徵調)의 소리가 들리면 가뭄이 들며, 우조(羽調)의 소리가 들리면 물 난리가 나고, 각조(角調)의 소리가 들리면 농작물의 수확을 망친다.

혹자는 정월 초하루부터 이어서 비오는 날의 수를 계산하기도 한다. 하루를 양식 한 되로 계산하여 일곱 되에 이르면 이를 최고 한도로 하고 이를 지나서는 점치지 않는다. [260] 또 열이튿날까지 헤아리되 하루하루를 그에 해당하는 달로 쳐서 수재나 가뭄의 피해를 점친다. [261] 이상은 그 나라 영토의 천리 이내의 범위에 대하여 점치는 것이다. 만약 천하에 대하여 점친다면 정월 한 달을 통해서 점쳐야 한다. 달이 경과하는 별자리와 그 날의 해, 바람, 구름의 유무에 의해서 별자리 해당 분야 나라의 날씨를 점친다. 그런데 반드시 태세(太歲)가 있는 방위를 관찰하여야 하니, 태세가 서쪽에 있으면 풍년이 들고, 북쪽에 있으면 흉년이 들며, 동쪽에 있으면 기근이 들고, 남쪽에 있으면 가뭄이 든다. 이것은 일반적인 규

至下餔," "下餔至日入"이다.
258) 예를 들어 이른 아침에 이 세 가지가 있으면 보리가 풍작을 거둔다는 말이다.
259) 고대 음악의 5음계의 명칭은 宮, 商, 角, 徵, 羽인데, 五行說에 의해 이들을 각각 土, 金, 木, 火, 水와 배합시켜 인간사의 길흉을 말하였다.
260) 하루 비가 오면 한 되의 식량을 먹을 수 있을 것으로 보며, 일곱째 날까지 날마다 비가 와 일곱 되에 이르면 이를 최고 한도로 삼았다는 것이다.
261) 예를 들어 초하룻날 비가 오면 정월은 비가 많이 오고, 열이튿날 비가 안 오면 섣달에 비가 안 오는 것으로 본다.

칙이다.

정월 상순(上旬)의 갑일(甲日)에 바람이 동쪽에서 불어오면 양잠을 하기에 적합하다. 바람이 서쪽에서 불어오거나 이른 아침에 노란 구름이 있으면 나쁘다.

동지에는 낮의 길이가 가장 짧다. 이날 양팔저울의 양 끝에 각각 흙과 숯을 걸어둔다. 숯이 아래로 기울면 사슴의 뿔이 빠지고 난초 뿌리가 자라며 샘물이 솟아난다. 이렇게 하면 일지(日至)²⁶²⁾를 대략 알 수 있는데, 결국은 해시계의 그림자 길이에 의해서 결정된다.²⁶³⁾ 동지에 목성이 있는 성차(星次)의 분야는 오곡이 풍성할 것이다. 그와 마주하는 곳을 충(衝)이라고 하는데,²⁶⁴⁾ 그곳은 농작물에 재앙이 있다.

[천문관찰의 역사]

태사공은 말하였다.

처음 인류가 출현한 이래로 해와 달과 별²⁶⁵⁾의 움직임을 관찰하지 않은 임금이 없었을 것이다. 오제(五帝)와 삼대(三代)에 이르러서는 이를 계승 연구하여 관 쓰고 띠 매는 민족²⁶⁶⁾을 안으로 삼고 이적(夷狄)의 이민족을 밖으로 하여 중국을 12주(州)²⁶⁷⁾로 나누었다. 그리고 위로는 천상(天象)²⁶⁸⁾을 관찰하고, 아래로는 지상의 여러 종류의 사물에서 법칙을 귀납하였다. 하늘에는 해와 달이 있고 땅에는 음과 양²⁶⁹⁾이 있다. 하늘에는

---

262) 日至 : 해가 남회귀선에 이른 冬至와 북회귀선에 이른 하지를 말한다.
263) 북반구에서는 해시계의 그림자가 동지 때에 가장 길다.
264) 衝은 북극성을 중심으로 하여 상대되는 천구상의 위치나 그 위치에 있는 별을 말한다. 그러므로 이 말은 "목성이 있는 星次와 상대되는 星次의 分野에 재앙이 있다"는 뜻이다.
265) "별"의 원문은 "星辰"인데, 이것은 뭇 별의 총칭으로 풀 수도 있고, 또 '星'은 5대 행성이고 '辰'은 28宿라고 나누어 풀 수도 있다.
266) 원문 "冠帶"는 관과 허리띠의 복장을 갖춘 문명을 지닌 족속이란 뜻으로서 中原의 화하민족을 가리킨다.
267) 12州 : 『尙書』「堯典」에 "처음 12州를 두었다(肇十有二州)"라는 말이 있는데 그 이름은 적혀 있지 않다. 『尙書』「禹貢」의 9州는 冀, 兗, 靑, 徐, 揚, 荊, 豫, 梁, 雍 등인데 후세 사람들이 『周禮』「職方」, 『爾雅』「釋地」에 보이는 幽, 幷, 營의 셋을 합쳐 12州로 만들었다. 이 「天官書」의 分星, 分野에 관한 기록에 의해 12州를 귀납하면 兗, 豫, 幽, 揚, 靑, 幷, 徐, 冀, 益, 雍, 三河, 荊 등으로 위의 것과는 다르다.
268) 天象 : 해, 달, 별과 그 운행 등을 말한다.
269) 陰과 陽은 중국 고대철학의 중요한 두 범주인데, 그 원시적 의미는 햇빛의 향배

다섯 개의 큰 별[五星]이 있으며 땅에는 다섯 가지 원소[五行]가 있다. 하늘에는 별자리들이 열지어 있고 땅에는 주(州)의 강역(疆域)들이 있다. 해와 달과 별은 음양의 정기이고, 그 정기의 근본은 땅에 있으며, 성인은 이를 통합하여 다스린다.

주(周)나라의 유왕(幽王)과 여왕(厲王)²⁷⁰⁾ 이전은 매우 먼 옛날의 일이었다. 그동안 보인 천상(天象)의 모든 이변들²⁷¹⁾은 각 나라마다 달리 그 이변의 자취들을 남겨놓았고, 점술가들은 그 괴이한 물상(物象)들로써 점을 쳐서 당시의 사건과 현상에 부합시켰다. 그런데 그들이 문자와 그림과 서적으로 설명해놓은 길흉화복의 조짐에는 귀납할 만한 어떤 법칙이 없었다. 그리하여 공자(孔子)는 육경(六經)을 평론하면서 괴이한 사건은 기록하되 그에 관한 설명은 기록하지 않았다. 천도(天道)나 천명(天命)²⁷²⁾에 관해서는 전수하지 않았으니, 제 사람에게 전수할 때는 말해줄 필요가 없었고, 제 사람이 아닌 이에게는 말해주어도 말귀를 깨닫지 못하였다.

옛날에 천문 역법을 전수한 사람으로는, 고신씨(高辛氏)²⁷³⁾ 이전에는 중(重)과 여(黎)²⁷⁴⁾가, 당요(唐堯), 우순(虞舜)²⁷⁵⁾의 시대에는 희씨(羲氏)와 화씨(和氏)²⁷⁶⁾가, 하대(夏代)에는 곤오(昆吾)²⁷⁷⁾가, 은상대(殷商代)에는 무함(巫咸)²⁷⁸⁾이, 주나라에는 사일(史佚)²⁷⁹⁾과 장홍(萇弘)²⁸⁰⁾

에 따른 양달과 응달이다. 고대인들은 이 음양의 개념으로 자연계의 正反 양 방면의 대립, 그리고 물질과 세력의 상호 증감을 설명하였고, "一陰一陽之謂道"의 학설을 제시하여 음양의 교체를 우주의 근본 규칙으로 보았다.

270) 厲王은 기원전 878년부터 기원전 824년까지 재위하였고, 幽王은 厲王의 손자로서 기원전 781부터 기원전 771년까지 재위하였는데, 둘 다 역사적으로 유명한 어두운 임금들이다.

271) 天象의 이변은 일식, 월식, 지진 등을 말한다.

272) 天道는 해, 달, 별 등 천체의 운행규칙이고, 天命은 天象으로 나타난 하늘의 뜻, 즉 天道와 天象으로 예측되는 인간세상의 길흉화복이다.

273) 高辛은 전설상의 왕인 帝嚳이 다스린 나라의 이름이다.

274) 重과 黎 : 둘 다 顓頊 시대의 사람으로 重은 南正(木正)을 맡아 천문과 제사를 관장하였고, 黎는 北正(火正)을 맡아 지리와 민정을 관장하였다고 한다.

275) 堯의 국호는 陶唐, 舜의 국호는 有虞이다.

276) 羲와 和는 천지와 사기를 관장한 벼슬 이름이기도 하다.

277) 昆吾 : 夏代의 부족 이름인데 여기서는 그 군장인 己樊을 가리킨다.

278) 巫咸 : 殷 中宗 때의 吳 지역 사람인데, 大臣이라고도 하고 巫師라고도 한다.

279) 史佚 : 周 武王 때의 太史 尹佚이다.

280) 萇弘 : 周 敬王 때의 大夫로, 晉나라의 대부들이 내분을 일으켰을 때 范氏를 도

이, 송(宋)나라에는 자위(子韋)[281]가, 정(鄭)나라에는 비조(裨竈)[282]가, 제(齊)나라에는 감공(甘公)[283]이, 초(楚)나라에는 당매(唐眜)가, 조(趙)나라에는 윤고(尹皋)가, 위(魏)나라에는 석신(石申)[284]이 있었다.

천운(天運)[285]은 30년에 작게 변하고, 100년에 중등으로 변하며, 500년에 크게 변한다.[286] 큰 변화를 세 번 거치면 한 기(紀)이고, 세 번의 기를 거치면 일체의 변화를 다 갖추니 이것이 자연 주기의 한계이다. 국정을 담당하는 사람은 반드시 이러한 3과 5의 변화 주기를 중시하여 위아래로 각기 1,000년씩 하여야 하며, 그러면 천도와 인간사의 관계가 서로 연결되어 완비된다.

태사공이 고대의 천문변화를 고구해보건대 오늘날에 검증할 수 있는 것이 없다. 대체로 춘추시대 242년[287] 사이에 일식이 36번 있었고, 혜성이 3번 나타났으며, 송(宋)나라 양공(襄公) 때는 별똥별이 마치 비가 내리듯 떨어졌다.[288] 천자의 권위가 미약하여 제후가 무력으로 정벌을 일삼았고, 오패(五覇)[289]가 차례로 흥기하여 번갈아 패주(覇主)가 되어 명령을 내렸다. 그 이후로는 다수가 소수를 폭압하고 큰 나라가 작은 나라를 병

왔다가 피살되었다.

281) 子韋 : 宋 景公 때의 천문 역법가.

282) 裨竈 : 鄭나라의 大夫.

283) 甘公 : 甘德을 가리키는데 전국시대 말년의 사람으로 『天文星占』을 썼다고 하며, 지금 전하는 『甘石星經』은 뒷사람이 옛 甘氏, 石氏, 巫咸 등 각 천문학파의 기록을 모아 수록하고 가탁한 이름이라고 한다.

284) 石申 : 『天文』을 지었다고 전하는 전국시대 말년의 사람이다.

285) 天運 : 자연의 운세를 뜻한다.

286) 원문의 "歲"나 "載"는 모두 해(年)의 다른 명칭으로, 唐虞 시대에는 '載'라고, 夏代에는 '歲'라고, 商代에는 '祀'라고, 周代에는 '年'이라고 말하였다.

287) 춘추시대란 魯나라의 편년체 역사서인 『春秋』에서 이름을 붙인 것이다. 『春秋』에는 魯 隱公 원년(기원전 722년)에서 魯 哀公 14년(기원전 481년)에 이르는 242년간의 일이 적혀 있다.

288) 이 별똥별의 기록은 조금 부정확하다. 별똥별의 기록은 『春秋』에 두 번 나오는데, 하나는 魯 莊公 7년(宋 閔公 5년에 해당함)에 魯나라에서 발생한 것으로 "밤중에 별이 떨어졌는데 비가 오는 것 같았다(夜中星隕如雨)"라고 하였고, 또 하나는 魯 僖公 16년(宋 襄公 7년에 해당함)에 宋나라에서 발생한 것으로 "운석이 宋나라에 다섯 개 떨어졌다(隕石于宋五)"라고 하였다.

289) 춘추시대 五覇의 내용에 관해서는 세 가지 설이 있는데, 첫째는 齊 桓公, 晉 文公, 秦 穆公, 宋 襄公, 楚 莊王이라는 것이고, 둘째는 첫째 설의 宋 襄公 대신 吳王 闔閭를 넣는 것이며, 셋째는 둘째 설의 秦 穆公 대신에 越王 勾踐을 넣는 것이다.

탄하였다. 진(秦)나라, 초(楚)나라, 오(吳)나라, 월(越)나라는 모두 오랑캐로서 강대한 패주가 되었다. 전씨(田氏)가 제나라를 찬탈하였고,[290] 한씨(韓氏), 위씨(魏氏), 조씨(趙氏)의 세 집안이 진(晉)나라를 분할하여[291] 전국(戰國)의 대열에 끼었다. 공격과 탈취를 경쟁하여 전쟁이 연이어 발생하니 성읍이 수차에 걸쳐 도륙되고, 기근과 질병의 고통으로 각국의 신하와 임금들이 모두 근심걱정이 심하였다. 그리하여 그들에게는 길흉의 조짐을 살피고 별과 구름을 점치는 것이 매우 절박한 일이었다. 근세의 열두 명의 제후와 일곱 나라[292]는 서로 왕이라고 칭하였고 합종(合縱)과 연횡(連橫)을 주장하는 사람이 줄지어 나타났다. 윤고, 당매, 감공, 석신 등이 당시의 형세에 대응하여 그들의 문서와 전적을 담론하였는데, 그들이 말한 점과 응험은 문란하고 잡다하며 쌀이나 소금 알갱이처럼 자질구레한 것이었다.

28수가 12주를 주재하고 북두칠성이 그들을 통괄한다는 것은 오래전부터 전해오는 설명이다. 진(秦)나라에서는 금성을 살피고 천랑성(天狼星)과 천호성(天弧星)으로 점친다. 오나라와 초나라에서는 화성을 살피고 유수(柳宿)와 태미원(太微垣)으로 점친다. 연(燕)나라와 제나라에서는 수성을 살피고 허수(虛宿)와 위수(危宿)로 점친다. 송나라와 정나라에서는 목성을 살피고 방수(房宿)와 심수(心宿)로 점친다. 진(晉)나라에서도 역시 수성을 살피고 삼수(參宿)와 벌좌(罰座)로 점친다.

진(秦)나라가 한(韓), 위(魏), 조(趙)의 삼진(三晉)과 연(燕)나라와 대(代)나라를 병합한 이후로 황하와 진령(秦嶺), 태행산(太行山) 이남이 모두 중국 땅이 되었다. 중국은 온 세계〔四海〕속에서 동남쪽이므로 양에 속하는데, 양에 속하는 천체는 곧 태양, 목성, 화성, 토성이며, 천가성

---

290) 齊나라의 왕족은 姜太公 呂尙의 후손이었는데, 기원전 672년에 陳나라의 田完이 齊나라로 도망쳐온 뒤로 그 자손들이 대대로 齊나라의 대신이 되어 점차 정권을 장악하여 나갔다. 기원전 481년에 이르러 田常(陳成子)이 齊 簡公을 죽여 국권을 찬탈하였고 기원전 386년에 이르러서는 田和가 정식으로 齊나라의 임금에 즉위하였다. 이 田常의 찬탈과 개혁을 기점으로 하여 기원전 475년부터 전국시대로 보기도 한다.

291) 晉나라에는 六家의 대신이 있었는데 오랫동안 쟁탈과 겸병이 이어져 三家가 남았다가 기원전 403년에 魏斯, 韓虔, 趙籍의 세 사람이 晉 땅을 셋으로 나누어 각각 나라로 독립하였다. 이들 韓, 魏, 趙의 성립을 기점으로 하여 기원전 403년부터 전국시대로 보기도 한다.

292) 열두 제후는 魯, 齊, 晉, 秦, 楚, 宋, 衛, 陳, 蔡, 曹, 鄭, 燕의 제후국들을 말하며, 일곱 나라는 秦, 楚, 齊, 燕, 韓, 趙, 魏의 강국으로서 전국칠웅이라 부른다.

(天街星) 이남을 살펴 점치는데 필수(畢宿)가 주가 된다. 중국의 서북쪽은 호(胡), 맥(貉), 월지(月氏) 등 모피 옷을 입고 활로 사냥하는 민족들로서 음에 속하는데, 음기에 속하는 천체는 곧 달, 금성, 수성이며, 천가성 이북을 살펴 점치는데 묘수(昴宿)가 주가 된다. 그래서 중국의 산맥과 강물은 동북쪽으로 흐르는데 그 체계를 보면 머리는 농(隴)과 촉(蜀)에 있고 꼬리는 발해(渤海)와 갈석산(碣石山)으로 빠진다. 이런 까닭으로 진(秦)나라와 진(晉)나라는 전쟁을 좋아하였고 또 금성으로 점을 쳐서 금성이 중국을 주재하였다. 한편 호와 맥은 자주 침략하여 단지 수성으로 점을 쳤는데, 수성은 뜨고 지는 것이 급속하여 통상 오랑캐 종족을 주재하였다. 이상이 대강의 원칙인데, 이들 금성과 수성은 번갈아서 주와 객이 되었다. 화성이 광망을 사방에 훤히 비추면 밖으로는 전쟁을 처리하고 안으로는 정치를 처리한다. 그래서 "비록 밝은 천자가 있다고 해도 화성이 있는 곳은 반드시 관찰해야 한다"라는 말이 있는 것이다. [293] 제후들이 번갈아 세력을 떨쳤고 당시의 재앙과 이변에 관한 기록들이 있지만 채록할 만한 것이 없다.

진 시황(秦始皇) 때에는 15년 사이에 혜성이 네 차례 출현하였는데, 출현 시간이 오랜 것은 80일에 이르렀고, 꼬리가 긴 것은 온 하늘을 가로지를 정도였다. 그 이후로 진나라는 마침내 무력으로 여섯 나라를 멸망시켜 중국을 통일하고 밖으로는 사방의 이민족들을 내쫓았다. 죽은 사람이 마치 난마(亂麻)처럼 뒤얽혔고 이리하여 진섭(陳涉)이 여러 무리를 아울러 궐기하였으며, [294] 그후 30여 년 동안 병사들이 서로 짓밟고 짓밟히기를 이루 헤아릴 수 없이 하였으니, 치우(蚩尤) 이래로 이와 같은 일은 한 번도 없었다.

항우(項羽)가 거록(鉅鹿)을 구원하였 때[295] 왕시성(枉矢星)이 서쪽으로 흘러갔다. 산동(山東)[296]에서는 마침내 여러 제후들이 연합하여 서쪽

---

293) 화성에 관한 이 두 문장은 『漢書』 「天文志」와 『史記志疑』에 의하면 앞 화성의 절맨 끝으로 옮겨야 맞다.

294) 기원전 209년 陳涉이 陳縣(지금의 河南省 淮陽縣)에서 궐기하여 국호를 張楚라고 하였다.

295) 陳涉, 吳廣을 이어 項梁과 項羽도 궐기하였는데, 秦나라의 맹장 章邯이 趙나라를 공격하자 項羽는 趙나라를 도와 鉅鹿의 싸움에서 秦나라 군의 주력을 깨뜨렸다.

296) 山東 : 전국시대와 秦漢 시대에는 崤山 또는 華山 이동의 지역을 山東이라고 하였는데, 일반적으로는 황하 유역만을 지칭하며, 때로는 전국시기의 秦나라 이외의

으로 진격하며 진(秦)나라 병사들을 구덩이에 파묻고[297] 함양(咸陽)을
도륙하였다.

한(漢) 왕조가 흥기하자 다섯 행성이 정수(井宿)에 모였다. 평성(平
城)에 포위되었을 때[298] 삼수(參宿)와 필수(畢宿)에 달무리가 일곱 겹으
로 나타났다. 여씨(呂氏) 일족이 난을 일으켰을 때[299]는 일식이 일어나
낮에도 어두컴컴하였다. 오초칠국(吳楚七國)의 난[300] 때는 길이가 여러
장(丈)에 이르는 혜성이 나타나고 천구성(天狗星)이 양(梁)나라를 통과
하였으며, 전쟁이 일어나자 땅에 널린 시체의 피가 그 아래로 흘렀다. 원
광(元光)과 원수(元狩) 연간[301]에는 치우의 기(蚩尤之旗)가 두 번 나타났
는데 긴 것은 하늘의 절반에 이르렀다. 그후 조정의 군대가 네 번 출정하
여 사방의 이민족을 토벌하기 수십 년,[302] 특히 호족(胡族)에 대한 정벌
은 매우 심하였다. 남월(南越)이 멸망할 때[303]는 화성이 두수(斗宿)를
점거하였다. 조선(朝鮮)이 함락될 때[304]는 혜성 같은 별빛이 남하성(南
河星)과 북하성(北河星)의 요충[305]을 비추었다. 병사를 일으켜 대원(大
宛)을 정벌할 때[306]는 혜성 같은 별빛이 초요성(招搖星)을 비추었다. 이

六國 영토를 말하기도 한다.

297) 제후의 연합군을 이끌고 서진하던 項羽는 新安(지금의 河南省 澠池縣 동쪽)에
 이르러 秦나라 군에 반란의 기운이 돌자 秦나라 군 20만여 명을 야습하여 구덩이에
 파묻었다.

298) 漢 高祖 7년(기원전 200년)에 高祖가 직접 대군을 이끌고 匈奴를 쳤는데 平城
 (지금의 山西省 大同市 동북쪽)에 이르러 匈奴의 돌격부대에 몰려 白登山에서 7일간
 포위당하였다.

299) 漢 高后 8년(기원전 180년)에 呂后가 죽고 그 조카 呂産, 呂祿 등이 정권 탈취
 를 기도하였다가 周勃 등에게 평정되었다.

300) 漢 景帝 前元 3년(기원전 154년)에 吳王 劉濞가 楚와 齊 지역의 여섯 왕들과 함
 께 조정의 削藩정책에 반대하여 대규모 반란을 일으켰다가 周亞夫에게 평정되었다.

301) 둘 다 漢 武帝의 연호로서 元光은 기원전 134년부터 기원전 129년까지, 元狩는
 기원전 122년부터 기원전 117년까지이다.

302) 漢 武帝 시기에 匈奴, 西南夷, 百越, 朝鮮, 西域 등의 이민족과 많은 전쟁을 하
 였다.

303) 기원전 112년에 武帝는 南越을 평정하고 南海 등의 아홉 개 군을 설치하였다.

304) 기원전 109년 朝鮮의 왕 右渠가 遼東을 공략하자 武帝는 군대를 내어 朝鮮을 제
 압하고 樂浪 등의 네 개 군을 두었다.

305) 원문 "河戍"에서 '河'는 南河星과 北河星을 말하며, 이 두 별의 위치가 天帝의
 관문 교량으로서 반드시 지켜야 할 교통의 요충이라는 뜻으로 '河戍'라고 불렀다.

306) 기원전 104년부터 기원전 101년까지 漢 武帝는 군대를 보내 大宛을 정복하고 名
 馬를 빼앗았다.

러한 것들은 천상(天象)의 드러남이 분명한 큰 이변의 예들이다. 소소하
고 잘 드러나지 않는 작은 이변들은 이루 다 말할 수가 없다. 이로써 보
건대 먼저 천상에 징조가 보이고 나서 인간세상에 그 응험이 따르지 않은
예는 없었다.

한 왕조 이래로 천문 역법을 한 사람들을 보면, 별을 점친 사람으로 당
도(唐都)³⁰⁷⁾가, 구름을 점친 사람으로 왕삭(王朔)이, 해운을 점친 사람
으로 위선(魏鮮)이 있었다. 이전에 감공(甘公)과 석신(石申)은 다섯 행
성의 운행법칙을 정리하였는데, 그에 따르면 오직 화성만이 방향을 바꿔
서 역행(즉 서행)하는 것이 있었고, 화성이 역행하면서 점거한 자리, 그
리고 다른 행성의 역행 및 해와 달의 엷은 가림과 먹힘³⁰⁸⁾ 등은 모두 살
펴 점칠 대상으로 인정되었다.

나는 역사의 기록을 읽으며 지나간 일들을 고구하였는데, 근래 백년 사
이에는 다섯 행성 가운데 떠올라서 방향을 바꿔 서쪽으로 역행하지 않는
별이 없었으며, 방향을 바꿔 역행하면 때로는 크게 빛나다가 색이 변하곤
하였다. 그리고 태양과 달이 엷게 가리거나 먹히는 것과 남북으로 운행하
는 것에 일정한 시기가 있었다. 이러한 것들은 그 일반적인 이치이다.

중앙의 자미원(紫微垣), 동방의 방수(房宿)와 심수(心宿), 남방의 권
좌(權座)와 태미원(太微垣), 서방의 함지좌(咸池座), 북방의 허수(虛宿)
와 위수(危宿) 등의 별자리와 뭇 별들은 하늘의 다섯 관작의 자리인데,
경성(經星)³⁰⁹⁾으로서 위치를 이동하지 않으며, 대소에 등급이 있고 상호
간의 거리가 일정하다. 수성 화성 금성 목성 토성의 다섯 행성은 하늘의
다섯 가지 보필 역할을 하는데, 위성(緯星)³¹⁰⁾으로서 일정한 계절에 뜨고
지며, 운행의 영(贏)과 축(縮)에 일정한 규칙이 있다.

해에 이변이 있으면 덕을 쌓고, 달에 이변이 있으면 형벌을 줄이며, 별
에 이변이 있으면 인화단결하여야 한다. 무릇 천상에 이변이 생겨 정도가

---

307) 唐都 : 漢 武帝 때의 方士로 천문에 밝았다.
308) '가림'의 원문은 "薄"으로 해나 달이 눈에 보이지 않는 고공의 구름에 가려 어두
    워지는 현상이고, '먹힘'의 원문은 "蝕"으로 해와 달이 달과 지구에 의해서 가려지는
    일식과 월식의 현상을 말한다.
309) 經星 : 恒星을 뜻한다.
310) 緯星 : 곧 行星 뜻한다.

지나치면 이내 점을 친다. [천상에 이변이 생길 때] 나라의 임금이 강대하고 덕 있는 자이면 번성하게 되고, 약소하고 꾸며 속이는 자이면 망하게 된다. 가장 좋기로는 덕을 쌓는 것이고, 그 다음은 정치를 닦는 것이며, 그 다음은 보완조치를 취하는 것이요, 그 다음은 귀신에게 비는 것이며, 가장 나쁜 것은 무시하는 것이다. 항성은 이변이 매우 드물게 보이지만, 해와 달과 다섯 행성을 점칠 때에 자주 이용된다. 햇무리, 달무리, 일식, 월식[311] 그리고 구름과 바람, 이것들은 모두 하늘의 비정상적인 기운이며, 이것들의 출현은 자연의 큰 변화일 수도 있다. 그렇지만 이들은 정치의 좋고 나쁨에 따라 길흉을 표현하는 것이니, 하늘과 인간 사이의 가장 가까운 매개이다. 이 다섯 현상은 하늘의 감응이다. 천문 역법을 연구하는 사람은 반드시 천운이 변화하는 주기를 통달하고 고대와 현대를 관통하여, 시세(時勢)의 변화를 깊이 관찰하고 그 알맹이와 쭉정이를 알아보아야 곧 '천관(天官)'의 학문이 완비되었다고 할 것이다.

이 이하는 흩어져 떨어져나온 문장들로서 장기간의 전사(傳寫)와 전각(傳刻) 과정에서 쌓인 것이다. 문구가 뒤섞여 문맥이 혼란스럽고 이해하기 어렵다. 다음은 『사기삼서정와(史記三書正訛)』에서 교정 해설한 것인데, 원문의 순서대로 나열하되 내용에 따라 나누어 설명한다. 독자께 참고가 되기를 바란다. ( ) 안은 잘못 들어간 것으로, [ ] 안은 잘못 빠진 것으로 인정되는 자구들이다.

① "蒼帝行德, 天門爲之開. 赤帝行德, 天牢爲之空. 黃帝行德, 天(天)[矢]爲之起. [白帝行德, 畢昴爲之圍]. [黑帝行德, 天關爲之動]" : 이 열 구절은 윗글의 끝 부분 "이 다섯 현상은 하늘의 감응이다(此五者, 天之感動)"의 앞으로 가야 한다. 그러면 다섯 방위의 성관(星官)이 밝은 빛을 내어 끼치는 서로 다른 영향에 대한 각각의 설명이 된다. 그 의미는 이러하다. "동쪽의 성관이 밝은 빛을 내니 천문이 열린다. 남쪽의 성관이 밝은 빛을 내니 천뢰(하늘의 감옥)가 텅 빈다. 중앙의 성관이 밝은 빛을 내니 천시(별이름)가 일어난다. 서쪽의 성관이 밝은 빛을 내니 필수와 묘수에 달무리가 둘렸다. 북쪽의 성관이 밝은 빛을 내니 천관이 열리고 닫힌다."

311) 원문 "日月暈適"에서 '適'은 '謫'과 통하여, 이변현상을 뜻한다.

② "風從西北來, 必以庚辛. 一秋中五至, 大赦, 三至, 小赦.": 이 구절은 윗글 "해운점〔候歲〕" 단락으로 옮겨야 하는데, 위선(魏鮮)의 설명과는 말이 다르다. 의미는 이러하다. "바람이 서북쪽에서 불어오니, 반드시 경일 혹은 신일에 있다. 가을 한 철에 다섯 번 오면 대대적인 사면이 있고, 세 번 오면 부분적인 사면이 있다."

③ "白帝行德": 잘못 들어간 문장이다.

④ "以正月二十日, 二十一日, 月暈圍, (常)[當]大赦,": 이 구절은 위 ①의 "白帝行德, 畢昴爲之圍"의 곁 설명〔旁注〕인데 후세 사람이 잘못하여 정문(正文)에 포함시킨 것이다.

⑤ "載": 잘못 들어간 글자이다.

⑥ "謂有太陽也.": 이 구절은 "해운점" 문단의 곁설명이다.

⑦ "一曰, 圍三暮, 德乃成, 不三暮及圍不合, 德不成. 二曰, 以辰圍, 不出其旬.": 이 문장들은 다른 점성가의 이견(異見)이다.

⑧ "白帝行德, 畢昴爲之圍," "黑帝行德, 天關爲之動.": 이 네 구절은 ⑦의 원문 "一曰"과 "圍三暮" 사이에 쓰여 있는데, 앞의 ①로 옮기면 된다.

⑨ "天行德, 天子更立年, 不德, 風雨破石.": 이 문장은 하늘의 모든 성관이 밝은 빛을 내면 황제가 연호를 바꾸어야 하며, 만약 모두 흐린 빛을 내면 큰 재난이 생길 것임을 설명하는 것이다.

⑩ "三能, 三": 이 문구의 아래에는 어떤 문장이 빠져 있다.

⑪ "衡者, 天廷也. 客星出天廷, 有奇令.": 이 구절들은 앞의 "〔衡星: 남관〕" 절의 첫 문장의 의미를 한층 더 풀이한 것이다.

권28 「봉선서(封禪書)」¹⁾ 제6

자고 이래로 천명을 받아 제왕이 된 자가 어찌 봉선(封禪)을 행하지 않을 수 있겠는가? 하늘의 감응과 길조가 없으면 서둘러 봉선대전을 행하였으며, 하늘의 감응과 길조가 나타났음을 보고도 태산(泰山)²⁾에 가지 않은 천자는 여지껏 없었다. 그러나 어떤 자는 비록 천명을 받아 제왕이 되었으나 치세의 업적을 이루지 못하였고, 어떤 자는 몸은 비록 양보산 (梁父山)³⁾에 가나 도덕과 봉선의 성대한 제례가 조화를 이루지 못하였고, 어떤 자는 도덕이 갖추어져 있으나 봉선을 행할 틈이 없었다. 이 때문에 봉선대전이 극히 드물게 되었다. 「전(傳)」⁴⁾에 "3년간 예를 행치 아니하면, 반드시 사라지며, 3년간 음악을 행치 아니하면, 그 교화는 반드시 부서진다"라고 쓰여 있다. 매번 성세(盛世)를 맞이하면 봉선으로 보답하고, 성세가 쇠퇴하면 봉선은 사라진다. 멀리는 천여 년, 가까이는 수백 년이 되나, 그 봉선대전의 양식이 모두 매몰되어 그 상세한 내용은 얻을 수는 없으나, 다행히 기재되어 전해온다.

『상서(尙書)』에 "순(舜)은 선기옥형(璇璣玉衡)⁵⁾으로써 천체를 관찰하여, 칠정(七政)⁶⁾을 살폈다. 나아가 천신에게 제사 지내고, 육종(六宗)⁷⁾

---

1) 「封禪書」: '封'이란 고대에 군왕이 즉위한 후, 泰山에 흙을 쌓아 제단을 만들고 천신에게 제사 지내 그 공덕에 보답하는 것을 말하며, '禪'이란 泰山 아래의 梁父山에 일정한 구역을 설정하여 지신에게 제사 지내 그 공덕에 보답하는 것을 말한다. 「封禪書」란 舜임금에서부터 漢 武帝까지의 封禪 제도에 관한 기록을 말한다.
2) 泰山: 山東省 泰安縣의 북쪽에서 5里 가량 떨어진 곳에 있다. 중국의 5대 명산, 즉 五嶽 중의 하나.
3) 梁父山: 泰山의 남쪽에 위치한다.
4) 『論語』 「陽貨」 편을 가리킨다.
5) 璇璣玉衡: 북두칠성을 가리킨다. 그러나 여기에서 '璇'은 아름다운 玉을 말하며, '璣'는 천문을 관찰하던 천문 관측기구의 일종으로, 漢 이후에는 渾天儀라고 했으며, '玉衡'은 천문 관측기구의 일종인데 簫 모양의 玉으로 만든 橫管을 말한다.
6) 七政: 달, 별과 다섯 개의 별을 가리킨다. 고대에는 天象의 길흉을 관찰하여야 정

182

에게 연기를 피워 제사 지내고, 명산대천을 돌며 여러 신령들에게 두루 제사 지냈다. 또 오서(五瑞)⁸⁾를 수집하며 길일을 선택하여, 사악(四嶽)⁹⁾의 관리¹⁰⁾들을 회견하고 서옥(瑞玉)을 하사하였다. 매년 2월에는 동방의 제후를 순시하며, 대종(岱宗)¹¹⁾에 올랐다. 대종은 태산을 가리킨다. 시제사(柴祭祀)는 순차대로 명산대천을 돌며 행하며, 이어서 동후(東后)를 만났다. 동후는 바로 제후이다. 사시(四時), 12월, 365일을 조정하고, 음률과 도량형을 통일시키고, 오례(五禮)¹²⁾를 정비하고, 오옥(五玉), 삼백(三帛), ¹³⁾ 이생(二生), ¹⁴⁾ 일사(一死)¹⁵⁾를 조현(朝見)의 예물로 정하였다. 8월에는 서악(西嶽)에까지 순시하는데, 서악은 화산(華山)¹⁶⁾을 가리킨다. 11월에는 북악(北嶽)까지 순시하는데, 북악은 항산(恒山)¹⁷⁾을 가리킨다. 모두 대종(岱宗)의 제례와 같다. 중악(中嶽)은 숭고(嵩高)¹⁸⁾를 말하며, 5년마다 한 번 순시하였다"라고 전해온다.

하우(夏禹)가 순(舜)의 제도를 이은 이후, 14대 공갑제(孔甲帝)에 이르러 도덕이 사악하여 귀신을 섬기자, 천신은 그의 경거망동을 증오하여 두 마리의 용을 빼앗아갔다. 그러자 그후 3대에 이르러, 탕(湯)¹⁹⁾이 걸(桀)²⁰⁾을 멸하였다. 탕은 하사(夏社)²¹⁾를 옮기고 싶었으나, 뜻대로 되지

치의 득실을 알 수 있다고 여겨, 이를 '七政'이라고 불렀다.
7) 六宗 : 존숭하던 여섯 신을 말하며, 여섯 신에 대해서 그 학설이 다르다. 일설에는 四時, 寒暑, 水旱, 日, 月, 星을 가리키며, 일설에는 水, 火, 雷, 風, 山, 澤을 가리키며, 일설에는 日, 月, 星, 河, 海, 岱를 가리키며, 일설에는 天, 地, 春, 夏, 秋, 冬을 가리키기도 한다.
8) 五瑞 : 고대의 5등급의 公, 侯, 伯, 子, 男爵이 지니던 圭, 璧 같은 瑞玉을 말한다.
9) 四嶽 : 고대의 四季四方을 분담하여 주관하던 장관.
10) 원문의 "牧"이란 州의 장관을 가리킨다.
11) 岱宗 : 고대에 여러 산 가운데 泰山을 宗으로 삼았으므로, 泰山을 '岱宗'이라고 별칭하였다.
12) 五禮 : 吉禮(祭禮), 凶禮(葬禮), 賓禮(朝會), 軍禮(軍事), 嘉禮(婚冠)을 가리킨다.
13) 三帛 : 三公이 만날 때 휴대하는 예물로써, 비단류를 말한다.
14) 二生 : 卿, 大夫가 휴대하는 예물로써, 살아 있는 새끼 양과 기러기를 말한다.
15) 一死 : 士가 휴대하는 예물로써, 한 마리의 죽은 꿩을 말한다.
16) 華山 : 지금의 陝西省 華陰縣 남쪽에 있다.
17) 恒山 : 지금의 河北省 曲陽縣 서북쪽에 있다.
18) 嵩高 : 嵩山을 말하며, '崧山,' '太室山'이라고도 한다. 지금의 河南省 登封縣 북쪽에 있다.
19) 湯 : 成湯이라고도 부르며, 商代의 개국군주이다.
20) 桀 : 夏代의 마지막 군주.

않자, 「하사」²²⁾ 편을 썼다. 그후 8대 태무제(太戊帝)에 이르러, 뽕나무와 닥나무가 조정에서 공생하고 있었는데, 하룻밤 새 두 팔로 껴안을 만큼이나 크게 자라, 태무는 이를 크게 두려워하였다. 이에 이척(伊陟)²³⁾이 "요기는 덕을 이기지 못하옵니다"라고 말하자, 태무가 덕을 쌓아 뽕나무와 닥나무가 모조리 고사하였다. 이척이 무함(巫咸)²⁴⁾을 칭찬하니, 무함(巫咸)²⁵⁾이 이때부터 성하였다. 그후 14대에 이르러, 무정제(武丁帝)는 부열(傅說)²⁶⁾을 발탁하여 재상에 기용하니, 은(殷)나라는 다시 흥하여 고종(高宗)이라고 칭하였다. 한번은 꿩이 구정(九鼎)의 귀에 날아와 앉으니, 무정은 이를 두려워하였다. 이에 조기(祖己)²⁷⁾가 "덕을 함양하시옵소서"라고 말하자, 무정이 이에 순응하여 그의 재위기간 내내 오래도록 안녕하였다. 이후 3대 주(紂)는 포악하고 음탕하여, 무왕(武王)에게 토벌당하였다. 이로 볼 때 개국군주는 신중하며 근면하지 않는 자가 없었으나, 이후로 갈수록 점차 태만해졌다.

『주관(周官)』²⁸⁾에 "동지가 되면, 남쪽 교외에서 천신에게 제사 지내고, 장일(長日)의 도래를 맞았으며, 하지가 되면 지신에게 제사 지냈다. 모두 음악과 무도를 사용하여야만 신령이 흠향(歆饗)할 수 있었다. 천자는 천하의 명산대천에서 제사 지냈는데, 오악(五嶽)²⁹⁾은 삼공(三公)³⁰⁾의 예우로써 제사 지내고, 사독(四瀆)³¹⁾은 제후의 예우로써 제사 지냈으며, 제후들은 각자 영토의 명산대천에 제사 지냈다. 사독이란 장강(長江), 황하(黃河), 회수(淮水), 제수(濟水)를 말한다. 천자가 제사 지내는 곳

---

21) 夏社 : 夏代 국가의 토신 사당을 가리킨다.
22) 「夏社」:『尙書』의 편명으로, 현존하지 않는다.
23) 伊陟 : 伊尹의 아들로서 太戊帝의 신하이다.
24) 巫咸 : 殷代의 신하로서 祈神消災의 일을 관장하였다.
25) 巫咸 : 신령에게 기도하여 재앙을 물리치는 일을 가리킨다.
26) 傅說 : 殷나라 高宗의 현명한 재상으로, 처음에는 傅巖(지금의 山西省 平陸縣 동쪽)에 은거하며 版筑操作의 일에 종사하고 있었으나, 高宗의 꿈에 傅說이 나타나자 그를 찾아 재상에 등용하니, 그후 나라가 잘 다스려졌다고 한다.
27) 祖己 : 殷나라의 賢臣.
28) 『周官』:『周禮』를 가리킨다. 周代의 예의제도를 기록한 典籍.『尙書』의 「周官」과 편명이 같아 「周官經」이라 불렀고, 西漢 말기에는 다시 「周禮」라고 개칭하였다.
29) 五嶽 : 東嶽 泰山, 南嶽 衡山, 北嶽 恒山, 西嶽 華山, 中嶽 嵩山을 가리킨다.
30) 三公 : 周나라의 太師, 太傅, 太保를 칭한다.
31) 四瀆 : 고대 사람들이 지칭하였던 바다로 유입되는 長江, 黃河, 淮水, 濟水 등 4개의 큰 하천에 대한 총칭이다.

을 명당(明堂) 또는 벽옹(辟雍)이라고 말하며, 제후가 제사 지내는 곳을 반궁(泮宮)이라고 말한다"라고 전해온다.

주공(周公)[32]이 성왕(成王)을 보좌하게 되자, 교외제사 때에는 후직(后稷)[33]을 천신과 배향(配享)하도록 하고, 종묘제사 때에는 명당에서 문왕(文王)을 상제(上帝)와 배향하도록 하였다. 하(夏)나라가 흥기하자 토신(土神)의 제사가 제정되었고, 후직이 농사를 일으킨 이후부터 곡신(穀神)의 제사가 생기게 되었다. 이처럼 천신제사와 토신제사는 모두 유구한 역사를 가지게 되었다.

주(周)나라가 은나라를 멸한 지 14대에 이르자, 세도(世道)는 점차 쇠약해지고, 예악은 폐기되고, 제후들의 행동은 방자하게 되어, 유왕(幽王)[34]은 견융(犬戎)[35]에게 패하여 주나라는 낙읍(雒邑)[36]으로 천도하였다. 진 양공(秦襄公)[37]이 견융을 공격하여 주나라를 구하자, 그 공로로 그는 제후의 대열에 들게 되었다. 진 양공은 제후가 되었는데도 거처를 서쪽 변경에 두고, 스스로 소호신(小皞神)[38]에 대한 제사를 주관해야 한다고 여기고, 서치(西畤)[39]를 만들어 백제(白帝)[40]에게 제사하였는데, 그 희생(犧牲)으로 유구(騮駒),[41] 황소, 저양(羝羊)[42]을 각각 한 마리씩

---

32) 周公 : 西周 초기의 정치가. 성은 姬氏이며 이름은 旦이다 武王을 도와 紂王을 정벌하였으며, 이후 武王이 죽자, 成王이 어려 周公이 섭정하며, 예악을 제정하고 제도를 정비하여 정치와 사상 면에서 周 왕조의 통치기반을 공고히 하였다.

33) 后稷 : 周族의 시조로 이름은 棄이다. 그는 각종 농작물을 잘 재배하여, 堯舜 시대에 農官에 임명되어 민간에 耕種法을 가르쳤다. 周族은 그를 민간에 耕種法을 가르치기 시작한 시조로 여긴다.

34) 幽王 : 西周의 국왕. 재위중 극심한 착취와 지진의 재해로 백성들은 의지할 곳 없이 떠돌았으며, 또한 그는 褒姒를 총애하여 申后와 태자 宜臼를 죽였다. 이에 申侯가 犬戎 등과 연합하여 周나라를 공격하여, 幽王은 驪山에서 살해되고 西周는 멸망하였다.

35) 犬戎 : 고대의 西戎 종족의 명칭.

36) 雒邑 : 도읍 이름. 周 成王이 옛 殷 땅에 대한 통치를 공고히 하기 위해서, 周公의 지휘하에 건축한 것으로, 옛 유적은 지금의 河南省 洛陽市 서쪽에 있다. 周 平王은 여기로 천도하였다.

37) 秦 襄公 : 춘추전국 시대의 秦나라 군주로, 성은 嬴氏이며, 기원전 777년부터 기원전 766년까지 재위하였다. 西周가 멸망할 때, 周 平王을 동쪽으로 호위하여 피신시켜, 岐(지금의 陝西省 岐山縣)를 하사받고 제후가 되었다.

38) 小皞神 : 전설상 고대 東夷族의 수령으로, 이름은 摯이다.

39) 畤 : 천지 五帝를 제사 지내는 장소의 명칭.

40) 白帝 : 신화 속의 사방 天帝로, 이름은 白招拒이며, 일설에는 少昊氏라고도 한다.

41) 騮駒 : 몸은 붉고 갈기는 검은 망아지.

바쳤다. 16년 후, 진 문공(秦文公)⁴³⁾이 동방으로 가서 사냥하다가 견수 (汧水)⁴⁴⁾와 위수(渭水)⁴⁵⁾ 사이까지 오게 되어, 정도(定都)의 점괘를 치 니 길하였다. 문공은 꿈에서 누런 뱀 한 마리를 보았는데, 그것의 몸은 하늘로부터 땅까지 이어졌으며, 입은 부(鄜)⁴⁶⁾와 연(衍) 일대까지 뻗어 있있다. 문공은 이 일을 태사(太史)⁴⁷⁾ 돈(敦)에게 자문하니, 그는 "이는 상제의 상징이니, 이를 제사 드리기를 청하옵니다"라고 아뢰었다. 그리하 여 부치(鄜畤)를 건립하여 소, 양, 돼지를 희생으로써 백제(白帝)에게 제사 드렸다.

아직 부치가 세워지기 이전에 옹읍(雍邑)⁴⁸⁾ 근처에 오양(吳陽)의 무치 (武畤)⁴⁹⁾가 있었으며, 옹읍 동쪽에는 호치(好畤)⁵⁰⁾가 있었으나, 모두 황 폐하여 제사 지내는 사람이 없었다. 혹자는 "자고 이래로 옹주(雍州)는 지세가 높아 신명(神明)의 거처가 되었으며, 이 때문에 제단을 세워 상제 (上帝)에게 제사 지냈으며, 기타 여러 신령의 사당도 모두 이곳에 모아놓 았었다. 대략 황제(黃帝) 때부터 이곳에서 제사를 거행하였으며, 주나라 말엽에 이르기까지도 제사를 거행하였다"라고 말한다. 그러나 이 말은 경 전에도 보이지 않으며, 대신들도 말한 바 없다.

부치가 세워진 지 9년 후, 진 문공은 하나의 옥석을 얻게 되어 진창산 (陳倉山)⁵¹⁾ 북쪽의 산비탈에 성을 축조하고 그 옥석을 제사 지냈다. 그것 의 신령은 어떤 때는 해가 지나도 한번도 오지 않았다가, 어떤 때는 일 년에 몇번이나 왔다. 내려올 때는 항상 밤이었으며, 유성처럼 광채를 발 하였다. 동남쪽에서 사성(祠城)으로 들어왔는데, 그 형상은 수탉 같았으

---

42) 羝羊 : 숫양.
43) 秦 文公 : 東周 초기의 군주로, 기원전 765년부터 기원전 716년까지 재위하였으 며, 汧에 건도하였다.
44) 汧水 : 陝西省 隴縣에서 발원하여 汧陽, 寶鷄를 지나 渭水로 유입된다.
45) 渭水 : 甘肅省 渭源縣에서 발원하여 潼關에서 黃河로 유입된다.
46) 鄜 : 秦代의 지명. 文公이 白帝를 제사 지낸 곳으로, 지금의 陝西省 西安府를 가 리킨다.
47) 太史 : 西周와 춘추시대에 문서의 초안을 잡고, 제후와 卿, 大夫의 이름을 臣籍에 올리며 史事를 기재하고 史書를 편사하는 일을 관장하고, 國家典籍, 천문, 역법, 제 사 등을 담당하는 관리를 주관하였다.
48) 雍邑 : 秦 德公이 여기에 천도하였으며, 지금의 陝西省 風翔縣 남쪽을 말한다.
49) 武畤 : 秦代의 지신에게 제사 지내던 곳이다.
50) 好畤 : 천신에게 제사 지내던 곳이다.
51) 陳倉山 : 지금의 陝西省 寶鷄市 동쪽에 있다.

며, 간절한 듯한 울음소리를 내어, 들꿩들도 밤에는 울었다. 소, 양, 돼지, 각기 한 마리씩을 희생으로써 제사 지냈는데, 이를 '진보(陳寶)'라고 불렀다.

부치가 세워진 지 78년 후, 진 덕공(秦德公)[52]이 즉위하여 옹(雍)에 정도(定都)할 것을 점치니, 후대의 자손이 국경을 황하 유역까지 넓힌다고 말해서, 마침내 옹에 정도하였다. 옹의 제사는 이때부터 흥기하였다. 제사 때마다 매번 세 마리의 흰 털 짐승으로 제사 지냈다. 또한 복사(伏祠)[53]를 지었으며, 4곳의 성문에 개의 사지를 찢어 걸어놓고, 독충의 재앙을 방지하였다.

덕공은 재위 2년 만에 죽었다. 그 4년 후에 진 선공(秦宣公)[54]은 위남(渭南)에 밀치(密畤)[55]를 세워 청제(靑帝)[56]에게 제사 지냈다.

그 14년 뒤에 진 목공(秦繆公)이 재위에 올랐는데 병이 들어 5일 동안 혼미하다가 깨어나서 말하기를, 꿈속에서 상제를 보았는데 목공에게 진(晉)나라의 난리를 평정하라고 명하였다고 하였다. 사관은 이 말을 기록하여 내부(內府)에 수장하였으며, 후세 사람들은 모두 진 목공이 하늘로 올랐다고 말한다.

진 목공 9년, 제 환공(齊桓公)[57]은 패주가 되어 규구(葵丘)[58]에 제후들을 모아놓고 봉선의 일을 의논하였다. 관중(管仲)이 "고대에 태산(泰山)과 양보산(梁父山)에서 봉선하던 제후는 72명이나 되나, 신이 기억하는 사람은 12명뿐이옵니다. 옛날 무회씨(無懷氏)[59]가 태산과 운운산(云云山)[60]에서 봉선하였으며, 복희씨(伏羲氏)[61]가 태산과 운운산에서 봉선

---

52) 秦 德公 : 기원전 677년부터 기원전 676년까지 재위하였으며, 雍에서 건도하였다.
53) 伏祠 : 伏日 제사의 사당. 하지부터 입추까지 초복, 중복, 말복 등 삼복이 있다.
54) 秦 宣公 : 기원전 675년부터 기원전 664년까지 재위하였다.
55) 密畤 : 제사 지내는 단의 명칭이다.
56) 靑帝 : 신화 중의 동방 天帝를 말하며, 이름은 靈威仰이다. 일설에는 太昊氏라고도 한다.
57) 齊 桓公 : 춘추시대 齊나라의 군주 姜小白을 말한다. 기원전 685년부터 기원전 643년까지 재위하였으며, 管仲을 재상으로 등용하여 개혁을 실시하고 국가를 부강하게 하였다. "尊王攘夷"의 기치하에, 戎狄의 중원에 대한 침공을 저지하고, 東周 왕실의 내란을 평정하였으며, 여러 차례 제후들을 불러모아 맹약을 맺고 춘추시대의 가장 강한 패자가 되었다.
58) 葵丘 : 읍 이름. 지금의 河南省 蘭考縣 동북쪽. 齊 桓公이 기원전 651년에 魯, 宋, 衛, 鄭, 許, 曹 등 국가의 제후들을 불러모아 여기에서 동맹을 결성하였다.
59) 無懷氏 : 고대 太昊氏 (伏羲) 이전의 제왕.

하였으며, 신농(神農)[62]은 태산과 운운산에서 봉선하였으며, 염제(炎帝)[63]는 태산과 정정산(亭亭山)[64]에서 봉선하였으며, 황제(黃帝)는 태산과 정정산에서 봉선하였으며, 전욱(顓頊)[65]은 태산과 운운산에서 봉선하였으며, 제곡(帝嚳)[66]도 태산과 운운산에서 봉선하였으며, 요(堯)도 태산과 운운산에서 봉선하였으며, 우(虞)의 순(舜)도 태산과 운운산에서 봉선하였으며, 하(夏)나라의 우(禹)는 태산과 회계산(會稽山)[67]에서 봉선하였으며, 상(商)나라의 탕(湯)은 태산과 운운산에서 봉선하였으며, 주(周)나라의 성왕(成王)은 태산과 두수산(杜首山)[68]에서 봉선하였는데, 이들은 모두 천명을 받아 제왕이 된 후에서야 비로소 봉선할 수 있었습니다"라고 아뢰니, 환공은 "과인은 북쪽으로는 산융(山戎)[69]을 정벌하여 고죽(孤竹)을 통과하였고, 서쪽으로는 대하(大夏)[70]를 정벌하여 유사(流沙)[71]를 건넜으며, 위험을 무릅쓰고 비이산(卑耳山)[72]을 올랐으며, 남쪽으로는 소릉(召陵)까지 정벌하여 웅이산(熊耳山)[73]에 올라 장강(長江)과 한강(漢江)을 바라볼 수 있었소. 세 번의 군사회의와 여섯 번의 평화회의 등 모두 아홉 차례나 제후들을 소집하여, 천하를 구제하였소. 이때 제후들은 나를 한번도 거역하지 않았소. 이것이 옛날 3대가 천명을 받았다는 것과 어찌 다를 바가 있겠는가?"라고 말하였다. 이에 관중은 말로써는 환공을 설복할 수 없음을 간파하고, 제단을 설치하려 함을 구체적 사실로

---

60) 云云山 : 泰山의 지맥으로 지금의 山東省 泰安縣 동남쪽에 위치한다.
61) 伏羲氏 : 伏羲를 가리키며, 신화전설상의 인류의 시조이다.
62) 神農 : 전설상 고대의 농업과 의약의 발명자.
63) 炎帝 : 여기서는 전설상의 神農氏의 후대이다.
64) 亭亭山 : 泰山의 지맥으로, 지금의 山東省 泰安縣 서쪽에 위치한다.
65) 顓頊 : 전설상의 고대 부족의 수령.
66) 帝嚳 : 전설상의 고대 부족의 수령.
67) 會稽山 : 지금의 浙江省 紹興市의 남쪽에 위치하며, 원래는 防山, 茅山, 苗山이라고 칭하였다.
68) 杜首山 : 지금의 山東省 泰安縣 서남쪽에 위치한다.
69) 山戎 : 北戎이라고도 칭하며, 鮮卑族을 말한다. 지금의 河北省 遷安縣 일대를 점하고 있었으며, 춘추시대에는 항시 齊, 鄭, 燕 나라의 골치거리였다.
70) 大夏 : 고대의 幷州의 晉陽을 말하며, 현재의 山西省 太原市 서남쪽에 위치한다.
71) 流沙 : 지금의 山西省 경계의 平陸縣 동쪽에 위치한다.
72) 卑耳山 : 辟耳山을 말하며, 지금의 山西省 平陸縣 서북쪽을 말한다.
73) 熊耳山 : 지금의 河南省 서부의 盧氏縣의 남쪽에 위치하며, 秦嶺의 동쪽의 지맥이다.

써 간언하여 "옛날에 봉선할 때는 호상(鄗上)⁷⁴⁾의 기장과 북리(北里)의
벼로써 제품(祭品)으로 삼았으며, 장강과 회수 유역의 세 모서리 띠〔茅〕
로써 신령의 자리로 삼았습니다. 서해에서 바쳐온 넙치, 동해에서 바쳐온
비익조(比翼鳥)⁷⁵⁾가 있었으며, 또한 요구하지도 않았는데 스스로 바쳐온
희귀한 물건이 15 가지나 되었습니다. 지금은 봉황과 기린(麒麟)이 오지
않으며, 좋은 곡식도 생산되지 않고 들녘에는 쑥과 명아주만이 무성하며,
올빼미들만이 수차례 날아들 뿐입니다. 이런 상황하에서 봉선하려는 것
은 부적합한 줄로 압니다"라고 아뢰었다. 그리하여 환공은 그만두었다.
이해에 진 목공(秦繆公)은 진 혜공(晉惠公)을 돌려보내 진(晉)나라의 군
주로 세웠으며, 그후 세 차례 진(晉)나라의 군주를 안배하며 진나라의 난
리를 평정하였다. 목공은 즉위한 지 39년 후에 죽었다.

그 100여 년 후, 공자(孔子)는 육경(六經)을 논술하였다. 경서에는 성
을 고치고 출현한 새로운 왕들이 간략하게 기술되어 있는데, 태산과 양보
산에서 봉선한 제왕들이 70여 명이라고 쓰여 있으나, 그들의 제품에 대한
기술은 볼 수 없는데, 그 이유는 아마도 정확하게 기술하기 어려웠기 때
문으로 여겨진다. 어떤 사람이 체제(禘祭)⁷⁶⁾의 일에 대해서 물으니, 공
자가 "모른다. 만약 어떤 사람이 체제의 일을 안다면, 그가 천하를 다스
리는 일은 손바닥의 물건 보듯이 쉬울 것이다"라고 말한 적이 있다. 『시
경(詩經)』에 "주나라의 문왕(文王)은 천명을 받았는데도 정사중(政事中)
에 태산에 봉선하는 일이 없었다. 주무왕(周武王)은 은나라를 멸한 지 2년
만에 천하가 채 평온하기도 전에 죽었다. 이 때문에 주나라의 덕치융합은
성왕(成王)에 이르러서야 이룩되었는데, 바로 성왕의 봉선대전이 그 도
리에 이르게 하였던 것이다. 이후 제후 각국의 대부들이 정권을 잡았으
며, 노(魯)나라의 이씨(李氏)⁷⁷⁾는 월권하여 태산에서 제사를 거행하였는

---

74) 鄗縣은 지금의 河北省 柏鄕縣의 북쪽에 있던 곳이다.
75) 比翼鳥 : 전설상의 새 이름. 눈 하나, 날개 한 쪽만이 있기 때문에 상호 보조해야
    날 수 있다고 한다.
76) 禘祭 : 時禘, 殷禘, 大禘 3종류가 있다. 時禘는 종묘에서 사계절에 따라 제사 지
    내는 것을 말하며, 殷禘는 천자와 제후 종묘의 大祭를 말하며, 大禘는 천자가 천신
    에 제사 지내고 시조 및 원조에게 배향하는 것을 말한다.
77) 李氏 : 춘추시대 魯나라의 李孫氏는 魯 莊公의 동생 李友의 후대이며, 자손 대대
    로 魯나라의 大夫로 국정을 관장하여 그 권세가 대단하였다. 여기서는 李桓子를 가
    리킨다.

데, 공자는 이를 비웃었다"라고 쓰여 있다.

이때 장홍(萇弘)[78]은 법술로써 주 영왕(周靈王)을 섬겼는데, 이 때문에 제후들은 주 영왕에게 조현하려고 하지 않아, 주 왕조는 쇠약해져서 장홍의 죄를 다스릴 수 없었다. 그리하여 장홍은 공공연하고 대담하게 귀신활동을 행하여, '이수(狸首)'를 쏘는 의식을 제정하였다. '이수'란 조현에 참석하지 않는 제후의 대표이다. 신괴(神怪)의 힘에 의존하여 조현에 참석하도록 제후들을 굴복시키고 싶었던 것이다. 제후들은 이에 불복하고, 진(晉)나라의 사람이 장홍을 잡아 죽였다. 주나라 사람들이 법술과 신괴를 말한 것은 장홍으로부터 시작되었다.

백여 년 후, 진 영공(秦靈公)[79]은 오양(吳陽)에 상치(上畤)를 설치하여 황제(黃帝)[80]에게 제사 지냈으며, 하치(下畤)를 설치하여 염제(炎帝)[81]에게 제사 지냈다.

48년 후, 주나라 태사(太史) 담(儋)은 진 헌공(秦獻公)[82]을 알현하고 "진나라와 주나라는 처음에는 하나였다가 이후 분리된 것이니, 500년 후에는 당연히 다시 합쳐져야 하며, 합쳐진 지 17년 뒤에는 진나라에 패왕(覇王)이 출현할 것이옵니다"라고 아뢰었다. 역양(櫟陽)[83]에서 황금이 떨어지니, 진 헌공은 스스로 오행(五行) 중 금(金)에 속하는 길조를 얻었다고 여기고, 휴치(畦畤)를 설치하고 백제(白帝)에게 제사 지냈다.

120년 후, 진나라가 주나라를 멸하니, 주나라의 구정(九鼎)[84]은 진나라에 귀속되었다. 어떤 사람은 송(宋)나라의 태구(太丘)[85]의 사단(社壇)[86]이 부수어질 때, 구정이 팽성(彭城)[87]의 사수(泗水)[88] 속으로 침몰

---

78) 萇弘 : 周나라의 大夫. 방술로써 神怪를 부를 수 있었다.
79) 秦 靈公 : 기원전 421년부터 기원전 415년까지 재위하였다.
80) 黃帝 : 신화 속의 중앙 天帝로, 이름은 含樞紐이다.
81) 炎帝 : 신화 속의 남방 天帝로, 이름은 赤熛怒이다.
82) 秦 獻公 : 기원전 384년부터 기원전 362년까지 재위하였다.
83) 櫟陽 : 지금의 陝西省 臨潼縣 동북쪽.
84) 九鼎 : 전설상 夏禹가 9개의 鼎을 주조하였는데, 이는 9州를 상징하였으며, 대대로 전하는 보물로 받들었다. 秦나라는 周나라를 멸하고 九鼎을 얻었는데, 그중 하나가 泗水에 가라앉고, 나머지는 행방을 알 수 없다.
85) 太丘 : 지명. 지금의 河南省 永城縣 서북쪽에 위치한다.
86) 社壇 : 토지의 신을 제사 지내는 단.
87) 彭城: 현 이름. 지금의 江蘇省 徐州市.
88) 泗水: 山東省 중부에 있으며, 泗水縣 東蒙山 남쪽 기슭에서 발원한다.

되었다고 말한다.

115년 후, 진나라가 천하를 통일하였다.

진 시황(秦始皇)은 천하를 통일하고 황제(皇帝)라고 지칭하였는데, 어떤 사람이 "황제(黃帝)는 토덕(土德)을 얻어 황룡과 큰 지렁이가 출현하였으며, 하나라는 목덕(木德)을 얻어 청룡이 교외에 서식하여 초목이 울창하게 자랐다. 은나라는 금덕(金德)을 얻어 산 속에 은(銀)이 넘쳤으며, 주나라는 화덕(火德)을 얻어 적마(赤馬)의 길조가 있었다. 지금 진나라가 주나라를 개변시켰으니, 이는 수덕(水德)을 얻을 시대이다. 이전에 진 문공(秦文公)이 사냥하러 나갔다가 한 마리의 흑룡을 얻은 적이 있다고 하는데, 그것이 바로 수덕의 길상물(吉祥物)이다"라고 말하였다. 이에 겨울의 10월을 매년의 시작으로 하고, 색은 흑색을 숭상하며, 길이는 6척을 단위로 하고, 음률은 대려(大呂)[89]를 숭상하며, 정사(政事)는 법치를 숭상하였다.

진 시황은 제위 3년째에 동쪽으로 군현을 시찰하고, 추역산(騶嶧山)[90]에서 제사 지내며 진나라의 공업을 칭송하였다. 그리하여 제(齊)나라와 노(魯)나라의 유생과 박사 70명을 선발하여 태산 아래로 데려왔다. 유생 중 어떤 사람이 "옛날의 봉선은 포거(蒲車)[91]를 이용하였는데 이는 산의 토석과 초목을 해치지 않기 위해서였으며, 땅은 청소하고서 그 장소로 삼았으며 깔개는 벼의 줄기를 사용하였는데, 이는 고례(古禮)란 좇아서 행하기가 아주 쉬움을 말해줍니다"라고 아뢰었다. 시황은 이들의 견해가 각기 다르고 사리에 맞지 않아서 시행하기가 어렵자 유생들을 배척하였다. 그리하여 태산 남쪽에서부터 정상에 이르기까지 차도를 건립하였으며, 또한 비석을 세워서 진 시황의 공덕을 칭송하고 봉선해야만 하는 도리를 밝혔다. 북쪽 길로 내려와 양보산에서 지신(地神)에게 제사 지냈다. 봉선의 의식에는 옹현에서 상제에게 제사 지낼 때 사용하던 의식을 많이 채용하였다. 봉선의 기록은 모두 은밀하게 보관되었으므로, 세인들은 이를 기

---

89) 大呂 : 12律의 하나.
90) 騶嶧山 : '騶山' 혹은 '嶧山'이라고도 하며, 지금의 山東省 騶縣 동남쪽에 위치한다.
91) 蒲車 : 蒲草를 이용하여 수레바퀴를 씌운 수레. 이 수레는 천지에 제사 지낼 때 혹은 賢士를 영접할 때 사용하는 수레이다.

록할 수 없었다.

한번은 진 시황이 태산에 올랐다가, 산중턱에서 폭풍우를 만나, 큰 나무 아래에서 비가 멈추기를 기다리고 있었다. 유생들은 배척을 받아 봉선 의식에 참석할 수 없게 되자, 진 시황이 폭풍우를 만났다는 말을 듣고 비웃었다.

봉선을 끝내고 시황제는 계속 동쪽의 발해까지 유람하며 명산대천과 팔신(八神)에게 제사 드리고, 선문(羨文)[92]과 같은 신선들에게 복을 기원하였다. 팔신은 이미 옛날부터 있었는데, 어떤 사람은 제 태공(齊太公) 이후에 만들어진 것이라고 말한다. 제나라를 제(齊)라고 부른 까닭은 바로 팔신의 하나인 천제신(天齊神)으로부터 말미암은 것이다. 천제에 대한 제사는 이미 단절되었고, 언제부터 시작되었는지도 알 수 없다. 팔신이란 다음을 말한다. 그 첫째는 천주(天主)로 천제천(天齊泉)에게 제사 지낸다. 천제연수(天齊淵水)는 임치(臨菑) 남쪽 근교의 산 아래에 있다. 그 둘째는 지주(地主)로, 태산과 양보산에서 제사 지낸다. 천신은 음기를 좋아하므로, 반드시 높은 산의 아래 혹은 작은 산의 높은 곳에서 제사 지내야 하며, 그 제단을 '치(畤)'라고 부른다. 지신은 양기를 좋아하므로, 반드시 늪지 중 원형의 언덕 위에서 제사 지내야 한다. 그 셋째는 병주(兵主)로 치우(蚩尤)에게 제사 지낸다. 치우는 동평륙(東平陸)의 감향(監鄕)에 있으며, 제나라의 서쪽 경계이다. 그 넷째는 음주(陰主)로 삼산(三山)[93]에서 제사 지낸다. 그 다섯째는 양주(陽主)로 지부산(之罘山)에서 제사 지낸다. 그 여섯째는 월주(月主)로 채산(萊山)에서 제사 지낸다. 모두 제북(齊北)에 있으며 발해에 접해 있다. 그 일곱째는 일주(日主)로 성산(成山)에서 제사 지낸다. 성산은 가파르게 굽어 바다로 들어가며, 제나라의 가장 동북쪽 모퉁이에 위치하여 일출을 맞이할 수 있다고 한다. 그 여덟째는 사시주(四時主)로 낭야(琅邪)에서 제사 지낸다. 낭야는 제나라의 동쪽에 있으며 일년 운행의 시작을 기원한다. 팔신에 대한 제사는 모두 한 마리의 가축을 사용하며, 사제인(司祭人)과 옥, 비단 등의 제품은 약간씩 증감할 수 있다.

제나라의 위왕(威王), 선왕(宣王) 때부터 추연(鄒衍)[94]의 부류들은 종

---

92)　羨文 : 고대의 仙人으로 이름은 子高이다.
93)　三山 : 參山을 말하며, 지금의 山東省 掖縣 북쪽에 위치한다.

시오덕 (終始五德)⁹⁵⁾의 운행을 논하였는데, 진(秦)나라가 황제라고 칭한 이후, 제나라 사람이 이 이론을 진 시황에게 상주하자, 진 시황은 이를 받아들였다. 송무기(宋毋忌), 정백교(正伯僑), 충상(充尙)에서부터 시작하여 마지막의 선문고(羨門高)까지 모두 연(燕)나라 사람으로, 육체에서 해탈하여 영혼을 귀신 부류에 의탁하는 등 선도가(仙道家)의 법술을 실행하였다. 추연은 음양주운이론(陰陽主運理論)⁹⁶⁾으로써 제후들간에 유명하였으며, 또한 연나라와 제나라 해상의 방사(方士)들이 그의 이론을 계승하였으나 통달할 수 없어 이때부터 황당기괴하며 아부영합하는 자가 흥기하였는데, 그 수를 헤아릴 수 없었다.

제나라의 위왕과 선왕, 연나라의 소왕(昭王) 이래로 사람을 바다로 파견하여 봉래(蓬萊), 방장(方丈), 영주(瀛洲)⁹⁷⁾를 찾도록 하는 일이 잦아졌다. 전설에 의하면, 이 삼신산(三神山)은 발해(渤海) 중에 있어 그 길이 멀지 않았으나, 선인(仙人)들은 배가 도착하는 것을 걱정하여 곧 바람을 일으켜 배를 멀리 보냈다고 전해진다. 이미 그곳에 가본 적이 있는 사람들은 선인들과 장생불사의 약이 모두 거기에 있으며, 산 위의 물체, 새, 짐승 등의 색깔은 모두 흰색이며, 궁전은 모두 황금과 백은(白銀)으로 건축하였다고 전한다. 아직 거기에 도달하지 않았을 때 멀리서 바라다보면, 삼신산은 천상의 백운과 같으며, 거기에 도달하여 보면 삼신산은 오히려 수면 아래에 처해 있는 듯하다. 배가 막 다다르려고 하면 바람이 배를 밀쳐내어 시종 거기에 도달할 수 없었다. 속세의 제왕 중 그곳을 흠모하지 않는 자가 없었다. 진 시황이 천하를 통일한 이후, 방사들이 해상의 신선전설에 관하여 말하는 횟수는 그 수를 헤아릴 수가 없었다. 진 시황은 친히 해상으로 나아갔다가 삼신산에 도달하지 못할까 두려워, 동남동녀(童男童女)를 데리고 해상으로 나아가 이 삼신산을 찾도록 사람들을

---

94) 鄒衍 : 전국시대의 陰陽五行家.

95) 終始五德 : '五德轉移'라고도 한다. 水, 火, 木, 金, 土 5 가지 물질의 덕성이 相生相克하여 끝나면 다시 시작하는 순환변화를 가리키며, 이를 이용하여 왕조흥망의 원인을 설명한다.

96) 陰陽主運理論 : 鄒衍이 음양교체의 변증법 사상과 天人感應說을 결합하여, 이로써 신구 왕조의 교체를 억지로 비교하여, 왕조의 운명을 지배할 수 있다고 주장한 이론. 그의 저서 중 「終始」,「主運」 등의 편명이 있다.

97) 蓬萊, 方丈, 瀛洲 : 고대 전설에 따르면 東海에 이 세 산이 있었는데, 이 산들에는 모두 신선이 살기 때문에 '三神山'이라고 불렸다.

파견하였다. 배가 해상에서 돌아와서는 바람을 만나 도달할 수 없었다고 변명하고서, 비록 도달하지는 못했지만 삼신산을 확실히 보았다고 말하였다. 2년째, 진 시황은 다시 해상을 순유하며 낭야산(琅邪山)에 도달하고, 항산(恒山)을 거쳐 상당(上黨)[98]으로부터 되돌아왔다. 그로부터 5년 후, 진 시황은 남쪽으로는 상산(湘山)[99]까지 순유하고, 회계산(會稽山)에 올라 해상으로 가서 삼신산의 장생불사약을 얻기를 희망하였다. 그러나 얻지 못하고 귀경하는 도중에 사구(沙丘)[100]에서 죽었다.

2세(二世)[101]는 원년에 동쪽으로 갈석(碣石)[102]을 순유하고, 해상의 남쪽을 따라 내려와, 태산을 지나 회계산에 도달하여, 의례에 의거하여 신령에게 제사 지냈다. 또한 진 시황이 세운 비석 옆에 문사(文辭)를 조각하여, 진 시황의 공덕을 표양(表揚)하였다. 이해 가을, 제후들이 진나라를 배반하여, 3년에 2세가 피살되었다.

진 시황이 봉선을 행한 지 12년 후 진나라는 멸망하였다. 당시 유생들은 진시황이 『시(詩)』와 『서(書)』를 불태우고, 문학사인(文學士人)들을 모욕하고 살육한 것에 대해 증오하였으며, 백성들은 진나라의 법률을 증오하였으며, 천하의 사람들이 모두 진나라를 배반하였기 때문에, 모두 "진 시황이 태산에 올랐으나, 폭풍우의 저지를 받아 봉선의 예를 행할 수 없었다"라고 헛소문을 퍼뜨렸다. 이것은 바로 소위 그 덕행이 갖추어지지 않고는 봉선의 예를 억지로 행할 수 없다는 뜻이었다.

옛날의 하(夏), 은(殷), 주(周) 삼대의 수도가 모두 황하와 낙하(洛河)의 사이에 있었으므로, 숭고(嵩高)를 중악(中嶽)으로 정하고 기타 사악(四嶽)이 각자의 방향에 의거하여 명명되었으며, 사독(四瀆)은 모두 산동(山東) 지역에 있었다. 진나라가 황제라고 지칭한 후, 함양(咸陽)[103]으로 건도하자, 오악과 사독은 모두 수도의 동쪽에 위치하게 되었

---

98) 上黨 : 군 이름. 관할구역은 지금의 山西省 동남부에 해당한다.
99) 湘山 : 일명 '君山' 또는 '洞庭山'이라고도 칭하며, 湖南省 嶽陽縣 西洞庭湖에 위치한다.
100) 沙丘 : 지금의 河北省 廣宗縣 서북쪽의 大平臺에 위치한다.
101) 二世 : 秦 二世 胡亥를 가리킨다. 二世의 원년은 기원전 209년이다.
102) 碣石 : 산 이름. 지금의 河北省 昌黎縣 북쪽에 위치한다.
103) 咸陽 : 도읍 이름. 전국시대 秦 孝公 때부터 이곳에 건도하였다. 지금의 陝西省 咸陽市 동북쪽에 위치한다.

다. 오제(五帝)[104]로부터 진나라에 이르기까지 흥망이 상호 교체되면서, 명산대천이 제후의 경내에 있기도 하였으며, 혹은 천자의 영토 안에 있기도 하여, 그 제사의례의 손익이 대대로 달라 일일이 모두 헤아릴 수 없다. 진나라가 천하를 통일한 이후에서야 사관(祠官)에게 명하여 일상적으로 제사 지내던 천지와 명산대천들의 귀신들을 차례대로 기술할 수 있었다.

당시 효산(崤山)[105]을 동쪽으로 하여 제사 지내는 곳이 명산은 5개, 대천은 2개가 있었다. 태실(太室)이라고 칭하는 산이 있었는데, 태실은 바로 숭산(嵩山)을 말한다. 또한 항산(恒山), 태산(泰山), 회계산(會稽山), 상산(湘山)이 있다. 2개의 대천에는 제수(濟水)와 회수(淮水)가 있다. 봄에는 고기와 술로써 그해의 제사를 거행하였으며, 또한 날이 따뜻하여 강물이 녹을 때, 가을에 일찍 강물이 얼 때, 겨울에 빙설로 인해 길이 막힐 때 제사를 거행하였다. 제사의 제물로는 각기 송아지 한 마리를 사용하였으며, 옥과 비단 등의 제물은 각기 달랐다.

화현(華縣)을 서쪽으로 하여 제사 지내는 곳은 명산은 7개, 대천은 4개가 있었다. 화산(華山), 박산(薄山)[106]이라는 산이 있다. 박산은 쇠산(衰山)을 말한다. 또한 악산(嶽山),[107] 기산(岐山),[108] 오악(吳嶽),[109] 홍총(鴻冢),[110] 독산(瀆山)[111]이 있다. 독산은 독(蜀)의 민산(汶山)[112]을 말한다. 4대 강물 중, 황하(黃河)는 임진(臨晉)[113]에서 제사 지내며, 면수(沔水)[114]는 한중(漢中)[115]에서 제사 지내며, 추연(湫淵)[116]은 조나

---

104) 五帝 : 전설상 중국 원시사회 말기의 부락 혹은 부락연맹의 영수인 黃帝, 顓頊, 帝嚳, 唐堯, 虞舜을 지칭한다. 일설에는 太皡, 炎帝, 黃帝, 少昊, 顓頊이라고도 하며, 일설에는 少昊, 顓頊, 帝嚳, 唐堯, 虞舜이라고도 한다.
105) 崤山 : 河南省 서부에 위치한다.
106) 薄山 : 襄山을 말하며, 지금의 山西省 永濟縣 남쪽에 위치한다.
107) 嶽山 : 陝西省 武功縣 경계에 있다.
108) 岐山 : 陝西省 岐山縣 동북쪽에 위치한다.
109) 吳嶽 : '吳山'이라고도 칭하며, 陝西省 隴縣 서남쪽에 위치한다.
110) 鴻冢 : 산 이름. 陝西省 鳳翔縣 동쪽에 위치한다.
111) 瀆山 : 四川省의 岷山을 가리킨다.
112) 汶山의 '汶'은 '岷'과 통한다.
113) 臨晉 : 현 이름. 지금의 陝西省 大荔縣 동쪽에 위치한다.
114) 沔水 : 陝西省 畧陽縣에서 발원하며, 漢水의 상류이다.
115) 漢中 : 군 이름. 陝西省 漢中市 동쪽에 위치한다.
116) 湫淵 : 호수 이름. 지금의 寧夏回族 자치구 固原縣에 위치한다.

(朝那)[117]에서 제사 지내며, 강수(江水)[118]는 촉군(蜀郡)[119]에서 제사 지냈다. 또한 봄에 얼음이 녹을 때와 가을에 강물이 얼 때 제사를 지냈는데, 동방의 명산대천에 제사 지내는 것과 같았으나, 제사에 사용한 송아지, 옥, 비단 등 제품은 달랐다. 4대 명산의 산봉우리 홍(鴻), 기(岐), 오(吳), 악(嶽)에 모두 상화(嘗禾)[120]가 있었다.

진보신(陳寶神)이 계절에 응하여 와서는 제사를 향수(享受)하였다. 황하의 제사에서는 탁주를 추가하였다. 이 산하들은 모두 옹주(雍州)[121] 지역내에 있고 또한 천자의 도성에서 가까웠으므로, 제사에는 수레 한 대와 월다말[騂駒] 네 필을 추가하였다.

패수(霸水), 산수(産水), 장수(長水), 풍수(灃水), 노수(澇水), 경수(涇水), 위수(渭水)는 모두 대천은 아니나 함양에서 가까웠기 때문에, 명산대천의 제사와 규모가 비슷할 수 있었다. 그러나 증가된 제품은 없었다.

견수(汧水), 낙수(洛水), 명택(鳴澤), 포산(蒲山), 악서산(嶽嶀山)의 부류들은 모두 작은 산천들로서, 매년 빙설로 길이 막힐 때, 해빙될 때, 하천이 고갈될 때 축복을 기원하며 제사를 지내는데, 그 의례가 꼭 일정하지는 않았다.

옹현에는 일신(日神), 월신(月神), 삼(參),[122] 진(辰),[123] 남북두(南北斗),[124] 형혹(熒惑),[125] 태백(太白),[126] 세성(歲星),[127] 전성(塡星),[128] 진성(辰星),[129] 28수(二十八宿),[130] 풍백(風伯),[131] 우사(雨

---

117) 朝那 : 현 이름. 지금의 寧夏回族 자치구 固原縣 동남쪽에 위치한다.
118) 江水 : 長江을 가리킨다.
119) 蜀郡 : 군 이름. 여기서는 군 관할의 成都를 가리킨다.
120) 嘗禾 : 그해의 햇곡식으로 신에게 제사 지내는 일 혹은 그 제사를 가리킨다.
121) 雍州 : 고대 9州의 하나. 지역은 陝西省, 甘肅省, 寧夏省, 靑海省 등에 상당한다.
122) 參 : 별 이름. 28宿의 하나.
123) 辰 : 心宿을 가리키며, 28宿의 하나.
124) 南北斗 : 南斗와 北斗를 가리키며, 모두 斗宿의 별명이다. 28宿의 하나.
125) 熒惑 : 화성을 가리킨다.
126) 太白 : 금성을 가리킨다.
127) 歲星 : 목성을 가리킨다.
128) 塡星 : 토성을 가리킨다.
129) 辰星 : 수성을 가리킨다.
130) 28宿 : 고대의 천문학에서 하늘의 별을 28宿로 나누었으며, 사방에 각기 7宿가 있다. 동방에는 角, 亢, 氐, 房, 心, 尾, 箕가 있으며, 북방에는 斗, 牛, 女, 虛,

師), [132] 사해 (四海), [133] 9신 (九臣), 14신 (十四臣), [134] 제포 (諸布), [135] 제엄 (諸嚴), 제구 (諸逑) [136] 등의 신령이 있으며, 백여 개의 사당이 있다. 서 (西) [137]에는 몇십 개의 사당이 있고, 호 (湖) [138]에는 주 천자의 사당이 있으며, 하규 (下邽) [139]에는 천신이 있다. 풍수 (灃水), 호수 (滈水) [140]에는 소명 (昭明) [141] 사당과 천자벽지 (天子辟池) [142] 사당이 있고, 두 (杜) [143]의 박 (毫) [144]에는 3개의 두주 (杜主) [145] 사당과 수성 (壽星) [146] 사당이 있으며, 옹현의 간묘 (菅廟) [147] 중에도 두주 사당이 있다. 두주는 원래 주나라의 우장군 (右將軍)으로, 진중 (秦中) [148]의 소묘 (小廟) 중 가장 영험이 있는 사당이다. 이들 여러 성수 (星宿)와 신령에 대해 매년 계절에 맞추어 제사 지낸다.

옹현에 있는 4개 제단의 상제를 가장 존귀하게 여기며, 제사장면이 가장 감동적인 제사는 진보신에 대한 제사이다. 옹현의 4개 제단에서는 봄에 그해를 기원하는 제사를 거행하며, 그 외에 얼음이 풀리거나 가을에

危, 室, 壁이 있으며, 서방에는 奎, 婁, 胃, 昴, 畢, 觜, 參이 있으며, 남방에는 井, 鬼, 柳, 星, 張, 翼, 軫이 있다.

131) 風伯 : 바람 신.
132) 雨師 : 신화 속의 비의 신.
133) 四海 : 고대에 중국의 사방이 모두 바다라고 여겼다. 여기에서는 海神을 가리킨다.
134) 9臣, 14臣 : "九臣, 六十四臣"의 누락된 글자일 가능성이 있다. '九皇,' '六十四民'은 모두 고대의 제왕들이다. 바로 '九皇,' '六十四民'의 신하가 '九臣,' '六十四臣'으로, 모두 제사를 받았다.
135) 諸布 : 별에 제사 지내는 곳을 말한다.
136) 諸嚴, 諸逑 : 각 도로상의 신을 가리킬 가능성이 있다.
137) 西 : 현 이름. 지금의 甘肅省 天水縣 서남쪽에 위치한다.
138) 湖 : 현 이름. 지금의 河南省 靈寶縣 경계에 위치한다.
139) 下邽 : 현 이름. 지금의 陝西省 渭南縣 동북쪽에 위치한다.
140) 滈水 : 지금의 陝西省 西安市 서쪽에 위치한다.
141) 昭明 : 화성의 별명.
142) 辟池는 滈池를 말한다.
143) 杜 : 현 이름. 지금의 陝西省 西安市 동남쪽에 위치한다.
144) 毫 : 亭 이름. 杜縣의 경계에 위치한다.
145) 杜主 : 杜伯을 가리키며, 周 宣王의 大夫이다. 杜地를 봉받았으나, 죄가 없는데도 피살당하였다. 사람들은 그를 신으로 여긴다.
146) 壽星 : 南極老人星.
147) 菅은 茅草를 가리킨다.
148) 秦中 : 지금의 陝西省 중부의 지명이며, 춘추전국 시대 때 秦나라 때문에 유명해졌다.

물이 마르고 일찍 추워져서 얼음이 얼거나 겨울에 폭설로 길이 막힐 때 제사 지내며, 5월의 상구(嘗駒)[149] 제사와 4계절 중간 달에 거행하는 월사(月祀)가 있으며, 진보신 제사는 진보신이 강림하는 계절에 맞추어 한 번 제사 지낸다. 봄과 여름에는 적색 말을 사용하며, 가을과 겨울에는 유(騮)[150]를 사용한다. 제사장에서는 네 필의 망아지를 사용하며, 하나의 목형 방울 달린 수레는 네 필의 목형 용이 끌며, 하나의 목형 마차는 네 필의 목형 말이 끄는데, 그 색깔은 각기 그 황제의 얼굴색에 따른다. 어린 황색 소와 어린 양은 각기 네 마리이고, 옥과 비단은 각기 일정한 수량이 있으며, 소와 양은 산 채로 매장하며, 조(俎)[151]와 두(豆)[152] 등의 예기는 사용하지 않는다. 교외제사는 3년에 한 번 있다. 진나라는 겨울 10월을 그해의 시작으로 여기므로, 천자는 매년 10월에 재계하고 교외에서 상제에게 제사 지낸 후, 봉화를 궁전까지 이르게 하고 함양궁 부근에서 절을 올리는데, 의복은 흰색을 숭상하며, 기타 용구는 일반의 제사와 같다. 서치(西畤), 휴치(畦畤)는 진나라의 통일 이전과 같으며, 천자가 친히 가지 않는다.

이 모든 제사들은 태축(太祝)이 주관하여, 매년 기일에 맞추어 제사 지낸다. 그 외 명산대천, 모든 귀신, 팔신 부류에 대해서는, 천자가 그것들의 제단을 지날 때 제사 지내며 떠나면 그만둔다. 군현 및 멀리 떨어진 곳의 사당에 대해서는 천자가 명한 제사주관 관원의 관리대상에서 제외되어, 그곳의 백성 스스로가 제사 지낸다. 주관 관원 중 비축(祕祝)[153]이 있는데, 만약 재앙을 당하게 되면 그는 제사를 거행하여 축복을 기원하며, 그 재앙을 관원과 백성에게 전가한다.

한(漢)나라가 흥기하였다. 한 고조(漢高祖)가 빈천할 때 큰 뱀을 죽인 적이 있다. 어떤 귀신이 "이 뱀은 백제(白帝)의 아들로, 그 뱀을 죽인 자는 적제(赤帝)[154]의 아들이다"라고 말하였다. 고조가 처음 병사를 일으켰

---

149) 嘗駒 : 젊고 튼튼한 준마를 사용하여 거행하는 제사이다.
150) 騮 : 몸은 붉고 갈기는 검은 말.
151) 俎 : 제향할 때 음식을 담는 제기. 청동 또는 옻칠을 한 나무로 만들었다.
152) 豆 : 말린 고기류의 음식을 담는 나무의 그릇.
153) 祕祝 : 관직명. 제왕을 위해서 기도하며, 재앙을 臣民에게 이전시킨다.
154) 赤帝 : 신화 중 남방 天帝를 가리킨다.

을 때, 풍현(豐縣)의 분유(枌楡)¹⁵⁵⁾ 사당에서 제사 지냈다. 패(沛)¹⁵⁶⁾를 점령한 후 패공(沛公)이라고 칭하고서, 곧바로 치우(蚩尤)¹⁵⁷⁾에게 제사 지내고, 피로 북과 깃발을 붉게 칠하였다. 마침내 10월 파상(灞上)¹⁵⁸⁾에 도달하여 제후들과 함께 함양을 평정하고, 스스로 한왕(漢王)이 되었다. 이 때문에 10월을 일년의 처음으로 여겼으며, 붉은 색을 숭상하였다.

2년째 되던 해에 동쪽으로 항적(項籍)¹⁵⁹⁾을 침공하여 병사들이 관중(關中)에까지 돌입하게 한 후, "옛날 진나라 때 제사 지냈던 상제들은 누구들인가?"라고 묻자, 좌우에서 "모두 4명의 상제들로서, 백제(白帝), 청제(靑帝), 황제(黃帝), 적제(赤帝)의 사당이 있습니다"라고 대답하였다. 그러자 고조가 "나는 하늘에 오제(五帝)가 있다고 들었는데, 사제(四帝)만 있다니 이 무슨 까닭인가?"라고 물으니, 대답하는 자가 아무도 없었다. 이에 고조가 "나는 안다. 이는 오제의 수를 채우려고 내가 오기를 기다린 것이다"라고 말하였다. 그리하여 또한 흑제(黑帝)¹⁶⁰⁾의 사당을 건립하여, 이를 북치(北畤)라고 칭하였다. 주관 관원이 제사를 주관하였기 때문에 천자는 친히 제사에 참석하지 않았다. 진나라의 옛 축관(祝官)들을 불러모아 태축(太祝), 태재(太宰)¹⁶¹⁾를 다시 두었으며, 의례도 전과 같이 하였다. 또한 각 현에 관부(官府)에서 제사 지내는 사당을 설치하도록 명하였다. 조서로써 "나는 사당을 중시하며 제사를 경중(敬重)한다. 지금 상제 및 산천의 신령에 제사를 주관하는 자는 각기 규정된 시절에 의하여 이전처럼 제사 지내도록 하라"고 명하였다.

4년 후, 천하가 이미 평정되자, 조서로써 어사에게 지금의 풍현에 있는 분유 사당을 신중히 보수하고, 사계절에 따라 제사를 거행하며, 봄에는 양과 돼지로써 제사 지낼 것을 명하였다. 축관에게는 장안(長安)에 치우의 사당을 건립하라고 명하였다. 장안에 사축관(祠祝官), 여무(女巫)의

---

155) 枌楡 : 漢 高祖의 고향인 豐邑 楡鄕의 토지신을 가리킨다.
156) 沛 : 漢 高祖의 고향. 지금의 江蘇省 沛縣을 가리킨다.
157) 蚩尤 : 병란을 좋아하였기 때문에 黃帝에게 주벌당하였다.
158) 灞上 : 지금의 陝西省 西安市 동남쪽에 위치한다.
159) 項籍(기원전 232-기원전 202년) : 이름은 籍이며 자는 羽이다. 秦나라 말기의 농민의병군의 두령이다.
160) 黑帝 : 신화전설 중 북방 天帝로, 이름은 汁光紀이며, 일설에는 顓頊이라고도 한다.
161) 太宰 : 관직명. 제사 貢享을 주관하였다.

제도를 설치하였다. 그중 양무(梁巫)는 천, 지, 천사(天社), 천수(天水), 방중(房中), 당상(堂上) 부류의 신령 제사를 담당하며, 진무(晉巫)는 오제(五帝), 동군(東君), 운중군(雲中君), 사명(司命), 무사(巫社), 무사(巫祠), 족인(族人), 선취(先炊) 부류의 신령 제사를 담당하며, 진무(秦巫)는 사주(社主), 무보(巫保), 족루(族累) 부류의 신령 제사를 담당하며, 형무(荊巫)는 당하(堂下), 무선(巫先), 사명(司命), 시미(施糜) 부류의 신령 제사를 담당하며, 구천무(九天巫)는 구천(九天)[162] 신령의 제사를 담당하게 하였는데, 모두 매년 시기에 맞추어 궁중에서 제사 지낸다. 그중 하무(河巫)는 임진에 내려가서 황하의 신령에게 제사 지내며, 남산무(南山巫)는 남산에서 진중(秦中)의 악귀에게 제사 지낸다. 진중의 악귀는 진(秦) 2세를 가리킨다. 이상의 모든 제사들은 모두 각기 규정된 시일이 있다.

2년 후, 어떤 사람이 주나라가 흥기하자 태읍(邰邑)[163]을 건립하고 후직(后稷)의 사당을 세워, 지금까지 천하의 사람들이 제사를 지내고 있다고 말하였다. 그러자 고조는 어사에게 조서로써 "각 군과 제후국, 그리고 현에 영성(靈星)[164] 사당을 세우고, 항시 시기에 맞추어 소를 제물로써 제사를 거행하라"라고 명하였다.

고조 10년 봄, 주관 관원들은 천자에게 각 현은 매년 봄 2월과 12월에 양과 돼지로써 토지신과 곡식신에게 제사 지내며, 민간의 토지신에게는 각자 제물을 징수하여 제사 지낼 수 있도록 명해주기를 청하였다. 이에 "허락한다"고 말하였다.

18년 후, 효문제(孝文帝)가 즉위하였다. 즉위한 지 13년 되던 해에 조서로써 "현재의 비축관(祕祝官)이 재앙을 신하와 백성들에게 전가하는데, 짐은 이런 방법을 아주 반대하니, 지금부터 이 제도를 없애도록 하라"라고 명하였다

당초, 어떤 명산대천은 제후국과 떨어져 있어서 제후국의 축관에게 각

---

162) 九天 : 중앙과 팔방의 하늘을 말한다.『淮南子』,『太玄經』에는 九天에 대한 그 전용명칭이 쓰여 있다. 예를 들면『淮南子』에서는 중앙을 鈞天, 동방을 蒼天, 동북을 旻天, 북방을 玄天, 서북을 幽天, 서방을 晧天, 서남을 朱天, 남방을 炎天, 동남을 陽天이라고 하였다.

163) 邰邑 : 지금의 陝西省 武功縣 서남쪽에 있다.

164) 靈星 : 별 이름. 곡식 농사를 맡는 별.

기 제사를 거행하게 하고, 천자의 축관은 이에 관여하지 않았다. 제(齊)나라와 회남국(淮南國)이 아예 제사를 없애자, 태축에게 모두 옛날처럼 매년의 기일에 맞추어 제사를 거행하라고 명하였다.

이해, 효문제가 제서(制書)를 반포하여 "짐이 황제에 즉위한 지 금년으로 13년째 되었다. 그동안 종묘의 신령과 사직의 축복에 의지하여, 국가는 안정이 지속되었고 백성들은 질병에 걸리지 않았으며, 또한 매년 풍년을 맞이하였다. 짐이 부덕함에도, 어찌 이러한 큰 축복을 받을 수 있었겠는가? 이는 모두 상제와 여러 신들이 내린 은덕 탓이도다. 짐은 고대로부터 신령의 은덕을 입으면, 반드시 그 공로에 보답해야 한다고 들은 바있어, 여러 신들에게 제사의례를 확대하고 싶다. 주관 관원들은 옹오치(雍五時)에는 각기 수레 한 대 및 수레의 장식품을 추가하고, 서치(西時), 휴치(畦時)에는 우차 한 대, 우마 네 필 및 수레의 장식품을 추가하고, 황하(黃河), 추수(湫水), 한수(漢水)에는 각기 옥 2개씩을 증가하라. 또한 여러 사당들의 제사장소를 넓히고, 옥, 비단, 제기 등을 차등하여 지급하도록 하라. 지금까지 축관들이 모두 짐의 축복만 빌어 백성들은 축복을 받을 수 없었다. 지금부터는 축관들이 신령에게 제사를 거행할때, 짐을 위해 기원하지 말라"고 명하였다.

노(魯)나라의 방사 공손신(公孫臣)은 "원래 진나라는 수덕(水德)을 받았고, 지금의 한나라는 이를 계승하였는데, 오덕(五德)의 순환에 의거하여 추산해보면, 한나라는 마땅히 토덕(土德)을 받았으며, 토덕을 받은 감화로 바로 황룡이 출현할 것이옵니다. 마땅히 역법을 개정하고, 복식의 색깔을 바꾸며, 황색을 숭상해야 할 줄로 아뢉니다"라고 상소하였다. 이때 승상 장창(張蒼)은 율력을 좋아하여, 한나라가 바로 수덕의 시초이며, 황하의 제방이 터진 것이 그 징조라고 여겼다. 또한 매년 겨울 10월을 그해의 시작으로 하고, 색깔은 밝은 검은색, 안은 붉은 색을 숭상하여야 수덕과 부합할 수 있다고 하였다. 이 같은 장창의 의견은 공손신이 말한 바와는 달라서 그의 견해는 묵살되었다. 그 3년 후, 황룡이 성기(成紀)[165]에서 출현하였다. 문제는 곧 공손신을 불러 박사(博士)에 임명하고, 여러 유생들과 함께 역법을 개정하고 복식의 색깔을 개정하는 일의 초안을 세우라고 명하였다. 그해 여름, 조서를 내려 "기이한 신물이 성기

---

165) 成紀 : 현 이름. 지금의 甘肅省 秦安縣 북쪽에 위치한다.

(成紀)에서 출현하였으니, 백성들에게는 피해가 없으며, 매년 수확이 좋도록 할 것이다. 짐은 교외에서 상제와 여러 신들에게 제사를 지내려 하니, 예관(禮官)들은 방안을 상의하여, 허심탄회하게 짐에게 말하도록 하여라"라고 말하니, 주관 관원들은 "옛날의 천자는 여름에 친히 교외제사를 거행하였는데, 교외에서 상제에게 제사 지냈기 때문에, 이를 교사(郊祠)라고 칭하였습니다"라고 아뢰었다. 그리하여 이해 여름 4월중에 문제는 수차례 친히 옹성의 오치 사당에서 제사를 거행하였으며, 예복은 적색을 숭상하였다.

그 다음해, 조(趙)나라 사람 신원평(新垣平)[166]은 구름의 기운을 보고서, 황제에게 "장안의 동북쪽에 신기(神氣)가 나타났는데, 오채(五采)를 이루어, 마치 관면(冠冕)을 쓴 관리의 형상이옵니다. 어떤 사람은 동북쪽은 신명(神明)이 거주하는 곳이며, 서쪽은 신명의 묘지라고 말합니다. 지금 북쪽에서 신기가 나타났음은 하늘이 내린 길조이니, 마땅히 사당을 세워 상제에게 제사를 거행하여야만 하늘에서 내린 그 길조에 부응하는 것이 되옵니다"라고 아뢰었다. 그리하여 위양(渭陽)에 오제 사당을 건립하였는데, 오제는 한 사당에 함께 있으며, 각각의 상제는 하나의 전당에 거하게 하였다. 마주 보고 각기 5개의 대문이 있는데, 그 색깔들은 전내(殿內)의 상제와 일치하게 하였다. 제사에 사용하는 것 및 모든 의례는 옹성의 오치와 같았다.

여름 4월, 문제는 친히 패수(霸水)와 위수(渭水)가 만나는 곳에 가서 참배하고, 위양의 오제를 찾아가 제사를 거행하였다. 오제 사당의 남쪽은 위수에 접해 있고, 북쪽은 포지(蒲池)[167]를 가로지르는 도랑이 있다. 봉화에 점화하고서 제사를 시작하는데, 그 불빛이 휘황찬란하여 하늘에 비치었다. 그리하여 신원평을 상대부(上大夫)에 봉하고, 상으로 천금(千金)을 하사하였다. 그리고 박사와 많은 유생들로 하여금 육경(六經) 중에서 채취하여 「왕제(王制)」[168]를 편찬하고, 순수와 봉선의 일을 상의하라고 명하였다.

---

166) 新垣平 : 方士. 성은 新垣이며 이름은 平이다.
167) 蒲池 : 秦 始皇이 만든 인공호수 '蘭池'일 가능성이 있다. 옛 유적지는 지금의 咸陽市 동북쪽에 있다.
168) 「王制」: 『禮記』의 편명. 고대의 봉국, 작록, 제사, 刑政, 학교 등의 典章制度를 기록한 책.

문제가 장문(長門)[169]에 나갔다가, 마치 다섯 사람이 도로 북쪽에 서 있는 듯하여, 그 자리에 오제의 단을 세우고, 다섯 마리의 송아지를 제품으로 제사 지냈다.

그 다음해, 신원평은 사람에게 옥잔을 휴대하고 천자의 궁전에 가서 글을 올리고 진헌하라고 시켰다. 신원평은 그자가 진헌하기 전에 천자에게 "보옥의 기운이 천자의 궁궐 안에 퍼져 있습니다"라고 아뢰었다. 이 일이 있은 후, 각처에서 천자에게 보내온 진헌품들을 살펴보니, 과연 옥잔을 바친 자가 있었으며, 그 상면에 '인주연수(人主延壽)'라는 네 글자가 새겨져 있었다. 신원평은 또 "신이 추측하옵기로, 태양이 하루에 두 번 나타나 두 번의 정오를 맞이할 것이옵니다"라고 말하였다. 얼마 지나서 태양이 정오를 지나다가 동쪽으로 역행하여, 다시 한 번의 정오가 출현하였다. 그리하여 문제 17년을 원년으로 바꾸고, 천하에 성대한 축하연회를 행하도록 명하였다.

신원평이 천자에게 "주나라의 정(鼎)이 사수(泗水)에 빠진 후, 오늘에 이르러 사수의 강물이 넘치고 있는데, 신이 동북쪽의 분음(汾陰)[170]을 바라보니 금보(金寶)의 기운이 있습니다. 이는 바로 그 주나라의 정이 나오려는 징조입니다. 징조가 보이는데도 이를 찾지 않는다면, 어찌 그것이 스스로 세상에 나올 수 있겠습니까?"라고 아뢰니, 천자는 분음의 남쪽에 사당을 짓도록 하고, 제사를 통해 주나라 정의 출현을 기원하였다.

어떤 사람이 글을 올려, 신원평이 말한 여러 가지 운기(雲氣)와 신령의 일은 모두 사기라고 아뢰었다. 이에 신원평을 사법관원에게 심사하도록 하여, 그를 죽이고 그 종족을 모두 멸하였다. 이후, 문제는 역법, 복색, 신령의 일을 개정하는 데에 태만하였으며, 위양과 장문의 오제 제사는 사관에게 기일에 맞추어 제사 지내도록 명하고는, 다시는 친히 가지 않았다.

다음해, 흉노(匈奴)가 수차례 변경을 침입하여, 병사를 일으켜 방어하게 되자, 그후 몇년간 약간은 흉작이었다.

몇년이 지나, 효경제(孝景帝)가 즉위하였다. 16년, 사관들은 각기 기일에 맞추어 예전처럼 제사를 거행하였으며, 더 이상 새로 건립되는 사당

169) 長門 : 亭 이름. 지금의 陝西省 臨潼縣에 위치한다.
170) 汾陰 : 현 이름. 지금의 山西省 萬榮縣 서남쪽에 위치한다.

없이 지금의 천자에 이르렀다.

지금의 천자가 막 즉위하자, 특히 귀신의 제사를 숭상하였다.

원년, 한나라가 흥기한 지 이미 60여 년이 되었는데도 천하가 태평하여, 조정 관원들은 모두 천자의 봉선, 역법, 복색을 바꿀 것을 희망하였다. 천자는 유가(儒家)의 학설을 숭상하여, 현량(賢良)[171]을 뽑았는데 조관(趙綰),[172] 왕장(王藏)[173] 등은 문학으로써 공경(公卿)이 되었다. 그들은 예전처럼 성의 남쪽에 명당을 지어, 제후들이 조현할 것을 건의하였으며, 황제의 순수, 봉선의 제도와 역법의 개정, 복색 등의 일에 대해서 초안을 잡았으나, 아직 완성되지 않았다. 그때 마침 황로(黃老)의 학설만 받아들이고 유가의 학설을 싫어하는 두태후(竇太后)[174]가 등장하게 되었고, 두태후는 사적으로 사람을 시켜 조관 등이 실행해왔던 위법사실을 조사, 수집하도록 하고, 관원을 소집하여 조관과 왕장의 범죄사실을 심사하자, 이들은 자살하였으며, 그들이 일으켰던 사업들도 자연히 폐쇄되었다.

6년 후, 두태후가 죽자 그 다음해 문학의 유생인 공손홍(公孫弘)[175] 등이 임용되었다.

다음해, 지금의 천자는 처음으로 옹성에 가서, 오치 신령에게 제사 지내고 예견하였다. 이후부터는 삼 년에 한 번씩 오치 신령에게 제사 지냈다. 이때 황제는 신군(神君)의 우상을 구할 수 있었는데, 이를 상림원(上林園)의 제씨관(蹏氏觀)에 안치하였다. 신군이란 원래 장릉현(長陵縣)의 어떤 여자로, 아들을 구하고 죽었는데, 동서인 원약(宛若)의 몸에 신령이 보여, 원약은 그녀를 자기의 집에서 공양하였으며, 이후 많은 사람들이 와서 제사를 지냈다. 평원군(平原君)도 제사 지내러 간 적이 있는데, 이후 그녀의 후손들은 이 때문에 존귀해지고 명성이 혁혁하였다. 지금의 천자가 등위하자, 융숭한 제례를 준비하여 궁중에서 공양하였으며,

---

171) 賢良 : 漢나라의 관리를 선발하는 과목 중의 하나.
172) 趙綰 : 저명한 유생. 이때 御使大夫에 임명되었다.
173) 王藏 : 저명한 유생. 이때 郎中令에 임명되었다.
174) 竇太后(? -기원전 135 혹은 129년) : 景帝가 왕위를 계승한 이후, 황태후로 존칭되었다.
175) 公孫弘(기원전 200-기원전 121년) : 성은 公孫이며 이름은 弘이다. 菑川薛 사람.

이때 그녀의 말소리는 들을 수 있었으나, 그녀의 모습은 보이지 않았다.

이때, 이소군(李少君) 역시 부엌신〔竈神〕에 대한 제사, 벽곡불식(辟穀不食), 장생불사 등의 방술로써 천자를 알현하였는데, 천자는 그를 매우 정중히 접대하였다. 이소군은 이미 세상을 떠난 심택후(深澤侯)의 가신으로, 천자의 방술과 의약에 대한 일을 주관하였다. 그는 자신의 나이와 생애를 숨기고, 항상 스스로 70세이며, 귀신을 부릴 수 있으며, 불로장생의 방술을 가지고 있다고 말하였다. 그는 방술에 의존하여 제후국들을 두루 돌아다녔다. 그에게는 처자가 없었다. 사람들은 그가 귀신을 부릴 수 있고, 불로장생의 방술을 가지고 있다는 소문을 듣고, 계속해서 재물을 보내주어, 항시 금전과 생활이 풍족하였다. 사람들은 그가 일정한 직업이 없는데도 생활이 풍족하며, 또한 그가 어디 출신인지를 몰랐기 때문에, 갈수록 그를 믿게 되었으며, 다투어 그를 섬기었다. 이소군은 천부적으로 방술을 잘하고, 교묘하게 말하여 신기하게 맞히기를 잘하였다. 그는 일찍이 무안후(武安侯)[176]의 연회에 빈객으로 참석한 적이 있었는데, 그 자리에는 90여 세의 노인이 있었다. 이 자리에서 이소군은 그의 조부가 사냥하였던 장소를 말하였다. 그 노인은 어렸을 적 그의 조부와 항상 함께 다녀서 그 장소를 기억할 수 있었는데, 이 때문에 만좌의 빈객들은 크게 놀랐다. 한편 이소군이 천자를 배알하였을 때, 천자에게는 옛 동기(銅器)가 하나 있었다. 그리하여 그에게 그 동기에 대해서 아는지 물었다. 그러자 이소군은 "이 동기는 제 환공(齊桓公) 10년 백침(柏寢)[177]에 있던 것입니다"라고 아뢰었다. 이에 천자가 곧 사람을 시켜 동기에 새겨진 글귀를 검사하자, 과연 그것은 제 환공 때의 그릇이었다. 그러자 온 궁중은 모두 놀라워하였고, 이소군은 신선이며, 그의 나이는 수백 살이나 되는 것으로 여기게 되었다.

이소군이 천자에게 "부엌신에게 제사 지내면, 기이한 물건을 얻을 수 있습니다. 기이한 물건을 얻으면, 단사(丹沙)[178]를 이용하여 황금을 제

조할 수 있으며, 황금으로써 음식 담는 용기를 만들어 사용하면 장수하게
됩니다. 장수하게 되면 바다에 떠 있는 봉래도(蓬萊島)¹⁷⁹⁾ 선인을 볼 수
있으며, 이를 본 이후에 천지에 제사 지내면, 불로장생할 수 있습니다.
황제(黃帝)께서도 바로 이와 같이 하셨습니다. 이전에 신은 바다에서 노
닐다가, 안기생(安期生)¹⁸⁰⁾을 만났는데, 안기생은 호박처럼 큰 거대한
대추를 먹고 있었습니다. 안기생은 선인이어서, 봉래(蓬萊)의 선경을 왕
래할 수 있었는데, 만약 천자께서 그와 마음이 통하면 그가 나타날 것이
지만, 통하지 않으면 숨어버릴 것입니다"라고 아뢰었다. 그러자 천자께서
는 친히 부엌신에게 제사 지내고, 방사를 바다로 파견하여 봉래의 안기생
과 같은 선인을 찾게 하는 동시에, 단사 등 각종 약물을 사용하여 황금을
제조하는 일에 착수하였다.

　오랜 세월이 흐른 뒤, 이소군이 병사하자, 천자는 그가 신선이 되어 승
천한 것이지 결코 죽은 것이 아니라고 생각하였다. 천자는 황현(黃縣)¹⁸¹⁾
과 추현(錘縣)¹⁸²⁾의 문서관리인 관서(寬舒)¹⁸³⁾로 하여금 이소군의 방술을
계승하도록 하였다. 봉래 선인 안기생을 찾을 수 없게 되자, 이때부터 연
(燕)과 제(齊) 등 연해지방 일대의 괴탄스러운 방사들은 연이어 신선의
일을 강술하러 왔다.

　박현(亳縣)¹⁸⁴⁾ 사람 박유기(薄謬忌)¹⁸⁵⁾가 태일신(太一神)에게 제사 지
내는 예의에 대해 천자에게 "천신 중 가장 존귀한 분은 태일신이며, 태일
을 보좌하는 것은 오제(五帝)입니다. 옛날에 천자는 매년 봄, 가을 두 계
절에 수도 동남쪽 교외에서 태일신에게 제사를 지냈습니다. 제물로는 소,

---

179)　蓬萊島:동해에 떠 있는 전설상의 세 개 仙山 중 하나. 전설상의 세 산은 蓬萊,
　　　方丈, 瀛洲인데, 외형은 주전자같이 생겼으며, 산 위에는 금과 은으로 지어진 궁전
　　　과 불사약이 있고 신선이 사는 곳이라고 전해진다.
180)　安期生:고대 전설상의 선인. 琅邪 사람으로 東海 해변에서 약을 팔며 살았는
　　　데, 당시 사람들은 그의 나이가 1,000살이라고 하였다.
181)　黃縣:지금의 山東省 黃縣 동쪽에 위치한다.
182)　錘縣:지금의 山東省 文登縣 서쪽 지역.
183)　寬舒:후에 祠官에 임명되었다.
184)　亳:南亳(河南省 商丘縣 남쪽), 西亳(河南省 偃師縣 서쪽), 北亳(山東省 曹
　　　縣 남쪽)이 있는데, 모두 商나라 때의 도성이었다.
185)　薄謬忌:『史記索隱』에 따르면, '薄'은 '亳'의 잘못된 글자이고 '誘'는 '謬'의 오자
　　　이므로 응당 "亳謬忌"로 고쳐야 한다고 한다. 「封禪書」, 『漢書』「郊祠志」에도 "謬忌"
　　　라고 적혀 있다.

양, 돼지를 사용하였고, 제사는 7일 동안 거행하였으며, 또한 신단(神壇)을 건축하고 팔방으로 통하는 귀도(鬼道)를 만들어 귀신의 통로로 삼았습니다"라고 아뢰었다. 그리하여 천자는 태축에게 장안의 동남쪽 교외에 태일신의 사당을 세우고, 항상 박유기가 말한 방식에 의거하여 제사를 거행하라고 명하였다. 그후 또 어떤 사람이 "옛날의 천자는 삼 년에 한 번씩 소, 양, 돼지를 희생으로 천일신, 지일신, 태일신 삼신(三神)에게 제사를 지냈습니다"라고 상주하였다. 천자는 이 상소문을 윤허하고, 태일신의 제단에서 천신, 지신을 함께 제사 지내고, 이 사람이 상소한 방식에 따라 제사를 지내라고 태축에게 명하였다. 그후 또 어떤 사람이 "옛날의 천자는 항상 봄에 재앙을 쫓는 제사를 지냈는데, 황제(黃帝)에게 제사 지낼 때마다 효조(梟鳥),[186] 파경(破鏡)[187]을 사용하고, 명양신(冥羊神)에게는 양을, 마행신(馬行神)에게는 청목마(靑牡馬) 한 필을, 태일신 택산군지장신(澤山君地長神)에게는 소를, 무이군(武夷君)[188]에게는 마른 어물(魚物)을, 음양사자신(陰陽使者神)에게는 소 한 마리를 사용하였습니다"라고 상주하였다. 그리하여 천자는 사관에게 그의 방식에 따라 제사 지내되, 박유기가 건의한 태일단 옆에서 제사를 거행하라고 명하였다.

그후 천자의 상림원(上林院)에 흰 사슴이 있었는데, 그 가죽으로 화폐를 만들었으며, 길한 조짐을 선양하기 위해서 또한 백금(白金)의 화폐를 만들었다.

그 이듬해, 옹현 교외에서 뿔 하나 달린 들짐승을 포획하였는데, 마치 고라니[189] 같았다. 주관 관원이 "장엄하고 공경스럽게 제사를 지내시니, 상제께서 보답의 표시로 뿔 하나 달린 이 짐승을 내려주셨는데, 아마도 기린(麒麟)[190]인 듯합니다"라고 아뢰었다. 그리하여 이것을 오치에 바치고, 각 치(畤)마다 소 한 마리씩을 추가하여 태웠다. 제후들에게는 백금을 하사하고서, 그들에게 이러한 길상의 징조는 백금을 주조한 것이 하늘

---

186) 梟鳥 : 즉 '鴞'를 말한다. 어미를 잡아먹는다는 전설상의 새 이름.
187) 破鏡 : 즉 '獍'을 말한다. 아비를 잡아먹는다는 전설상의 짐승.
188) 武夷君 : 武夷山의 신을 가리킨다. 武夷山은 福建省 崇安縣의 경계에 위치한다.
189) 麠, 즉 '麚'를 말한다. 사슴의 일종. 외형은 노루와 같고 소의 꼬리를 하고 뿔이 하나인 짐승이라고 한다.
190) 麒麟 : 전설상의 동물. 성군이 나타나 왕도가 행해지면 나타나며 살아 있는 풀을 밟지 않고 산 것을 먹지 않으며, 모양은 사슴 같고 이마는 이리, 꼬리는 소, 굽은 말과 같고 머리 위에 뿔 한 개가 있다고 한다. 수컷을 麒, 암컷을 麟이라고 한다.

의 뜻에 부합하였기 때문이었음을 암시하였다.

그리하여 제북왕(濟北王)[191]은 천자가 장차 봉선을 거행할 것임을 알고, 곧 상서하여 태산 및 그 주변의 읍을 헌납하자, 천자는 다른 현으로 그에게 보상하였다. 한편 상산왕(常山王)[192]은 죄를 짓자 추방시키고, 그의 동생을 진정(眞定)[193]의 왕으로 봉하여 선왕의 제사를 계속 유지하도록 하였고, 상산국(常山國)을 군(郡)으로 강등시켰다. 이때부터 오악이 모두 천자의 군에 속하게 되었다.

그 다음해, 제나라 사람 소옹(少翁)은 귀신을 불러들이는 방술로 천자를 알현하였다. 천자에게는 총애하는 왕부인(王夫人)[194]이 있었는데, 그녀가 죽자 소옹이 밤에 방술로써 왕부인과 부엌신의 형상을 불러들여, 천자는 휘장을 통해서 그녀의 모습을 볼 수 있었다. 그리하여 소옹을 문성장군(文成將軍)에 봉하고, 많은 재물을 상으로 하사하였으며, 빈객으로서 예우하였다. 문성장군이 "천자께서 신선을 만나고 싶어하시지만, 궁실의 피복이 신선의 것과 같지 않아서 신선이 오지 않습니다"라고 아뢰었다. 이에 곧 천자는 구름 무늬의 그림이 있는 수레를 제작하고, 악귀를 제거하기 위해 수레의 색상은 반드시 간지오행상극(干支五行相克)[195]의 날짜에 부합하도록 하였다. 또한 감천궁(甘泉宮)[196]을 지어 안에 대실(臺室)을 설치하고, 그 안에 천신, 지신, 태일신 등의 귀신 형상을 그려놓고, 제기를 진열하여 천신을 불러들이고자 하였다. 1년여 기간이 지나자, 그의 방술은 갈수록 영험이 떨어져서 신선은 오지 않았다. 그래서 그는 비단에 글을 쓴 다음 그것을 소에게 먹인 뒤, 모른 체하고서 그 소의 뱃속에 기이한 것이 들어 있다고 말하였다. 이에 천자가 그 소의 배를 가르게 하니 과연 비단 책이 들어 있었는데, 그 글들은 괴기한 말들이었다.

---

191) 濟北王 : 劉胡를 가리킨다. 漢 高祖의 증손. 國都의 옛 성은 지금의 山東省 長濟縣 남쪽에 위치한다.
192) 常山王 : 漢 景帝의 손자인 劉勃을 가리킨다. 지금의 河北省 서남부 지역을 다스렸고, 도성은 지금의 河北省 元氏縣 서북쪽에 위치한다.
193) 眞定 : 현 이름. 지금의 河北省 正定縣에 위치한다.
194) 王夫人 : 武帝의 애첩. 『漢書』에는 "李夫人"으로 되어 있다.
195) 예를 들면 甲乙日에 푸른 수레를 타야 우세하고, 丙丁日에는 붉은 수레를 타야 우세하며, 푸른 수레를 타면 土의 일을 하고, 붉은 수레를 타면 金의 일을 해야 우세하다.
196) 甘泉宮 : '雲陽宮'이라고도 한다. 지금의 陝西省 淳化縣 甘泉山에 위치한다.

208

그러나 천자는 그 필적을 알아보고, 그자에게 물으니 과연 가짜였다. 그리하여 문성장군을 죽이고 그 일은 비밀에 부쳐졌다.

그후 천자는 또 백량(柏梁), 동주(銅柱), 승로선인장(承露仙人掌)[197] 등을 만들었다.

문성장군이 죽은 그 다음해, 천자는 정호궁(鼎湖宮)[198]에서 중병을 앓고 있었는데, 무의(巫醫)들이 온갖 방술들을 다 써보았지만 병은 호전되지 않았다. 유수발근(游水發根)[199]이라는 사람이 "상군(上郡)[200]에 무사(巫師)가 살고 있는데, 그는 병을 앓으면 귀신이 자신의 몸으로 강림하게 할 수 있습니다"라고 아뢰자, 천자는 그를 불러 와 감천궁에서 제사를 지내게 하였다. 이윽고 그가 병이 나자, 천자는 사람을 보내어 무사를 통해서 신령에게 물어보게 하였다. 그러자 그 귀신은 "천자의 병은 그리 걱정할 필요가 없소이다. 황제의 병세가 조금 좋아지거든 감천궁으로 와서 나를 만나면 되오"라고 말하였다. 그후 천자의 병세가 호전되어 마침내 일어나서 감천궁으로 행차하자 정말로 병이 낫게 되었다. 이에 천자는 천하에 대사면을 베풀고 수궁(壽宮)[201]에 신군(神君)을 모시었다. 수궁의 신군 중에서 가장 존귀한 신이 태일신이며, 그를 보좌하는 대금(大禁), 사명(司命)과 같은 무리들이 있는데, 모두 태일신을 뒤따랐다. 그들의 모습은 볼 수 없었고, 단지 그들이 말하는 소리만 들을 수 있었는데 마치 사람들이 이야기하는 것과 같았다. 때로 그들은 왔다갔다하였는데, 올 때는 바람소리가 숙연하였다. 그들은 실내의 장막 속에 살았고, 어떤 때는 낮에 이야기할 때도 있지만 보통 밤에 이야기하였다. 천자는 재앙을 쫓고 복을 기원하는 제사를 지낸 후에야 비로소 수궁에 들어가곤 하였다. 무사를 담당자로 하여 음식을 수령하였으며, 여러 신들이 하고자 하는 말 역

197) 柏梁은 높이가 20丈이나 되고, 香柏으로 대들보를 만든 柏梁臺를 말한다. 지금의 陝西省 長安縣 서북쪽에 있는 누대이다. 한편 漢 武帝가 建章宮 神明臺에 銅柱를 세웠는데, 높이가 30丈, 둘레가 일곱 아름이나 되고, 위에는 신선의 손바닥을 만들어 이슬을 받도록 하였다. 그는 손바닥에 모인 이슬과 玉石의 가루를 섞어 '玉露'를 만들어 常服하면 불로장생할 수 있다고 생각하였던 것이다.
198) 鼎湖宮 : 지금의 陝西省 籃田縣에 위치한다. 일설에는 지명(지금의 河南省 靈寶縣)이라고 하지만 신빙성이 없다.
199) 游水發根 : 성이 游水이고 이름이 發根이다. 일설에는 河南省 信陽縣 서쪽에 있는 '油水'라는 강 이름이라고도 한다.
200) 上郡 : 지금의 陝西省 북부와 내몽고 河套 이남 지역.
201) 壽宮 : 神廟 이름.

시 그를 통해서 전달되었다. 또한 수궁과 북궁(北宮)[202]을 증수하고 깃털로 장식한 깃발을 세우며, 성대한 제품의 여러 기구를 진열하여 신군에게 예의를 표하였다. 천자는 사람을 보내서 신군이 하는 말을 받아적게 하였는데, 이것을 '화법(畵法)'이라고 하였다. 그들이 한 말은 일반 사람들도 이해할 수 있는 것으로, 특별히 심오한 내용은 없었지만 천자는 이를 보며 혼자 즐거워하였다. 이러한 일들은 모두 비밀리에 이루어져 세간에서는 알 수 없었다.

3년 뒤, 주관 관원들이 기원(紀元)은 응당 상제가 내려준 길조를 근거로 이름을 지어야지, 단지 1, 2 하는 숫자로써 계산해서는 안 된다는 의견을 제출하였다. 따라서 첫번째 연호는 '건원(建元)'이라고 부르고, 두번째 연호는 혜성이 나타났으므로 '원광(元光),' 세번째의 연호는 교외에서 제사 지낼 때 뿔이 하나 있는 짐승을 잡았으므로 '원수(元狩)'라고 칭할 수 있을 것이라고 말하였다.[203]

그 이듬해 겨울, 천자는 옹현에서 천지에 제사 지내면서 대신들과 상의하여 "오늘 짐이 직접 상제에게 제사를 드렸으나, 후토(后土)에게는 제사를 지내지 않았는데, 이러한 예절은 완전한 것이 아니오"라고 말하자, 주관 관원과 태사공(太史公),[204] 사관인 관서(寬舒) 등이 논의하여 "천지신께 제사 지낼 때 사용하는 가축은 뿔이 누에고치나 밤처럼 작은 것이어야 합니다. 지금 천자께서 친히 후토에게 제사 지내시려면 호수에 떠 있는 원형 구릉에 다섯 채의 제단을 만들고, 각 제단마다 새끼 소를 한 마리씩 희생으로 바쳐야 합니다. 제사가 끝난 후에는 제사 때의 희생을 전부 땅에 묻어야 하며, 제사 지내는 사람들은 황색의 옷을 입어야 합니다"라고 아뢰었다. 그리하여 천자는 곧 동쪽으로 가서, 관서 등의 의견에 따라 분음현(汾陰縣)의 구릉[205]에 후토의 사당을 건립하였다. 천자는 상제에게 제사 지내던 예의대로 친히 지신(地神)에게 두루 제사 지내고, 제사

---

202) 北宮 : 궁궐 이름. 지금의 陝西省 長安縣 서북쪽에 위치한다.

203) 建元, 元光, 元狩 : 漢 武帝 이전의 제왕들은 연수만 있고 연호가 없었는데, 武帝 元光 연간에 비로소 연호를 채용하여 紀年하였다. 본문에서는 元狩를 세번째 연호라고 하였으나, 武帝의 세번째 연호는 '元朔'이고, '元狩'는 네번째 연호이다.

204) 太史公 : 司馬談(司馬遷의 부친)을 가리킨다.

205) 즉 '汾脽'를 말한다. 汾陰縣(지금의 山西省 萬榮縣 서남쪽)에 위치한다. 길이가 약 4-5里, 넓이가 약 2里, 높이가 10여 丈이나 되는 높은 언덕.

가 끝나자 천자는 형양(滎陽)²⁰⁶⁾을 거쳐서 돌아오다가, 낙양(雒陽)²⁰⁷⁾을 지나면서, 조서를 내려 "삼대(三代)가 끊어진 지 오래되어, 그들의 제례 의식이 보존되기 어렵구나! 30리의 땅을 주 왕조의 후예인 주자남군(周子南君)²⁰⁸⁾에게 봉하여, 그곳에서 그의 조상들을 제사 지내도록 하라"고 명하였다. 이해에 천자는 각 군현을 순수하기 시작하여 태산 가까이에까지 이르렀다.

그해 봄, 악성후(樂成侯)²⁰⁹⁾가 글을 올려 난대(欒大)를 소개하였다. 난대는 교동왕(膠東王)²¹⁰⁾의 궁인(宮人)²¹¹⁾으로, 옛날에 문성장군과 같은 스승 밑에서 공부하였는데, 후에 교동왕의 약제사가 되었다. 악성후의 누이는 교동 강왕(康王)²¹²⁾의 왕후가 되었으나 아들이 없었으므로, 강왕이 죽자 다른 희첩의 아들이 왕위를 계승하였다. 그러나 강왕의 왕후는 욕심에 가득 찬 행동을 하였으므로, 새 왕과 화합하지 못하고 법률 수단을 이용하여 서로 배척하였다. 강왕의 왕후는 문성장군이 이미 죽었다는 소문을 듣고, 천자의 환심을 사기 위해 곧 악성후를 통해서 난대를 파견하여 천자를 알현하여 방술을 담론하도록 하였다. 천자는 안 그래도 문성장군을 살해한 후, 너무 빨리 죽였다고 후회하고 있었고, 그의 방술을 완전히 전수하지 못했음을 애석해하고 있던 차였다. 그때 난대를 보자 무척 기뻐하였다. 난대는 용모가 뛰어나고, 이야기 중에 계략이 많았으며, 또한 감히 큰소리(거짓말)를 치면서도 전혀 두려워하거나 당황해하지 않았다. 난대가 천자에게 허풍을 치며 "신은 일찍이 바다를 왕래하면서, 안기생(安期生), 선문고(羨門高) 등의 선인을 만났습니다. 그러나 그들은 신의 신분이 낮다고 생각했는지 신을 믿으려 하지 않았으며, 또한 강왕은 제후에 지나지 않아서 그에게 방술을 전수하기에는 부족하다고 생각하였습니다. 신은 누차에 걸쳐 이러한 사정을 강왕에게 아뢰었으나, 강왕은 또한 신을 임용하지 않았습니다. 신의 스승은 '황금을 연금할 수 있고,

---

206) 滎陽 : 현 이름. 지금의 河南省 滎陽縣 동북쪽에 위치한다.

207) 雒陽 : 도읍 이름. 지금의 河南省 雒陽市 동북쪽에 위치한다.

208) 周子南君 : 周 왕조의 후예 姬嘉를 가리킨다. '子南'은 그의 봉국 이름이다. 지금의 河南省 臨汝縣 동쪽에 위치하였다.

209) 樂成侯 : 성은 丁, 이름은 義이다. 후에 欒大와 함께 피살된다.

210) 膠東王 : 景帝의 아들 劉寄를 가리킨다.

211) 宮人 : 제후왕의 일상업무를 관장하던 관직.

212) 康王 : 당시의 膠東王으로 景帝의 아들 劉寄를 말한다. 그의 諡號가 康王이다.

황하의 터진 둑도 막을 수 있으며, 불사약도 구할 수 있고, 신선도 불러
올 수 있다'라고 말한 적이 있습니다. 그러나 신도 문성장군처럼 될까 두
렵습니다. 그렇게 방사들의 입을 틀어막는다면, 어찌 감히 방술에 대해
이야기할 수 있겠습니까?"라고 아뢰자, 천자는 "문성장군은 말의 간을
먹고 죽은 것일 뿐이오. 그대가 만약 그의 방술을 연구해서 정리해낸다
면, 내 어찌 재물을 아까워하겠소!"라고 말하였다. 그러자 난대가 "신의
스승은 다른 사람들을 찾아가지 않는데, 다른 사람들이 스승을 찾아옵니
다. 천자께서 정말로 신선을 불러 오고 싶으시다면, 신선의 사자를 존중
해주셔야 합니다. 사자로 하여금 친족을 거느릴 수 있게 해주고, 객의 예
우로써 대해주어야지 경시하면 안 됩니다. 또한 그에게 각종 신인(信印)
을 패용하게 해야만, 비로소 그가 신선과 이야기할 수 있습니다. 설사 그
렇게 하더라도 신선이 만나줄지는 아직 확신할 수 없습니다. 그렇기 때문
에 신선의 사자를 지극히 존중해야만 신선의 강림을 맞이할 수 있습니다"
라고 아뢰었다. 그리하여 천자는 효험이 있는지를 알아보기 위해서 그에
게 작은 방술이라도 시범하기를 요구하자, 그는 바둑돌을 바둑판 위에 놓
고 저절로 서로 부딪치도록 하였다. [213]

　당시 천자는 황하의 범람을 걱정하고, 황금을 제조해내지 못하였기 때
문에 난대를 곧 오리장군(五利將軍)에 봉하였다. 한 달 남짓 지나서, 난
대는 4개의 관인(官印)을 취득하여 오리장군인(五利將軍印), 천사장군인
(天士將軍印), 지사장군인(地士將軍印), 대통장군인(大通將軍印)을 패용
하였다. 천자는 조서로써 어사에게 "옛날 하우(夏禹)는 구강(九江) [214]을
소통시켰고, 사독(四瀆)을 개통시켜 흐르게 하였다. 근래에 들어와서는
황하에 홍수가 나서 인근의 육지까지 물에 잠겼으니 제방축조의 노역을
계속하라. 짐이 천하를 다스린 지 28년이 되었는데, 하늘이 만약 짐을 보
좌하도록 방사를 보내주셨다면, 난대는 하늘의 뜻에 통할 수 있으리라.
『역경(易經)』의 「건괘(乾卦)」에서는 '비룡이 하늘에 튀어올랐다'라고 하
였고, 「점괘(漸卦)」에서는 '큰 기러기가 애안(涯岸)에 다다랐다'라고 하

---

213)　자성이 다른 것끼리는 서로 당기고 같은 극끼리는 밀어내는 원리를 이용하여,
　　　바둑돌이 자성을 띠게 하여 바둑판 위에 놓으면 서로 밀어내며 부딪치도록 하는 마
　　　술. 사람을 속이는 수단으로 사용한다.
214)　九江 : 河北省 경내를 흐르는 長江의 아홉길 물길.

였는데,²¹⁵⁾ 아마도 이 말은 난대를 칭찬하는 말이리라. 지사장군 난대에게 2천 호의 땅을 봉토로 하사하여 악통후(樂通侯)²¹⁶⁾에 봉하라"라고 명하였다. 그리하여 그에게 최상급의 제후에게 주는 부제(府第)와 천 명의 노복을 하사하고, 천자가 사용하는 거마, 의복, 휘장, 기물을 그의 저택에 채워주었다. 또한 위황후(衛皇后)가 낳은 장공주(長公主)²¹⁷⁾를 그에게 시집 보내고, 황금 만근을 주었으며 아울러 그녀의 봉호(封號)를 당리공주(當利公主)²¹⁸⁾로 개명하였다. 천자가 친히 오리장군의 부제를 방문하였고, 그를 위문하고 그가 필요로 하는 물품을 공급하는 사자들의 행렬이 길을 따라 끝없이 이어졌다. 천자의 고모인 대주(大主)²¹⁹⁾로부터 조정의 장상(將相) 이하의 벼슬아치들은 좋은 술과 안주를 그의 집으로 보내는 등 정성을 다 바쳤다. 그리고 천자는 또 '천도장군(天道將軍)'이라는 글자를 새긴 옥인(玉印)을 가지고, 우의(羽衣)²²⁰⁾를 입은 사자로 하여금 밤에 백모(白茅)²²¹⁾ 위에 서도록 하고, 오리장군 역시 우의를 입고 백모 위에서 옥인을 받도록 하였는데, 이는 오리장군이 천자의 신하가 아님을 표시하는 것이었다. '천도장군'의 옥인을 패용한 자만이 천자를 대신해서 천신의 왕림을 인도하는 임무를 맡은 사람임을 의미하는 것이다. 그리하여 이때부터 오리장군은 밤마다 자기 집에서 신선의 강림을 비는 제사를 지냈다. 신선은 오지 않고 백귀(百鬼)만 다 모였지만, 그는 또 그들을 부릴 수 있었다. 그후로 난대는 곧 행장을 준비하고서 나와, 동해로 가서 그의 선사(仙師)를 만나겠다고 말하였다. 난대는 천자를 만난 지 몇달 만에 몸에는 6개의 관인을 달고 명성을 천하에 떨쳤다. 그리하여 연(燕)과 제(齊)의 연해 일대 방사들은 자기들도 신선을 불러 올 수 있는 방술을 가지고 있다며 억울해하지 않는 자가 없었다.

이해 여름 6월에 분음(汾陰)의 무사(巫師)인 금(錦)이 위수(魏脽)의 후토(后土) 사당 옆에서 제사를 지낼 때, 땅 위에 갈고리 같은 돌출물을

---

215) 원문은 각각 "飛龍在天"과 "鴻漸于般"이다.
216) 樂通은 지명으로서, 지금의 江蘇省 泗洪縣 동남쪽에 위치한다.
217) 長公主: 武帝의 衛皇后의 장녀이다.
218) 當利는 현 이름이다. 지금의 山東省 掖縣 서남쪽.
219) 즉 大長公主인 竇太后의 딸이며 武帝의 고모를 말한다.
220) 羽衣: 깃털로 만든 의복. 후에는 도사의 옷을 칭하게 된다.
221) 白茅: 포아풀과의 다년생 풀. 띠풀. 옛날에는 제사용 예물은 白茅로 쌌다.

보고 흙을 파보았다가 정(鼎)을 발견하게 되었다. 이 정은 여느 정과는
달리 매우 컸으며, 꽃무늬만 조각되어 있고 문자는 새겨져 있지 않았다.
무사가 이를 이상하게 여겨 그 지방 관리에게 말하자, 그 관리는 하동(河
東)²²²⁾의 태수 승(勝)에게 알렸고, 승은 또 상부에 보고하였다. 천자는
사자를 보내 무사 금을 심문하여 정을 얻은 일이 꾸며낸 이야기가 아님을
알고는, 예의를 갖추어 천지에 제사 지내고 정을 감천궁으로 맞아들였다.
백관이 수행하고 천자는 하늘에 제사 지냈다. 중산(中山)²²³⁾에 이르렀을
때 갑자기 날씨가 화창하고 하늘에는 황색 구름이 떠 있었고, 마침 뛰어
지나가던 고라니가 있어, 천자가 몸소 활을 쏘아 잡아서 제품으로 사용하
였다. 장안에 이르자, 공경대부(公卿大夫)들은 보정(寶鼎)을 존중할 것
을 의논하여 천자에게 주청(奏請)하였다. 천자가 "근래에 황하가 범람하
고, 흉년이 여러 해 계속되었소. 그러므로 짐이 군현을 순시하며 후토신
에게 제사를 지내 백성을 위해 수확이 풍성해지기를 빌었던 것이오. 그런
데 올해의 풍작에 대해 아직 신께 감사제사를 올리지도 못했는데, 어찌하
여 이 정이 출현하였단 말이오?"라고 말하자, 제사를 담당하는 관원들이
"옛날 태제(泰帝)²²⁴⁾께서 신정(神鼎)을 하나 만드셨는데, 하나[一]란 통
일이란 뜻으로, 천지만물의 통일을 상징한다고 들었습니다. 황제(黃帝)
께서는 보정 세 개를 만들어 천, 지, 인을 각각 상징하셨습니다. 하우(夏
禹)는 구주(九州)의 금속을 징수하여 9개의 정을 만들어, 추수 후에 송
아지를 삶아 하늘에 제사 지내는 데 사용하였습니다. 어진 군주를 만나면
정(鼎)은 출현하였고, 그렇게 하나라와 상나라에 전해졌습니다. 주나라
의 덕이 쇠퇴하고 송(宋)나라²²⁵⁾의 사직이 황폐해지자, 정은 사라져 다시
는 나타나지 않았습니다. 『시경(詩經)』「주송(周頌)」에 '본채에서 문밖
택지까지 가며 제기를 살펴보고, 양부터 소까지 모든 제품을 살펴보니,
큰 정(鼎)과 작은 정 모두 청결하구나. 시끄러이 떠들거나 오만하지 않고

---

222) 河東 : 군 이름. 지금의 山東省 서남부 지역.
223) 中山 : 지금의 陝西省 淳化縣 동남쪽에 있는 산.
224) 泰帝 : 泰昊 伏羲를 가리킨다.
225) 周 武王이 商나라를 멸한 후 紂王의 아들 武庚을 商나라의 옛 도읍인 毫(지금의
      河南省 商丘縣 북쪽)에 봉하였는데, 周 成王 때 武庚이 반란을 일으켰다가 피살되
      자, 또 그 땅을 紂王의 庶兄 微子에게 봉하여 宋나라를 세웠다. 지금의 河南省 동부
      및 山東省, 江蘇省, 安徽省 등 세 省의 사이에 위치한다.

엄숙히 장수와 복을 구하네'라고 하였습니다. 지금 보정이 감천궁에 도착하였는데, 보정의 광채는 마치 용이 노닐듯 변화무쌍하니 필시 조정은 무궁무진한 복록을 이어받았을 것이옵니다. 전번에 중산에서 짐승 모양을 한 황백색의 구름이 내려왔으며, 또한 상응하는 길조의 고라니가 있어 천자께서 큰 활로 4개의 화살을 쏘아 사냥하셨는데, 이는 모든 길조를 제단 아래 진열하여 천지귀신께 보답하는 성대한 제사가 된 것입니다. 오직 하늘의 명을 이어받은 천자만이 하늘의 뜻을 알 수 있으며, 하늘의 덕행에 부합할 수 있는 것입니다. 그러므로 보정은 반드시 조상의 묘당에 헌납해야 하며, 감천궁에 있는 천제를 받드는 전당에 소중히 모셔 신명(神明)의 상서로운 징조에 부응하여야 합니다"라고 아뢰니, 천자는 조서를 내려 "허락한다"라고 하였다.

해상으로 가서 봉래 신선을 찾던 자가 돌아와, 봉래 선경은 결코 멀리 있지 않으나 도달하지 못하는 이유는 아마도 그 상서로운 기운을 보지 못하기 때문이라고 하였다. 그리하여 천자는 구름 점술가를 파견하여 구름의 기운을 관찰하도록 하였다.

그해 가을, 황제는 옹현에 가서 교사를 거행하려고 하였다. 어떤 사람이 "오제(五帝)는 태일신의 보좌이오니, 응당 태일신위(泰一神位)를 세워 천자께서 친히 교사를 거행하여야 합니다"라고 아뢰었다. 그러나 천자가 주저하며 결정하지 못하였다. 제나라의 공손경(公孫卿)[226]이 "올해 보정을 얻었는데, 올해 중동(仲冬) 신사(辛巳) 초하룻날 아침은 동지(冬至)가 되는 날이며, 이는 황제(黃帝)께서 보정을 제조하신 절기와 같습니다"라고 아뢰었다. 그런데 공손경이 가지고 있던 목간(木簡)에 "황제(黃帝)께서 원구(宛朐)[227]에서 보정을 얻으신 후에 귀유구(鬼臾區)[228]에게 이 일을 물었더니, 귀유구가 '황제(黃帝)께서 보정과 신책(神策)을 얻으셨을 때가 그해 기유(己酉) 초하룻날 아침이 동지에 해당되는 때이며, 이때는 바로 천도운행의 계통과 부합하여 계속 순환하는 것입니다'라고 아뢰었다. 그래서 황제(黃帝)께서는 일월삭망에 의거하여 매 20년 간격으로 초하룻날 아침에 동지가 순환된다는 것을 추정하셨으며, 20여 차례

---

226) 公孫卿：方士 이름.
227) 宛朐：현 이름. 지금의 山東省 菏澤縣 서남쪽에 위치한다.
228) 鬼臾區：전설에 나오는 黃帝의 신하.

를 합산하니 380년 만에 황제(黃帝)께서는 신선이 되어 등천하셨다"라고
쓰여 있었다. 공손경은 소충(所忠)²²⁹⁾을 통해서 서간을 천자에게 상주하
고 싶었으나, 소충은 목간에 쓰여진 말이 불합리하며 경거망동한 글이라
고 여겨, 즉시 사양하며 "보정의 일은 이미 끝난 일인데, 그 일을 아뢰어
무엇을 하겠단 말이오?"라고 말하였다. 공손경은 다시 천자가 총애하는
사람을 통해서 이 일을 보고하였다. 그러자 천자는 매우 기뻐하며, 즉시
공손경을 불러 이 일에 대해서 물었다. 공손경은 "신은 신공(申功)²³⁰⁾에
게 이 목간을 받았는데, 신공은 이미 죽었습니다"라고 대답하였다. 천자
가 "신공은 어떤 사람이오?"라고 묻자, 공손경은 다음과 같이 아뢰었다.
"신공은 제나라 사람으로, 신선 안기생과 왕래하였고, 황제(黃帝)의 말
을 이어받았는데, 다른 글은 남기지 않고 단지 다음과 같은 정서(鼎書)만
남겨놓았습니다. '한나라의 흥성은 황제(黃帝)가 정을 얻은 연명(年名)이
다시 나타날 때 있게 될 것이다. 또, 한나라의 성주(聖主)는 고조의 손자
혹은 증손자에서 나타날 것이다. 옥정이 출현한다는 것은 신의 바람과 상
통한다는 뜻이니, 반드시 봉선대전을 거행하여야 한다. 자고 이래로 봉선
을 행하였던 제왕은 72명이나 되지만, 황제(黃帝)만이 태산에 올라 천신
에게 제사 지냈다. 한나라의 군주도 응당 태산에 올라 봉선해야 하며, 태
산에 올라 봉선할 수 있어야 곧 신선이 되어 승천할 수 있다. 황제(黃帝)
때는 제후국이 만 개나 있었으며, 명산대천에서 제사를 거행하던 제후국
이 7천개나 되었다. 천하에 명산은 8개가 있는데, 3개는 만이(蠻夷)²³¹⁾
에 있으며, 5개가 중국에 있다. 중원 지구에는 화산(華山), 수산(首山),
태실산(太室山), 태산(泰山), 동래산(東萊山)이 있는데, 이 5개의 산은
황제(黃帝)가 항시 유람하며 신선과 만났던 곳이다. 황제(黃帝)는 한편
으로 전쟁하면서 한편으로는 신선의 도를 배웠는데, 백성들이 그의 선도
(仙道)를 반대할까 두려워, 귀신을 비방하는 자는 즉시 참살하였으며, 이
렇게 100여 년이 지난 후에서야 신선과 상통할 수 있었다. 황제(黃帝)는
옹현 교외에서 상제께 제사 지내느라 3개월간 머물렀다. 귀유구(鬼臾區)

---

229) 所忠 : 武帝의 신하.
230) 申功 : 方士 이름.
231) 蠻夷 : 남방과 동방에 있는 각 민족의 명칭. 여기서는 중원 화하족을 제외한 사
    방의 각 민족을 가리킨다.

는 별호가 대홍(大鴻)이며, 그가 죽은 후 옹현에 장사 지냈는데, 이 때문에 홍총(鴻塚)이 바로 그의 묘이다. 이후 황제(黃帝)는 명정(明廷)[232]에서 많은 신령들을 영접하였는데, 명정은 바로 지금의 감천궁을 말하며, 황제가 등천한 장소 한문(寒門)[233]은 지금의 곡구(谷口)를 말한다. 황제(黃帝)는 수산(首山)에서 동(銅)을 채취하여 형산(荊山)[234] 아래에서 정을 주조하였다. 정이 완성되자 하늘에서는 긴 턱수염을 드리운 용이 황제(黃帝)를 영접하였으며, 황제가 용의 등에 올라타자 군신, 후궁 등 70여 명도 따라서 용의 등에 올라탔고, 그러자 용은 상공으로 올라갔다. 그러나 나머지 지위가 낮은 신하들은 올라탈 수 없게 되자 모두 용의 수염을 잡았다가, 수염이 뽑히어 땅으로 떨어졌으며 황제(黃帝)의 활도 떨어졌다. 백성들은 모두 황제(黃帝)가 상천(上天)하는 광경을 바라보면서, 그의 활과 용의 수염을 끌어안고서 대성통곡하였다. 이 때문에 후세에 그곳을 정호(鼎湖)라고 불렀으며, 그 활을 오호(烏號)라고 불렀다.'" 그러자, 이 말을 들은 천자는 "아! 내가 만약 황제(黃帝)처럼 될 수 있다면, 해진 짚신을 버리듯이 처자와 헤어지리라!"라고 말하고는, 곧 공손경을 낭관(郎官)[235]에 임명하고, 그를 동쪽의 태실산에 보내어 신선을 맞이하게 하였다.

천자는 이어서 옹현에서 제사를 거행하고서, 농서군(隴西郡)[236]에 이르자, 서쪽의 공동산(空桐山)[237]에 오른 뒤 감천궁으로 돌아왔다. 사관 관서(寬舒) 등에게 태일신의 사단을 건립하되, 사단은 박유기(薄謬忌)가 말한 바의 태일단 형식에 의거하여 3층으로 구분하라고 명하였다. 오제의 제단은 그 아래에 빙 둘러 각기 오제에 해당하는 방위에 두었고, 황제(黃帝)의 제단은 서남쪽에 위치하게 하고 귀신과 왕래할 수 있는 길을 여덟 갈래 만들었다. 태일신에게 제사 지낼 때의 제품은 옹현의 치(畤)에 올렸던 것과 같게 하되, 감주, 대추, 말린 고기 등을 첨가하고, 검정소 한 마리를 잡아 제물로 바치게 하였다. 그러나 오제를 제사 지낼 때는 감주와

---

232) 明廷 : 명당의 다른 이름.
233) 寒門 : '塞門'이라고도 한다.
234) 荊山 : 지금의 河南省 靈寶縣에 위치한다.
235) 郎官 : 황제의 시종관.
236) 隴西郡 : 지금의 甘肅省 동남부 지역에 위치한다.
237) 空桐山 : 즉 '崆峒山'을 가리킨다. 지금의 甘肅省 平涼縣 서쪽에 위치한다.

제육만을 바치게 하였다. 제단 아래 사방의 땅은 수행하는 여러 신들과 북두칠성에 제사하기 위한 곳이었다. 제사가 끝나면 제사 지냈던 육류는 모두 태웠다. 소는 흰색이었으며, 사슴은 소의 뱃속에, 돼지는 사슴의 뱃속에 넣은 후, 물에 담가두었다. 일신(日神)에게 제사 지낼 때는 소를 사용하고, 월신(月神)에게 제사 지낼 때는 양 혹은 돼지 한 마리를 사용하였다. 태일신의 사제 관원은 자색의 옷을 입었으며, 오제의 관원은 각기 해당하는 색에 따랐으며, 일신의 관원은 붉은 색 의복을 입었으며, 월신의 관원은 흰색 의복을 입었다.

한편 11월 신사(辛巳) 초하루 아침이 동지였는데, 새벽에 천자는 교외로 가서 태일신에게 제사를 지내기 시작하였다. 그날 아침에는 태양을 향해, 저녁에는 달을 향해 조현하였는데, 읍례(揖禮)만 행하였지 무릎은 꿇지 않았다. 그러나 태일신을 조현할 때는 옹현 근교의 제례에 의거하였다. 축사로써 "천신(天神)께서 처음으로 옥정과 신책을 천자에게 내리시고, 왕조가 끝나면 또 시작하시어 영원무궁하게 반복순환하게 하시니, 천자는 공경스럽게 천신에게 제사 드리옵니다"라고 아뢰었다. 제복은 황색을 입도록 하였다. 제단에는 횃불을 가득히 켜놓고, 제단 옆에는 조리기구들을 늘어놓았다. 이때 한 관리가 "제단 위에서 광채가 나타났습니다"라고 말하자, 공경대신은 "천자께서 처음 운양궁(雲陽宮)[238]에서 태일신에게 제사 지내실 때, 사제가 큰 옥과 크고 잘생긴 제물을 공손하게 바치자, 그날 밤 하늘에는 아름다운 광채가 나타나 다음날까지 계속되었는데, 그 황색의 구름은 상공으로 치솟아 하늘과 이어지게 되었습니다"라고 말하였다. 또한 태사공과 축관 관서 등이 "신령이 드러내는 이 아름다운 기상은 백성들을 가호하는 길조이니, 응당 이 광채가 나타난 곳에 태일신단을 건립하여 신광(神光)의 영험에 보답해야 합니다. 천자께서는 태축에게 매년 가을과 겨울 사이에 제사를 거행하도록 명하시고, 3년에 한 차례 천자께서 직접 교외제사를 거행하셔야 합니다"라고 건의하였다.

이해 가을, 남월(南越)[239]을 정벌하기 위하여, 태일신에게 기원하였

238) 雲陽宮 : 지금의 陝西省 淳化縣 서북쪽에 있던 궁으로, 黃帝 이래로 하늘에 제사 지내던 곳이다.

239) 南越 : 지금의 廣東省과 廣西省 및 越南의 일부 지역. 당시 南越의 재상 呂嘉가 모반하여 南越王 趙興, 太后 및 漢나라의 사자 終軍 등을 살해하자, 武帝가 군대를 보내어 정벌하였다.

218

다. 모형(牡荊)[240]으로 깃대를 만들고 깃발에는 해와 달 그리고 북두칠성과 비룡을 그려넣어 천일(天一)과 삼성(三星)[241]을 상징하였고, 이 태일 깃발을 선봉깃발로 사용하여 '영기(靈旗)'라고 불렀다. 군사문제를 위해 기원할 때, 태사관(太史官)은 이 영기를 잡고 정벌하려는 국가의 방향을 가리켰다. 오리장군은 선도를 구하는 사자로 파견되었으나, 감히 바다에 나아가지 못하고 태산으로 가서 제사를 지냈다. 천자는 사람으로 하여금 따라가서 검증하도록 하였는데, 그는 어떠한 실현도 볼 수 없었다. 오리장군은 그의 스승을 보았다고 망언까지 하였다. 그의 방술은 이미 다하여 거의 영험이 없게 되자 천자는 그를 죽였다.

이해 겨울,[242] 공손경은 하남(河南)[243]에서 신선을 기다리다가 구지성(緱氏城)[244] 위에서 선인의 발자국을 보았는데, 성 위를 왕래한 흔적으로 보아 꿩과 같은 신물이었다고 말하였다. 천자가 친히 구지성 위에 가서 그 발자국을 시찰하며, 공손경에게 "그대는 문성장군과 오리장군을 모방하는 것이겠지?"라고 물으니, 공손경은 "신선은 군주를 찾아오지 않으므로 군주가 신선을 찾아야 합니다. 신선을 찾는 방법은 시간을 넉넉히 두고 인내심을 가지고 기다리는 것입니다. 그렇지 않는다면, 신선은 오지 않을 것입니다. 신선의 일에 대해서 담론하는 것은 허황된 일을 담론하는 것과 같으며, 세월이 흘러야만 신선을 불러 올 수 있습니다"라고 아뢰었다. 그리하여 각 군(郡)과 국(國)은 도로를 건립하고 청소하였으며, 궁실, 누대, 명산의 신들의 신묘를 보수정비하여, 천자의 왕림을 기다렸다.

그해 봄, 남월을 멸망시킨 후에, 천자가 총애하는 신하인 이연년(李延年)[245]은 아름다운 음악을 진헌하며 천자를 배알하였다. 천자는 그의 음악을 칭찬하며, 공경들에게 의논하라고 명하면서 "민간의 제사에도 고무

240) 牡荊 : 마편초과에 속하는 낙엽 관목. 담자색의 꽃이 피며, 줄기와 잎은 약재로 쓰인다.
241) 天一, 三星 : 전쟁을 주관하여 길흉을 예측한다는 별 이름.
242) 원문에는 "其冬"으로 되어 있으나, 『漢書』「武帝紀」에 公孫卿이 신선에 대해 이야기한 것은 元鼎 6년(기원전 111년)이라고 적혀 있으므로 "明年冬"이라고 해야 옳다.
243) 河南 : 군 이름. 지금의 河南省 북부 지역.
244) 緱氏城 : 현 이름. 지금의 河南省 偃師縣 동남쪽에 위치한다.
245) 李延年(?-기원전 87년) : 漢代의 유명한 음악가로 中山(지금의 河北省 定縣) 사람이다. 樂工 출신으로 벼슬이 協律都尉에 이르렀고, 후에 피살된다.

(鼓舞)의 음악이 사용되는데, 지금의 교사에는 오히려 아무런 음악도 없으니, 이 어찌 맞는 일이라고 하겠소?"라고 말하니, 공경대신들은 "고대에 천신과 지신에게 제사 지낼 때 음악이 있어야만 신령이 비로소 제사를 흠향하러 왔습니다"라고 아뢰었다. 또 어떤 사람은 "태제(泰帝)가 소녀(素女)²⁴⁶⁾에게 50현의 거문고를 연주하게 하였는데, 그 음조가 너무나 슬퍼 태제는 중단하도록 하였습니다. 이 때문에 그 거문고를 부수고 25현의 거문고로 고치게 하였던 것입니다"라고 아뢰었다. 당시 남월전쟁의 승리를 보답하기 위하여 태일신과 후토신에게 제사 지내는 데 악무를 사용하고 노래를 첨가하였으며, 이때부터 25현의 거문고 외에 공후(箜篌) 등이 제작되었고 거문고가 유행하기 시작하였다.

이듬해 겨울, 신하가 천자에게 "고대에는 먼저 병기를 거둬들이고 군대를 해산시킨 연후에 봉선을 행하였습니다"라고 진언하였다. 이에 천자가 10여 만의 군사를 이끌고 북쪽으로 가서 삭방군(朔方郡)²⁴⁷⁾을 순시하였는데, 돌아오는 길에 교산(橋山)²⁴⁸⁾에 있는 황제(黃帝) 무덤에 제사 지내고, 수여(須如)²⁴⁹⁾에서 병사들을 해산시켰다. 천자가 "황제(黃帝)가 죽지 않았다고 들었는데, 여기에 무덤이 있으니, 이 어찌 된 일인가?"라고 물으니, 어떤 사람이 "황제가 신선이 되어 승천하자, 군신들이 그의 의관을 묻었던 것입니다"라고 대답하였다. 천자는 감천궁에 도착하여 태산에 가서 봉선하기 위해 먼저 태일신에게 제사 지냈다.

보정을 얻은 후부터, 천자는 공경대부 및 유생들과 봉선을 거행하는 일에 대해서 상의하였다. 봉선은 자주 거행되지 못하였고 또한 그 제사가 끊긴 지 아득하게 멀고 오래되어, 그 의식에 대해서 아는 사람이 없었다. 이에 유생들은 『상서(尙書)』, 『주관(周官)』, 「왕제(王制)」에 기록되어 있는 망사(望祠)²⁵⁰⁾와 사우(射牛)²⁵¹⁾에 근거하여 봉선할 것을 건의하였다.

---

246) 素女 : 神女 이름.
247) 朔方郡 : 지금의 내몽고 서남부 河套 지역.
248) 橋山 : '子午山'이라고도 하는데, 지금의 陝西省 黃陸縣에 위치한다. 산 위에 黃帝의 능이 있다고 전해진다.
249) 須如 : 땅 이름.
250) 望祠 : 산천을 거닐며 제사 지내는 것.
251) 射牛 : 고대 제왕이 천지 종묘에 제사 지낼 때, 몸소 화살로 소를 쏘아 잡아 제물을 준비하여 제전의 성대함을 나타내는 의식이다.

90여 살 된 제나라 사람 정공(丁公)은 "봉선이란 것은 불멸의 성명(盛名) 입니다. 진 시황은 태산에 오르던 도중에 비를 만나서 하늘에 봉선할 수 없었습니다. 신하들이 반드시 태산에 올라가야 한다고 건의하여, 약간 올라가니 곧 폭풍우가 그쳐 태산에 올라 봉선할 수 있었습니다"라고 아뢰었다. 그리하여 천자는 즉시 유생들에게 소를 활로 쏘아 맞추는 방법을 연습하도록 명령하고 봉선 의식에 대한 초고를 작성하도록 하였다. 몇년 후, 봉선을 거행해야 할 때가 다가왔다. 천자는 공손경과 방사들에게서 황제(黃帝) 이전의 제왕이 봉선을 행할 때, 기이한 물체를 끌어들여서 신선과 상통하였다는 말을 듣게 되었다. 그러자 그는 황제(黃帝)를 본받고 싶어서 신선, 봉래 방사를 응대하고자 하였고, 세속을 초탈하여 구황(九皇)[252]과 필적할 만한 덕을 쌓고자 하였다. 그리고 무제는 유가의 학설을 광범위하게 채용하여 봉선의 글을 짓게 하였다. 그러나 유생들은 봉선에 대한 일을 분명히 밝히지 못하였고, 또한 『시경(詩經)』, 『서경(書經)』등의 옛 글에 구속되어 자기의 의견을 자유롭게 나타내지도 못하였다. 이에 천자가 봉선을 행할 때 사용하는 제기들을 유생들에게 보여주자, 유생들 중 어떤 사람이 "고대의 것과는 다릅니다"라고 아뢰었고, 또한 서언(徐偃)[253]은 "태상(太常)[254]이 집행하는 예의는 옛날 노(魯)나라의 것보다 못합니다"라고 아뢰었다. 또한 주패(周覇)[255]가 봉선의 일에 계략을 꾸미자, 천자는 서언과 주패를 몰아내고 유생들을 모조리 파면시키고 등용시키지 않았다.

3월,[256] 천자는 동쪽으로 구지현에 왕림하여 중악(中嶽) 태실산(太室山)에 올라 제사를 거행하였다. 이때 천자의 시종관들은 산 아래에서 "만세"라고 외치는 듯한 고함소리를 들었다. 산 위 사람들도 그런 소리를 외치지 않았으며, 산 아래 사람들도 그런 소리를 외치지 않았다고 하였다. 천자는 이 말을 듣고 300호(戶)를 태실산의 봉읍으로 지정하여 제사에

---

252) 九皇 : 전설상의 고대 제왕. 형제 9명이 천하를 9州로 분할하여 다스렸기 때문에 '九皇'이라고 칭한다. 〈주 134〉 참조.
253) 徐偃 : 博士.
254) 太常 : 九卿 중의 하나로 종묘의 제사의식과 博士를 선발하는 시험을 관장하던 관직.
255) 周覇 : 사람 이름. 생존 연대를 알 수 없다.
256) 元封 원년(기원전 110년)을 말한다.

바쳤으며, 이 거주 지역을 숭고읍(崇高邑)이라고 명명하였다. 이어서 동쪽으로 태산에 올랐는데, 산 위에는 아직 초목이 무성하지 않아서 천자는 이를 틈타 사람들에게 돌비석을 운반하여 태산의 정상에 세우라고 명하였다.

이어서 천자는 동쪽으로 순행하여 바닷가에 이르자 팔신(八神)[257]에게 제사를 거행하였다. 제나라 사람들은 기괴한 방술을 담론하는 자가 만 명에 이르지만 영험한 자는 한명도 없다고 상소하였다. 그러자 천자는 배를 더욱 많이 내보내어 바다에 신선이 있다고 말하는 수천 명에게 봉래 선인을 찾으라고 명령하였다. 이에 공손경은 부절을 지니고서 먼저 가서 명산의 신선을 기다렸다. 동래(東萊)에 이르렀을 때, 밤에 거인을 목격하였는데, 그는 키가 몇십 척이나 되고, 가까이 접근하자 곧 사라졌으며, 그가 남긴 발자국을 보니 마치 짐승의 것처럼 매우 컸다고 말하였다. 신하 중에 어떤 이는 개를 끌고 있던 한 노인이 "천자를 만나고 싶다"고 말하고는 갑자기 사라졌다고 하였다. 천자가 큰 발자국을 보고도 믿지 못하였으나, 신하 중에 어떤 자가 또 그 노인의 일을 말하자, 그자가 바로 선인임을 믿게 되었다. 그리하여 해상에 머물면서 방사들에게 전거(傳車)[258]를 발급하여 왕래하며 소식을 보고하도록 하였고, 수천 명의 사자로 하여금 신선을 찾으라고 파견하였다.

4월에 해상에서 봉고현(奉高縣)[259]으로 돌아왔다. 천자는 유생들과 방사들이 말하는 봉선에 대한 견해가 각양각색이며, 근거도 빈약하여 시행하기 어렵다고 생각하였다. 천자는 양보산(梁父山)에 돌아와서 지신에게 제사 드렸다. 을묘일에 시중과 유생들에게 피변(皮弁)[260]과 관복을 착용하고, 소를 활로 쏘아 맞추는 의식을 행하라고 명하였다. 천자는 또 태산의 동쪽 산기슭에 제단을 설치하고 천신에게 제사 지냈는데, 교외의 제사 의식과 똑같이 하였다. 제단의 넓이가 1장 2척이며, 높이는 9척이 되게 하였으며, 그 아래에 옥첩서(玉牒書)[261]를 놓았는데, 문서의 내용은 비

---

257) 八神 : 天主, 地主, 兵主, 陰主, 陽主, 月主, 日主, 四時主를 가리킨다. 일설에는 팔방의 신을 말한다고 한다.
258) 傳車 : 고대 역참의 전용마차.
259) 奉高縣 : 지금의 山東省 泰安縣 동북쪽에 위치한다.
260) 皮弁 : 모자. 흰 사슴의 가죽으로 만들며, 조회 때 쓴다.
261) 玉牒書 : 고대의 제왕이 제사 지낼 때 하늘에 고하는 문서. 簡冊에 쓰고 옥으로

밀로 하였다. 제례가 끝나자, 천자는 혼자서 시중봉거(侍中奉車)[262] 자후(子侯)[263]와 태산에 올라 제단을 설치하고 천신에게 제사를 지냈다. 이 일에 대해서 언급을 일체 금하였다. 다음날 산의 북쪽 길로 하산하였다. 병진일에 태산 기슭 동북쪽의 숙연산(肅然山)[264]에서 지신에게 제사 지냈는데, 그 제례의식은 후토신과 같았다. 천자는 모두 친히 제사 지냈는데, 황색 의복을 입었고 음악을 반주하였다. 또한 강(江), 회(淮) 일대에서 생산되는 띠풀(茅)을 엮어서 신의 깔개로 사용하였다. 오색의 진흙을 사용하여 제단을 단단하게 메웠다. 또 아주 먼 지방에서 바쳐온 진귀한 들짐승, 날짐승과 흰색 꿩 등을 풀어, 제례의 엄숙한 분위기를 더욱 엄숙하게 거행하였다. 그러나 시우(兕牛),[265] 모우(牦牛),[266] 서우(犀牛),[267] 대상(大象)[268] 등의 동물들은 숲속에 풀 수가 없어서 태산으로 가져가서 후토신에게 제사 지냈다. 그날밤 하늘에 광채 같은 것이 번쩍거렸고, 낮에는 흰 구름이 제단 위에서 솟아올랐다.

천자가 봉선을 지내고 돌아와서 명당(明堂)에 앉자, 여러 신하들이 천자께 일일이 알현하면서 만수무강을 빌었다. 그리하여 천자는 어사에게 조서를 내려 명하였다. "짐은 미천한 몸으로 제왕의 지위에 올라, 직책을 감당하지 못할까 전전긍긍하며 두려워하였다. 짐은 덕이 부족하고 예악제도에 밝지 못하다. 태일신에게 제사 지낼 때 하늘에 길조의 광채가 오랫동안 비치었는데 짐은 그 기이한 광경에 몹시 놀라 중도에 멈추고 싶어도 감히 그럴 수 없었다. 마침내 태산에 올라 봉선을 거행하고, 양보산에 오른 후에 숙연산에서 지신에게 제사 지냈다. 새사람이 되어 모든 관리들과 처음부터 다시 시작하려 하니, 백성들에게는 백 가구당 소 한 마리와 술 10석을 내리고, 나이 80세 이상인 노인과 고아와 과부에게는 천 두 필씩을 지급하라. 박(博),[269] 봉고(奉高), 사구(蛇丘),[270] 역성(歷城)[271] 등

장식한다.
262) 侍中奉車 : 즉 奉車都尉를 가리킨다. 제왕의 거마를 관장하는 벼슬 이름.
263) 子侯 : 霍去病의 아들 霍子侯를 말한다.
264) 肅然山 : 泰山의 동쪽 산자락으로 山東省 萊蕪縣 서북쪽에 위치한다.
265) 兕牛 : 무소과에 속하는 들소 비슷한 짐승. 뿔은 하나이고 체중이 千斤 가량이다. 가죽이 단단하여 갑옷을 만들기도 하고, 뿔은 술잔 등을 만든다.
266) 牦牛 : 물소 비슷하며 꼬리가 길다.
267) 犀牛 : 무소, 코뿔소.
268) 大象 : 코끼리.

4개 현의 금년 조세를 면제하라. 을묘년에 행하였던 사면[272]처럼 천하에 대사면을 실시하라. 짐이 순수하였던 지방은 복작(復作)[273]을 집행하지 말며, 범법한 시일이 2년 이전인 자에 대해서도 형을 판결하지 말라. 또한 옛날의 천자는 5년에 한 번씩 순수를 실시하고, 태산에 올라 천지에 제사 지냈는데, 이때 제후들은 조현하면서 머물 숙소가 있었다. 제후들은 각기 태산 아래에 집을 짓도록 하라."

천자가 태산에서 봉선의 제사를 마칠 때까지 비와 바람의 재앙이 없었다. 방사들이 봉래산 등의 신선들을 머지않아 찾을 수 있을 것이라고 아뢰자, 천자는 기뻐하여 어쩌면 신선을 볼 수 있을 것으로 알고, 다시 동쪽으로 가서 해변에 이르러 멀리 바라보며 봉래산의 신선을 볼 수 있기를 바랐다. 그런데 봉거도위 곽자후(霍子侯)가 갑자기 급사병에 걸려 이날 죽었으므로, 천자는 그곳을 떠나 해변을 따라 북상하여 갈석산(碣石山)에 도착하여, 요서(遼西)[274]에서 순수를 시작하여 북부의 변새 지방을 거쳐 구원(九原)[275]에까지 도착하였다. 5월에는 감천궁으로 돌아왔다. 관원들은 보정이 출토되었던 그해 연호를 원정(元鼎)[276]이라고 고쳤으니, 봉선을 거행한 올해는 당연히 원봉(元封)[277] 원년으로 해야 한다고 말하였다.

그해 가을, 혜성이 동정성(東井星)[278]에서 반짝거리더니, 10일 후에는 다시 삼태성(三能星)[279]에서 빛났다. 왕삭(王朔)[280]이 그 기상을 관측하고 "신이 혼자 하늘을 관측하고 있었는데, 그 별이 나타났을 때의 형상은 호리병박 같더니, 잠시 후 곧 사라졌습니다"라고 말하였다. 그러자 담당

---

269) 博 : 지금의 山東省 泰安縣 동남쪽에 있던 현 이름.
270) 蛇丘 : 지금의 山東省 泰安縣 서남쪽에 있던 현 이름.
271) 歷城 : 지금의 山東省 濟南市에 있던 현 이름.
272) 乙卯年이란 元朔 3년을 가리키는데 이해 3월에 천하에 사면을 실시한다는 조서를 내린 바 있다.
273) 復作 : 漢代의 형률명. 차고와 족쇄를 푼 죄수들이 감옥 밖에서 노역하는 것.
274) 遼西 : 지금의 遼寧省 중서부 및 河北省 承德 지역에 있던 군 이름.
275) 九原 : 지금의 내몽고 包頭市 서쪽에 위치한 현.
276) 元鼎 : 漢 武帝의 다섯번째 연호(기원전 116-기원전 111년).
277) 元封 : 漢 武帝의 여섯번째 연호(기원전 110-기원전 105년).
278) 東井星 : 28宿 중의 井宿를 가리킨다. 남동쪽에 위치한다.
279) 三能星 : 즉 '三台星'을 말한다. 紫微宮의 주위에 있는 上台, 中台, 下台의 각각 별 두 개씩 도합 여섯 개를 가리킨다.
280) 王朔 : 方士를 가리킨다.

관원들이 "천자께서 한 왕조에서는 처음으로 봉선의 의식을 시작하시니, 하늘이 덕성(德星)²⁸¹⁾을 나타내시어 천자께 보답하는 것입니다"라고 아뢰었다.

이듬해 겨울, 천자는 옹현 교외에서 오제에게 제사 지내고, 돌아와서는 태일신에게 제사 지냈다. 축사로써 "덕성이 찬란하게 빛난 것은 길조이옵니다. 수성(壽星)²⁸²⁾도 함께 나타나서 빛을 널리 비추었습니다. 별이 출현하였음을 믿을 뿐만 아니라 증거도 있어, 천자는 태축이 마련한 제사에 경배하옵니다"라고 아뢰었다.

그해 봄, 공손경은 동래산에서 신선을 보았는데 "천자를 만나고 싶다"라고 말하는 것 같았다고 하였다. 이에 천자는 구지성으로 행차하여 공손경을 중대부(中大夫)로 임명하였다. 이어 동래산에 가서 며칠 머물렀는데, 아무것도 보지 못하고 단지 거인의 발자국만 보았다. 그러자 천자는 다시 방사 천여 명을 파견하여 신기한 물건을 찾고 영지선약을 캐오도록 하였다. 그러나 이해에 가뭄이 들었으므로 이번에는 순행을 떠날 만한 명분이 없어, 만리사(萬里沙)²⁸³⁾에 가서 비가 오도록 기원하는 제사를 지내러 가는 차에 태산에 들러 제사를 지냈다. 되돌아올 때 호자(瓠子)²⁸⁴⁾에 도착하여 황하의 터진 곳을 틀어막는 부서에 친히 들러, 이틀을 머물면서 백마(白馬)와 옥벽(玉璧)의 제물을 강물에 빠뜨려서 하신(河神)에게 제사 지낸 후 그곳을 떠났다. 두 명의 상경(上卿)에게 병사를 통솔하여 황하의 터진 곳을 막게 하였고, 황하의 두 개의 지류가 바다로 유입되도록 물줄기를 변경하여, 하우 시대의 옛 수로를 회복하였다.²⁸⁵⁾

당시 이미 남월(南越)과 동월(東越)을 정벌하였는데, 월인(越人) 용지

---

281) 德星 : 어떤 이상한 현상을 나타내는 천체. 보통 길조로 해석한다.
282) 壽星 : 즉 南極星.
283) 萬里沙 : 여기에서는 萬里沙에 지은 神廟를 가리킨다. 지금의 山東省 掖縣 동북쪽에 위치한다.
284) 瓠子 : '瓠子口'라고도 칭한다. 지금의 河南省 濮陽縣 서남쪽에 위치한다.
285) 漢 武帝 元光 3년(기원전 132년)에 黃河가 瓠子口에서 터져 홍수의 재해를 당하였다. 元封 2년에 武帝는 수만 명의 병사를 파병하여 瓠子口의 터진 둑을 막았고, 萬里沙에서 되돌아올 때 친히 瓠子口에 들러 白馬와 玉璧을 빠트려 河神에 제사 지내고, 장군 이하의 관원들에게 땔나무를 져 날라 둑을 막게 하고 그 일을 총지휘하면서 "瓠子歌"를 지었다.

(勇之)는 "월인은 귀신을 믿는 풍속이 있어 그 제단에서는 언제나 귀신을 볼 수 있으며, 자주 효험을 봅니다. 옛날 동구왕(東甌王)[286]은 귀신을 숭배하여, 160세까지 장수하였습니다. 그러나 후대로 내려올수록 귀신을 경시하였기 때문에 쇠퇴해진 것입니다"라고 아뢰었다. 그러자 천자는 월남의 무사에게 월축사(越祝祠)를 건립하되 제대(祭臺)는 세우나 제단은 쌓지 말며, 천신, 상제, 백귀에게 제사 지내고, 계복(鷄卜)[287]을 사용하라고 명하였다. 천자는 이를 믿어 월축사와 계복이 조정에 사용되기 시작하였다.

공손경은 "천자께서는 선인을 보실 수 있었으나, 항시 너무 성급하여 아직 보지 못하신 것입니다. 지금 천자께서 누대를 건립하시고, 구지성처럼 말린 고기와 대추를 차려놓으시면, 신선이 응당 나타날 것이며, 또한 그들은 누대에 살기를 좋아할 것이옵니다"라고 아뢰었다. 그리하여 천자는 명령을 내리어 장안에 비렴관(蜚廉觀)과 계관(桂觀)을 건립하고, 감천에는 익수관(益壽觀)과 연수관(延壽觀)을 지어, 공손경에게 부절을 지니고 제구를 설치하고서 전심으로 신선을 기다리게 하였으며, 또한 통천대(通天臺)[288]를 건립하여 대 아래에는 제물을 차려놓고 신선을 기다렸다. 이때 감천궁에 또다시 전전(前殿)을 짓고, 각 궁실들을 증축하였다. 여름에 궁전의 방 안에서 영지가 자라났다. 또한 천자가 황하의 터진 곳을 막고 통천대를 짓자 하늘에는 번쩍거리는 듯한 상서로운 구름이 나타났다. 이에 곧 조서를 내려 "감천궁의 방 안에 아홉 포기의 영지가 자라났으니, 특별히 천하에 대사면을 실행하고 죄수들의 감옥 밖 노역을 면제토록 하라"고 명하였다.

그 이듬해, 조선(朝鮮)[289]을 정벌하였다. 여름에 가뭄이 들었는데, 공손경이 "황제(黃帝)께서 제단을 쌓을 때마다 가뭄이 들었는데, 이와 같이 3년 동안 비가 내리지 않아 봉토를 건조하게 하였사옵니다"라고 아뢰니,

---

286) 東甌王 : 즉 東海王을 말한다. 東越人의 수령으로 이름은 搖이다. 惠帝 3년(기원전 192년)에 東海王이 되어 東甌(지금의 浙江省 永嘉縣 서남쪽)에 도읍을 정하였다.
287) 鷄卜 : 고대 점복법의 일종으로 산 닭과 개를 사용하였다. 축원을 바치면 개와 닭을 죽여 삶아 또다시 제사를 지내고, 닭 眼骨의 균열이 사람의 형태와 같은지 다른지를 관찰하여 길흉을 판단하는 점.
288) 通天臺 : 누대 이름. 甘泉宮 안에 있으며, 대의 높이가 30丈이어서 200리 밖의 長安城을 볼 수 있다고 한다.
289) 朝鮮 : 지금의 遼寧省, 吉林省 일부분과 한반도 북부 지역을 가리킨다.

천자는 즉시 조서를 내려 "하늘의 가뭄은 봉토를 마르게 하려는 뜻이 아 니겠는가? 이에 특별히 명하노니 천하 백성들은 영성 (靈星)[290]에 경건하 게 제사를 지내라"고 하였다.

그 이듬해, 천자는 옹현 교외에서 제사 지내고, 회중(回中)[291]의 길을 거쳐 순수하였다. 봄에 명택 (鳴澤)[292]에 이르러 서하(西河)[293]로부터 장 안으로 돌아왔다.

다음해 겨울, 천자는 남군(南郡)[294]으로 순행하였는데, 강릉(江陵)[295] 에 이른 후 동쪽으로 행차하였다. 잠현(潛縣)[296]의 천주산(天柱山)[297]에 올라 제사를 거행하고 그 산을 남악(南嶽)이라고 칭하였다. 배를 타고 장 강(長江)을 따라 심양(尋陽)[298]에서 종양(樅陽)[299]으로 가는 도중에 팽 려(彭蠡)[300]를 거쳐 명산대천에 제사 지냈다. 다시 북쪽으로 낭야(琅 邪)[301]에 이르자 해안을 따라 북상하였다. 4월에는 봉고현(奉高縣)에 이 르러 봉선을 거행하였다.

예전에 천자가 태산에서 봉선을 거행할 때, 태산의 동북쪽에는 옛날에 지은 명당이 있었는데, 지세가 험준하며 좁으므로, 천자는 봉고(奉高) 부근에 명당을 또 하나 짓고 싶었으나, 그 형식과 규모를 알지 못하였다. 그러자 제남(濟南)[302] 사람 공옥대 (公玉帶)[303]가 황제(黃帝) 때의 명당 설계도를 헌납하였다. 명당의 설계도에는 사방에 담장이 없으며 지붕은 따로 덮여 있는 전당(殿堂)이 한 채 있는데, 사방은 물이 통하게 되어 있

---

290) 靈星 : 별 이름으로 '天田星'이라고도 부른다. 옛사람들은 이 별이 농사를 주관한 다고 여겼다.
291) 回中 : 지금의 陝西省 隴縣 서북쪽에 위치한다.
292) 鳴澤 : 지금의 河北省 涿州市 동북쪽에 위치한 저수지. 일설에는 甘肅省 平涼縣 서쪽의 獨鹿(都盧山)의 鳴澤이라고도 한다.
293) 西河 : 군 이름.
294) 南郡 : 지금의 湖北省 서남부 지역.
295) 江陵 : 南郡의 군청 소재지.
296) 潛縣 : 지금의 安徽省 霍山縣 동북쪽에 위치한 현.
297) 天柱山 : '皖山,' '潛山'이라고도 하며, 지금의 安徽省 霍山縣 서남쪽에 위치한다.
298) 尋陽 : 지금의 湖北省 黃梅縣 서남쪽에 있는 현.
299) 樅陽 : 지금의 安徽省 樅陽縣.
300) 彭蠡 : 尋陽과 樅陽의 중간에 위치한 저수지.
301) 琅邪 : 지금의 山東省 남부 지역의 군.
302) 濟南 : 지금의 山東省 歷城縣, 濟南縣, 章丘縣 지역의 군.
303) 公玉帶 : 성은 公玉, 이름은 帶이다.

었다. 그 둘레에는 궁원(宮垣)이 둘러져 있고, 복도(複道)[304]를 만들었
는데, 윗길에는 서남쪽에서 전당으로 들어가는 주루(走樓)가 설치되어
있었는데, 그 길을 곤륜도(昆侖道)[305]라고 불렀다. 천자는 이 길을 따라
전당으로 들어가서 상제에게 제사 지내게 되어 있었다. 그리하여 천자는
공옥대가 바친 설계도에 따라 봉고현 문수(汶水)[306] 부근에 명당을 짓도
록 명하였다. 그 5년 후 봉선을 거행할 때, 명당의 상좌(上坐)에서는 태
일신과 오제에게 제사 지냈는데, 고황제(高皇帝)[307]의 위패는 맞은 편에
설치하게 하였다. 하방(下房)에서는 20마리의 소를 제물로 후토신에게
제사 지내도록 하였다. 천자는 곤륜도를 통해 들어가서 교사를 지내는 예
의에 따라 명당에서 처음으로 제사를 지냈다. 제사가 끝난 후 다시 당하
(堂下)에서 요제(燎祭)를 지냈다. 천자는 또 태산에 올라 산꼭대기에서
비밀리에 제사를 지냈다. 태산 아래에서는 오제에게 각자에 해당하는 방
위에 의거하여 동시에 제사 지냈는데, 황제(黃帝)는 적제(赤帝)와 같은
방향에 두었고 담당 관원이 제사 지냈으며 천자는 참석하지 않았다.

그 2년 후,[308] 11월 갑자(甲子) 초하룻날 아침이 동지였는데, 역법을
계산하는 자가 이 날을 역법주기의 기점으로 추산하여, 천자는 친히 태산
으로 행차하여 명당에서 하늘에 제사 지냈는데, 봉선의 예의는 갖추지 않
았다. 축사로써 "하늘이 천자에게 태초의 역법을 주시어 계속 순환되게
하시었으니, 천자는 태일신에게 경배하옵니다"라고 아뢰었다. 이어 천자
는 동쪽으로 바다에 나가서 신선을 만나려는 방사들을 조사해보았는데,
아무런 효험이 없었으나 여전히 신선을 찾으러 사람을 계속 증파하였고,
신선을 만나고자 하였다.

11월 을유일, 백량대(柏梁臺)[309]에 화재가 발생하였다. 12월 갑오(甲

---

304) 複道 : 상하 이중으로 된 길. 윗길은 천자, 아랫길은 백성들이 다녔다. 또 이중
　　　의 낭하를 가리킨다.
305) 昆侖은 西藏省과 新疆省 사이에 있는 산이다. 전설에 의하면 黃帝 때 昆侖山 위
　　　에 신선이 살도록 5개의 성과 12개의 누대를 지었다고 한다. 武帝 때, 黃帝 때의 명
　　　당 설계도에 따라 다시 명당과 昆侖의 5개의 성과 12개의 누대를 재건하였기 때문에
　　　이와 같이 명명하였다.
306) 汶水 : 泰山 동북쪽에서 발원하여 奉高縣 서남쪽 巨野澤으로 흘러 들어가는 강.
307) 高皇帝 : 漢 高帝를 가리킨다.
308) 漢 武帝 太初 원년(기원전 104년)을 말한다.
309) 柏梁臺 : 지금의 陝西省 長安縣 서북쪽에 위치한다. 앞의 〈주 197〉 참조.

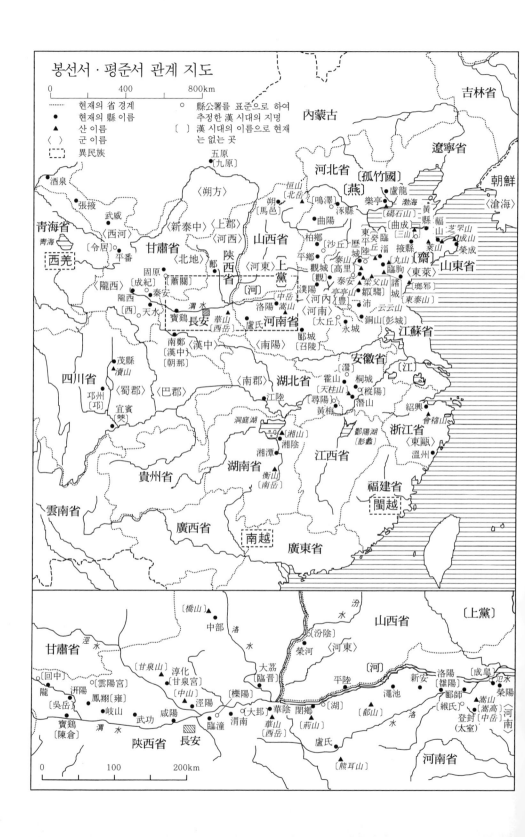

봉선서·평준서 관계 지도

午) 초하룻날 천자는 친히 고리산(高里山)[310]에서 후토신에게 제사 지냈다. 이어 발해에 도착하여 봉래산의 여러 신에게 망사(望祠)를 지내고, 신선이 사는 곳에 도달할 수 있기를 희망하였다.

천자는 장안으로 돌아와 백량대에서 화재가 났기 때문에, 감천궁에서 각 군현의 총결산 보고서를 받았다. 공손경이 "황제(黃帝)께서는 청령대(青靈臺)를 지으신 지 12일 만에 화재를 당해서 즉시 명정(明庭)을 지으셨는데, 명정이란 바로 감천궁이옵니다"라고 아뢰었다. 방사들도 고대의 제왕 가운데 감천에 도읍을 정한 사람이 있었다고 아첨하였다. 그후 천자는 감천궁에서 제후들의 조현을 받고, 감천산에 제후들의 부제(府第)를 지었다. 용지(勇之)는 "월(越)나라의 풍속에 따르면 화재가 발생한 후에 다시 집을 지을 때는 반드시 원래의 것보다 크게 지어, 집의 크기로 재앙의 기운을 제압해야 합니다"라고 말하였다. 그리하여 규모가 천문(千門) 만호(萬戶)인 건장궁(建章宮)을 지었다. 전전(前殿)의 규모는 미앙궁(未央宮)[311]보다 높고 웅대하였다. 그 동쪽에는 높이가 20여 장(丈)이나 되는 봉궐(鳳闕)[312]이 있었으며, 그 서쪽에는 주위 수십 리의 호권(虎圈)[313]이 있는 당중지(唐中池)[314]가 있었다. 당중지 북쪽에는 태액지(太液地)라고 불리는 큰 연못을 팠는데, 연못 안의 누대, 즉 점대(漸臺)의 높이는 20여 장이나 될 정도로 높았으며, 그 속에는 바다의 신선, 바다거북, 어류를 본떠 만든 봉래(蓬萊), 방장(方丈), 영주(瀛洲), 호량(壺梁)이라고 불리는 가짜 선산(仙山)이 있었다. 그 남쪽에는 옥당(玉堂),[315] 벽문(璧門),[316] 대조(大鳥)[317] 등을 만들어놓았다. 또한 높이가 50장이나 되는 신명대(神明臺), 정간루(井幹樓)를 세웠는데, 연도(輦道)[318]를 서로 연결해놓았다.

---

310) 高里山 : 泰山의 남쪽 산록. 지금의 山東省 泰安市 서남쪽에 위치한다.
311) 未央宮 : 漢 高帝 때 지은 궁전으로, 둘레가 28里나 된다.
312) 鳳闕 : 궁궐의 꼭대기에 銅鳳을 세웠기 때문에 '鳳闕'이라고 한다.
313) 虎圈 : 호랑이를 키우던 곳. 지금의 陝西省 西安市 서쪽에 위치한다.
314) 唐中池 : 지금의 陝西省 長安縣 서북쪽 太掖池 남쪽에 위치한다.
315) 玉堂 : 궁 이름.
316) 璧門 : 宮門 이름. 문의 높이가 25丈이나 되고 문 위에 玉璧으로 장식하였기 때문에 '璧門'이라고 한다.
317) 大鳥 : 神鳥의 조각상.
318) 輦道 : 누각 사이에 가마가 지나다닐 수 있도록 공중에 만든 길.

여름에 한나라는 역법을 바꾸었는데, 정월을 그해의 시작으로 삼았으며, 다섯 가지 색 중 황색을 숭상하며 관명의 인장은 다섯 글자로 바꾸어, 이해의 연호를 태초(太初) 원년으로 바꾸었다. 이해에 서쪽으로 대원(大宛)[319]을 정벌하였으며, 누리[蝗]가 극성을 부렸다. 정부인(丁夫人)[320]과 낙양 사람 우초(虞初) 등이 방술을 사용하여 흉노와 대원을 저주하는 제사를 지냈다.

이듬해, 제사담당 관원들은 옹현의 오치(五畤)에서 지내는 제사에는 익힌 제물과 향기 나는 제물을 올리지 않았다고 아뢰었다. 이에 천자는 사관에게 명하여 송아지는 각 치에 바치도록 하고, 제물의 색깔은 각 방위의 천제가 제압하여 먹을 수 있는 색의 것을 배치하도록 명하였다. 또한 제사에 사용하는 장마(壯馬)는 목우마(木偶馬)로 대체하도록 하였다. 그러나 5월의 제사 때나 천자가 친히 행차한 제사에서는 장마를 사용하도록 하였고, 모든 명산대천의 제사에는 모두 목우마로 대치하였다.[321] 또한 천자가 친히 순행하였던 곳의 제사에는 장마를 사용하였고, 그 외의 의례는 옛 체제에 따라 거행하였다.

다음해, 천자는 동쪽으로 해상을 순행하며, 신선을 찾아 바다로 나갔던 방사들을 탐문하였으나 응험한 자가 아무도 없었다. 어떤 방사가 "황제(黃帝) 때에 5개의 성과 12개의 누대를 건축하고, 집기(執期)[322]에서 신선을 기다렸는데, 이를 '영년(迎年)'이라고 부릅니다"라고 아뢰자, 천자는 그가 말한 대로 누대를 짓고, 이를 '명년(明年)'이라 이름 짓고는, 친히 그곳에 가서 하늘에 제사를 거행하였다.

공옥대는 "황제(黃帝) 때는 태산에만 제단을 쌓아 하늘에 제사 지냈습니다. 그러나 풍후(風后), 봉거(封鉅), 기백(岐伯)[323] 등이 동태산(東泰山)[324]에서 제사를 지내고 범산(凡山)[325]에서 지신에게 제사 지낼 것을 건의하였는데, 이에 신령이 감응하여 길조를 내려, 불로장생할 수 있었습

---

319) 大宛 : 西域의 나라 이름. 지금의 중앙 아시아에 위치한다.
320) 丁夫人 : 丁이 성이고 이름이 夫人이다.
321) 말의 손실을 줄이기 위해서 나무로 말의 형상을 만들어 제사를 지냈다.
322) 執期 : 전설상의 땅 이름.
323) 風后, 封鉅, 岐伯 : 모두 黃帝의 신하이다.
324) 東泰山 : 지금의 山東省 沂源, 沂水 두 현의 중간에 위치한 산.
325) 凡山 : 지금의 山東省 昌樂縣 서남쪽에 위치한 산.

니다"라고 아뢰었다. 이에 천자는 제물을 준비하라고 명하여, 동태산에 갔으나 동태산은 너무 작아서 그 명성에 걸맞지 않으므로 사관에게 제사를 지내라고 명하고, 봉선은 거행하지 않았다. 그후 공옥대로 하여금 이곳에서 제사 지내며 신선을 기다리도록 하였다. 여름에 천자는 태산으로 돌아와 관례대로 5년에 한 번 봉선대전을 거행하였고, 다시 석려산(石閭山)[326]에서 지신에게 제사 지냈다. 석려산은 태산 기슭의 남쪽에 있었는데, 방사들은 그곳이 신선이 사는 곳이라고 말하였기 때문에 천자는 그곳에 가서 친히 지신에게 제사 지냈다.

5년 후, 다시 태산에 와서 봉선대전을 거행하고, 돌아가는 길에 항산(恒山)에서 제사 지냈다.

지금 천자가 새로 제정한 제례에는 태일사(泰一祠)와 후토사(后土祠)가 있으며, 3년마다 한 번씩 천자가 직접 교사를 지내고, 한 왕조에서 시작한 봉선은 5년에 한 번 거행한다. 박유기의 건의에 의해서 건립된 태일(泰一) 및 삼일(三一), 명양(冥羊), 마행(馬行), 적성(赤星) 등의 다섯 사당은 사관인 관서 등이 주관하여 매년 기일에 맞추어 제사 지낸다. 여섯 사당은 모두 태축이 주관한다. 그밖에 팔신 중의 여러 신들과 명년(明年), 범산(凡山) 등의 사당은 천자가 행차할 때 그 길을 지나게 되면 제사 지내고 그냥 지나쳐버리면 제사 지내지 않는다. 방사들이 건립한 사당은 각 건립자가 주관하며, 그 사람이 죽으면 폐기하며 사관은 관리하지 않는다. 기타는 모두 이전의 관습에 따른다. 지금의 천자는 봉선을 시작한 후 12년 동안 오악(五嶽), 사독(四瀆)을 일주하며 제사 지냈다. 신선에게 제사 지내며 그를 기다리던 방사들과 봉래산을 찾으러 바다에 들어갔던 자들은 결국 아무것도 찾지 못하였다. 공손경과 같이 신선을 기다린 자는 거인의 발자국을 보고 신선을 만날 것이라고 기다렸으나, 결국 아무런 효험이 없었다. 그리하여 천자는 갈수록 방사들의 괴이한 말에 염증을 느꼈으나, 그들의 농락이 끊이지 않아 신선을 만나기를 바랐던 것이다. 그후 방사들의 신선에 대한 담론은 갈수록 많아졌으나, 그 결과가 어떠하였을지는 눈에 보이는 듯하다.

---

326) 石閭山 : 지금의 山東省 泰安縣 남쪽에 위치한 산.

태사공은 말하였다.

나는 천자를 따라 순행하며, 천지의 여러 신과 명산대천에 제사 지내고 봉선을 거행하였다. 수궁에 들어가서 제사에 참여하여 신께 올리는 축문도 들었다. 그때 나는 방사와 사관의 의도를 세밀히 관찰한 연후에, 물러나서 자고 이래 귀신에게 제사 지낸 사실(史實)을 순서대로 논술하여, 제사에 관한 형식과 내부 정황을 전부 여기에 기록한다. 후세의 군자들은 내 글을 통해서 그러한 정경을 살펴볼 수 있을 것이다. 제사 지낼 때 제기, 옥, 비단 등의 상세한 내용과 헌수의 제례의식에 대해서는 담당 관리들이 보존하고 있다.

권29 「하거서(河渠書)」¹⁾ 제7

「하서(夏書)」²⁾에는 다음과 같이 쓰여 있다.

"우(禹)는 13년 동안이나 홍수를 다스리기에 열중하느라고, 자기 집 문 앞을 지나면서도 안으로 들어가지를 못하였다. 육로에서는 수레를 타고 다녔고, 수로에서는 배를 타고 다녔으며, 진흙길에서는 취(毳)³⁾를 타고 다녔고, 산길에서는 교자⁴⁾를 타고 다녔다. 이리하여 9주(九州)⁵⁾의 구획을 정하고, 산세에 따라 하천을 파서 통하게 하고, 토질에 따라 공물의 다소를 정하였다. 그리고 9주로 통하는 도로를 건설하고, 9주에 있는 모든 물길에 제방을 쌓고, 9주에 있는 산들을 측량하였다."

그러나 황하는 범람하여 수재를 이루었고, 중국⁶⁾에 입힌 피해가 대단히 심하였다. 그래서 우는 황하를 다스리는 일을 가장 큰 임무로 알고 황하의 물줄기를 이끌어 적석산(積石山)⁷⁾으로부터 용문산(龍門山)⁸⁾을 거쳐서 남쪽으로 화음(華陰)⁹⁾에 이르고, 거기서는 동쪽으로 지주산(砥柱山)¹⁰⁾으로 내려와서 맹진(孟津)¹¹⁾과 낙예(雒汭)¹²⁾에 이르렀다가 대비산

---

1) 「河渠書」: 여기에는 夏禹에서 漢 武帝에 이르는 기간중, 黃河를 중심으로 한 수리 사업에 대한 역사를 기록하고 있다.
2) 「夏書」: '今文『尙書』' 중 「禹貢」과 「甘誓」에는 夏代의 역사적 사실을 기록하고 있기 때문에 이를 「夏書」라고 칭한다.
3) 毳: '橇'와 통한다. 진흙 위를 걸어갈 때 쓰는 도구의 이름이며 '교'라고도 읽는다. 바닥이 눈썰매처럼 생겼다.
4) 교자: 원문은 "橋"로서 여기의 교자는 등산할 때 사용하는 특별한 교자를 말한다.
5) 9州: 禹가 黃河를 다스린 이후에 천하를 아홉 개로 구분하였다고 하는 전설이 있다. 「禹貢」에 의하면 그 아홉 개의 州는 다음과 같다. 즉 冀州, 兗州, 靑州, 徐州, 揚州, 荊州, 豫州, 梁州, 雍州 등이다.
6) 중국: 여기에서는 黃河의 중하류 일대를 가리킨다.
7) 積石山: 지금의 靑海省 남쪽에 있는 산으로 黃河가 이곳을 거쳐 흐른다.
8) 龍門山: 지금의 山西省 河津縣 서북쪽과 陝西省 韓城縣 동북쪽, 黃河 兩岸에 걸쳐 있는 산으로, 전설에 의하면 禹가 黃河의 물을 여기서부터 다스렸다고 한다.
9) 華陰: 華山의 북쪽을 말한다. 산 북쪽은 陰, 남쪽은 陽이라고 부른다. 지금의 陝西省 華陰縣이다.

(大邳山)[13]에까지 이르렀다. 이때에 우는 황하가 높은 지대에서 흘러와서 수세가 급하고 세기 때문에 평지로 흘러들기에는 쉽지 않아서 여러 차례 범람한 것이라고 여기고, 이에 대비산 일대에서 황하의 물줄기를 두 방향으로 나누어서 수세를 약화시켜 흐르게 하였다. 그래서 북쪽으로는 다시 높은 지대로 흐르게 하여 강수(降水)[14]를 지나 대륙택(大陸澤)[15]에 이르게 하고, 거기서 아홉 개의 강줄기로 나누어졌다가 다시 하나로 합쳐져서 역하(逆河)[16]가 되어 발해(勃海)로 흘러들어가게 하였다. 이리하여 9주의 하천들이 모두 소통되고 9주의 수택(水澤)에 제방이 쌓여져 온 중국이 편안하게 되었고, 그의 공적은 하(夏), 은(殷), 주(周) 3대까지에 이어졌다.

우가 황하의 물을 다스린 이후로 사람들은 형양(滎陽)[17]에서 황하의 물을 동남쪽으로 이끌어 홍구(鴻溝)[18]를 만들어서 송(宋), 정(鄭), 진(陳), 채(蔡), 조(曹), 위(衛) 등의 제후국과 통하게 하고, 제(齊), 여(汝), 회(淮), 사(泗) 등의 강물을 합류시켜놓았다. 또 초(楚)에서는 서쪽으로 한수(漢水)와 운몽(雲夢)의 들판[19]을 개천으로 연결시키고, 동쪽

---

10) 砥柱山 : '三門山'이라고도 하는데, 지금의 河南省 三門峽市에 있다. 黃河의 수중에 마치 기둥처럼 서 있어서 이런 이름이 붙었다. 그러나 지금은 이미 댐 건설로 인하여 폭파시켜 없어지고 말았다.
11) 孟津 : 黃河의 한 나루터로서, 지금의 河南省 孟津縣 동북쪽에 있다.
12) 雒汭 : '洛口'라고도 부르는데, 洛水가 옛 黃河로 흘러들어가는 곳이었다. 지금의 河南省 鞏縣에 속해 있다.
13) 大邳山 : 산 이름으로 지금의 河南省 浚縣 동남쪽에 있다.
14) 降水 : 淸나라 胡渭에 의하면 옛 絳水와 漳水를 합쳐서 통칭하는 것이라고 한다. 絳水는 곧 濁漳水의 상류로 山西省 屯留에서 흘러나와 漳水로 흘러들어가고, 다시 지금의 河北省 肥鄕과 曲周 사이에서 옛 黃河로 유입되었다.
15) 大陸澤 : '巨鹿澤'이라고도 불리는 옛 늪지대의 이름이다. 지금의 河北省 隆堯縣, 巨鹿縣, 任縣 사이에 있었다.
16) 逆河 : 黃河가 아홉으로 나뉘어졌다가 다시 하나로 합쳐진 곳을 가리켜 '逆河'라고 불렀다.
17) 滎陽 : 지금의 河南省 滎陽縣 동북쪽.
18) 鴻溝 : 옛 운하 이름으로, 대략 전국시대 魏 惠王 10년(기원전 360년)경에 개통되었다. 지금의 河南省 滎陽縣 북쪽에서 黃河의 물을 끌어다가 동쪽으로 中牟縣의 북쪽을 거쳐 다시 동쪽으로 開封市 북쪽을 지나, 거기서 방향을 돌려 남쪽으로 通許縣의 동쪽과 太康縣의 서쪽 사이를 통과하여 淮陽縣의 동쪽에 이르러 潁水로 연결된다.
19) 雲夢의 들판 : '雲夢'은 雲夢澤(지금의 湖北省 潛江縣 서남쪽)을 가리키고, 그 들

으로 장강(長江)[20]과 회수(淮水)[21]의 사이를 운하로 관통시켰다. 오(吳)에서는 삼강(三江)[22]과 오호(五湖)[23]를 개천으로 연결하였고, 제(齊)에서는 치수(淄水)와 제수(濟水)를 연결하였으며, 촉(蜀)에서는 군수 이빙(李氷)[24]이 이대(離碓)[25]를 개착(開鑿)하여 말수(沫水)[26]의 수해로부터 벗어나게 하였으며, 따로 두 강을 성도(成都)에다 뚫었다. 이렇게 뚫은 개천에는 모두 배들이 통행할 수 있었고, 여유가 있으면 관개(灌漑)로 쓰였기 때문에, 백성들은 그 이익을 만끽하였다. 그리고 이 개천들이 지나가는 곳에서는 사람들이 도처에서 그 물을 끌어와서 농토에 관개하는 도랑을 증가시켜, 그 수는 한없이 불어나서 헤아리지도 못할 만큼 많아졌다. 서문표(西門豹)[27]는 장수(漳水)[28]의 물을 끌어와서 업(鄴)[29] 지방의 농토에 관개함으로써 위(魏)의 하내(河內)[30] 지역을 풍요롭게 만들었다.

한(韓)나라는 진(秦)나라가 각종 사업을 일으키기를 좋아한다는 소문을 듣고 그들(진나라)로 하여금 일에 지쳐서 동쪽에 위치한 한나라를 침공하지 못하게 하기 위해서 수리(水利) 전문가인 정국(鄭國)을 진나라에 간첩으로 보내어 유세하게 하였다. 유세 내용은 진나라가 경수(涇水)를 뚫어 중산(中山)의 서쪽으로부터 호구(瓠口)에 이르기까지 개천을 만들

판이라고 한 것은 여기서는 漢水와 雲夢澤 사이에 있는 郊野를 통칭하는 말이다.

20) 長江 : 揚子江을 가리킨다.

21) 淮水 : 河南省 桐柏山에서 발원하여 安徽省과 江蘇省을 지나 黃海로 흐르는 강이다.

22) 三江 : 이에 대해서는 다른 설이 있으나 모두 정확한 것이 못 되고, 지금은 흔히 揚子江 하류의 많은 지류들을 통칭하는 말로 인식되고 있다.

23) 五湖 : 이것도 어떤 특정한 다섯 호수를 가리키는 말이 아니고, 太湖 일대의 크고 작은 여러 호수를 범칭하는 말이다.

24) 李氷 : 전국시대 秦 昭王 때 蜀의 군수를 지낸 당시의 수리 전문가로서 유명한 都江堰 수리공사를 주관하였다.

25) 離碓 : '離堆'라고도 한다. 이곳은 沫水의 물이 통과할 때 팽배하여 역대로 수해가 자주 발생하던 곳인데, 李氷이 비로소 인원을 동원하여 이곳을 開鑿하여, 평평하게 만들어 물의 흐름을 순탄하게 하였다.

26) 沫水 : 지금의 大渡河를 가리킨다.

27) 西門豹 : 전국시대 魏 文侯 때 鄴令을 지낸 사람이다.

28) 漳水 : 淸漳河와 濁漳河가 있으나, 원류는 모두 山西省 동남쪽이고, 河北省 남쪽에 와서 합류하게 되면 漳河라고 불리게 되어 동남쪽으로 衞河로 흘러들어간다.

29) 鄴 : 옛 읍 이름으로, 지금의 河北省 臨漳縣 서남쪽, 鄴鎭 동쪽에 있었다.

30) 河內 : 춘추전국 시대에는 黃河 이북 지방을 '河內,' 이남 지방을 '河外'라고 하였다.

어, 북쪽의 여러 산들을 따라 동쪽으로 낙하(洛河)로 흘러가도록 300여 리를 흐르게 하고 이로써 농토에 관개를 해야 한다는 주장이었다. 그런데 그 유세가 수용되어 공사가 반쯤 진척되었을 무렵 정국의 간첩 행위가 발각되어, 진나라에서는 정국을 잡아서 죽이려고 하였다. 이때 정국은 "처음에는 신이 간첩으로서 그런 공사를 추진하게 되었습니다. 그러나 개천이 만들어진다는 것은 역시 진나라에 이로운 일입니다"라고 말하여, 진나라도 이 말에 찬동하여 결국은 그로 하여금 공사를 끝마치도록 하였다. 개천이 완성되자 진흙이 섞여 있는 경수의 물을 끌어와서 염분이 섞인 관중(關中) 지방의 4만여 경(頃)[31]에 달하는 농토에 관개하여, 마침내 매 1무(畝)[32]마다 1종(鍾)[33]씩의 수확을 거두었다. 이리하여 관중 평야가 비옥한 농토로 변하여서 흉년이란 모르고 지냈으며, 진나라는 이로 말미암아 부강해졌고, 마침내 여러 제후국들을 병탄(倂呑)하게 되었다. 그래서 그 개천에 '정국거(鄭國渠)'라는 이름을 붙였다.

한(漢)나라가 건국된 지 39년이 되던 효문제(孝文帝) 때, 황하가 산조(酸棗)[34]에서 터져 동쪽의 금제(金堤)[35]가 무너졌다. 이때 동군(東郡)에서는 인부들을 대량으로 징발해서 금제를 틀어막았다.

그후 40여 년이 지난 뒤[36] 지금의 천자(天子) 원광(元光) 연간에 황하가 호자(瓠子)[37]에서 터져 동남쪽으로 거야(鉅野)[38]로 흘러들어서 회수(淮水)와 사수(泗水)[39]로 통해버렸다. 이때 천자는 급암(汲黯)[40]과 정당

---

31) 頃 : 넓이의 단위. 1頃은 100畝, 약 2만여 평이다.
32) 畝 : 넓이의 단위. 1畝는 약 200여 평이다.
33) 鍾 : 부피의 단위. 1鍾은 6石 4斗이다.
34) 酸棗 : 그 당시의 현 이름. 지금의 河南省 延津縣 서남쪽에 있었다.
35) 金堤 : 西漢 때 東郡, 魏郡, 平原郡 지역의 黃河 兩岸에는 돌로 쌓은 큰 제방이 있었는데, 거기에는 4-5丈이나 높게 쌓은 곳도 있었다. 제방을 매우 견고하게 쌓았기 때문에 '金堤'라고 불렸다. 이때 터진 곳은 바로 東郡의 白馬(지금의 河南省 滑縣 일대)였다.
36) 漢 文帝 12년에서 武帝 元光 3년 瓠子에서 黃河가 터질 때까지는 실제 36년밖에 되지 않는다.
37) 瓠子 : 瓠子口라고도 하는데, 河南省 濮陽縣 서남쪽에 있던 땅 이름이다.
38) 鉅野 : 즉 鉅野澤을 말하며, 또는 大野澤이라고도 불렀다. 지금의 山東省 巨野縣 북쪽에 있었다고 하나, 지금은 다 묻혀 없어졌다.
39) 泗水 : 山東省 泗水縣 동쪽 陪尾山의 네 곳에서 동시에 발원하여 泗水라고 한다. 예전에는 曲阜, 滋陽, 濟寧 등을 거쳐 江蘇省의 沛縣 銅山 등을 지나 淮水로 유입되

시(鄭當時)⁴¹⁾로 하여금 인부들을 징집해서 그곳을 틀어막게 하였지만 그
러나 곧바로 다시 터지고 말았다. 이때 무안후(武安侯) 전분(田蚡)⁴²⁾이
승상 자리에 있었는데, 그의 봉읍(奉邑)⁴³⁾은 유현(鄃縣)⁴⁴⁾이었다. 유현
은 황하 북쪽에 있었기 때문에 황하의 제방이 남쪽으로 터져서 범람하였
지만, 수재를 당하지 않고 언제나 풍년을 누렸다. 그래서 전분은 천자에
게 아뢰기를 "강하(江河)의 제방이 터지는 것은 모두 하늘의 뜻으로 쉽사
리 사람의 힘으로 강제로 틀어막을 수는 없는 것입니다. 강제로 틀어막는
다고 하더라도 반드시 하늘의 뜻에 부합하는 것은 아닙니다"라고 하였고,
망기(望氣)⁴⁵⁾ 점술가도 역시 같은 의견이었다. 이리하여 천자는 오랫동
안 제방을 다시 쌓는 공사를 하지 않았다.

이때⁴⁶⁾ 정당시는 대농(大農)⁴⁷⁾으로서 천자에게 다음과 같이 건의하였
다. "지난날 관동(關東)⁴⁸⁾에서 위수(渭水)⁴⁹⁾를 따라 수로로 양곡을 장안
(長安)까지 운반하는 데에 6개월이나 걸렸고, 수로 900여 리를 배로 운
반하는 동안 때때로 난관도 많았습니다. 그래서 만약에 장안으로부터 하
천을 뚫어 위수의 물을 끌어들여서 남산(南山)을 따라 동쪽으로 흘러가게
한다면, 황하까지 300여 리밖에 되지 않고 물길이 곧아 운송하기에 쉬우
므로, 양곡 운반은 3개월이면 끝나게 할 수 있을 것입니다. 그뿐만 아니
라 하천이 통과하는 곳에는 백성들의 농토가 1만여 경(頃)이나 있으니,

었으나, 지금은 수로가 많이 바뀌었다.

40)　汲黯：西漢 濮陽 사람으로, 漢 武帝 때 東海郡 태수를 지냈고 후에는 소환되어
　　主爵都尉가 되었다.

41)　鄭當時：西漢 陳(지금의 河南省 淮陽縣) 사람으로, 武帝 때 九卿의 대열에 올랐
　　다.

42)　田蚡：西漢 長陵 사람으로, 漢 景帝 王皇后의 아우이다. 武帝 때에 貴戚이라고
　　해서 武安侯에 책봉되었고, 일찍이 太尉와 丞相에 임명되어 교만하게 행세하였다.
　　武安은 지금의 河北省 武安縣이다.

43)　奉邑：食邑이라고도 하는데, 국가에 공이 있는 사람에게 주어서 그곳의 조세를
　　그 개인이 받아 쓰게 하던 고을을 말한다.

44)　鄃縣：지금의 山東省 平原縣 서남쪽에 있었던 현이다.

45)　望氣：나타나 있는 氣運을 보아서 길흉의 조짐을 헤아리는 것을 말한다. 여기서
　　는 그런 직업을 가진 사람을 가리킨다.

46)　즉 漢 武帝 元光 6년(기원전 129년)을 가리킨다.

47)　大農：관직 이름. 즉 大農令으로 九卿 중의 하나이다.

48)　關東：函谷關 동쪽 지역을 가리킨다. 일설에는 潼關의 동쪽 지역이라고도 한다.

49)　渭水：甘肅省 渭源縣 서북쪽 鳥鼠山에서 발원하여 陝西省의 關中平原을 거쳐 潼
　　關에 이르러 黃河로 흘러가는 黃河의 주요 지류 중의 하나이다.

또한 여기에 농수를 공급할 수도 있게 됩니다. 이렇게 되면 배로 운반하는 시간을 단축시킬 수도 있고, 인력을 감축시킬 수도 있으며, 관중(關中)의 농토를 더욱더 비옥하게 만들어서 곡식을 더 많이 수확하게 될 것입니다." 천자는 이 말에 일리가 있다고 여기고, 제나라의 수리 전문가인 서백(徐伯)50)으로 하여금 측량을 하여 물길을 확정하고, 수만 명의 인부를 징발하여 배가 다니게 될 하천을 뚫게 하여 3년 만에 개통시켰다. 개통하자 그 수로를 이용하여 배로 운반하니 참으로 편리하였다. 그후 배로 운반하는 분량은 점점 늘어났고, 개천 근방의 백성들은 농토에 관개하기가 아주 좋았다.

그후 하동(河東)의 태수 파계(番係)51)가 다음과 같이 아뢰었다. "산동(山東)52) 지구로부터 서쪽으로 장안까지 수로로 운송되는 양곡은 매년 100여 만 석인데, 지주산 일대의 험난한 흐름을 지나오려면 양곡의 손실이나 인명의 상망(傷亡)이 매우 많을 뿐만 아니라 낭비 또한 클 것입니다. 그래서 지금 하천을 뚫어 분수(汾水)53)의 물을 끌어다가 피지(皮氏)54)와 분음(汾陰)55) 일대로 흘러가게 하고, 한편 또 황하의 물을 끌어다가 분음과 포판(蒲坂)56) 일대로 흐르게 한다면 대략 5천 경(頃)의 농토가 생긴다는 계산이 나옵니다. 이 5천 경의 농토는 원래 모두 하변(河邊)의 황무지로서 백성들이 거기에서 방목을 할 뿐이었습니다만, 이제 거기에 관개하여 경작을 하게 되면 어림잡아 200만 석 이상의 곡식을 수확할 수 있을 것입니다. 그래서 이 곡식은 위수를 따라 장안으로 운송될 것이니, 그렇게 되면 관중으로부터 곡식이 오는 것과 차이가 없을 것이며, 지주산 동쪽으로부터 다시는 곡식을 배로 운송해올 필요가 없게 될 것입

---

50) 徐伯: 西漢 齊郡 사람으로, 그 당시 수리 전문가로 널리 알려져 있었다.

51) 番係는 당시 河東 태수를 지냈던 사람이다. 河東은 군 이름으로 지금의 山西省 沁水 서쪽과 霍山 남쪽 일대를 통할하였다. 당시의 河東郡은 黃河의 동쪽에 위치하고 있었기 때문에 이런 이름이 붙었다.

52) 山東: 秦漢 시대에는 崤山이나 華山의 동쪽 지역을 '山東'이라고 불렀는데, '關東'과 동일한 뜻으로 사용되었다.

53) 汾水: 즉 汾河를 말한다. 黃河의 지류로 山西省 寧武縣 管涔山에서 발원하여 河津縣에 이르러 黃河로 흘러간다.

54) 皮氏: 山西省 河津縣 서쪽에 있던 현이다.

55) 汾陰: 山西省 萬榮縣 일대에 있던 현으로 汾河의 북쪽에 있어서 이런 이름이 붙었다.

56) 蒲坂: 山西省 永濟縣 서쪽 蒲州에 있던 현이다.

니다."천자는 이 말에 동의하여 수만 명의 인부를 징발하여 하천을 파고
농지를 개간하였다. 그런데 몇년이 지난 뒤 황하의 물길이 바뀌어 파놓은
하천이 제 구실을 하지 못하게 되자 그곳에 농지를 개간한 농민들은 종자
마저 거두어들이지 못하였다. 이리하여 오랫동안 하동의 하천과 농지는
버려져 있다가 그 뒤 마침 이곳으로 이주해온 월인(越人)들이 있어서 그
들에게 주어서 경작하게 함으로써 소부(少府)⁵⁷⁾로 하여금 그들로부터 약
간의 조세 수입을 얻게 하였다.

그후 어떤 사람이 천자에게 상소하여 포야도(襃斜道)⁵⁸⁾와 포수(襃水)
및 야수(斜水)를 잇는 조운(漕運)을 개통시켜야 한다고 하였다. 이 사안
은 어사대부(御史大夫) 장탕(張湯)⁵⁹⁾에게 내려져 처리하게 하였다. 장탕
이 사안에 대하여 물었더니, 그 사람은 이렇게 설명하였다. "촉군(蜀郡)
에 이르려면 고도(故道)⁶⁰⁾로 가야 하는데, 고도는 산비탈이 많고 또 멀
리 돌아가야 합니다. 지금 만약 포야도를 뚫게 되면 산비탈도 적고 400리
나 가까워집니다. 그리고 포수와 면수(沔水)⁶¹⁾를 연결하고 또 야수와 위
수를 연결하여 서로 통하게 하면, 여기에 모두 배를 띄워 수운(水運)이
가능하게 됩니다. 그러면 남양(南陽)⁶²⁾에서 곡식을 싣고 면수를 거슬러
올라와서 포수로 유입(流入)되고, 포수의 끝에서 야수까지 약 100여 리
는 수레로 바꾸어 운반하며, 그 다음은 야수를 거쳐 위수로 유입됩니다.
이렇게 하면 한중(漢中)⁶³⁾의 곡식을 경사(京師)로 직접 운반해올 수도

---

57) 少府 : 관직 이름으로 九卿 중의 하나이다. 주로 山海池澤으로부터의 수입과 황실
    의 수공업 제조 등 황제 私府의 일을 관장하였다.
58) 襃斜道 : 도로 이름. 襃水와 斜水 두 강의 계곡에 도로를 닦았기 때문에 이렇게
    불렸다. 襃水와 斜水는 모두 秦嶺 太白山에서 발원하는데, 襃水는 남쪽으로 흘러 漢
    水로 유입되고, 斜水는 북쪽으로 흘러 渭水로 유입된다. 漢 武帝 때 襃斜水道를 뚫
    어 漕運에 이용하고자 하였으나 성취하지 못하였고, 襃斜道는 漢나라 이후 장기간
    동안 秦嶺의 남북을 왕래하는 중요한 요로 중의 하나였다.
59) 張湯 : 漢 武帝 때 廷尉 및 御史大夫 등 요직을 역임하였던 인물로서, 일찍이 銀
    幣와 五銖錢의 주조를 건의하였고, 鹽鐵의 官營을 지지하여 告緡令을 제정함으로써
    大商들에게 타격을 주었다. 이로 인하여 朱買臣 등으로부터 모함을 당하자 자살하였
    다.
60) 故道 : '陳倉道'라고도 불리며, 陳倉에서부터 散關 및 襃谷 등을 지나 漢中에 이른
    다. 길은 우회하나 비교적 평탄하여 자고로 秦嶺의 남북을 잇는 안전한 통로였다.
61) 沔水 : 본래는 漢水의 상류를 지칭하였으나, 후에는 漢水를 沔水라고 통칭하여 사
    용되었다.
62) 南陽 : 지금의 河南省 南陽市에 있었던 군이다.

있고, 산동 지구로부터 면수를 통한 수운도 막힘이 없이 소통되어 지주산 일대를 통과하는 수운에 비하여 훨씬 편리하게 됩니다. 그뿐만 아니라 포야(褒斜) 유역의 목재나 죽전(竹箭) 따위의 풍부함도 파촉(巴蜀)[64] 지방에 비할 만큼 많습니다." 천자는 이 건의에 동의하고 장탕의 아들 장앙(張卬)을 한중태수(漢中太守)로 임명하여 수만 명의 인부를 징발하여 500여 리에 달하는 포야도를 만들게 하였다. 이 도로를 만들고 보니 과연 편리하고도 가까웠지만, 물길은 격류인데다가 돌도 많아서[65] 조운이 불가능하였다.

그후 장웅파(莊熊羆)[66]가 진언하기를 "임진(臨晉)[67] 지방의 백성들은 낙수(洛水)[68]를 뚫어 그 물로 중천(重泉)[69] 동쪽의, 예전부터 염분이 많이 포함된 땅 만여 경(頃)에 관개할 것을 바라고 있습니다. 실로 그 물만 끌어서 댈 수 있다면 1무(畝)당 10석(石)은 수확할 수 있을 것입니다"라고 하였다. 이에 만여 명의 인부를 징발하여 개천을 뚫어서 징현(徵縣)[70]으로부터 상안산(商顔山)[71] 아래까지 낙수의 물을 끌어들였다. 그런데 여기에서 이 개천의 양안(兩岸)이 잘 무너져서 더 이상 파지 못하고 마침내 우물을 파게 되었는데, 그 깊은 것은 40여 장(丈)이나 되었다. 이렇게 하나하나 우물을 파서 그 우물이 땅밑으로 연결되어 하나의 흐름을 이루게 되었다. 개천은 땅속으로 흘러 상안산을 지나가서 동쪽으로 산 고개로부터 10여 리쯤 되는 곳까지 이르렀다. 우물 개천은 바로 이때부터 생기기 시작하였다. 그리고 이 개천을 뚫다가 용의 뼈를 발견하였기 때문에 이름을 '용수거(龍首渠)'라고 붙였다.

황하가 호자(瓠子)에서 터진 지 20여 년이 되었지만, 이로 말미암아

---

63) 漢中 : 즉 漢中郡을 가리킨다.

64) 巴蜀 : 巴郡과 蜀郡을 말하며, 지금의 四川省 전역을 지칭한다.

65) 이곳의 원문은 "水湍石"으로 되어 있으나, 『史記會注考證』에 이르기를, 神田抄本에는 "多"가 더 있어 『漢書』 「溝洫志」와 부합한다고 하였으므로 마땅히 "水多湍石"으로 보완하여야 한다.

66) 莊熊羆 : 西漢 武帝 때의 사람. 『漢書』에서는 漢 明帝 劉莊의 諱를 피하여 '嚴熊'이라고 불렀다.

67) 臨晉 : 지금의 陝西省 大荔縣 동쪽, 朝邑 舊縣 동남쪽에 있었던 옛 현 이름이다.

68) 洛水 : 陝西省 秦嶺에서 발원하여 동남쪽으로 흘러 黃河로 흘러가는 강 이름이다.

69) 重泉 : 지금의 陝西省 大荔縣 서북쪽에 있었던 현이다.

70) 徵縣 : 지금의 陝西省 澄城縣 서남쪽에 있었던 현이다.

71) 商顔山 : 지금은 '鐵鐮山'이라고 부른다. 大荔縣 북쪽에 있다.

농사는 번번이 풍년이 들지 않았고, 양(梁) 및 초(楚) 지방[72]은 더욱더 심하였다. 이때 천자는 봉선(封禪)을 거행하고 각지를 순행하면서 명산 대천에 제사를 지냈지만, 그 이듬해에는 한발이 들었다. 흙으로 쌓은 제단이 말라서[73] 비가 내리지 않았다. 천자는 이에 급인(汲仁)[74]과 곽창(郭昌)[75]으로 하여금 인부 수만 명을 징발하여 호자의 무너진 제방을 다시 쌓아서 물을 막게 하였다. 이때 천자는 이미 만리사(萬里沙)[76] 신사(神祠)에서의 제사를 다 끝내고 곧 돌아와서 친히 황하의 터진 곳에 이르러 백마(白馬)와 옥벽(玉璧)을 황하수에 넣고 난 다음,[77] 여러 신하들에게 명령하여 장군 이하는 모두 나무를 운반해와서 터진 황하를 다시 틀어막게 하였다. 이때 동군(東郡)에서는 나무를 연료로 사용하고 있었기 때문에 나무가 부족하여 이에 기원(淇園)[78]의 대나무를 운반해 내려와서 죽건(竹楗)[79]을 만들었다.

천자가 황하의 터진 곳에 친히 왕림하여 물을 막는 공사가 잘 이루어지지 않고 있음을 비통하게 여겨, 이에 다음과 같은 시가를 지었다.

　　호자에서 황하 터지니,
　　어찌할꼬 이 일을?
　　호호탕탕 물바다여,
　　대부분[80] 다 하수(河水)로 변했구나!

72) 梁, 楚 : 둘 다 西漢 때의 봉국 이름이다. 지금의 河南省 商丘縣 남쪽과 江蘇省 徐州市 일대를 가리킨다.
73) 그 당시 전설에 의하면, 封禪을 거행할 때 흙으로 쌓아놓은 제단이 마르면 한발이 든다고 하였다.
74) 汲仁 : 西漢 濮陽 사람으로 汲黯의 아우이다. 黯이 죽은 뒤 武帝는 그를 등용시켜 벼슬이 九卿에까지 이르게 하였다.
75) 郭昌 : 西漢 雲中 사람으로 일찍이 校尉에 임명되었으며, 元封 4년에는 太中大夫로 拔胡將軍에 임명되어 朔方에 주둔해 있었으나, 공을 세우지 못해 면직되고 말았다.
76) 萬里沙 : 지금의 山東半島 掖縣 북쪽에 있는 지명이다. 이곳에 神祠가 있다. 元封 2년 봄에 漢 武帝는 方士의 말을 믿고 신선을 찾아 이곳에 왔었으나 만나지 못하고 결국 이 神祠에 제를 올리는 것을 행차의 구실로 삼게 되었다.
77) 白馬와 玉璧을 황하에 던져넣는 것은 수신에게 제사를 지내는 일종의 의식이었다.
78) 淇園 : 지금의 河南省 淇縣 부근을 가리키는 지명으로, 옛날에는 대나무의 산지로 유명하였다.
79) 竹楗 : 터진 黃河를 막을 때 사용되던 일종의 竹器이다. 대나무로 큰 바구니를 만들어 여기에 돌을 담아서 하천의 터진 곳에 차곡차곡 쌓아서 물을 막는다.
80) 원문의 "閭"는 '마을'이란 의미를 지니고 있지만, '대저' 혹은 '대부분'의 뜻으로도 사용된다.

온통 하수로 변했으니,

이 지방이 편안할 수 없구나.

공사는 끝날 날이 없고,

어산(吾山)[81]이 평평해졌구나.

흙 파내어 어산마저 평평해지니,

거야택(鉅野澤)[82]이 범람하는구나.

황하의 바른 흐름이 무너져,

옛 흐름에서 이탈하였구나.

교룡(蛟龍)은 날뛰며,

멀리 달아났구나.

황하가 옛 흐름으로 돌아오도록,

수신(水神)이여 큰 힘을 내소서!

내 봉선을 행하지 않았으면,

관외(關外) 황하의 범람을 어찌 알았으리?

내 대신 하백(河伯)[83]에게 고해주시오,

어쩌면 그렇게도 어질지 못하느냐고.

한도 없이 범람하게 하여,

사람을 고통스럽게 하는구나.

설상정(齧桑亭)[84]은 물 위에 뜨고,

회수, 사수는 넘치는구나.

오래도록 황하는 옛 흐름으로 돌아오지 않고,

제방은 무너진 채 그대로구나.

또 한 수는 다음과 같다.

황하수는 상상(湯湯),[85]

급하게도 흐르네.

---

81) 吾山 : 즉 '魚山'을 말한다. 지금의 山東省 東阿縣 서남쪽에 있는 산이다. 그 당시 이 산의 흙과 돌을 파다가 黃河의 터진 곳을 막았다. 혹은 魚山으로 보지 않는 견해도 있다.

82) 鉅野澤 : 鉅野는 지명으로 瓠子의 동남쪽에 있었다. 이곳은 큰 택지였으나 黃河의 범람으로 묻혀져 없어졌다.

83) 河伯 : 黃河의 水神을 말한다.

84) 齧桑亭 : 지금의 江蘇省 沛縣 서남쪽에 있었다.

85) 湯湯 : 물이 성하게 흐르는 모양을 형용하는 말로서, 음은 '상상'이다.

북쪽으로 가는 물길은 멀어서,
준설하여 옛 흐름으로 돌이키기는 어렵도다.
긴 대밧줄을 취하여 흙과 돌 나르고,
아름다운 옥을 바쳐 제사를 지내도다.
하백(河伯)은 도와주기로 허락하셨는데,
나무의 공급이 이어지질 않는구나.
나무의 공급이 이어지지 않는 것은,
위인(衛人)⁸⁶⁾들의 죄로다.
베어서 때어버려 산야마저 쓸쓸하니,
아! 터진 하수(河水)는 무엇으로 막을꼬?
대나무를 기원(淇園)에서 내려와,
석주(石柱)를 세우고 죽건을 만들어 채우도다.
선방(宣房)⁸⁷⁾이 막히면,
장차 만복이 찾아오리라.

이리하여 마침내 호자에서 황하의 터진 곳에 제방을 쌓아 막고, 그 위에 궁을 지어 이름을 '선방궁(宣房宮)'이라고 불렀다. 그래서 황하는 북쪽으로 두 강⁸⁸⁾으로 흐르도록 방향이 바뀌어 하우(夏禹)가 다스렸던 황하의 옛 자취로 회복되었고, 양(梁)과 초(楚) 지방도 안녕을 회복하여 수재가 없었다.

이로부터 관리들은 수리에 관한 일을 다투어 진언하였다. 그리고 삭방(朔方),⁸⁹⁾ 서하(西河),⁹⁰⁾ 하서(河西),⁹¹⁾ 주천(酒泉)⁹²⁾ 지방에서는 다 황

---

86) 衛人: 東郡은 瓠子 부근인데, 전국시대의 衛나라 땅이었다. 그래서 '衛人'은 '東郡에 사는 사람'을 가리킨다.
87) 宣房: 武帝는 제방을 다 쌓은 다음, 그 위에 宣房宮을 지었는데, 이때는 아직 궁을 짓지 않은 때이므로 여기서는 瓠子의 제방이 터진 곳을 가리키는 말이다.
88) 여기서 '두 강'이라고 한 것은 원래 黃河의 예로부터 흐르던 줄기와 漯水를 말한다.
89) 朔方: 지금의 내몽고 杭錦旗 북쪽에 있던 군 이름이다. 漢 武帝 元朔 2년(기원전 127년)에 설치되었다.
90) 西河: 지금의 내몽고 東勝縣에 있던 군 이름이다.
91) 河西: 지금의 甘肅省과 靑海省, 黃河 서쪽 유역을 말하며, 즉 河西走廊과 湟水 유역을 가리킨다.
92) 酒泉: 지금의 甘肅省 酒泉에 있던 군 이름이다. 漢 武帝 元狩 2년(기원전 121년)에 설치되었다.

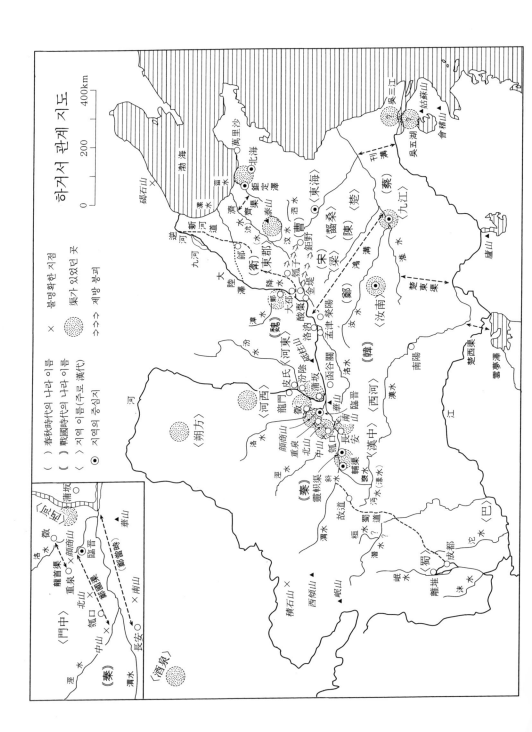

하거서 관계 지도

하나 계곡에 흐르는 물을 끌어와서 농지에 관개하였다. 관중에서는 보거 (輔渠)[93]와 영지거(靈軹渠)[94]를 만들어 여러 하천의 물을 끌어왔고, 여 남(汝南)[95]과 구강(九江)[96]에서는 회수의 물을 끌어왔으며, 동해(東 海)[97]에서는 거정(鉅定)[98]의 물을 끌어왔고, 태산(泰山) 아래에서는 문 수(汶水)[99]의 물을 끌어왔는데, 이 모두가 다 하천을 파서 농토에 관개 한 것으로 그 범위는 각각 1만여 경(頃)에 달하였다. 그밖에 작은 하천이 나 또는 산세에 따라 연못을 만들어 물을 끌어온 수효는 헤아릴 수 없을 만큼 많았다. 그러나 이상의 모든 하천 가운데서 가장 유명한 곳은 선방 (宣房)이었다.

태사공은 말하였다.

나는 남쪽으로는 여산(廬山)[100]에 올라 우(禹)가 소통시킨 구강(九 江)[101]을 보았고, 또 회계(會稽)[102]의 태황(太湟)[103]에 이르러 고소산(姑 蘇山)[104]에 올라 오호(五胡)를 바라보았다. 동쪽으로는 낙예(洛汭), 대 비(大邳), 영하(迎河)[105]를 살폈고, 또 회수(淮水), 사수(泗水), 제수

---

93) 輔渠 : '六輔渠' 또는 '六渠'라고도 한다. 앞에서 나온 鄭國渠 상류의 南岸에 鄭國 渠의 물이 닿지 않는 높은 지대의 농지에 관개를 위하여 파서 만든 여섯 개의 작은 하천을 말한다. 漢 武帝 元鼎 6년(기원전 111년)에 左內史 倪寬의 주관하에 만들어 졌다.

94) 靈軹渠 : 漢 武帝 때 만든 하천 이름이다. 陝西省 周至縣 동쪽 渭水의 北岸에서 渭水를 끌어와 成國渠와 연결시켜 이를 '靈軹渠'라고 불렀다. 成國渠는 眉縣 동북쪽 渭水 北岸에서 渭水를 끌어와 동쪽으로 扶風의 남쪽 武功, 興平, 咸陽을 지나 灞水 와 渭水가 합치는 동쪽에서 渭水와 연결된다.

95) 汝南 : 군 이름. 관할 중심지는 上蔡, 즉 지금의 河南省 上蔡縣 서남쪽에 있었다.

96) 九江 : 군 이름. 관할 중심지는 壽春, 즉 지금의 安徽省 壽縣에 있었다.

97) 東海 : 군 이름. 관할 중심지는 郯縣, 즉 지금의 山東省 郯城 북쪽에 있었다.

98) 鉅定 : 즉 鉅定澤을 말한다. 지금의 山東省 廣饒縣 동북쪽에 있는 淸水泊을 말한 다.

99) 汶水 : 지금은 '大汶水' 또는 '大汶河'라고 부른다. 山東省 萊蕪縣에서 발원하여 서 남쪽으로 古嬴縣, 東平縣을 지나 梁山 동남쪽에 이르러 濟水로 흘러간다.

100) 廬山 : 지금의 江西省 九江縣에 있는 廬山을 말한다.

101) 九江 : 揚子江 수계에 속하는 아홉 가닥의 강을 가리킨다.

102) 會稽 : 지금의 浙江省 紹興縣 동남쪽에 있는 산이다.

103) 太湟 : 어떤 곳에서는 '濕'으로 적혀 있는 곳도 있고, 또 '太'자를 '大'자로 한 곳 도 있으나, 모두 무엇을 가리키는지 알 수 없다.

104) 姑蘇山 : 지금의 江蘇省 蘇州市 서남쪽에 있는 산이다.

105) 迎河 : 즉 逆河를 말한다.

(濟水), 탑수(漯水)¹⁰⁶⁾, 낙수(洛水)를 순시하였다. 서쪽으로는 촉(蜀)의 민산(岷山)¹⁰⁷⁾과 이대(離碓)를 보았고, 북쪽으로는 용문(龍門)으로부터 삭방(朔方)에까지 가보았다. 그리고 나서는 물로부터 오는 이익과 피해란 참으로 심하다는 것을 알게 되었다. 나는 천자를 따라 호자(瓠子)로 가서 나무를 나르며 선방(宣房)을 막고, 천자의 "호자시(瓠子詩)"에 감동하여 이에 「하거서(河渠書)」를 지었다.

---

106) 漯水 : 山東省 茌平縣에서 발원하여 동북쪽으로 흘러 徒駭河로 흘러들어가는 강이다.
107) 岷山 : 四川省 松潘縣 북쪽 四川省과 甘肅省의 경계에 있는 산이다.

권30 「평준서 (平準書)」¹⁾ 제8

한(漢)나라가 흥기하여²⁾ 진(秦)나라의 쇠락 국면을 이어받을 즈음에, 장년 남성들은 군에 입대하여 전쟁을 치렀고, 노약자들은 군인들을 위하여 양식을 실어 날랐다. 일반 사회에서는 생산이 거의 정체 상태에 머물러 물자가 대단히 부족하였다. 천자³⁾라고 할지라도 털 빛깔이 같은 네 마리의 말이 끄는 수레를 갖출 수 없었으며, 어떤 장군과 재상들은 겨우 소가 끄는 수레밖에 탈 수가 없었으며, 백성들은 저축이라고는 거의 할 수 없는 지경이었다. 당시에는⁴⁾ 진나라의 돈이 너무 무거워 사용하기에 불편해서, 백성들에게 가벼운 돈으로 개주(改鑄)할 것을 명령하였고,⁵⁾ 또한 황금 한 정(錠)에 한 근(斤)으로 무게를 규정하였으며,⁶⁾ 법령은 간

---

1) 「平準書」: 漢나라 초기에서부터 武帝에 이르는 백여 년간의 재정 및 경제의 발전 과정을 서술한 것이다. 아울러 중국 사적 중 최초의 경제사 전문 저작물로서 주로 재정 경제정책의 변동 및 득실이 찬술되어 있다. 화폐제도의 변동 및 상품유통과 물가를 규제하는 均輸(가격이 싼 지방에서 물건을 사서 비싼 곳에서 팔고, 쌀 때 사두었다가 비쌀 때 파는 물가조절법) 및 平準(물가를 균일하고 공평하게 관리하는 법) 등의 정책을 설명하는 데 치중하였기 때문에「平準書」라고 이름하였다.

2) 漢 高祖 劉邦이 漢王이었을 때를 가리킨다. 기원전 206년 劉邦이 군사를 이끌고 咸陽을 공격하여 秦나라를 전복시켰다. 그해 項羽가 入關(동북으로부터 중국의 관내로 들어옴)하여 그를 제후로 봉하니, 漢王이 되어 巴, 蜀, 漢中의 땅을 점유하게 되었다. 얼마 지나지 않아 項羽와 5년간의 지루한 楚漢 전쟁을 전개하였다.

3) 天子: 劉邦을 가리킨다. 이때 劉邦은 漢王이었을 뿐이지, 아직 황제의 지위에는 오르지 못해 천자라고 부르지 말아야 하나, 여기서는 작자가 다만 과거 일을 追述하는 것이라, 이 칭호가 편리하기 때문이다.

4) 원문 "於是"의 '於'는 介詞로서 '在'나 '當'의 뜻이고, '是'는 '時'의 假借字이다. 고로 "於是"는 '當時'의 뜻이다.

5) 秦나라는 '半兩錢'을 전국의 통일화폐로 하여, 그 무게는 당시의 半兩, 즉 12銖였다. 漢나라 초기에 동의 원료가 부족하자, 秦나라의 돈이 너무 무겁다는 핑계로 백성들에게 가벼운 돈으로 改鑄할 것을 명령하고, 역시 '半兩'이라고 불렀다(『史記索隱』에는 〈古今注〉를 인용하여 "개주한 돈의 무게는 三銖였다"라고 쓰여 있다). 백성들의 私鑄를 허락하였기 때문에 날이 갈수록 가벼워져, 사람들은 그 돈의 薄小함을 꼬집어 '楡莢錢' 혹은 '莢錢'이라고 불렀다.

6) 1黃金은 1金이라고도 부르는데, 황금의 단위로서 황금 1錠과 비슷하다. 秦나라는

략하게 그리고 금례(禁例)는 줄여버렸다.[7] 그리하여 법도를 준수하지 않고 오직 이익만을 도모하는 돈 많은 장사꾼들은, 돈을 엄청나게 끌어모아 시장의 물건들을 사재었으니, 물가가 크게 뛰어[8] 쌀 한 섬[9]은 만 전(錢), 말 한 마리는 백만 전에 거래되었다.

천하가 평정된 이후,[10] 고조(高祖)는 곧 상인들에게 명령을 내려 비단 옷을 입는 것과 수레 타는 것을 불허하였으며, 아울러 그들에게 조세를 가중하게 부과하였다.[11] 이러한 방법을 사용하여 그들을 핍박하면서 곤경에 빠뜨렸다. 효혜제(孝惠帝)[12]와 고후(高后)[13] 때에는 천하가 막 평정된 고로, 장사꾼들을 억압하는 여러 법령들을 풀어주었으나, 상인의 자손이 관리가 되는 것은 여전히 불허하였다. 정부는 관리의 봉록과 경비에 소요되는 것을 근거로 하여 백성들에게 세금을 부과하였다. 그리고 산(山), 천(川), 원(園), 지(池) 및 시정(市井) 조세의 수입[14]은 천자가 관할하는 군현(郡縣)부터 봉군(封君)[15]의 탕목읍(湯沐邑)[16]에 이르기까지, 모두 '사봉양(私奉養)'[17]으로 하였지, 국가의 경비로 귀속하지는 않

1鎰(20兩, 일설에는 24兩)을 1金으로 하였는데, 漢나라 초기에는 소량의 금으로써 다량 사용할 목적으로, 1斤(16兩)을 1金으로 규정하였다.

7) 劉邦이 咸陽을 점령한 후, 사회생산력을 회복하기 위하여, 秦나라의 엄격하고 가혹한 형법을 폐지하고, "사람을 죽인 자는 사형에 처하고, 사람을 다치게 한 자나 도둑질한 자는 처벌을 받는다"라고 하는 "約法三章"을 선포하였다.

8) 『史記志疑』에서는 원문 "物踊騰糶"의 '踊'과 '糶' 모두 오자라고 여긴다. 당연히 『漢書』「食貨志」를 따라 "物痛騰躍"이라고 하여야 한다.

9) 열 말[斗]이 한 섬[石]이다.

10) 기원전 202년 漢 高祖 劉邦이 項羽를 물리치고, 천하를 통일한 후, 황제에 올랐다.

11) 성년들은 인두세, 즉 일 인당 매년 120文을 내었는데, 상인과 노비는 갑절로 내었다.

12) 孝惠帝(기원전 216-기원전 188년) : 劉邦의 아들 漢 惠帝 劉盈을 말한다. 재위 기간은 기원전 194년부터 기원전 188년까지이다.

13) 高后(기원전 241-기원전 180년) : 高祖 劉邦의 황후 呂雉를 말한다. 惠帝 재위 때 그녀는 실권을 장악하였고, 惠帝 사후에는 조정에 나아가 섭정을 행하였다.

14) 漢代의 소위 山, 川, 園, 池, 市井의 조세는 鹽鐵稅, 海租(즉 漁稅), 假稅(천자나 제후의 연못과 동산에 소작을 주어 거두어들이는 세금), 工稅(수공업자에게 징수하는 세금), 市租(상품교역세) 등을 포함한다.

15) 封君 : 封邑을 받은 공주나 列侯의 부류들을 가리킨다.

16) 湯沐邑 : 공주나 列侯의 봉읍을 말한다. 읍내의 수입이 封君에게 제공되어, 천자를 배알하기 위한 목욕 재계의 비용으로 쓰였기 때문에 이렇게 이름이 붙었다.

17) 私奉養 : 개인의 생활비용.

았다.[18] 수로로 산동(山東)[19] 지구의 양식을 운반하여, 경사(京師)의 각 관부(官府)에 공급하였는데,[20] 매년 수십만 섬에 불과하였다.

효문제(孝文帝)[21] 때에 이르러 협전(莢錢)[22]이 날이 갈수록 많아지고 또한 가벼워져서, 사수전(四銖錢)으로 바꾸어 주조하였다. 그 협전에 새겨진 글은 여전히 '반량(半兩)'이었는데, 백성들 스스로 사수전을 본떠서 마음대로 주조할 수 있도록 하였다.[23] 이리하여 오왕(吳王) 유비(劉濞)는 제후에 불과하였으나, 동산(銅山)이 있는 곳이라 돈을 마음대로 주조하여, 그 부가 천자에 버금가자 결국에는 반란까지도 일으켰다.[24] 또한 등통(鄧通)[25]은 대부(大夫)에 불과하였으나, 돈을 마음대로 주조하여 그 재산은 오왕을 능가하였다. 당시 오나라에는 등씨가 주조한 돈이 온 나라에 유포될 정도였다. 이후 경제(景帝)가 민간인들에게 사적으로 돈을 주

---

18) 漢代의 賦稅 관리제도를 보면 田租와 算賦의 수입은 粟內史(후에 大農令 혹은 大司農)가 관장하여 국가의 경비로 귀속하였다. 그러나 '山川園池市井'의 조세수입은 少府가 관장하였는데, 그것은 황제의 私奉養으로 황실에 제공되어 사용되었지, 국가의 경비로 귀속되지 않았다. 제후의 봉국이나 공주와 列侯의 封邑도 또한 마찬가지였다. 『太平御覽』627권에서 桓譚의 『新論』을 인용한 바에 의하면, 西漢 때의 少府 수입은 大司農의 수입에 비해 거의 두 배에 가까웠다고 한다. 賦稅 수입이 대부분 황제의 수중에 있었다는 것을 알 수 있다.

19) 山東 : 전국시대와 漢代에는 崤山 혹은 華山의 동쪽을 山東이라 불렀고, 또한 關東이라고도 하였다.

20) 中都官은 京師의 각 官府를 말하고, 中都는 고대에 京師를 통칭한 말이다.

21) 孝文帝 : 漢 文帝 劉恒(기원전 179-기원전 157년)을 말한다. 高祖 劉邦의 가운데 아들이며 西漢의 제3대 황제이다. 재위 기간은 기원전 179년부터 기원전 157년까지이다.

22) 銖錢 : 〈주 5〉 참조.

23) 『漢書』「賈山傳」에 의하면, 高帝 말기에 일찍이 민간인들에게 私鑄를 금지하는 명령을 내렸다. 이후 孝文帝 5년(기원전 175년)에 四銖錢을 法錢으로 삼아, 백성들로 하여금 法錢을 모방하여 스스로 鑄錢을 할 수 있도록 하여 禁鑄令을 해제하였다.

24) 吳는 西漢 초기의 일 개 제후국으로 吳王 劉濞는 劉邦의 조카이다. 高帝 12년(기원전 195년)에 봉해졌다. 그는 봉국내에서 돈을 주조하고 소금을 만들어서 망명자들을 끌어들여 세력을 확장하였다. 景帝 前元 3년(기원전 154년) 그는 楚, 越을 비롯한 여섯 개 제후국들과 연합하여 반란을 일으켰으니, 역사적으로는 이를 '吳楚七國의 亂'이라고 부른다. 얼마 있지 않아 실패하고 東越로 도망갔으나 피살되었다.

25) 鄧通 : 西漢 蜀郡 南安(지금의 四川省 樂山) 사람이다. 文帝 때 처음으로 黃頭郎(선박의 운항을 관장하는 관리. 노란 모자를 썼으므로 이렇게 이름지었다)이 되었으나, 후에 총애를 받아 上大夫의 지위에 올랐다. 전후로 무수히 하사를 받았는데, 蜀郡의 嚴道銅山까지도 하사받고, 鑄錢까지도 허가를 받아, 결국 鄧氏錢이 천하에 두루 퍼졌다. 景帝 즉위 후 관직에서 면직되고, 얼마 있지 않아 재산이 모두 몰수되어, 아주 곤궁한 채로 죽었다.

조하는 것을 금지한 이유가 바로 여기에 있었다.

흉노(匈奴)²⁶⁾가 북쪽의 변경을 부단히 침략하였는데, 변경에 주둔하는 병사가 대단히 많아 변경의 양식만으로는 사병들에게 다 대지를 못하자, 국가에 헌납할 수 있는 양식을 가진 백성들에게 국가를 위하여 양식을 변경까지 운반하여 헌납하게 하고는 그 대가로 작위를 주었는데, 그 작위는 대서장(大庶長)까지 가능하였다.²⁷⁾

효경제(孝景帝)²⁸⁾ 때에는 상군(上郡) 서쪽으로 가뭄이 들어,²⁹⁾ 다시 매작령(賣爵令)을 수정하여 작위의 가격을 낮추어 백성들을 불러모았고, '도부작(徒復作)'³⁰⁾ 또한 조정³¹⁾에 양식을 헌납하면 죄를 면할 수 있었다. 그리하여 목원(牧苑)을 증축하여 군용 말을 풍족하게 사육하였고, 궁실(宮室), 누대(樓臺), 거마(車馬) 또한 증축하고 잘 꾸몄다.

지금의 황제³²⁾가 즉위하여 몇년이 지난 후, 즉 한나라가 흥기하여 이미

---

26) 匈奴 : 중국의 옛 부족 이름. 秦漢의 교체시기에 그 세력이 강성해져, 큰 사막의 남북으로 광대한 땅을 통치하였다. 文帝 때에는 부단히 남쪽으로 공격을 감행하였다. 文帝 前元 14년(기원전 166년) 匈奴의 14만 기병이 蕭關(지금의 寧夏 固原의 동남쪽)을 침입하여 백성들의 재산을 약탈하고 回中宮을 불태웠다. 斥候騎兵이 甘泉(지금의 陝西省 淳縣의 서북쪽)에 이르러 長安을 위협하였다. 文帝 後元 6년(기원전 158년) 匈奴는 다시 上郡, 雲中을 침략하였고, 봉화가 甘泉, 長安에까지 통하였다.

27) 漢나라의 작위는 20等으로 되어 있는데, 大庶長은 第18等爵이다. 文帝 前元 12년(기원전 168년) 晁錯의 의견를 받아들여 賣爵政策을 실행하였다. 곡식 600섬을 들이면 上造(第2等爵)의 벼슬을 주었고, 차츰 보태어 4,000섬이 되면 五大夫(第9等爵)가 되었다. 다시 보태어 12,000섬이 되면 大庶長이 되었다. 漢代의 규정에 의하면 五大夫 이상은 役에서 면제될 수 있었다.

28) 孝景帝 : 漢 景帝 劉啓(기원전 188-기원전 141년)를 말한다. 漢 文帝의 아들이며, 西漢 제4대 황제이다. 재위 기간은 기원전 156년부터 기원전 141년까지이다.

29) 이 일은 景帝 中元 3년(기원전 147년)에 있었다. 上郡은 膚施(지금의 陝西省 楡林縣 동남쪽)를 다스렸는데, 관할경계는 지금의 無定河 유역 및 내몽고 鄂托克前旗까지였다.

30) 徒復作 : 사면령을 받으면 형이 확정된 어떤 사람에 대해서 범인 신분을 면제해주면서, 여전히 官府에서 勞役에 복무하게 해 원래 정해진 형기를 다 마치게 한다. 이런 사람을 '徒復作'이라고도 하고, 또한 '免徒復作'이라고도 한다.

31) 원문은 "縣官"이다. 『史記』나 『漢書』 중의 "縣官" 一詞는 어떤 때는 황제를 가리키고, 어떤 때는 조정, 즉 중앙정부를 가리키며, 어떤 때는 지방정부를 가리킨다. 심지어는 국고라는 뜻으로도 전의되며, 또한 태자라는 의미로도 쓰이니, 글에 따라 그 뜻이 다르다고 할 수 있다.

32) 漢 武帝 劉徹(기원전 156-기원전 87년)을 말한다. 劉徹은 景帝의 아들이고 西漢의 제5대 황제이다. 재위 기간은 기원전 140년부터 기원전 87년까지이다. 그는 재위 기간 동안 '獨尊儒術'에다 法術과 刑名을 겸용하여 통치를 강화하였다. 推恩令을

70여 년이 지났을 때, 국가는 태평무사하여 홍수나 가뭄도 없었고, 백성들은 모두 자급자족이 가능하였다. 각 군과 현의 곡식창고는 꽉 차 있었고, 정부 창고에는 많은 재화가 보관되어 있었다. 경사(京師)의 금고에 보관되어 있는 돈은 쌓여서 억만금이나 되었는데, 돈을 묶은 줄이 낡아서 셀 수조차 없었다. 태창(太倉)[33]의 양식은 묵은 곡식이 나날이 늘어 층층으로 쌓아도 넘쳐나서, 결국에는 노천에 모아두었다가 그만 썩어서 먹지 못할 지경이었다. 일반 백성들은 큰 길이나 골목길 어디에서나 말을 키우고, 들판에서는 무리를 지어 사육하였으므로, 암말을 탄 사람들은 기마행렬에 낄 수가 없었다. 골목길을 지키는 자도 좋은 음식을 먹었으며, 관리들에게는 오랫동안 인사이동이 없었고, 근무지에서 자손들을 키워 오랜 시간이 지나면 관직명으로써 자신들의 성씨를 삼았다.[34] 따라서 사람들은 스스로 보살피며, 법을 어기는 것을 중히 다루었으며, 단정한 품행을 우선으로 여기고 치욕적인 행위는 배척하였다.[35] 그러나 당시 법망은 관대하고 부자들은 부족함이 없자, 그들은 부를 빙자하여 오만방자한 짓을 저질렀는데, 어떤 사람은 토지를 겸병하기까지 하였다. 또한 부호들은 마을에서 제멋대로 날뛰었으며, 봉읍(封邑) 토지를 받은 종실(宗室)과 공경대부(公卿大夫) 이하 모두가 사치를 다투어, 주택이나 거마, 관복 등이 모두 분수를 넘어 한계가 없을 정도였다. 모든 사물이란 성하면 쇠하기 마련인데, 원래가 이렇게 변화하는 것이다.

반포하여 제후의 세력을 약화시켰다. 算緡法을 행하여 돈 많은 장사꾼에게 타격을 입혔다. 冶鐵, 煮鹽 및 鑄錢을 官營으로 귀속시켰다. 平準官, 均輸官 등을 설치하여, 官府가 운수 및 무역을 경영토록 하였다. 동시에 水利를 興修하고, 서북의 屯田으로 백성들을 옮겨가게 해, 代田法을 실행하여 농업생산을 촉진시켰다. 일찍이 張騫을 파견하여 西域과 통하게 하고, 西域에 대한 통치를 강화하여 경제문화의 교류를 발전시켰다. 다시 唐蒙을 夜郎으로 파견하여, 서남쪽에 잇따라 7개 군을 건립하였다. 衛靑과 霍去病을 장군으로 하여 匈奴를 공격하여, 河南의 땅을 수복하고 아울러 河西에 4개 군을 설립하였다. 그러나 해마다 병사를 일으키고, 封禪을 거행하고, 신에게 제사를 올려 신선을 구하였으며, 돈은 무한대로 마구 썼고, 賦役은 繁重하여, 농민들로 하여금 대량으로 파산 유랑하게 하여, 결국 봉기를 불러일으켰다.

33) 太倉:漢代에 곡식을 저장하는 수도에 있던 큰 창고.
34) 관직을 맡고 있는 자가 오랫동안 그 직에 있으면, 관직명으로써 자기의 성씨를 삼곤 하였다. 漢代에 倉氏, 庾氏, 庫氏 등이 바로 그것이다.
35) 원문 "先行義而後絀辱焉耻의 경우"『漢書補注』및 『史記會注考證』에서는 모두 '先'과 '絀'이 對文이라고 여긴다. 『漢書』「食貨志」에는 '後'자가 없으니, '後'자는 衍字라고 여겨 해석하지 않았다.

이로부터 엄조(嚴助)와 주매신(朱買臣)은 동구(東甌)³⁶⁾를 불러들여 양월(兩越)을 평정하였으나,³⁷⁾ 강수(江水)와 회수(淮水) 사이가 늘 소란스러워 많은 힘을 거기에 소비하였다. 당몽(唐蒙)과 사마상여(司馬相如)는 서남이(西南夷)³⁸⁾와 길을 열어³⁹⁾ 천여 리의 산을 깎고 길을 놓아서 파

---

36) 東甌 : 고대 越族의 한 갈래이며, 秦漢 때 지금의 浙江省 남부 甌江과 靈江 유역
   에 분포해 있었다. 우두머리 搖는 惠帝 때 東海王으로 봉해졌는데, 東甌(지금의 浙
   江省 溫州市)에 도읍을 정하였기 때문에, 속칭 東甌王이라고 하였다. 武帝 建元 3년
   (기원전 138년)에 越이 군사를 일으켜 東甌를 포위하였다. 이에 東甌는 漢나라에 급
   히 고하니, 武帝가 大夫 嚴助를 보내어 會稽郡의 군사를 출병시켰다. 漢나라 병사
   가 도착하기도 전에 越은 이미 병사를 퇴각시켰다. 東甌는 擧國內徙(전국민이 안으
   로 이사를 하는 것)를 청구하여 江水와 淮水의 사이로 옮겼다.
37) 兩越은 南越과 閩越을 가리킨다. 閩越 또한 고대 越族의 한 갈래이고, 秦漢 때
   지금의 福建省 북부와 浙江省의 남부에 부분적으로 분포해 있었다. 우두머리 無諸
   는, 전하는 바에 따르면 東甌王 搖와 함께 越王 勾踐의 후예이다. 漢나라 초기에 閩
   越王으로 봉해져 東治(지금의 福建省 福州)를 다스렸다. 후에 繇와 東越로 갈라졌
   다. 武帝 元鼎 6년(기원전 111년) 東越王 余善이 漢나라에 반항하자, 武帝는 侍中
   朱買臣을 會稽太守로 삼아, 會稽郡에서 望樓船을 미리 챙기고 식량을 준비하도록 하
   였다. 元封 1년(기원전 110년) 朱買臣이 장병을 모아, 橫海將軍 韓說과 더불어 東
   越을 격파하고는 東越人을 江淮 지구로 옮겼다. 한편 南越은 南方 越人의 한 갈래이
   다. 秦나라가 그곳에 桂林, 南海, 象郡을 설치하였다. 秦나라 말기에 龍川令 趙佗가
   3郡을 겸병하여 南越國을 건립하였다. 漢 武帝 建元 6년(기원전 135년) 閩越이 군사
   를 일으켜 南越을 공격하니, 南越은 漢나라에 구원을 청하였다. 이에 武帝는 병사를
   파견하여 閩越을 공격하게 하였다. 閩越王의 동생 余善이 閩越王을 죽여 항복하니,
   이에 漢나라는 전쟁을 끝냈다. 武帝는 嚴助에게 南越을 잘 타이를 것을 명하자, 南
   越王은 즉시 태자를 파견하여 嚴助에게 시중들도록 하였다. 元鼎 5년(기원전 112
   년) 南越의 재상 呂嘉가 반란을 꾀하니, 武帝는 그 다음해에 출병하여 越地를 평정
   하고 9郡을 설치하였다.
38) 西南夷 : 漢나라 때 지금의 甘肅省 남부, 四川省의 서부 및 남부, 그리고 雲南省,
   貴州省 일대에 거주하던 소수민족의 총칭이다.
39) 建元 6년(기원전 135년) 番陽이 唐蒙으로 하여금 南夷 夜郎(나라 이름인데 주요
   위치는 지금의 貴州省 서부와 북부였다)과 길을 열 것을 글로 올리도록 하였다. 이
   에 武帝는 唐蒙을 中郎의 자격으로서 夜郎에 出使토록 하였다. 蒙이 후한 예로써 夜
   郎王에게 하사하니, 夜郎은 귀순하였다. 漢은 그 땅을 犍爲郡으로 지정하였다. 元光
   5년(기원전 130년) 巴와 蜀의 郡民 수만 명을 동원하여 南夷로 통하는 길을 닦으니,
   죽은 자가 대단히 많았고 비용 또한 엄청났다. 이어서 武帝는 다시 司馬相如의 건의
   를 받아들여, 相如로 하여금 中郎의 자격으로 사절로 가게 하여, 西夷의 邛(옛 부족
   이름, 지금의 四川省 西昌 지구에 분포해 있었다)과 筰(옛 부족 이름, 지금의 四川
   省 漢源 일대에 주로 분포해 있었다)을 왕래를 뚫어, 거기에다 10여 현을 설치하고,
   蜀郡에 예속시켰다. 元鼎 6년(기원전 111년) 다시 邛都를 越巂郡으로 하였고, 筰都
   를 沈黎郡으로 하였으며, 冉駹(옛 부족 이름, 지금의 四川省 茂汶羌族 自治縣 일대
   에 분포해 있었다)을 汶山郡으로 하였고, 白馬(옛 부족 이름, 지금의 甘肅省 남부와
   서북부에 분포해 있었다)를 武都郡으로 하였다. 元封 2년(기원전 109년) 漢나라는

(巴)[40]와 촉(蜀)[41] 지방까지 개척하니, 그곳의 백성들은 피폐함을 감당하지 못하였다. 팽오(彭吳)는 예맥(穢貉)과 조선(朝鮮)으로 하여금 중국과 통하게 하고,[42] 거기에다 창해군(滄海郡)을 설치하니,[43] 연(燕)[44]과 제(齊)[45]의 백성들에게 바람에 초목이 쓰러지듯 난리가 닥치기 시작하였다.[46] 또한 왕회(王恢)가 마읍(馬邑)에 병사를 매복시키는 계략을 꾸미자,[47] 이에 흉노는 화친을 끊고 북부의 변새지방을 침략하니 전쟁은 끊이지 않았고, 백성들은 노역에 시달려 고생이 이루 말할 수가 없었다. 전쟁이 날이 갈수록 많아지자, 출정하는 사람들은 옷과 먹을 것을 휴대해야 하였고, 출정하지 않는 사람들은 군수품을 보내야 하였다. 중앙과 지방이 소요로 인하여 불안을 겪고 그 정도가 심해짐에 따라 백성들은 대단히 빈궁하게 되어, 마침내 교묘한 방법으로 조정의 법령을 피해나가자, 정부의 재정은 날이 갈수록 어려워졌다. 당시 정부에 재물을 바치는 사람은 관리도 될 수 있었고 죄를 면할 수도 있게 되어, 관리를 선발하는 제도가 유

다시 至滇(옛 부족 이름, 나라 이름, 지금의 雲南省 동부 滇池 부근 지역에 있었다)으로 파병하여 益州郡을 설치하였다. 이로부터 西南夷 대부분의 지역이 漢나라의 직접 통치하에 들어갔고, 그들 각 부족과 漢나라와의 관계는 대단히 밀접하였다. 西南夷가 唐蒙과 司馬相如에 의해 개통되었기에 여기서 이렇게 표현하였다.

40) 巴郡은 江州(지금의 重慶市 北嘉 陵江 北岸)를 다스렸다.

41) 蜀郡은 成都(지금의 成都市)를 다스렸다.

42) 원문은 "彭吳賈滅朝鮮"이다. 이중 '賈'는 『漢書』 「食貨志」에 의하면 마땅히 '穿'으로 바뀌어야 한다. 淸代 王念孫은 『讀書雜誌』에서 '穿'과 '賈'는 모양이 서로 비슷하여 '賈'로 잘못 표기하였다라고 말하였다. '穿'은 '通'과 통한다. '滅'은 '穢'로 고쳐야 한다. 『漢書』 「食貨志」에는 '穢貉'이라고 되어 있다. 淸代 錢大昕의 『廿二史考異』와 王念孫의 『讀書雜誌』 모두 '滅'자가 '濊'의 오자라고 되어 있다. '濊'는 '穢'와 같은 자이며 종족 이름인데, 지금의 遼寧省 風城縣 동쪽 및 한국의 강원도 일대에 분포해 있었다.

43) 武帝 元朔 원년(기원전 128년) 穢君이 漢나라에 항복하니, 거기에 滄海郡을 설치하였다.

44) 燕 : 지금의 河北省 북부와 遼寧省 西端을 가리키는데, 전국시대 때 燕나라의 땅이었기 때문에 漢代에도 여전히 "燕"이라고 불렀다.

45) 齊 : 지금의 山東省 泰山 이북 黃河 유역과 山東半島 지역을 가리키는데, 전국시대 때 齊나라의 땅이었기 때문에 漢代에도 여전히 "齊"라고 불렀다.

46) 元封 2년(기원전 109년) 漢나라는 樓船將軍 楊僕을 보내어 齊 땅에서 바다를 건너게 하고, 左將軍 荀彘를 燕 땅으로부터 遼東으로 나서 朝鮮을 공격하게 하였다.

47) 元光 2년(기원전 133년) 武帝가 大行 王恢의 계략을 받아들여 馬邑(지금의 山西省 朔縣)에 병사 30만을 숨겨두고, 匈奴를 유인하여 격파하려고 하였다. 이에 單于가 요새에 들어오려다가, 馬邑과 100리 떨어진 곳에서 그것을 발견하고, 병사를 이끌고 돌아가버렸다.

명무실하게 되었다. 따라서 염치는 아랑곳하지 않고 힘있는 사람에게 붙어서 등용되거나 중용될 수 있었기에, 법령 또한 날이 갈수록 엄밀하게 완비해야만 되었다. 치부(致富)를 하는 신하가 이때부터 출현하기 시작하였다.

이 이후에 한나라의 장군들은 매년 수만의 군사를 이끌고 흉노족에게 출격하였고, 거기장군(車騎將軍) 위청(衛靑)[48]은 흉노의 하남(河南) 지방[49]을 빼앗아 거기에다 삭방군(朔方郡)[50]을 설치하였다.[51] 이때 한나라는 서남이와 통하는 길을 만들었는데, 여기에 투입한 인원은 수만 명에 달하였다. 천 리 바깥으로부터 혹은 지고 혹은 메고 하여 양식을 운반하였는데, 대개 십수 종(鍾)[52]에 한 섬 정도만 도착하였다. 이것을 다시 공인(邛人)과 북인(僰人)[53]에게 재물로 나누어주어 그들을 안심시켰다. 몇년의 시간이 지나도 도로가 개통되지 않자, 서남이는 누차 한나라가 파견한 관리들을 공격하였다. 한나라는 군사를 파견하여 그들을 토벌하느라고, 파와 촉의 조세를 다 써버렸다. 그러자 군에 필요한 경비를 충당하기 위하여 남이(南夷)에 밭이 있는 부호들을 모아서 그들의 식량을 파와 촉의 지방정부[54]에 보내도록 하고는, 경사(京師)의 도내(都內)[55]에게서 그 값을 받도록 하였다. 한편 동쪽으로는 창해군까지 이르렀으니, 그 인건비가 남이에 쓰이는 것과 비슷하였다. 다시 십여 만 명을 징발하여 삭방성을 쌓아 지키기도 하였는데, 수륙운송의 길이 너무나 멀어서 산동 지방 또한 엄청난 노역의 고통을 받았고, 비용도 10억에서 100억에 이르러,

---

48) 衛靑(? -기원전 106년) : 西漢의 명장이며 河東 平陽(지금의 山西省 臨汾縣 서남쪽) 사람이다. 衛皇后의 동생이다. 본래 平陽公主 집의 종이었는데, 후에 武帝가 중용하여, 처음에는 車騎將軍이었다가 후에 大將軍이 되었다. 元朔 2년(기원전 127년) 그는 군사를 이끌고 匈奴를 크게 패배시켜, 匈奴가 점령하고 있던 河套 지구를 빼앗고는, 거기에 朔方郡을 설치하였다. 元狩 4년(기원전 119년) 霍去病과 더불어 匈奴의 주력부대를 격파하여 붕괴시켰다. 그는 전후 일곱 차례에 걸쳐 匈奴에 출격하여, 西漢 왕조에 대한 匈奴의 위협을 없앴다.
49) 河南 지방 : 秦漢 시대에 지금의 내몽고 河套 지구를 이렇게 불렀다.
50) 朔方城 : 지금의 내몽고 杭錦旗의 북쪽에 있었다.
51) 元朔 3년(기원전 126년)에 설치하였다.
52) 鍾 : 옛날 용량을 재던 기물. 6斛 4斗가 1鍾이다.
53) 僰人 : 지금의 四川省 宜賓 일대에 분포해 있었다.
54) 여기에서의 "縣官"이란 巴와 蜀의 현 정부를 가리킨다.
55) 都內 : 西漢 시대의 大司農 밑에는 都內令과 都內丞이 있었는데, 이들은 국고를 주관하였다.

조정의 창고는 날이 갈수록 비어만 갔다. 그리하여 백성들을 모아 노비를 헌납할 수 있는 자에게는 종신토록 요역을 면제해주었고, 만약에 낭관(郎官)이라면 그들에게 품급(品級)을 올려주었다. 정부에 양(羊)을 헌납하여[56] 낭관이 된 예는 이때부터 시작된다.

그후 4년,[57] 한나라는 대장군(大將軍)[58] 위청으로 하여금 여섯 장군을 통솔토록 하여 모두 십수만의 군사가 흉노의 우현왕(右賢王)[59]을 무찔렀으니, 목을 베고 또한 포로로 잡은 자가 만 오천 명이었다. 다음해 대장군은 다시 여섯 장군을 통솔하여 흉노족에게 출격하여, 목을 베고 포로로 잡은 자가 만 구천 명이었다. 적을 포로로 잡았거나 목을 벤 병사들에게 황금 이십수만 근을 상으로 내렸고, 포로로 잡힌 수만의 흉노인들에게도 많은 상을 내렸으며, 입을 것과 먹을 것 또한 조정에서 지급하였다. 한나라의 군사와 말이 전사한 숫자가 십수만에 이르렀고, 병기와 기갑 그리고 수륙운송에 사용된 경비가 엄청났으나 이것은 계산에 넣지 않았다. 당시 대사농(大司農)이 금고에 보관하고 있던 돈은 이미 동이 났고, 새로 거두어들인 세금도 이미 다 써버려 군사들에게 공급할 돈이 여전히 부족하였다. 담당관리가 다음과 같이 아뢰었다.

천자께서 이르시기를 "짐은 오제(五帝)의 교화가 각기 달랐으나 국가를 잘 다스렸고, 우왕(禹王)과 탕왕(湯王)은 법령을 서로 달리하면서도 왕 노릇을 잘하였다고 들었도다. 그들이 걸었던 길은 비록 다르나, 덕업을 수립한 바는 오히려 일치하였다. 지금 북방 변경이 불안하니 짐은 대단히 걱정스럽도다. 이전에 대장군이 흉노를 격파하여, 머리를 베고 포로로 잡은 자가 만 구천 명이나 되었는데 지금까지도 상을 하사하지 못하였도다. 그러니 여러분들은 백성들로 하

---

56) 목축을 주업으로 하는 자가 여러 차례 정부에 재산을 헌납하면, 武帝는 그를 中郎으로 임명하였는데, 그것으로써 다른 돈 많은 장사꾼으로 하여금 돈 내는 것을 고무시켰다.

57) 元朔 5년(기원전 124년).

58) 원문 "大將"은 당연히 "大將軍"으로 고쳐야 한다. 왜냐하면 아래에도 "明年, 大將軍將六將軍"이라고 되어 있고, 『漢書』「武帝紀」에도 "大將軍이 전후 2차에 걸쳐 匈奴를 공격하였다"라고 되어 있다.

59) 右賢王 : 관직 이름. 單于 아래의 최고 관직이다. 冒頓單于 때 스스로 중부를 다스리는 것 외에, 좌우 賢王을 설치하여 동서 2부로 나누었으니, 그곳은 單于의 자제들이 맡았다.

여금 작위를 사도록 하여 금고형(禁錮刑)을 면해주고, 또한 면죄나 감형을 받을 수 있도록 상의하라"고 하셨습니다. 그리하여 상관(賞官)을 설치하도록 청하여 '무공작(無功爵)'[60]이라고 이름하였습니다. 매급 17만 전으로 매겨 도합 삼십수만 금(金)을 모았습니다. 대저 무공작 중 관수(官首) 일 급을 산 자를 시험삼아 관리로 우선 임용하였고, 천부(千夫)는 오대부(五大夫)에 준하여 대우하였고,[61] 죄가 있는 사람은 작위를 사면 이등(二等)을 감하였고,[62] 작위가 악경(樂卿)에 이르면 더 이상 올라가지 못하게 하였습니다. 이렇게 돈을 모아 군사들의 공로를 드높였습니다.

당시에 공로를 세운 군사들은 대부분이 등급을 초월하여 작위를 수여받았다. 공이 큰 자는 제후에 봉해지거나 경(卿)이나 대부(大夫)가 되었고, 공이 작은 자는 낭(郞)이나 이(吏)가 되었다. 관리가 되는 길이 매우 복잡하고 많아져서 관리들이 주관하는 업무가 자연 엉망이 되었다.

공손홍(孔孫弘)[63]이 『춘추(春秋)』의 도리를 이용하여 신하들을 바로잡아, 한나라 승상(丞相)의 지위를 얻고, 장탕(張湯)[64]이 엄준한 법령조문으로 안건을 심리하여 정위(廷尉)[65]가 되자,[66] '견지지법(見知之法)'[67]이

---

60) 無功爵 : 모두 11급이 있었다. 1급 造士, 2급 閑輿衛, 3급 良士, 4급 無戎士, 5급 官首, 6급 秉鐸, 7급 千夫, 8급 樂卿, 9급 執戎, 10급 政戾庶長(左庶長), 11급 軍衛 등이 그것이다. 8급 이하는 매매를 할 수 있고, 9급 이상은 군사들의 공로를 장려하는 데 專用되었다.

61) 武帝 때 無功爵 외에도 舊20等爵이 동시에 병행되고 있었는데, 無功爵의 7급 '千夫'를 舊20等爵의 9급 '五大夫'와 같게 대우하였다.

62) 죄를 지은 자가 작위를 사면 2등을 감하였다. 예를 들면 매 급이 17만 錢인데 51만 錢을 내면 당연히 3等爵 良士가 될 수 있었다. 그러나 죄를 지은 자는 단지 1等爵 造士밖에 될 수가 없었다.

63) 公孫弘(기원전 200-기원전 121년) : 西漢 菑川(郡이 지금의 山東省 壽光 남쪽을 다스렸다) 薛 사람이다. 어려서 獄吏가 되었고, 나이 사십이 되어서 『春秋公羊傳』을 연구하기 시작하였다. 일찍이 五經博士의 설치를 건의하여, 弟子員을 두었다. 武帝의 신임을 두텁게 얻어, 元朔 3년(기원전 126년)에 丞相에 임명되었고, 平津侯에 봉해졌다.

64) 張湯(？-기원전 115년) : 西漢 杜陵(지금의 陝西省 西安市 동남쪽) 사람이다. 武帝 때 廷尉, 御史大夫 등의 관직을 역임하였다. 白金 및 五銖錢의 주조를 건의하였고, 鹽鐵에 대한 관영정책을 지지하였으며, 告緡令을 제정하여 돈 많은 장사꾼들에게 타격을 가하였다.

65) 廷尉 : 관직 이름. 九卿 중의 하나로 刑獄을 관장하였다.

66) 張湯은 元朔 3년(기원전 126년)에 廷尉가 되었다.

67) 관리가 어떤 사람의 범법행위를 정확하게 보아 알고 있으면서도 처리하지 않으면

생겨서 '폐격(廢格)'[68]이나 '저비(沮誹)'[69] 등 끝까지 쫓아가서 처리해야할 죄안들이 많아지기 시작하였다. 다음해[70] 회남왕(淮南王)[71]과 형산왕(衡山王)[72] 그리고 강도왕(江都王)[73] 등의 모반사건이 폭로되자, 공경들은 단서를 찾아 이 안건을 다루어, 마침내 붕당을 추궁하니, 이 사건에 연루되어 죽은 자가 수만 명이나 되었다. 장리(長吏)[74]들은 날이 갈수록 엄격하고 가혹해졌고, 법령조문 또한 대단히 까다롭게 되었다.

이때 조정에서는 방정(方正), 현량(賢良), 문학(文學)으로써 존숭을 받고 있는 선비들을 초빙하였으니,[75] 어떤 자는 공경대부의 지위에까지 올랐다. 공손홍은 한나라의 재상으로서 무명옷을 입고, 매 끼니마다 오직 한 가지 반찬만을 먹으며 천하의 모범이 되고자 하였다. 그러나 당시의 풍조를 바꾸는 데에는 도움이 되지 못하였고, 사람들은 오히려 점점 공리(功利)를 추구하였다.

다음해[76] 표기장군(驃騎將軍) 곽거병(霍去病)[77]은 연속 두 차례에 걸쳐 흉노족을 공격하여, 4만 명의 목을 베었다. 이해 가을 흉노의 혼야왕(渾邪王)[78]이 수만 명의 부락민을 이끌고 투항하니, 한나라는 전차 2만

故縱之罪(고의로 죄인을 풀어준 죄)를 적용하였다. 이러한 법률을 '見知之法'이라고 한다.

68) 廢格 : '廢閣'의 假借字. '閣'은 지금의 '擱'과 통한다. 황제의 소령을 집행하지 않고 미루어두는 행위.

69) 沮誹 : 황제의 소령에 대항하고 훼방하는 행위.

70) 元狩 1년(기원전 122년).

71) 淮南王 : 劉安을 가리킨다.

72) 衡山王 : 劉賜를 가리킨다.

73) 江都王 : 劉建을 가리킨다.

74) 長吏 : 본래 600석 이상의 관리를 '長吏'라고 불렀는데, 일설에는 200石에서 400石까지의 縣吏를 長吏라고도 한다. 여기서는 안건을 심리하는 관리를 말한다.

75) 賢良, 方正, 文學은 漢나라 때 관리를 선발하는 시험과목들이다. 文帝 前元 2년(기원전 178년)부터 정치의 득실을 묻기 위하여 그들을 초빙하여 관직을 주기 시작하였다.

76) 元狩 2년(기원전 121년).

77) 霍去病(기원전 140-기원전 117년) : 西漢의 名將이며 河東 平陽(지금의 山西省 臨汾縣 서남쪽) 사람이다. 관직은 驃騎將軍에 이르렀다. 元狩 2년(기원전 121년) 그는 봄과 여름 두 차례에 걸쳐 匈奴를 크게 패배시켜, 河西 지구를 제어하고, 匈奴의 오른팔을 끊어 西域으로 통하는 도로를 개통하였다. 元狩 4년(기원전 119년) 衛靑과 더불어 匈奴의 주력부대를 격파하여 붕괴시켰다. 그는 전후 여섯 차례에 걸쳐 匈奴에 출격하여, 西漢 왕조에 대한 匈奴의 위협을 없앴다.

78) 渾邪와 休屠는 匈奴의 양대 부락인데, 지금의 甘肅省 河西 지구에 함께 살았다.

량(輛)을 징발하여 그들을 맞이하였다. 혼야왕과 부락민들은 장안(長安)에 도착한 이후 하사품을 받았고, 곽거병 부하들 중에서도 공이 있는 자에게는 상을 내렸다. 이해에 모두 백수십 억을 썼다.

처음, 십수 년이 지날 즈음 황하의 제방이 터져[79] 양(梁)과 초(楚) 일대가 범람하여[80] 이미 수 차례에 걸쳐 곤경에 빠지자, 강을 접하고 있는 각 군은 제방을 구축하여 수재를 막았으나, 자주 제방이 터져 무너지니, 거기에 쓰인 경비만도 계산할 수 없을 정도였다. 뒤에 파계(番係)[81]가 저주(底柱)[82]를 지나는 조운의 경비를 줄이기 위하여, 하동(河東) 지구에다 분수(汾水)와 황하의 인공수로를 파서 농지를 관개하니, 수로를 파는 데에만 수만 명이 동원되었다. 또한 정당시(鄭當時)[83]는 위수(渭水)의 조운수로가 꼬불꼬불하고 노정 또한 너무 길어서 장안에서 화음(華陰)에 이르는 직수로를 팠는데, 여기에도 수만 명의 인력이 동원되었다. 삭방군(朔方郡)[84] 또한 수로를 팠는데 그 인원 역시 수만 명이었다. 그리하여 2-3년이 지났지만 공사는 끝나지 않았고, 그 비용만도 각기 십몇억이 들었다.

천자는 흉노를 공격하기 위하여 대량으로 말을 키웠는데, 장안에서 길러진 말이 수만 마리나 되었다. 관중(關中) 지구는 마부가 부족하여, 다시 부근 각 군에서 징집하였다. 투항한 흉노인들에게는 정부가 의식(衣食)을 제공해왔으나 공급할 능력이 없어지자, 천자는 요리비용을 줄이고 수레의 네 필 말을 풀었으며,[85] 내정(內廷)에 보관된 돈을 꺼내어 그들

---

79) 원문은 "往十餘歲河決"이다. 元光 3년(기원전 132년) 黃河의 瓠子(제방 이름, 지금의 河南省 濮陽縣의 黃河 南岸)에서 제방이 터진 것을 가리킨다. 渾邪王이 투항해온 元狩 2년(기원전 121년)으로 따지면 공히 12년이므로 "往十餘歲"라고 한 것이다.

80) 梁과 楚는 모두 西漢의 봉국이다. 梁은 睢陽(지금의 河南省 商丘縣 남쪽)을 다스렸고, 楚는 彭城(지금의 江蘇省 徐州市)을 다스렸다. 『漢書』「武帝紀」에 의하면, 당시 黃河가 범람하여 수재를 입은 곳은 16개 군이었는데, 지금의 河南省 동부, 山東省 남부, 安徽省과 江蘇省 북부 등 광대한 지역이었다. 여기서 "梁楚之地"라고 한 것은 梁과 楚를 대표로 하였을 따름이다.

81) 番係:武帝 때의 河東郡 태수.

82) '底柱山' 혹은 '三門山'이라고 한다. 河南省 三門峽市에 있다. 이 산이 黃河의 급류 가운데에 기둥 모양으로 우뚝 서 있기 때문에 이렇게 이름지었다.

83) 鄭當時:武帝 때의 大司農.

84) 朔方郡:河套 지구를 가리킨다. 앞의 〈주 48〉 참조.

을 공양하였다. [86)]

다음해[87)] 산동 지구는 수재를 당하여 대부분의 백성들이 먹을 것이 없었다. 당시 천자는 사자(使者)를 파견하여 각 군국(郡國)에 있는 양식창고를 모두 비워 빈민을 구제하려고 하였다. 그러나 여전히 부족하자 다시 부호들의 양식을 끌어모아 빈민들에게 빌려주었다. 그래도 여전히 전체 빈민을 모두 구제할 수 없게 되자 그들을 관(關)[88)] 서쪽으로 이주시켰고, 일부는 삭방성 이남의 신진(新秦)[89)] 지구로 보내니, 이들은 모두 칠십수만 명에 이르렀는데, 그들은 여전히 식량은 오직 정부에서 제공하는 것만 바라보고 있었다. 이주한 후 몇년 동안은 정부가 그들에게 집과 토지, 짐승, 농기구 등을 빌려주어,[90)] 사자들로 하여금 그들을 분산시켜 관리하게 하니, 장안에서 신진에 이르는 도로상에는 사자들의 수레가 끊이지 않았고,[91)] 그 비용 또한 셀 수가 없을 정도여서 정부의 국고가 바닥이 나버렸다.

그러나 부유한 장사꾼들 중 어떤 사람은 재화를 모으고 빈민들을 사역시켜서, 그 화물을 실은 수레가 수백 량에 이르렀고, 어떤 자는 성 안에 살면서 싸게 사서 비싸게 팔아, 읍에 봉해진 공주(公主)나 열후(列侯)조차도 그들에게 머리를 수그려 돈을 빌릴 정도였다. 또한 그들은 철기를 주조하고 소금을 만들어, 어떤 사람은 재산을 억대로 모았으나, 오히려 그들은 국가의 위급함을 돌보지 않아서 백성들은 더욱더 곤궁에 처하게 되었다. 그리하여 천자와 공경들이 상의하기를, 돈을 바꾸어 새로운 화폐를 주조해서 재정을 충당하는 동시에, 거만하고 불법적으로 토지를 겸병

85) "損膳"은 '減膳'을 말한다. 減膳이란 채식을 하거나 생선과 고기류를 적게 넣어 먹는 것이다. "解乘輿駟"는 武帝가 자기의 수레를 끄는 네 마리의 말을 풀어, 국가의 경비에 충당한 것을 말한다.
86) "御府禁藏"이란 內廷의 창고에 보관한 것을 말한다. 內廷의 창고에 보관하는 것은 황제의 山川園池市井 조세의 수입인 '私奉養'이므로, 국가의 경비에 속하는 것이 아니다.
87) 元狩 3년(기원전 120년).
88) 函谷關 혹은 潼關을 가리킨다.
89) 新秦 : 秦 始皇 때 蒙恬을 보내 匈奴를 격파하니, 河南 땅을 얻어서 이름을 '新秦'이라고 하였다. 漢代에도 여전히 그 명칭을 사용하였는데, 지금의 河套 지역이다.
90) 원문 "産業"은 토지, 집, 가축, 농기구 등을 가리킨다.
91) 원문 "冠蓋相望"의 '冠'은 관리의 禮帽이다. '蓋'는 수레의 덮개이며, '相望'은 서로 볼 수 있다는 뜻이다. 이것은 '조정에서 보낸 使者의 왕래가 끊이지 않아 그들이 타고 가는 수레를 서로 볼 수 있다'라는 뜻이다.

한 그들을 억압하고자 하였다. 당시 황제의 금원(禁園)⁹²⁾에는 흰 사슴이 있었고, 소부(少府)⁹³⁾에는 많은 은과 주석이 있었다. 효문제(孝文帝)가 사수전(四銖錢)으로 바꾸어 주조한⁹⁴⁾ 지가 이해로 이미 40여 년이 흘렀다. ⁹⁵⁾ 건원(建元)⁹⁶⁾ 이래로 재정이 계속 어려우므로 정부는 자주 동산 (銅山)에 가서 돈을 주조하였는데, 민간인들 역시 몰래 돈을 주조하였으므로, ⁹⁷⁾ 그 수량은 도저히 알 수가 없었다. 돈은 날이 갈수록 많아져 그 가치는 떨어지고, 물건은 날이 갈수록 적어져 그 값은 올라갔다. 담당관리가 다음과 같이 아뢰었다.

> 옛날 가죽 화폐는 제후들이 다른 나라에 사절로 가거나, 천자께 토산물을 바칠 때 사용되었습니다. ⁹⁸⁾ 금에는 세 등급이 있는데, 황금 (黃金)이 상등(上等)이고 백금(白金)⁹⁹⁾이 중등(中等)이고 적금(赤金)¹⁰⁰⁾이 하등(下等)입니다. 현재 반량전(半兩錢)의 표준 중량은 사수(四銖)인데, 나쁜 사람들이 몰래 글자가 없는 한쪽 면¹⁰¹⁾을 마모시켜서 동(銅) 가루를 얻으니, 돈은 날이 갈수록 가벼워지고 물가는 계속 뛰고 있습니다. 따라서 반량전을 먼 곳에서 사용함은 번거롭고 비경제적입니다.

이리하여 평방(平方) 1척(一尺)의 흰 사슴 가죽을 사방 색실로 자수 (刺繡)를 떠서 가죽 화폐로 삼아, 매장 40만 전으로 하였다. 이후에는 각 왕후(王侯) 종실(宗室)에서 입조하여 천자를 배알하거나, ¹⁰²⁾ 혹은 국가

---

92) 禁園 : 황실의 정원이다.
93) 少府 : 관직 이름으로서, 九卿 중의 하나이다. 山川園池市井의 조세수입과 황실에 서 수공으로 제조한 것을 관장하는 황제의 私府이다.
94) 文帝 前元 5년(기원전 175년)에 四銖의 무게를 지닌 半兩錢을 法錢으로 하였다.
95) 이해는 元狩 3년(기원전 120년)을 가리킨다. 따라서 그 차이가 55년이므로, "40 여 년"이라고 한 것은 잘못되었다.
96) 建元 : 漢 武帝의 첫번째 연호(기원전 140-기원전 135년).
97) 景帝 中元 6년(기원전 144년)에 私鑄를 금지하였다.
98) 국가간에 사신을 보내어 방문케 하는 것을 '聘'이라 하고, 제후가 천자에게 지방 의 토산물을 바치는 것을 '享'이라고 한다.
99) 白金 : 銀을 가리킨다.
100) 赤金 : 銅을 가리킨다.
101) 동전에 글자가 있는 면을 '文'이라고 하고, 글자가 없는 면을 '裏'라고 하였다.
102) 漢代의 규정에 의하면, 諸侯王과 列侯는 매년 봄과 가을 두 차례 입조하여 천자 를 배알하여야 하였다.

간에 사절로 방문하거나, 제후가 토산품을 헌납할 때 반드시 가죽 화폐로
써 옥기(玉器)[103]를 받친 연후에 비로소 예를 행할 수 있었다.

그리고 은과 주석을 섞어서 백금(白金)을 주조하였다.[104] 하늘을 나는
데에는 용(龍)만한 것이 없고, 땅을 달리는 데에는 말(馬)만한 것이 없
으며, 사람에게는 거북〔龜〕만한 것이 없다고 여겨서 백금을 세 종류로 나
누었다. 제일종은 무게가 8량(八兩)인데, 둥근 모양에 용 무늬를 하였
고, 이름은 백선(白選)이라고 하여 3,000전의 가치가 있었다. 제이종은
무게가 비교적 가볍고, 사각 모양에 말 무늬를 하여 500전의 가치가 있었
다. 제삼종은 무게가 더욱 가볍고, 타원 모양에 거북 무늬를 하여 300전
의 가치가 있었다. 각 지방정부에는 반량전을 녹여 삼수전으로 개주(改
鑄)토록 하고, 실질가치와 중량이 같도록 명령하였다.[105] 각종 백금이나
사수전을 사주(私鑄)하는 자는 죽음을 면치 못하였으나, 그래도 관리나
일반 민간인 중에는 몰래 주조하는 자가 이루 헤아릴 수가 없었다.

당시 동곽함양(東郭咸陽)과 공근(孔僅)은 대농승(大農丞)[106]으로서 소
금과 쇠를 주관하고 있었다. 상홍양(桑弘羊)은 계산에 밝아 권력을 잡고
는, 황제의 좌우에서 시중을 들었다. 함양은 제(齊) 땅의 대염상(大鹽
商)이며 공근은 남양(南陽)의 대철상(大鐵商)이었는데, 둘 다 사업을 잘
해서 천금(千金)을 모으니, 이에 정당시(鄭當時)가 그들을 황제에게 추
천하였다. 상홍양은 낙양(雒陽)의 상인이었는데, 암산에 아주 능해서 열
세 살에 시중(侍中)이 되었다. 이리하여 이 세 사람은 이윤에 관한 한은
가을에 나는 짐승의 세모(細毛)까지도 분석해낼 수 있을 정도로 상세하였
다.

법령이 더욱더 엄격해지자 많은 관리들이 면직되었다. 전쟁이 여러 차
례 발생하자, 백성들은 돈을 주어 요역을 면하거나,[107] 작위를 사서 오대
부(五大夫)에까지 이르니,[108] 징집할 수 있는 사병은 날이 갈수록 줄어들

---

103) 원문 "璧"은 平圓形으로써 가운데 구멍이 있는 玉器를 말한다. 고대 朝聘, 제
사, 喪葬 때에 사용하는 禮器.
104) 『漢書』「武帝紀」에 의하면, 白金과 가죽 화폐를 만들고 또한 三銖錢으로 改鑄한
것은 모두 元狩 4년(기원전 119년)이다.
105) 돈의 무게도 三銖, 돈 위의 글자도 三銖로 하여, 錢文과 錢重이 같도록 한 것.
106) 大農丞：大農令(후에 大司農)의 屬官이다.
107) 정부에 일정한 재물을 바쳐 役을 면하는 것을 '買復'라고 한다. 晁錯의 『貴粟疏』
에 의하면, 말 한 필을 헌납하면 세 사람의 요역을 면할 수 있다고 되어 있다.

었다. 그리하여 천부(千夫)나 오대부(五大夫)들을 강제로 관리로 임명하였는데,[109] 관리가 되기를 결코 원하지 않는 자는 말 한 마리를 내게 하였다. 또한 죄를 지어 면직을 당한 옛 관리들을 그 벌로써 상림원(上林苑)[110]에서 장작을 패게 하거나, 곤명지(昆明池)[111]로 보내어 땅을 파게 하였다.

다음해[112] 대장군 위청과 표기장군 곽거병은 흉노에게 대거 출격하여, 목을 베고 포로로 잡은 자가 8-9만 명에 이르르자 이들에게 50만 금을 상으로 하사하였다. 이때 한나라는 말 십수만 마리가 희생되었는데, 이때에도 수륙운송과 수레, 갑옷에 든 비용은 계산에 넣지 않았다. 당시 재정은 대단히 궁핍하여 전사들은 간혹 봉록을 타지 못하곤 하였다.

담당관리들이 삼수전이 너무 가볍고 위조가 쉽다고 하여, 각 군국에 오수전(五銖錢)으로 개량 주조할 것을 건의하였다.[113] 이번에는 돈의 다른 한 쪽 면마저 윤곽을 넣고 주조하여, 갈아서 동(銅) 가루를 얻는 일이 없도록 하였다.

대농령(大農令)은 염철승(鹽鐵丞) 공근과 동곽함양의 건의를 다음과 같이 천자에게 아뢰었다.

산과 바다는 천지간에 물자를 보관하는 창고이니, 응당 모두 소부(少府)에 속하는 것이 지극히 마땅하나, 폐하께서는 대공무사(大公無私)하시므로, 대농(大農)에 귀속시켜 국가의 부세를 보조함이 지당할 줄 압니다. 바라건대 조정에서는 자신들의 돈을 투자할 백성들

---

108) 작위를 사서 五大夫 이상 오르면 役을 면할 수 있다. 이것을 '買爵'이라고 한다.
109) 본래 元朔 6년(기원전 123년)에 규정하기를, 작위를 사서 千夫에 오른 자는 五大夫와 마찬가지로 관리가 될 수 있었는데, 이것은 일종의 우대였다. 그러나 법령이 점점 엄격해져, 관리가 된 자도 쉽게 죄를 짓게 되자, 千夫나 五大夫의 작위를 산 자들은 관리가 되려고 하지 않았다. 그리하여 "除千夫五大夫爲吏"라고 명령을 내려, 강제로 그들을 관리가 되게 하였다.
110) 上林苑 : 지금의 西安市 서쪽에 있는 周至와 戶縣의 경계까지이다. 주위가 2백 수십 里이고, 苑 안에는 짐승을 길러 황제가 사냥할 수 있도록 하였고, 또한 離宮, 觀, 館 등을 수십 군데 지어두었다.
111) 昆明池 : 지금의 西安市 서남쪽 頭門鎭 동남쪽의 움푹한 지대. 元狩 3년 武帝가 昆明國과 전쟁을 치를 때, 수군을 훈련시키고 또한 長安의 수원 부족을 해소하기 위하여 팠다. 주위는 40里이다.
112) 元狩 4년(기원전 119년).
113) 『漢書』「武帝紀」에 의하면, 元狩 5년(기원전 118년)에 五銖錢을 발행하였다.

을 모아, 관가의 기계로 쇠대야를 주조하여, 소금을 끓일 때는 관가에서 발급하는 쇠대야를 사용하게 해주십시오. 장사꾼이나 되먹지 못한 사람들은 소금과 철을 독점하여 부를 늘리고 빈민들을 사역시키고자 하는 것이니, 소금과 철의 관영(官營)에 대한 그들의 반대는 아무리 들어도 끝이 없습니다. 금후 감히 쇠기계를 사주(私鑄)하여 소금을 끓이는 자들에게는 왼쪽 발목에 차꼬를 채우고, 재산도 몰수하여야만 합니다. 쇠가 나오지 않는 군은 소철관(小鐵官)을 설치하여, 군에 소재하는 각 현(縣)의 쇠기계를 관할하도록 하여야 합니다.[114]

천자는 공근과 동곽함양을 파견하여, 역참(驛站)에서 수레를 바꾸어 타게 하며 각처의 소금과 철의 관영에 관한 일을 보게 하였다. 또한 그것을 관리하는 관부를 설립하고, 과거 부유했던 염철상을 관리로 임용하였다. 따라서 관리가 되는 길은 더욱더 난잡하게 되어 선거를 통하는 법이 없게 되었다. 그러므로 관리는 대부분이 상인 출신이었다.

상인들은 화폐 개주(改鑄)의 기회를 이용하여, 대부분이 물건을 사서 모아두었다가 영리를 추구하였다. 그리하여 공경대신들은 다음과 같이 진언하였다.

작년에 산동의 군국이 큰 수재를 입었기 때문에, 국가에서는 직업이 없는 빈민들을 모아서, 광활하고 풍요한 곳으로 옮겨주었습니다. 폐하께서는 고기 음식을 줄이시고 비용도 절약하여, 내정(內廷)에 모아둔 돈[115]을 꺼내어 백성들을 구제하셨고 동시에 부세도 관대히 해주셨습니다. 그러나 백성들은 여전히 밭으로 나가 농업에 힘쓰지 않고, 오히려 상업에 종사하는 자만 더욱더 늘어났습니다. 그리고 가난한 사람은 저축한 것이 없어 오직 조정에만 의지하고 있습니다. 과거 초거세(軺車稅)[116]나 상인의 민전세(緡錢稅)[117]를 징수할 때,

---

114) 『漢書』「地理地」의 기록에 의하면, 전국에 鐵官이 없는 곳이 무릇 40郡, 공히 50곳이었다. 철이 나는 곳은 鐵官을 설치하여 철기를 주조하는 것을 관리하도록 하였고, 철이 나지 않는 곳은 小鐵官을 설치하여 舊鐵을 주조하게 하였다. 鐵官과 小鐵官은 모두 大司農에 예속되어 있었다.

115) 원문 "禁錢"이란 內廷에 모아둔 돈이며 또한 少府가 관장하던 황제의 '私奉養'이다.

116) 軺車는 작고 민첩한 馬車를 말한다. 『漢書』「武帝紀」의 기록에 의하면, 元光 6년(기원전 129년)에 車稅를 징수하기 시작하였다.

모두 정해진 등급이 있었으니 그것을 따르십시오. 상공업자들은, 예를 들면 고리대금을 놓는 사람, 싸게 사서 비싸게 파는 사람, 성 안에 살면서 물건을 쌓아두는 사람, 그리고 여러 가지 장사를 통해서 이익을 얻는 사람들은 비록 영업등록증이 없다고 할지라도, 그들 스스로가 정부에 자신들의 재산을 신고하여, 일률적으로 민전(緡錢) 2,000에 1산(算)[118]씩 내도록 해야만 합니다.[119] 여러 수공업자들도 세금이 있으니 주조업자들까지 포함해서, 일률적으로 민전 4,000에 1산씩 내도록 해야만 합니다. 관리에 상등(相等)하는 사람과 삼로(三老) 그리고 북변기사(北邊騎士)를 제외하고는,[120] 무릇 초거(軺車) 1량(輛)이면 1산을 내도록 해야 하고, 상인들은 초거 1량이면 2산을 내도록 해야 합니다. 배가 5장(丈) 이상이면 또한 1산을 내도록 해야 합니다. 만약 재산을 은닉하고 신고를 하지 않았거나 일부만 신고한 자는, 일년 동안 변방에 보내고, 신고에서 누락된 민전은 모두 몰수하여야만 합니다. 이것을 고발하는 자에게는 몰수한 민전의 반을 주어야만 합니다. 상인으로 등록한 자나 그 가족들이 개인 명의로 전지(田地)를 점유하지 못하도록 하여 농민에게 이익을 주어야만 합니다. 감히 조령(詔令)을 위반하는 자가 있으면, 그의 전지와 동복(僮僕)을 몰수해야 합니다.

천자는 복식(卜式)의 말이 생각이 나서, 그를 불러 중랑(中郎)[121]의 관직과 좌서장(左庶長)의 작위를 부여하고, 다시 전지 10경(頃)[122]을 하

---

117) '緡錢'의 '緡'이란 돈을 꿰는 줄인데, 한 줄에 1,000錢을 꿰었다. '緡錢'은 속칭 '貫錢'이라고도 한다. 漢代에 상공업자에게 재산세를 징수할 때, 그 자산을 계산하는 단위의 명칭이며, 동시에 상공업자산세 명칭이기도 하다. 『漢書』「武帝紀」에 元狩 4년 초에 緡錢을 징수하였다고 되어 있을 뿐, 『史記』나 『漢書』 다른 어디에도 기록이 없으니, 아마 漢 武帝 이전에 상인들에게 징수하였던 '訾算(재산세)'을 가리키는 것인지도 모른다. 당시 자산 1만에 127文을 세액으로 하였는데(『漢書』「景帝紀」에서 應劭와 服虔의 주를 인용), 상인은 그 2배로 하였다.

118) 算 : 세액의 단위 명칭.

119) 상인들의 재산은 緡錢을 단위로 계산을 하는데, 緡錢 2,000에 1算을 낸다. 1算은 120文이다.

120) 원문 "吏比者"는 관리에 상등하는 사람으로, 千夫나 五大夫 이상의 작위를 가진 사람을 가리킨다. 三老는 교화를 관장하는 鄕官으로 西漢에는 鄕三老와 縣三老가 있었다. 北邊騎士는 북쪽 변방의 군에 기사로 있는 사람을 말한다.

121) 中郎 : 황제의 시종관.

122) 頃 : 田地 100畝가 1頃이다.

사하고는, 천하에 포고하여, 모두들 복식의 사적(事迹)을 명확하게 알도록 하였다.

  당초 복식은 하남군(河南郡) 사람으로 경전(耕田)과 목축을 업으로 삼았다. 부모가 돌아가셨을 때 그에게는 어린 동생이 하나 있었다. 동생이 성인이 되자, 집을 떠나면서 키우던 양 100마리만 남겨두고, 나머지는 모두 동생에게 주었다. 복식은 산에 들어가서 십수 년간을 방목하니, 양이 천여 마리가 되어, 그것으로 집과 전지를 샀다. 그러나 그의 동생은 오히려 완전히 파산하였으니, 다시 그에게 자신의 재산을 수차례에 걸쳐 나누어주었다. 당시 한나라는 계속해서 장수를 파견하여 흉노를 공격하고 있을 때였는데, 복식은 글을 올려, 재산의 반을 조정에 바쳐 변방의 비용으로 쓰고자 하였다. 그러자 천자는 사자를 보내어 복식에게 묻기를 “관리가 되고 싶은가?”라고 하자, 복식이 대답하기를 “저는 어려서부터 목축만 하여, 관리가 되는 일에 전혀 익숙치 않으니, 그런 마음은 전혀 없습니다”라고 하였다. 다시 사자가 묻기를 “그렇다면 혹시 집안에 억울한 일이 있어서 제소하려고 하는 것은 아닌가?”라고 하자, 복식은 말하기를 “저는 평생 다른 사람과 다툰 적이 없습니다. 동네 사람들 중 가난한 사람이 있으면 베풀어주었고, 품행이 좋지 않은 사람이 있으면 선도하였으니, 동네 사람들 모두가 저를 따르는데 어찌 억울한 일이 있겠습니까? 그러니 저는 제소할 아무런 이유도 없습니다”라고 하였다. 다시 사자가 말하기를 “만약 그렇다면, 그대는 어찌하여 이렇게 하고자 하는가?”라고 묻자, 복식이 대답하기를 “천자께서 흉노를 토벌하실 때, 현자는 마땅히 싸움터에서 절개를 지켜 죽어야 하고, 돈 있는 자들은 마땅히 축적한 재산을 헌납하여야만이, 흉노는 소멸될 것이라고 생각하기 때문입니다”라고 하자, 사자가 그의 말을 전부 기록하고는 궁중으로 돌아가 천자에게서 보고하였다. 천자가 복식의 말을 승상(丞相)인 공손홍에게 이르니, 공손홍이 아뢰기를 “이것은 인지상정이 아닙니다. 본분을 지키지 않는 사람을 교화의 모범으로 삼아 법규를 문란하게 해서는 아니 되니, 원컨대 폐하께서는 그의 청을 들어주어서는 아니 되옵니다”라고 하자, 황상(皇上)은 복식의 상서를 오랫동안 처리하지 않고 있다가, 몇년이 지난 후 복식에게 그냥 돌아갈 것을 명령하였다. 복식은 돌아간 이후에도 여전히 밭을 갈고 양을 키웠다. 1년여가 지난 후에도, 계속해서 수차례에 걸쳐 출병을 하자, 혼야왕(渾邪王) 등이 투항해오니, 조정에서 드는 비용이 대단히 많아져, 창부(倉府)[123]가 모두 비어버렸다. 그 다음해[124]에는 빈민들이 대량으로 옮겨와서 조정의 배급에만 의지하니,[125] 그들 모두에게 공급해줄 방법이 없었다. 이때 복식이 하남 태수에게 20만 전을 주어, 이로써 이민(移民)들에게 공급하게 하였다. 하남 태수는 빈민들을 구제한 부자들의 명부를 천자에게 올리니, 천자는 복식의 이름을 보고, 그를 기억하여 말하기를 "이 사람은 진실로 예전에도 재산의 반을 헌납하여 변방의 비용으로 쓰고자 하였다"라고 하고는, 복식에게 400명의 과경전(過更錢)을 하사하였다.[126] 그러자 그는 그것을 다시 정부에 전부 헌납하였다. 당시 부자들 대부분은 다투어 재산을 은닉하려고 하였는데, 복식만은 오히려 재산을 헌상하여 변방의 비용에 보태고자 하였다. 그리하여 천자는 복식이 필경 덕행이 있는 사람이라고 여겨, 그의 고귀함을 세상에 널리 알려 백성들을 교화시켰다.

당초에 복식은 낭관(郎官)이 되기를 원하지 않았다. 그러자 황상이 이르기를 "짐이 상림원에 양을 가지고 있는데, 그대가 그것들을 키웠으면 하네"라고 하니, 복식은 그제서야 낭관의 직위를 받아들여, 베옷과 풀신 차림으로 양을 키웠다. 1년여가 지나자 양은 비대하게 자랐고 번식 또한 대단하였다. 황상이 상림원을 지나다가, 복식이 양 키우는 것을 보고, 그를 대단히 칭찬하였다. 복식이 이르기를 "양 키우는 것뿐만 아니라 백성들을 다스리는 것 또한 이와 같을 것입니다. 시간에 맞추어 일어나게 해야 하기도 하고, 쉬게도 해야 합니다. 그리고 병든 양을 발견하였을 때는, 재빨리 없애서 나머지 양들이 해를 입는 것을 방지해야 합니다"라고 하니, 황상은 그가 심상치 않은 인물이라고 여겨, 구지(緱氏)[127]의 현령

123) "倉"은 식량을 저장하는 쌀 창고를 말하고, "府"는 돈을 보관하고 있는 곳집을 말한다.
124) 元狩 3년(기원전 118년).
125) 元狩 3년에 빈민 70여 만 명이 關 이서 및 朔方 이남 지역으로 옮긴 것을 말한다.
126) 漢나라의 법규에 의하면, 성년 남자는 누구나 일정 기간 국가를 위하여 변방을 지켜야 한다. 만약 변방을 지키기를 원하지 않는 자는, 일인당 300錢의 비용을 내면, 정부에서 사람을 고용하여 대역을 써준다. 바로 이 代役錢이 바로 '過更錢'이다. 卜式에게 매년 400명의 過更錢을 하사하였다는 것은, 총 12만 錢이나 되는 많은 돈이다. 일설에는 그의 집안사람 400명의 役을 면해준 것이라고도 한다.
127) 緱氏 : 현 이름. 지금의 河南省 偃師縣 동남쪽.

(縣令)[128]으로 보내어 그를 시험하였다. 구지현 사람들이 모두 그가 다스리는 방법이 훌륭하다고 하자, 다시 성고(成皋)[129] 현령으로 전출시켜 조운(漕運)까지도 맡기니 그 성적이 제일이었다. 이에 황상은 복식을 대단히 충성스럽고 성실한 사람으로 여겨, 그를 제왕(齊王)의 태부(太傅)로 삼았다.

또한 공근(孔僅)은 천하를 순행하며 관영(官營)으로 철기를 주조하는 일을 처리하였는데, 3년 되던 해[130]에 대농령(大農令)으로 승진하여, 구경(九卿)의 열(列)에 올랐다. 한편 상홍양(桑弘羊)은 그해에 대농승(大農丞)이 되어 여러 가지 회계[131]의 일을 맡아보았다. 이때부터 균수관(均輸官)을 설치하기 시작하여 각지의 산물을 유통시켰다.[132]

처음으로 하급 관리도 정부에 곡물을 헌납할 수 있도록 하여 관급(官級)을 올려주었는데, 600석에서 그치게 하였다.[133]

백금과 오수전을 주조한 지 5년째가 되던 해, 돈을 몰래 주조한 죄로 사형선고를 받은 이민(吏民) 수십만 명을 사면하였다.[134] 그러나 증거도 없이 관부의 고문으로 죽은 자 또한 이루 헤아릴 수가 없었다. 또한 자수한 자 백수십만 명을 사면하였으나, 자수한 자는 절반도 채 안 되는 숫자였다. 왜냐하면 세상 사람들 대부분이 돈을 몰래 주조하였기 때문이다. 범법자가 너무 많아서 모두 체포하여 죽일 수가 없자, 조정에서는 박사(博士)인 저대(褚大), 서언(徐偃) 등을 파견하여, 여러 조(組)로 나누어

---

128) 漢代에는 만 호 이상의 縣官은 '令'이라고 하고, 만 호 이하의 縣官은 '長'이라고 하였다.

129) 成皋 : 현 이름. 지금의 河南省 滎陽縣 氾水鎭.

130) 元鼎 2년(기원전 115년).

131) 會計 : 고대의 소위 '會計'란 조정에서 재물을 관장하고 세금을 매겨, 月計와 歲會의 일을 행하는 것을 가리킨다. 매월 계산은 '計'라고 하고 일년의 합산은 '會'라고 한다.

132) 均輸는 漢 武帝가 실행한 일종의 경제조치이다. 각 郡國에 均輸官을 설치하여 징수 및 화물의 매매와 운수를 통일하여, 이로써 각지의 공급을 조절하였다. 元鼎 2년에 몇몇 지구에 均輸官을 설치하기 시작하여 元封 1년(기원전 110년)에는 전국에 걸쳐 두루 均輸官을 설치하게 되었다.

133) 관리가 되고자 하는 자는 곡식을 정부에 헌납하면 관직을 받을 수 있었는데, 200石에서 600石까지 가능하였다. 郡丞이나 縣長 및 曹丞은 모두 600石이었다.

134) 『漢書』「武帝紀」에 의하면, 元狩 4년(기원전 119년)에 백금을 주조하였고, 5년에 五銖錢을 발행하였으며, 元鼎 1년(기원전 116년)에 천하에 赦免令을 내렸으니, 앞뒤를 따져도 4년에 불과하니, 응당 "後三歲"로 고쳐야 한다.

각 군국을 순행하도록 하여, 토지를 겸병하고 있는 무리나 사욕을 위해서 부정을 저지르는 군수나 재상들을 검거하게 하였다. 이때 어사대부(御史大夫)¹³⁵⁾ 장탕(張湯)은 마침 존귀한 신분으로 실권을 쥐고 있었고, 감선(減宣)¹³⁶⁾과 두주(杜周)¹³⁷⁾ 등은 중승(中丞)¹³⁸⁾의 직을 맡고 있었고, 의종(義縱),¹³⁹⁾ 윤제(尹齊),¹⁴⁰⁾ 왕온서(王溫舒)¹⁴¹⁾ 등은 엄격하고 가혹하게 법을 적용하였으므로 구경(九卿)에 올라 있었고, 그리고 하란(夏蘭)과 같은 수의직지(綉衣直指)¹⁴²⁾가 출현하기 시작하였다.

대농령(大農令) 안이(顔異)가 피살되었다.¹⁴³⁾ 당초 안이는 제남(濟南)¹⁴⁴⁾의 정장(亭長)¹⁴⁵⁾을 지냈는데, 청렴하고 정직하여 조금씩 승진하여 구경에 이르렀다. 황상과 장탕은 그 전에 흰 사슴으로 된 가죽화폐를 만

---

135) 御史大夫：당시 丞相 다음 가는 최고 장관으로서, 주요 직무는 감찰과 법을 집행하는 것이며, 겸해서 문서, 지도, 호적 등도 관리한다.

136) 減宣：楊縣(지금의 山西省 洪洞縣 동남쪽) 사람이다. 처음에는 佐史給事, 河東태수를 거쳐, 나중에 中丞의 지위에 올랐다.

137) 杜周：南陽 杜衍(지금의 河南省 南陽市 서남쪽) 사람이다. 義縱이 南陽 태수일때 杜周를 보좌관으로 삼았다. 후에 張湯을 섬겨 御史에 올랐다.

138) 中丞：御史大夫에 예속된 관직이다. 公卿들의 奏事(천자에게 아뢰는 사항)를 접수하고, 탄핵안 등을 제출한다.

139) 義縱：河東(지금의 山西省 河縣 북쪽) 사람이다. 群盜 출신이다. 武帝 때 長陵 令과 長安令을 역임하며, 법을 엄격하게 집행하였다. 이어서 河內都尉에 올라 권문세가인 穰氏의 가속을 족멸하고, 나중에 右內史가 되었다. 告緡令을 저지하다가 피살되었다.

140) 尹齊：東郡 茌平(지금의 山東省 茌平縣 서남쪽) 사람이다. 문서작성관에서 점차 御史까지 올랐다. 張湯을 섬겼고, 토벌을 하는 데 황제의 친척에게도 예외를 두지않았다. 武帝가 그를 유능하다고 여겨 中尉가 되었다.

141) 王溫舒：陽陵(지금의 陝西省 高陵縣 서남쪽) 사람이다. 도굴꾼 출신이다. 張湯을 섬겨 御史가 되었다. 도적들을 감독하면서 살상을 심하게 하였다. 河內 태수로옮겨서는 郡內의 권문세가들을 잡아 죽였고, 1,000여 家를 연좌하여, 그 유혈이 10여 里에 이를 정도였다. 張湯이 패한 후 廷尉로 옮겼다가, 다시 少府에 임명되었다. 그는 아첨에 능해, 세도가에게는 간사함이 산과 같았고, 세도가 없는 이에게는 비록황족이라고 할지라도 반드시 侵辱을 가하였다.

142) 直指는 漢나라 조정에서 특별히 파견한 관리로서, 繡衣를 입고 사절로 파견되어, 군대를 파병할 권한도 있고, 일을 처리하지 못하는 관원을 죽일 수 있는 권한도 가졌다. '直指繡衣'라고도 부르며, 혹 '直指繡衣使者'라고도 부른다.

143) 『漢書』「百官公卿表」에 의하면, 顔異는 元狩 6년에 죽었다.

144) 濟南郡, 東平陵(지금의 山東省 章丘縣 서북쪽)을 관할하였다.

145) 亭長：西漢 때 鄕村의 매 10里마다 1亭을 설치하여, 亭에는 亭長을 두고, 치안경비를 관장하게 하였으며, 머무는 여행객을 아울러 관리하게 하면서, 民事를 처리하였다.

들고는, 안이에게 의견을 구한 적이 있었다. 이에 안이는 이르기를 "현재 제후와 열후들이 폐하께 푸른 옥구슬로써 하례를 하는데, 그 값은 수천 전에 불과하나 그것을 감싸는 가죽은 40만 전이나 나가는 귀중한 것이니, 본말이 맞지를 않습니다"라고 하자, 황상이 듣고는 대단히 불쾌하게 여겼다. 또한 장탕이 평소에 안이와 악감정이 있었으니, 어떤 사람이 조정 비방죄로 고발하기를 기다렸다가, 그 사건을 장탕에게 주어 심리하게 하였다. 안이는 손님과 이야기를 나누다가, 그 손님이 조령이 막 반포되었을 때 대단히 불편했다고 이야기를 해대자, 그는 맞장구 대신에 단지 입술을 조금 삐죽거려 동의를 표시하였다. 장탕은 안이가 구경의 몸으로서 정령(政令)에 불만이 있으면, 입조(入朝)하여 진언을 하지 않고, 마음 속으로 불만을 가졌음은, 죽을 죄임이 분명하다고 주상(奏上)하였다. 이 일이 있은 후, 복비(腹誹)라는 법례가 생겨서, 공경대부들 대부분이 아첨으로써 보신(保身)하였다.

천자가 이미 민전령(緡錢令)을 반포하고, 복식(卜式)을 존숭하도록 하였으나, 백성들이 끝까지 돈을 내어 조정을 도우려고 하지 않자, 사람들로 하여금 민전(緡錢)을 부실하게 신고한 상인들을 고발토록 하였다.[146]

군국(郡國)에는 교묘한 방법으로 주조한 돈이 대단히 많았는데,[147] 그 돈은 대부분이 매우 가벼웠다. 그리하여 공경은 경사(京師)의 종관(鍾官)들로 하여금 적측전(赤側錢)을 주조하도록 청하여,[148] 그것의 1전을 5전으로 하였고, 정부에 돈을 낼 때에는 적측전이 아니면 안 되게 하였다. 그러고 나니 백금이 점점 가치가 떨어져서 백성들이 사용을 꺼리자, 정부는 명령을 내려 이러한 상황을 종식시키려고 하였으나, 아무 소용이 없었다. 이로부터 1년 후에 백금은 마침내 폐기되어 사용되지 않았다.

이해[149]에 장탕이 죽었으나 백성들은 아무도 그를 생각하지 않았다.

장탕이 죽은 뒤 2년이 되던 해,[150] 적측전의 가치가 떨어지자, 백성들

---

146) 『漢書』「武帝紀」에 의하면 元鼎 3년 11월에 告緡令을 내려, 백성들에게 고발을 장려하여, 이로써 몰수한 緡錢의 반을 고발자에게 주었다.
147) 교묘한 방법을 사용하여, 鉛錫을 섞어 주조하는 것으로써, 규격에 맞지 않았다.
148) 鍾官은 水衡都尉에 속한 관직으로서, 鑄錢을 관장하였다. 元鼎 2년(기원전 115년)에 鍾官이 赤側錢을 주조하였다. 그 돈은 赤銅으로 테두리를 하였기 때문에 '鍾官赤側'이라고 하였다.
149) 元鼎 2년(기원전 115년).
150) 張湯이 죽은 뒤 2년이라고 함은 틀림없이 元鼎 4년이나, 아래 기술한 것은 모두

은 교묘한 방법으로 그것을 배척하여, 통용이 되지 않자, 다시 폐기하였다. 그리하여 군국에서 주전하는 것을 완전히 금지하고, 상림삼관(上林三官)[151]에게 주전할 것을 명령하였다. 돈이 이미 주조된 것이 너무나 많아서 삼관전(三官錢) 이외에는 통용을 불허하고, 또한 각 군국에서 이미 만들어놓았던 돈은 모두 폐기하여 녹여서, 그 동은 삼관(三官)으로 보낼 것을 천하에 명령하였다. 백성들의 주전(鑄錢)이 점점 줄어들었다. 왜냐하면 주전하는 비용이 그 돈의 가치를 초과하였기 때문이다. 단지 기술이 교묘한 부호들만 몰래 주조를 계속할 수 있을 뿐이었다.

복식이 제왕(齊王)의 상(相)이 되었다. 양가(楊可)가 고민(告緡)[152]을 주관하자, 고민사건이 천하에 두루 퍼져, 중산층 이상의 상인들은 대부분 고발되었다. 두주(杜周)가 이 사건을 심리하였는데, 사건을 뒤집는 경우는 거의 없었다. 그리하여 어사(御史),[153] 정위정감(廷尉正監)[154]을 조를 나누어 파견하여, 주재(駐在)하는 군국에서 고민사건을 처리하였는데, 백성들의 재산은 억으로 계산할 정도로, 노비의 수는 천만으로 계산할 정도로, 밭은 큰 현의 경우에는 수백 경, 작은 현의 경우에는 백수십 경 정도를 얻었고, 주택도 마찬가지로 상당히 얻었다. 당시 중산 이상의 상인들은 대부분이 파산하였고, 백성들은 단지 눈앞의 먹고 입는 것에 급급하였을 뿐이지, 자신들의 사업에 종사하면서 재산을 더 이상 축적할 수가 없었다. 그러나 조정은 소금과 철을 관영하고 민전을 고발한 연유로 재산이 점점 더 풍족해졌다.

함곡관(函谷關)을 동쪽으로 옮기고,[155] 좌우 보도위(輔都尉)를 설치하

元鼎 3년(기원전 114년) 때의 기록이다.

151) 上林三官：陳直의 『史記新證』에 의하면 鍾官, 辨銅, 技巧 등 三令丞을 가리킨다. '三官'은 모두 水衡都尉에 속하고, 水衡都尉는 上林苑에 설치되어 있어 '上林三官'이라고 부른다.

152) 告緡：緡錢을 누락하거나 부실하게 신고하였을 때, 그것을 고발하는 것.

153) 御史：西漢 때, 御史大夫 아래 御史中丞이 있고, 御史中丞 아래에 御史를 보좌하는 자가 15명이 있는데, 이들을 통칭 御史라고 부른다.

154) 廷尉正監：西漢 때 廷尉 아래에 廷尉正과 左右監이 있었는데, 모두 사법관이다.

155) 원문의 "益廣關"이란 函谷關을 동쪽으로 이동하였다는 뜻이다. 函谷關은 원래 河南省 靈寶縣 동북쪽에 있었다. 關이 너무 골짜기에 있어, 깊고 험한 것이 마치 函과 같다고 하여 이렇게 이름지었다. 현재 關門이 남아 있다. 元鼎 3년에 關을 지금의 新安縣 동쪽으로 옮겨갔다. 옛 關과는 300리 정도 떨어져 있다. 지금도 遺址는 남아 있다.

였다.[156]

처음에 대농령(大農令)은 염철관(鹽鐵官)을 관리하면서 각처에 많이 분산되도록 하였고, 수형도위(水衡都尉)를 설치하여,[157] 그들로 하여금 소금과 철을 주관하도록 하고자 하였다. 그러나 양가가 고민전을 주관하고 난 후, 상림원이 몰수한 재산으로 가득 차자, 곧 명령을 내려서 수형도위로 하여금 상림원을 관리하게 하였다. 상림원에 재물이 이미 꽉 차자, 상림원을 확충하였다. 이때 남월(南越)이 배를 이용해서 한나라와 전쟁을 벌이려고 하자, 곤명지(昆明池)를 크게 수리하여,[158] 그 주위에는 누관(樓觀)을 배열하였다. 또한 누선(樓船)을 건조하였으니, 그 높이가 십수 장(丈)이나 되었고, 그 위에 깃발을 꽂으니 아주 장관이었다. 당시 천자는 마음이 동하여 백량대(柏梁臺)를 지으니, 그 높이가 수십 장이나 되었다. 궁실의 건축이 이때부터 화려해지기 시작하였다.

이리하여 몰수한 재산을 각 관부에 나누어주니, 수형(水衡), 소부(少府), 대농(大農), 태복(太僕)[159] 등은 각자 농관(農官)을 설치하여, 가끔 각 군현(郡縣)이 몰수한 전지로 가서 농사를 지었다. 몰수한 노비는 각 원(苑)으로 보내어,[160] 양과 말 그리고 여러 짐승들을 키우도록 하였고, 일부는 각 관부로 보내어 노역에 종사하도록 하였다. 각 관부에 어지럽게 설치된 관직으로 인해서 관원의 수가 더욱 늘었고, 노역에 종사하는 노비가 또한 늘어나니, 매년 황하의 하류에서 올라오는 조운 400만 석에다 정부에서 직접 출자하여 산 양식을 보태야만, 겨우 충당할 수 있었다.

소충(所忠)[161]이 아뢰기를 "세가(世家)의 자제들과 돈 있는 자들 중 어떤 자는 닭을 싸움 시키고, 어떤 자는 개와 말을 달리기 시키고, 어떤 자

156) 『漢書』「百官公卿表」에 의하면 元鼎 4년에 三輔都尉를 설치하였다. 左輔都尉는 高陵(지금의 陝西省 高陵縣)을 다스렸고, 右輔都尉는 郿(지금의 陝西省 眉縣)를 다스렸으며, 京輔都尉는 華陽(지금의 陝西省 華陽縣)을 다스렸다. 여기서 左右輔를 설치하였다고 한 것은 아마도 생략하여 쓴 것임에 틀림없다.
157) 元鼎 2년에 水衡都尉를 설치하여, 上林苑을 관장하고, 아울러 황실의 재물 및 鑄錢을 관리하게 하였다.
158) 元鼎 2년(기원전 115년).
159) 太僕 : 황제의 輿馬와 馬政을 관장하였으며, 九卿 중의 하나이다.
160) 武帝 때 上林苑 이외에도 博望苑이 있었고, 변두리 군에는 6개의 牧師苑이 있어 말을 길렀다.
161) 所忠 : 武帝의 측근 신하.

는 사냥으로 도박을 하여, 평민들을 미혹시키고 나아가 혼란에 빠뜨리고 있습니다"라고 하자, 법령을 어긴 자들에게 징벌을 가하니, 상호 연루된 자가 수천 명이나 되었으며, 그들을 '주송도(株送徒)'라고 불렀다. 이때 정부에 재물을 바치는 자는 낭관(郎官)에 보해질 수 있었으니, 낭관을 선발하는 제도는 폐지되었다.

이때[162] 산동 지구는 황하가 범람하는 재해를 만나 계속해서 몇년 동안 수확을 하지 못하니, 사람이 사람을 잡아먹는 상황에 이르렀고, 재해지구가 사방 1, 2천 리에 걸쳐 있었다. 천자는 재해를 당한 백성들을 불쌍히 여겨, 조서를 내려 이르기를 "강남(江南)[163]은 화경수누(火耕水耨)[164]하는 곳으로서, 굶주린 자들로 하여금 장강과 회수 사이로 옮겨가서 먹게 하고, 그곳에 머물고자 하는 자는 머물 수 있도록 하겠노라!"라고 하니, 조정에서 파견한 사자들의 수레가 도로 위에 끊어지지 않을 정도로 이어지면서, 장강과 회수로 옮겨가는 굶주린 자들을 보살폈고, 파와 촉 지구의 양식까지도 운반해 내려와 그들을 구제하였다.

그 다음해[165] 천자가 군국을 순시하였다. 동쪽으로 황하를 건너오자, 하동 태수(河東太守)[166]는 천자가 올 거라고는 생각지도 않고 있다가, 숙식공급을 다하지 못하여 자살하였다. 천자는 다시 서쪽으로 농산(隴山)을 지나자,[167] 농서(隴西) 태수 또한 천자가 갑자기 온 까닭으로 천자의 수행원들을 먹이지 못하여 역시 자살하였다. 당시 천자는 북쪽으로 소관(蕭關)[168]을 나섰는데, 수만 기병을 수행하여 신진(新秦) 지구에서 몰이 사냥을 하면서, 한편으로는 변경의 병사들을 검열한 후 경사로 돌아왔다. 그런데 신진 지구의 어떤 곳은 천리에 이르는 동안 봉화정(烽火亭)과 요

---

162) 『漢書』「武帝紀」에 의하면, 그 일은 元鼎 2년에 있었다.

163) 江南 : 지금의 湖北省의 長江 이남과 湖南省 그리고 江西省 일대를 가리킨다.

164) 火耕水耨 : 고대에 사용한 일종의 조잡한 경작방법이다. 먼저 밭에다 불을 놓아 잡초를 태우고, 그것을 비료로 하여 물을 대어 모를 심는다. 다시 잡초가 생기는 것을 기다렸다가 재차 풀을 뽑아 없앤다.

165) 元鼎 4년(기원전 113년).

166) 河東 太守 : 河東郡 태수를 가리킨다. 河東郡은 安邑을 다스렸다. 지금의 山西省 夏縣 동북쪽.

167) 元鼎 5년(기원전 112년)의 일이었다. 隴山은 지금의 陝西省 隴縣 서북쪽에 있다.

168) 蕭關 : 지금의 寧夏回族 자치구 高原縣 동남쪽이며, 關中에서 요새의 북쪽으로 통하는 교통 요충지였다.

새가 보이지 않자, 북지군(北地郡)[169] 태수 이하 여러 관리를 죽이고는, 명령을 내려 백성들이 변경의 각 현에서 목축에 종사할 수 있도록 허가하고, 관부(官府)로부터 어미말을 빌려 만 3년 뒤에 돌려줄 때, 10분의 1의 이자를 내도록 하고는,[170] 고민령을 폐지하였다. 이러한 방법으로 이민들을 많이 끌어들여 신진 지구를 건실하게 만들었다.

이미 보정(寶鼎)을 얻어 후토사(后土祠)와 태일사(太一祠)를 건립하니,[171] 공경대신들이 봉선(封禪)[172]의 의식을 거행할 것을 건의하자, 천하의 각 군국들은 모두 다투어 길과 다리를 건설하고 옛 궁을 고쳤으며, 천자가 거동하는 길에 인접해 있는 각 현은 음식을 준비하여, 주식용(酒食用)의 그릇과 잔을 마련하여, 천자가 왕림하기를 학수고대하였다.

다음해[173] 남월(南越)이 반란을 일으켰고 서강(西羌)이 변경을 침범하여 해를 입혔다.[174] 그리하여 천자는 당시 산동 지구의 수확이 좋지 못하자, 천하의 죄수들을 모두 사면하고는 종군하도록 하여, 남방의 수군(水軍)과 더불어 약 20만 명이 남월을 공격하였고,[175] 삼하 이서(三河以西)[176]의 기병들을 징발하여 서강을 공격하였고,[177] 다시 수만 명을 파견

169) 北地郡 : 지금의 甘肅省 慶陽縣 서북쪽.
170) 관가로부터 어미말 열 마리를 빌리면, 3년 후 돌려줄 때 망아지 한 마리를 이자로 끼워 갚는 것을 말한다.
171) 『漢書』「武帝紀」와「郊祀志」에 의하면, 元鼎 4년 11월 汾陰(지금의 山西省 萬榮縣 서남쪽 寶鼎)의 언덕에 后土 사당을 세운 후, 같은 해 6월에 后土 사당의 주위에서 寶鼎을 얻었다. 后土는 토지신을 말한다. '泰一'은 또한 '太一'이라고도 한다. 즉 천신을 말한다. 「武帝紀」에 의하면 元鼎 5년 11월에 甘泉(궁전 이름, 지금의 陝西省 淳化縣 서북쪽 甘泉山에 있었다)에 太一 사당을 세웠다.
172) 封禪 : 전국시대 齊와 魯 나라에서는 많은 儒士들이 五嶽 중 泰山이 가장 높다고 여겨, 제왕은 응당 泰山에서 제사를 모셨다. 泰山에 올라 단을 쌓아 하늘에 제사 모시는 것을 '封'이라고 하고, 산의 남쪽 梁父山에서 땅에 제사 모시는 것을 '禪'이라고 한다. 秦 始皇과 漢 武帝는 일찍이 이러한 의식을 행하였다.
173) 元鼎 5년(기원전 112년).
174) 『漢書』「武帝紀」에 의하면, 元鼎 5년에 南越의 재상 呂嘉가 반란을 일으켜서, 漢나라의 使者 및 왕과 태후를 살해하였다. 元鼎 5년 9월에는 西羌과 匈奴가 결합하여, 10여 만 명이 반란을 일으켜 故安(지금의 甘肅省 蘭州市 남쪽)과 枹罕(지금의 甘肅省 臨夏縣 동북쪽)을 공격하였다.
175) 권113「南越列傳」과 『漢書』의「武帝紀」,「五行志」 등에서는 모두 죄인 및 江水와 淮水 이남의 수군 10만 명으로 南越을 공격하였다라고 하였으니, 20여 만 명은 사실과 다르다.
176) 『漢書』「武帝紀」에는 元鼎 6년에 隴西, 天水, 安定의 騎士 및 中尉 그리고 河南과 河內의 兵卒 10만 명을 보내어 西羌을 정벌하였다고 쓰여 있다. 漢나라 때는 河

하여 황하를 건너 영거성 (令居城) [178]을 지었다. 처음에 장액군(張掖郡)과 주천군(酒泉郡)을 설치하여[179] 상군 (上郡), [180] 삭방(朔方), 서하(西河), [181] 하서 (河西) [182] 등의 개전관(開田官) [183]과 척새졸(斥塞卒) [184] 60만으로 하여금 변경을 방어하면서 한편으로는 농사를 짓게 하였다. 한편 국가에서는 도로를 고쳐 식량을 운반하였는데, 멀리는 삼천리, 가까이는 천여 리를 모두 대농(大農)이 공급해주었고, 변방의 병기가 부족하면 무기고나 공관(工官)의 병기를 꺼내어 보급해주었다. 또한 전마(戰馬)가 모자라는데도 조정에 돈이 없어서 말을 사기가 정히 어려우면, 법령을 제정해서라도 봉군(封君) 이하 300석급(三百石級) 이상의 관리들에게서 등급에 따라 어미말을 갹출하였다. 그리고는 전국 각 정 (亭)에 말을 공급하여 키우게 하고는, 매년 정부에서는 각 정에 일정한 마세 (馬稅)에 해당하는 말을 징수하였다.

제나라의 상(相) 복식은 천자에게 글을 올려 아뢰기를 "신이 듣기로는 폐하께 근심이 있다는 것은 신하의 치욕이라고 하였습니다. 현재 남월에서 반란이 일어났으니, 저희 부자가 제나라 사람 중 배를 잘 다루는 자들을 이끌고 전쟁터에 나아가 죽음을 무릅쓰고 싸우겠습니다"라고 하자, 천자가 조서를 내려 이르기를 "과거에 복식은 몸소 농사를 짓고 가축을 길

內, 河南, 河東을 '三河'라고 하였고, 隴西, 天水, 安定이 三河 이서에 있으니, 여기서 "三河以西"라고 한 것이다.

177) 원문의 "數萬人"은 문법에도 맞지 않고, 『漢書』「食貨志」나 「武帝紀」에도 "十萬人"이라고 되어 있으니, 이것은 응당 빼버려야 한다.

178) 令居城 : 지금의 甘肅省 永登縣 서북쪽.

179) 『漢書』「武帝紀」에 의하면, 元狩 2년에 武威와 酒泉 2개 군을 설치하였고, 元鼎 6년에는 다시 武威郡을 나누어 張掖郡, 酒泉郡을 나누어 敦煌郡이라고 하였다. 이곳 원문에서는 '敦煌'을 "酒泉"이라고 하였는데, 『史記志疑』와 『廿二史考異』에서는 모두 오기라고 여기고 있다. 王先謙의 『漢書補注』에서도 역시 '酒泉'은 오자라고 여기고 있다. 張掖郡은 지금의 甘肅省 張掖縣 서북쪽에 위치하였고, 敦煌郡은 지금의 甘肅省 敦煌縣 서쪽에 위치하였다.

180) 上郡 : 지금의 陝西省 楡林縣 동남쪽.

181) 西河 : 군 이름. 지금의 내몽고 자치구 東勝縣 경계.

182) 河西 : 지역 이름. 지금의 甘肅省, 靑海省의 黃河 이서, 즉 河西의 회랑지대와 湟水 유역을 가리킨다.

183) 당시 4개 지구에 보편적으로 田官을 설치하여 屯田을 主持하였는데, 이것을 합쳐서 '開田官'이라고 한다.

184) 당시 4개 지구에 兵卒 60만 명이 있었는데, 이들은 밭을 갈기도 하고 邊疆을 지키기도 하여, 그들을 '斥塞卒'이라고 부른다.

렀어도 이익을 도모하지 않았고, 남는 것이 있으면 언제나 조정의 비용에 보태었다. 현재 나라가 불행에 빠져 긴급한 일이 생기니, 복식은 발분(發奮)하여 자식과 더불어 죽음을 다하여 싸우려고 한다. 설사 전쟁에 참가하지 않는다고 할지라도, 충의가 내심으로부터 이미 충분히 나타났다고 할 수 있다. 따라서 관내후(關內侯)[185]의 작위와 황금 60근 그리고 밭 40경(頃)을 내리노라"라고 하였다. 그리고는 복식의 사적을 천하에 선포하였으나, 아무도 호응을 하지 않았다. 열후(列侯)[186]에 봉해진 자가 수백에 달하였으나, 군대에 참가하여 서강이나 남월을 쳐부수겠다고 하는 자는 아무도 없었다. 주주(酎酒)[187]로써 종묘에 제사를 지낼 때가 되자,[188] 소부에서 주금(酎金)을 검사하였는데, 열후 중에 주금이 규정에 어긋나는 죄를 범하여 후작(侯爵)을 잃은 자가 100명이 넘었다. 그리하여 복식은 어사대부로 임명되었다.

복식이 어사대부의 지위에 있으면서, 군국의 대부분이 소금과 철의 관영에 대하여 대단히 불편해하고 있다는 사실을 알았다. 왜냐하면 관에서 만든 철기는 조악하고, 가격 또한 비싸며, 어떤 철 관리는 백성들에게 억지로 관에서 만든 철기를 사도록 강요하였기 때문이다. 배에는 산세(算稅)가 있었는데, 장사하는 사람은 적고, 물가는 대단히 비싸서, 공근(孔僅)을 통하여 황상에게 배에다 산세를 징수하는 문제에 대해서 진언하였더니, 황상은 이때부터 복식을 탐탁치 않게 생각하였다.

한나라는 3년 동안 계속해서 병사를 일으켜서 서강을 토벌하고, 남월을 멸망시킨 후,[189] 반우(番禺)[190] 이서와 촉군(蜀郡) 이남에 새로운 군(郡) 17개를 설치하여, 잠시 그곳의 옛 관습대로 다스리면서 세금을 거두

185) 關內侯 : 20等爵 중 제19급.
186) 列侯 : 원래 명칭은 '徹侯'였으나 武帝의 諱字를 피하여 '通侯'로 개칭하였다가 다시 '列侯'로 고쳤다. 列侯는 모두 봉읍을 가졌으나 關內侯는 일반적으로 봉읍이 없었다.
187) 酎酒 : 세 차례에 걸쳐 거른 진국 술.
188) 해마다 8월이면 천자가 酎酒로써 종묘에 제사를 올렸는데, 諸侯王과 列侯 모두 규정에 따라 헌금을 하여 제사를 도왔다. 이것을 '酎金'이라고 한다. 여기서 "至酎"라고 한 것은 8월이 되어 종묘에 제사 지낼 때가 되었다는 뜻이다.
189) 元鼎 5년(기원전 112년)에 南越을 공격하였고, 元鼎 1년에 西羌을 정벌하고, 다시 東越을 공격하였으며, 元封 1년(기원전 110년)에 東越은 그들의 왕을 살해하고 항복하였다. 고로 공히 3년이다.
190) 番禺 : 지금의 廣州市 남부.

지 않았다. 남양(南陽)¹⁹¹⁾과 한중(漢中)¹⁹²⁾ 이남의 군(郡)은, 각자 그 땅에서 가까운 새로운 군의 관리 및 사병들에게 봉식(奉食)과 전물(錢物)을 공급하였고, 전거(傳車), 전마(傳馬)¹⁹³⁾ 및 거마(車馬)에 사용되는 피구(被具)까지도 대주었다. 그러나 새로운 군은 자주 소규모의 반란을 일으켰고, 한나라의 관리들을 살해하였다. 이에 한나라의 조정에서 남방의 관병들을 징발하여 그들을 토벌하러 나섰는데, 1년 걸러 만여 명이 동원되었고, 그 비용은 모두 대농이 충당하였다. 대농은 통일된 균수법으로 소금과 철의 공급을 조절하여 영리를 취함으로써 부세(賦稅)를 도와, 군대의 비용을 댈 수 있었다. 그러나 군대가 지나가는 각 현에서는 힘을 다하여 공급이 부족하지 않도록 해야지, 천부법(擅賦法)¹⁹⁴⁾을 내세워 거절하는 것은 감히 엄두도 내지 못하였다.

다음해, 즉 원봉(元封) 원년에 복식은 좌천되어 태자태부(太子太傅)를 맡았고, 상홍양은 치속도위(治粟都尉)¹⁹⁵⁾를 맡으면서 대농까지도 겸직하여, 완전히 공근 대신에 천하의 소금과 철을 관리하게 되었다. 상홍양은 각 관부가 장사하면서 서로 경쟁을 하여 물가가 오르고, 각지에서 부세 납부용으로 만든 물품 중 어떤 것은 운송비용으로도 충당이 되지 않자, 대농부승(大農部丞)¹⁹⁶⁾ 수십 명을 배치하여, 각 군국의 균수 및 염철을 분산 주관하게 하고, 각 군현은 곳곳에 균수관과 염관 그리고 철관을 설치하도록 주청하였다. 그리하여 먼 곳의 군현들로 하여금 바치고자 하는 물품이 가장 비쌀 때 상인들이 파는 가격에 맞추어 세금을 내게 하고, 균수관이 이것을 가지고 일괄적인 매매를 함으로써, 각지의 화물이 상호 교류되게 하여야 한다고 주장하였다. 또한 경사에는 평준관(平準官)을 설치하여,¹⁹⁷⁾ 각 군국에서 운반되어오는 화물을 총관리하게 하여야 하며,

---

191) 南陽 : 군 이름. 지금의 河南省 南陽市.
192) 漢中 : 군 이름. 陝西省의 옛 漢中道의 대부분과 湖北省의 옛 襄陽道의 일부분을 관할하였다.
193) 고대 驛站上의 수레를 '傳車,' 말을 '傳馬'라고 한다.
194) 擅賦法 : 정부에서 규정한 賦稅 이외에 다른 賦稅를 징수하는 것을 금지한 법.
195) 治粟都尉 : 漢나라 초기에만 있었고, 武帝 때는 없었다. 武帝 때 搜粟都尉를 설치하여 太常, 三輔, 飼馬의 粟을 관장하였다. 『漢書』「百官公卿表」,「霍光傳」,「西域傳」,『鹽鐵論』「伐功篇」 등은 모두 桑弘羊은 일찍이 搜粟都尉를 지냈다고 되어 있으므로, '治'는 당연히 '搜'로 고쳐야 한다.
196) 大農部丞 : 大農令의 屬官. 각 군국의 均輸 및 鹽鐵을 나누어 주관하였기에 '部丞'이라고 하였다.

공관(工官)을 불러 차량과 그 부품을 제조하게 하면, 그 비용은 모두 대
농이 지급하도록 하여야 한다고 주장하였다. 대농에 소속한 관리는 천하
의 화물을 모두 장악하여, 비쌀 때는 내다 팔고 쌀 때는 사들이도록 하여
야 하며, 이렇게 함으로써 돈 많은 장사꾼들은 큰 이익을 얻을 방법이 없
어져서 곧 본업인 농업에 힘쓰게 될 것이고, 따라서 각종 물건의 가격이
더 오를 리가 없게 될 것이며 이러한 방법으로 천하의 물가를 잡을 수 있
으니, 이것을 가리켜 '평준(平準)'이라고 할 수 있다고 하였다. 이러한
논리로 주청하니, 천자는 그것을 옳다고 여겨 시행하도록 하였다. 이해에
천자는 북으로는 삭방, 동으로는 태산, 다시 연해까지 순시하고, 북방의
변경을 따라 돌아왔다. 무릇 지나간 곳은 크게 상을 내려서, 비단 백수십
만 필 그리고 돈은 억 단위로 계산할 정도였는데, 이것은 모두 대농에게
서 취한 것이다.

상홍양은 관리들이 조정에 양식을 내면 관직을 승진시키고, 죄인들이
양식을 내면 속죄가 될 수 있도록 다시 주청하였다. 백성들 중 정해진 수
량에 따라 감천창(甘泉倉)[198]에 양식을 내는 자는 종신토록 요역을 면제
해주었고, 또한 이러한 사람에게는 고민(告緡)도 면제해주었다. 그리고
기타 각 군도 긴급히 필요한 곳에 양식을 보내주었고, 여러 농가도 수확
한 양식을 헌납하니, 산동 지구의 조운은 매년 증가하여 600만 석에 이르
렀다. 이렇게 한 결과 일년 내내 태창과 감천창은 양식으로 가득 찼고,
변경에도 양식이 여유가 있었다. 각지의 화물은 균수법을 통하여 일괄적
으로 운반하여 파니, 비단 500만 필의 이익을 챙길 수 있었다. 이렇게 되
니 백성이 더 이상의 부가세를 내지 않아도 국가의 재정은 충분하였다.
그리하여 상홍양은 좌서장(左庶長)의 작위를 받았고, 두 차례에 걸쳐 황
금을 100근씩 받았다.

이해에 작은 가뭄이 있어, 백관들로 하여금 강우(降雨)를 기원하도록
하였다. 복식이 진언하여 이르기를 "정부의 비용은 응당 정상적인 조세로
충당하여야만 합니다. 현재 상홍양은 관리를 시장의 점포에 앉혀, 장사를
해서 돈을 벌고 있습니다. 상홍양을 죽이면 하늘은 비로소 비를 내릴 것
입니다"라고 하였다.

---

197) 大農 屬官에는 平準令과 平準丞이 있어 물가를 관장하여 조절하였다.
198) 甘泉倉 : 지금의 陝西省 淳化縣 서북쪽 甘泉山에 있었다.

태사공은 말하였다.

농업, 공업 그리고 상업의 상호 교역이 이루어지면, 귀(龜), 패(貝), 금(金), 전(錢), 도(刀), 포(布) 등과 같은 화폐가 바로 흥기한다. 이러한 상황의 유래는 이미 오래되었다. 고신씨(高辛氏)[199] 이전의 일은 너무나 오래되어 기술하기가 어렵다. 고로 『상서(尙書)』에서 말하는 요순(堯舜) 시대와 『시경(詩經)』에서 서술하는 상주(商周) 시대는, 천하가 태평하여 학교[200]를 숭상하였고, 농업을 중히 여기고 상업을 억제하였으며,[201] 예의로써 이익을 탐하는 것을 방지하였다. 난리가 일어나 시대가 불안하면 이와는 정반대이다. 사물이 최고도로 흥성한 시기까지 발전하면 쇠락하기 마련이고, 시대가 발전하여 극한시기에 도달하면 곧 전변하기 마련이다. 질박무화(質朴無華)한 것이 일시에 문채찬연(文采燦然)해지는 것도, 모두 사물이 끝에 이르면 다시 시작하는 그러한 변화인 것이다. 「우공(禹貢)」에 의하면 천하를 아홉 개의 주(州)[202]로 나누고, 각각 그 토지에 적합하게 심은 작물을 인구의 다소에 따라 조정에 공물을 바쳤다고 한다. 상나라의 탕왕(湯王)과 주나라의 무왕(武王)은 시대의 악습을 이어받았으나, 그것을 변통하여 백성들로 하여금 자신의 직업에 권태를 느끼지 않게 하였다. 그들은 각자 신중하면서도 열심히 국가를 다스렸으나 결국 그들의 국가 또한 점점 쇠망의 길로 걸었다. 제 환공(齊桓公)은 관중(管仲)의 계략을 이용하여 물가를 안정시키고 염철사업을 잘 경영하여, 모든 제후들로 하여금 조정에 와서 임금을 뵙게 하였고, 작디 작은 제나라로써 패업(霸業)을 달성하여 그 명성을 천하에 알렸다. 위 문후(魏文侯)는 이극(李克)[203]을 임용하여 농업생산을 발전시켜,[204] 강국의

---

199) 高辛氏 : 帝嚳을 가리킨다.

200) 원문의 "庠序"는 고대의 지방 학교 이름이다. 『漢書』「儒林傳」에는 "殷曰庠, 周曰序"라고 되어 있는데 이것은 모두 학교를 가리킨다.

201) 원문의 "本"은 농업이고, "末"은 상공업이다.

202) 九州는 冀州, 兗州, 靑州, 徐州, 揚州, 荊州, 豫州, 梁州, 雍州를 말한다.

203) 李克 : 권74「孟子荀卿列傳」에 이르기를 "魏有李悝盡地力之敎"라고 하였고, 『漢書』「食貨志」 역시 이르기를 "李悝爲魏文侯作盡地力之敎"라고 하였다. 『漢書』「藝文志」를 보면 李克 7편은 儒家에 있고, 李悝 30편은 法家에 있다. 고로 王應麟의 『困學紀聞』, 梁玉繩의 『史記志疑』, 周壽昌의 『漢書注校補』 등은 모두 '盡地力者'는 李悝라고 여기고 있지 李克이 아니라고 한다. 고로 '李克'은 '李悝'로 고쳐야 한다.

204) 원문 "盡地力"은 토지의 잠재력을 최대한 발굴하여, 농업생산을 발전시키는 것

임금이 되었다. 이 이후 천하는 다투어 호전지국(好戰之國)이 되어, 힘을 중시하고 인의(仁義)를 경시하였으며, 부가 가장 최우선이고 겸양은 차선이라고 여겼다. 따라서 백성들 중 어떤 부자는 억만금을 모았고, 반면에 어떤 가난한 자는 조강(糟糠)마저도 배불리 먹을 수가 없었다. 이와 마찬가지로 강한 나라는 약한 나라들을 집어삼켜서, 제후들을 신하로 만들어 복종을 다하게 하고, 반면에 약한 나라는 간혹 제사마저 단절되어 세습의 국록마저 잃어버렸다. 진(秦)나라에 이르러 마침내 천하는 하나가 되었다. 우하(虞夏) 시대의 화폐는 금을 세 등급으로 나누어 어떤 것은 황(黃),[205] 어떤 것은 백(白),[206] 어떤 것은 적(赤)[207]이었다. 또한 어떤 것은 원전(圓錢)이었고, 어떤 것은 포폐(包幣)였으며, 어떤 것은 도폐(刀幣)였으며, 어떤 것은 귀갑(龜甲)이나 패각(貝殼)이었다. 진나라에 이르러 전국의 화폐는 두 등급이 되었는데, '일(溢)'을 단위 명칭으로 하는 황금이 상폐(上幣)이고, '반량(半兩)'이라고 문자를 새긴 동전을 하폐(下幣)로 하였다. 그리고 주옥(珠玉)이나 귀패(龜貝), 은석(銀錫)과 같은 종류는 기물(器物)이나 장식품 그리고 진귀한 보물로 간주하였지, 화폐로는 취급하지 않았다. 그러나 이러한 물건들은 시간에 따라 그 가치가 일정하지 않았다. 당시 밖으로는 오랑캐를 물리치고 안으로는 공업을 일으켰다. 그렇기 때문에 전국의 남자들이 농사에 힘을 기울였으나 정부에서 필요로 하는 양식으로는 부족하였고, 여자들이 베를 짰으나 정부에서 필요로 하는 의복으로는 부족하였다. 고대에는 일찍이 천하의 재물을 모조리 갈취하여 그들의 임금을 섬기었으나, 스스로는 부족하다고 여겼다. 이것은 별다른 이유가 있어서가 아니고, 사물의 발전 추세라는 것이 흐르는 물과 같아서 저지를 받기 마련이니, 이쯤 되면 무엇이 이상하다고 하겠는가?

을 말한다.
205) 黃金을 가리킨다.
206) 白銀을 가리킨다.
207) 赤銅을 가리킨다.